教育部大学计算机课程改革项目规划教材

丛书主编 卢湘鸿

经济管理信息的检索与利用（第2版）

李树青 曹 杰 主 编

蒋伟伟 郑怀丽 副主编

清华大学出版社

北京

内 容 简 介

本书主要介绍互联网各种常见经济管理类信息资源及其检索方法,重点对各种信息检索技能和方法结合实际操作演示进行详细说明,注重内容的实用性和易读性,并对互联网免费资源的获取方法专门做了必要的介绍。

本书可作为经济管理类相关专业的本科生和研究生的参考用书,同时也适合对互联网信息检索有需求的读者。

图书在版编目(CIP)数据

经济管理信息的检索与利用/李树青等主编. —2 版. —北京:清华大学出版社,2018(2020.1重印)

(教育部大学计算机课程改革项目规划教材)

ISBN 978-7-302-50876-2

Ⅰ. ①经…　Ⅱ. ①李…　Ⅲ. ①经济管理－情报检索－高等学校－教材　Ⅳ. ①G252.7

中国版本图书馆 CIP 数据核字(2018)第 174199 号

责任编辑:谢　琛
封面设计:常雪影
责任校对:白　蕾
责任印制:沈　露

出版发行:清华大学出版社
　　　　网　　　址:http://www.tup.com.cn,http://www.wqbook.com
　　　　地　　　址:北京清华大学学研大厦 A 座　　　　邮　编:100084
　　　　社 总 机:010-62770175　　　　　　　　　　　　邮　购:010-62786544
　　　　投稿与读者服务:010-62776969,c-service@tup.tsinghua.edu.cn
　　　　质量反馈:010-62772015,zhiliang@tup.tsinghua.edu.cn
　　　　课件下载:http://www.tup.com.cn,010-83470236
印 装 者:涿州市京南印刷厂
经　　销:全国新华书店
开　　本:185mm×260mm　　　　印　张:25.25　　　　字　数:584 千字
版　　次:2015 年 10 月第 1 版　　2018 年 10 月第 2 版　　印　次:2020 年 1 月第 2 次印刷
定　　价:65.00 元

产品编号:080479-01

前　　言

　　本书主要从实践操作的角度介绍各种互联网信息资源的获取方法,尤其对相关经济管理类信息资源做了重点说明。经济管理类信息资源是一种较为常见和使用频率较高的信息资源,与我们的生活和工作密切相关。掌握好相关的互联网信息检索方法和资源获取方法,具有非常重要的实用意义。

　　在编纂本书的过程中,我们考虑了三个主要因素:

　　一是加强对信息检索技能和方法的介绍,不论是互联网搜索引擎,还是各种专业的信息资源数据库工具,读者只有很好地掌握各种常见的信息检索方法,才能更好地利用这些工具来完成各种信息资源的获取。因此,本书在第4章专门结合搜索引擎的检索方法,对基于关键词的基本检索方法和基于Web目录的分类检索方法进行了专门的介绍,并结合典型案例分析对各种常见检索策略进行了详细说明。同时,对于部分特殊的高级检索方法也在后文的特定数据库介绍章节中进行了补充说明。

　　二是注重内容的实用性和易读性。对于理论性的信息检索内容,本书介绍的并不是很多,相反,对于具体的操作方法,本书不仅非常详细地给出具体的介绍,而且还结合实际截图对关键步骤予以说明,几乎所有的截图都取自2015年以后,部分内容在2018年修订完成,时效性很强。读者可以自行按照说明和截图演示,对相关内容予以上机实践。

　　三是强调免费资源的获取方法,例如对如何利用搜索引擎来获取相关信息资源做了大量篇幅的介绍,不仅有专门章节说明,而且在诸如图书、论文和其他各类信息资源介绍时,都对使用搜索引擎来获取的方法做专门介绍,同时也对互联网上的免费信息资源服务做了详细的说明,使得读者可以更容易地获取相关信息内容。

　　本书由李树青、曹杰任主编,蒋伟伟、郑怀丽任副主编,卢振侠、何光明、郑爱琴、王珊珊、石雅琴、许娟、俞露、凌莉、陈莉萍等也参与了本书资料整理和部分章节的校对工作。本书的写作也得益于互联网所提供的各种信息资源,现代互联网确实能够为我们提供很多有用的帮助。同时,本书还得到了南京财经大学信息工程学院同仁的大力支持,清华大学出版社也给予了很大的帮助,在此一并表示感谢!

　　限于个人能力,本书可能有很多不足之处,敬请各位读者和专家批评指正。

作　者

2018年5月

目　　　录

第 1 章　导论 ……………………………………………………………………… 1

　　1.1　信息资源 ……………………………………………………………………… 1

　　1.2　信息资源检索 ………………………………………………………………… 3

　　　　1.2.1　信息检索的必要性 ………………………………………………………… 4

　　　　1.2.2　信息检索的基本过程 ……………………………………………………… 8

　　　　1.2.3　信息检索效果的衡量指标 ………………………………………………… 10

　　　　1.2.4　信息检索系统的发展历史 ………………………………………………… 10

　　1.3　练习题 1 ……………………………………………………………………… 13

第 2 章　互联网及其信息资源服务 ……………………………………………… 15

　　2.1　互联网简介 …………………………………………………………………… 15

　　　　2.1.1　国际互联网的发展历史 …………………………………………………… 15

　　　　2.1.2　中国互联网的发展历史 …………………………………………………… 18

　　　　2.1.3　互联网的基本工作原理 …………………………………………………… 19

　　2.2　互联网信息资源服务 ………………………………………………………… 21

　　　　2.2.1　远程登录服务 ……………………………………………………………… 21

　　　　2.2.2　文件传输服务 ……………………………………………………………… 24

　　　　2.2.3　电子邮件服务 ……………………………………………………………… 26

　　　　2.2.4　网络新闻服务 ……………………………………………………………… 27

　　　　2.2.5　名址服务 …………………………………………………………………… 29

　　　　2.2.6　文件索引服务 ……………………………………………………………… 29

　　　　2.2.7　信息浏览服务 ……………………………………………………………… 30

　　　　2.2.8　其他信息服务 ……………………………………………………………… 36

　　2.3　练习题 2 ……………………………………………………………………… 39

第 3 章　搜索引擎介绍 …………………………………………………………… 40

　　3.1　搜索引擎的发展 ……………………………………………………………… 40

　　　　3.1.1　国外搜索引擎的发展历史 ………………………………………………… 41

      3.1.2　中国搜索引擎的发展历史 ·· 68

   3.2　搜索引擎的原理与工作机制 ·· 76

      3.2.1　搜索引擎工作机制 ·· 76

      3.2.2　查询结果的显示模式和排序依据 ·································· 79

   3.3　特种搜索引擎 ·· 83

      3.3.1　元搜索引擎 ·· 83

      3.3.2　FTP 搜索引擎 ·· 88

      3.3.3　多媒体搜索引擎 ·· 90

      3.3.4　地图搜索引擎 ·· 97

      3.3.5　特殊搜索引擎 ·· 100

      3.3.6　移动端搜索引擎 ·· 103

   3.4　练习题 3 ·· 106

第 4 章　搜索引擎的检索方法 ·· 107

   4.1　基于关键词的基本检索方法 ·· 107

      4.1.1　布尔检索 ·· 107

      4.1.2　词组检索 ·· 114

      4.1.3　模糊检索 ·· 118

      4.1.4　字段检索 ·· 120

   4.2　检索策略与典型案例分析 ·· 133

      4.2.1　合理选择检索关键词 ·· 133

      4.2.2　综合使用各种检索方法 ·· 139

      4.2.3　间接检索方法 ·· 143

      4.2.4　其他方法 ·· 152

   4.3　常见网络信息资源的下载方法 ·· 153

      4.3.1　网页文本的下载 ·· 153

      4.3.2　网页的下载 ·· 155

      4.3.3　网页多媒体资源的下载 ·· 157

   4.4　练习题 4 ·· 160

第 5 章　利用搜索引擎进行信息分析和决策 ···································· 161

   5.1　百度的信息分析决策功能 ·· 161

   5.2　Google 的信息分析决策功能 ··· 169

   5.3　其他搜索引擎的信息分析决策功能 ·· 171

   5.4　练习题 5 ·· 173

第 6 章　经济管理类网络图书资源的检索 ······································· 174

   6.1　经济管理类网络书目检索 ·· 174

6.1.1　图书馆书目系统 ··· 175

6.1.2　图书网站的网络书目 ·· 183

6.1.3　网络书目数据库 ··· 189

6.2　经济管理类电子图书的全文检索与下载 ·································· 192

6.2.1　全文电子图书数据库 ·· 193

6.2.2　利用搜索引擎获取全文电子图书 ·································· 199

6.2.3　图书阅读类移动 APP 的使用 ····································· 202

6.3　练习题 6 ··· 205

第 7 章　经济管理类网络学术论文资源的检索 ································· 206

7.1　经济管理类网络电子学术论文的检索方法 ······························ 206

7.1.1　电子学术论文的数据库检索 ······································ 207

7.1.2　搜索引擎的电子论文检索 ·· 224

7.1.3　经济管理类主题数据库论文检索 ·································· 238

7.2　利用引文信息获取相关学术研究资源的基本方法 ······················ 241

7.2.1　参考文献查询与管理 ·· 241

7.2.2　引文索引查询 ··· 248

7.2.3　结合参考文献和引文索引获取相关学术研究资源的基本方法 ····· 261

7.3　练习题 7 ··· 267

第 8 章　经济管理类其他网络文献资源的检索 ································· 269

8.1　网络专利文献的检索 ··· 269

8.1.1　从专利主管机构检索 ·· 270

8.1.2　专利数据库检索 ··· 270

8.1.3　搜索引擎中的专利信息检索 ······································ 276

8.2　网络科技报告检索 ··· 284

8.2.1　国内网络科技报告的检索 ·· 284

8.2.2　国外网络科技报告的检索 ·· 285

8.3　网络标准文献检索 ··· 289

8.3.1　国内网络标准文献的检索 ·· 290

8.3.2　国际网络标准文献的检索 ·· 291

8.4　练习题 8 ··· 293

第 9 章　经济管理类网络信息资源的检索 ····································· 294

9.1　新闻信息检索 ··· 294

9.2　名录信息检索 ··· 299

9.2.1　企业名录信息检索 ··· 299

9.2.2　产品名录信息检索 ··· 308

9.2.3　院校和研究机构的检索 …………………………………………… 317

9.3　商贸信息检索 ……………………………………………………………… 320

9.3.1　商品供求信息检索 ………………………………………………… 320

9.3.2　交易市场信息检索 ………………………………………………… 327

9.3.3　会展信息检索 ……………………………………………………… 329

9.4　价格信息检索 ……………………………………………………………… 330

9.4.1　中国国家信息中心的价格数据库 ………………………………… 330

9.4.2　产品价格信息的服务站点检索 …………………………………… 332

9.4.3　专业的产品价格数据库检索 ……………………………………… 335

9.5　统计信息检索 ……………………………………………………………… 337

9.5.1　统计数据检索 ……………………………………………………… 337

9.5.2　年鉴信息检索 ……………………………………………………… 340

9.6　金融信息检索 ……………………………………………………………… 350

9.6.1　股票信息检索 ……………………………………………………… 350

9.6.2　专业金融信息数据库检索 ………………………………………… 354

9.7　经济分析信息检索 ………………………………………………………… 360

9.7.1　国内经济分析信息数据库 ………………………………………… 360

9.7.2　国外经济分析信息数据库 ………………………………………… 364

9.8　专业术语检索 ……………………………………………………………… 365

9.8.1　利用词典站点检索 ………………………………………………… 365

9.8.2　网络专业百科知识检索 …………………………………………… 373

9.9　人物信息检索 ……………………………………………………………… 385

9.9.1　利用人物数据库检索 ……………………………………………… 385

9.9.2　互联网人物信息的检索方式 ……………………………………… 389

9.10　练习题9 …………………………………………………………………… 394

参考文献 …………………………………………………………………………… 395

第1章 导 论

本书主要介绍在互联网上检索各种信息资源的方法,其中对经济类信息检索有专门的说明。不过,在正式介绍之前,需要首先了解一些比较基本的概念和原理,以便后续的学习,同时也有助于那些对信息检索原理不是很了解的读者,使其掌握一些信息检索的基本理论内容,从而加深对各种实践操作的理解。本章主要介绍信息资源和信息资源检索的一些基本概念。

1.1 信 息 资 源

随着信息技术的发展和信息技术对人类生活生产行为影响力的不断加深,信息资源本身逐渐成为和能源、材料并列的当代世界三大资源之一,而且它的重要性在很多领域甚至逐渐超过了后两者。正如美国哈佛大学研究小组著名的资源三角形观点:"没有物质,什么都不存在;没有能量,什么都不会发生;没有信息,任何事物都没有意义。"

显然,这个现象与人类对信息资源价值的重视密不可分。直到 20 世纪 80 年代信息资源才作为一种独立的资源形式,然而近三十年来,特别是随着互联网的高速发展,信息资源逐渐成为一种对国家发展,对人类生活生产至关重要的战略资源。有意思的是,信息资源的可获取性也逐渐得到提高,因此不论是企业、个人还是国家政府,都在广泛充分地利用信息资源来提高驾驭物质资源和能源资源的能力。

所谓信息资源,是指人类社会活动所产生和涉及的一切文件、资料、图表和数据等信息的总称,它的存在形式包括文字、音像、印刷品、电子信息、数据库等。从广义来看,它是指信息活动中各种要素的总称,既包含信息本身,也包含与信息相关的人员、设备、技术、资金等因素;但是从狭义来看,人们通常所说的信息资源只限于信息本身,是指各种载体和形式的信息的集合。

从信息来源的角度,人们通常把信息资源分为四种形式。

1. 体载信息资源

体载信息资源指以人体为载体,通过口头语言和身体语言(体态)这些信息交流符号创造和传播并能为他人识别的信息。参与社会信息交流的每个人都是一个独立的信息源。它其实也是最为古老的一种信息资源形式,在人类的早期,大多数体现知识的信息都是以语言口授的方式得以保存,如各种远古神话传说等,例如《论语》就是记载孔子言语的一本书。

但是,口语信息资源并没有随着时代的发展而逐渐变得不再重要,相反,在现代社会,口语信息依然是一种极为重要的信息资源，甚至有学者把这种口语信息资源称为"零次信息资源"。很多不经正式渠道流通的信息，各种存储在人类大脑中的知识，往往都只是通过口语的形式传播，也通常只保存在人们的脑海中。显然，人们有必要将其收集整理出来，以便利用。就像前段时间，有人曾经组织过对著名老科学院和老电影艺术家的人物采访，据此这些珍贵的口语信息才能保存下来。一些诸如百度知道之类的网络百科全书也正是利用这种口语信息资源来提供信息查询服务的。

2. 实物信息资源

从严格意义上讲，实物并非信息资源，但是一切物质实体蕴含着的丰富信息均可视为实物信息，它给人们提供了充分认识事物的物质条件。依据实物的人工与天然特性又可将实物信息资源分为以自然物质为载体的天然实物信息资源和人工实物为载体的人工实物信息资源。

在信息资源获取活动中，人们往往通过获取实物来间接得到信息，如产品展览会上展出的各类产品，通过了解这些产品，人们可以得到很多关于市场和竞争企业的相关信息，同时也能够了解该产品的一些具体细节信息。对于经济类信息资源而言，实物信息资源及其相应的数据信息都是一些重要的信息资源。

3. 文献信息资源

文献信息资源是用一定的记录手段将系统化的信息存储在各类载体上而形成的一类信息资源，这些载体包括印刷型载体（Printed Form）、电子型载体（Electronic Form）、缩微型载体（Micro Form）和声像型载体（Audio-Visual Form）等。文献信息资源是信息资源中的主体部分，也是信息搜集、存储、检索和利用的主要对象，也是本书主要的讨论对象。

它可以按照加工的深度分为四种：

一是零次文献信息资源。它是指最原始的文献信息资源形式，虽未公开交流，但它是生成一次文献信息的主要素材。具体形式包括未经记录或者未形成文字材料的口头交谈信息，还有未公开于社会即未经正式发表的原始文献，或没正式出版的各种文献资料。通常获取难度很大，但是在商业和军事领域，它具有特殊的利用价值，也被称为"灰色信息"。

二是一次文献信息资源。它主要是指一些具有原创性的文献信息，如各种论文、专著和新闻等。此类信息价值较大，通常也是人们最终所希望获取的信息内容。常用的一次文献主要包括图书、期刊、会议文献、学位论文、专利文献、标准文献、科技报告、政府出版物、产品样本和产品目录、档案，统称为十大文献信息源。其中，图书、期刊（报纸）被称为普通文献（白色文献）；会议文献、学位论文、专利文献、标准文献、科技报告、政府出版物、产品样本和产品目录以及档案八种类型文献被称为特种文献（灰色文献），它是一种介于图书与期刊之间的文献类型，通常在出版发行方面或获取途径方面比较特殊，因而被称为特种文献。

三是二次文献信息资源。它主要是指对大量一次文献进行收集整理后形成的信息资源，如摘要和目录索引等，这些文献信息资源的主要目的是提供人们一种查询一次文献的途径和方法。

　　四是三次文献信息资源。它主要是指在对二次文献进行整理加工的基础上,按照某一个领域和学科方向编撰的带有综合性的文献信息,如百科全书和词典等。

　　文献信息资源也可以按照信息内容及其检索方式的不同分为三种类型:

　　一是全文信息资源(Full-text Information Resource)。它就是用户希望获取的最终的信息内容,通常都是一次文献信息内容。随着计算机技术的发展,今天的大多数文献信息资源都可以通过互联网来获取相应的电子全文版本。

　　二是书目信息资源(Bibliographic Information Resource)。书目是相对于全文而言,也就是说,此类文献信息资源通常都不是人们希望获取的最终信息内容,只是进一步检索的依据和途径,即二次文献信息资源。借助这些书目型信息资源,人们可以更方便地找到所需的全文信息资源。当然,即便没有全文信息,此类信息源依然很重要,人们可以据此来了解某一学科的发展趋势和某一机构或者个人的科研能力,它也是很多科研评价的重要参考依据之一。

　　三是数值信息资源(Numeric Information Resource)。它主要提供各种原始数据资料,以便学者进行科研工作时使用,如经济统计数据、人口地理数据和产品参数数据等。通常也被称为事实信息资源。

4. 网络信息资源

　　今天,网络信息资源往往特指以互联网为纽带连接起来的和以互联网为主要交流、传递、存储手段与形式的信息资源。具体是指所有以电子数据形式把文字、图像、声音、动画等多种形式的信息存储在光、磁等非纸介质的载体中,并通过网络通信、计算机或终端等方式再现出来的资源。网络信息资源通过网络将原本相互独立、分布于世界各地的数据库、信息中心、文献中心等连接在一起,形成一个内容与结构全新的信息载体。

　　相对于传统文献信息源而言,它的信息来源复杂,质量参差不齐。它既包括以网络资源形式存在的文献信息资源内容,也包括网络媒体发布的纯网络信息资源形式,同时还包括诸如大量由互联网用户发布的网页信息内容,特别是随着移动设备的广泛使用,实时通信信息资源日益成为一种重要的网络信息资源。它们数量巨大、增长迅速,传播方式也极为快捷,对现代社会的影响力逐渐增大,也成为人们日常获取信息的主要来源之一。

　　值得说明的是,本书介绍的信息资源检索方式主要为网络信息资源,其中包括 Web 网站资源、搜索引擎和各个传统文献数据库提供的网站检索站点等。

1.2　信息资源检索

　　所谓信息资源检索,有时也称为信息资源获取、信息资源查询和信息资源搜索等。它们的意思相差不大,都表示用户利用现代信息检索系统来获取所需信息资源内容的过程。虽然随着信息资源重要性的不断提升,信息资源数量的不断增多,信息资源的可获取性不断增强,人们获取所需信息资源的能力也在增强,但是在很多领域、很多时间,人们对信息资源的获取效果依然不满意,造成这种现象的原因是多方面的,除了技术和资源本身需要改进外,增强信息资源获取意识、加深信息资源形式和种类的了解、提高个人的信息资源检索能力,这些都能极大地改善这种情况。

1.2.1 信息检索的必要性

很多人都经常说"做功课"。例如旅游出行前,需要对旅游目的地做必要的了解,通过现有的网络搜索引擎和地图服务功能,现代人几乎可以在网上提前完成所有的行程安排及票务预订,了解注意事项。特别是随着移动设备的广泛使用,即使在出行中遇到问题,移动端的信息资源检索服务依然可以实时地提供大量有价值的资讯服务。表1.1给出了常见旅行安排所需的信息检索网站及其功能。

表 1.1　常见旅行安排所需的信息检索网站及其功能

旅　行　安　排	国内常用网络信息资源站点	国外常用网络信息资源站点
行程了解、旅游攻略	百度	Google
机票预订	携程、同程	Priceline、Expedia、Orbitz
旅店预订	携程、艺龙	Booking、Airbnb
交通服务	滴滴打车	Uber
餐饮	大众点评网	Yelp

又如在生活和工作中遇到问题怎么办,过去似乎手边总是需要一本诸如"百事通"之类的手册,但今天只需打开互联网,查询一下即可。如惠普打印机出了问题,液晶屏上显示一个 Printer Mispick 的提示,就去找说明手册,其实直接在百度上输入 Printer Mispick,就可以解决问题了,如图 1.1 所示。

图 1.1　在百度中查询 Printer Mispick 的结果页面(截取于 2015-3)

在现代社会,对于个人而言,提高信息检索意识是一种重要的基本技能。有人称之为"搜商"(Search Quotient,SQ)[①],可以把它看成是一种与智商、情商并列的人类智力因素,也就是人类通过某种手段获取新知识的能力,其本质就是查询信息和搜索信息的能力。

如果把信息检索的必要性再说大一些,人生的几件大事可能都与信息检索有关。

例如高中毕业选择高校和专业,仅仅查阅那个小小的高校专业介绍显然不够。看看大家对这些高校和专业的关注程度和相关网络信息,才可以更好地帮助他们做出选择。如百度提供的高校搜索风云榜就按照关注度对这些高校进行了排序,如图1.2所示。

图1.2 百度提供的高校搜索风云榜(截取于2015-3)

当然如果能知道专门提供此类高校专业信息的站点,则可以获取更为准确的参考信息,如教育部学位与研究生教育发展中心主办的"中国学位与研究生教育信息网"就公布有年度中国大学的学科排名信息,如图1.3所示。

再如就业找工作,其实就是就业信息检索。甚至连找对象这种事情也都成为现代互联网信息检索服务产业中一个很大的市场,如百合等各种婚恋介绍站点,更不要说买房买车之类的事情了。

对于企业而言,在与经济有关的各个领域,信息检索服务及其利用形式更是无处不在。例如利用搜索引擎进行广告推广已经成为一种常见的市场营销策略,用户只需在搜索引擎中输入一些查询词,搜索引擎就会把相应的广告有效地推送给用户浏览。甚至争夺自己网站在著名搜索引擎检索结果的排名位置,也成为一个专门的行当,被称为"搜索引擎优化"(Search Engine Optimization,SEO)。当然很多搜索引擎自己也开始直接在检

---

① "搜商"概念最早由中搜的总裁陈沛提出。

图1.3　中国学位与研究生教育信息网公布的高校专业排名信息（截取于2015-3）

索结果中呈现商品的具体信息，无须用户进一步单击链接去了解价格等商品信息，如图1.4所示。

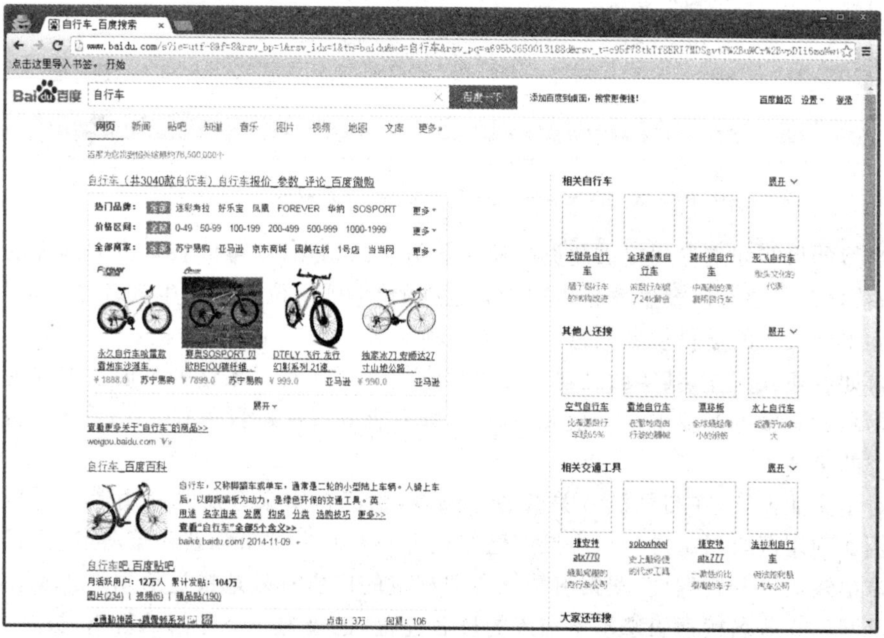

图1.4　在百度中查询"自行车"的结果页面（截取于2015-3）

互联网电子商务在这几年得到了大力发展,诸如淘宝之类的网络购物站点也如雨后春笋般陆续出现并取得巨大成功。其实,网络购物的关键就在信息检索,这也是影响用户使用感受的一个最为明显的因素。如果这种系统不能很好地帮助用户找到自己所需的商品,恐怕用户就不愿意使用它们了。为此,淘宝在自己主页的显著位置上放置了一个检索框,同时也在各个商品的浏览页面中集成了各种方便用户的检索功能,甚至还提供了高级检索功能,并要求用户对此提出意见,如图1.5所示。

图 1.5 淘宝商品的"高级检索"界面(截取于 2015-3)

从总体来看,今天互联网上的信息量已经呈现出一种爆炸性增长的态势。据报道,由中国互联网信息中心(CNNIC)发布的《第 41 次中国互联网络发展状况统计报告》显示,截至 2017 年 12 月,我国域名总数为 2085 万个,中国网站总数为 533 万,年增长 10.6%,而国际出口带宽为 7 320 180Mb/s[①],年增长 10.2%[②]。面对这个海量的信息资源,用户使用网络信息检索的能力现状如何呢?事实上,人们难以有效地获取所需知识,主要原因在于这种信息资源的增长速度远远超出了人们能够处理它们的能力。约翰·奈斯比特(John Naisbitt)在《大趋势》一书中这样形容人们目前所处的困境:"信息是丰富的,而我们正在渴求知识(Rich Data But Poor Information)。"[③]

搜狗实验室在 2007 年曾经发表过一篇研究论文[④]。文中指出,在对搜狗搜索引擎一

---

① b/s 是指每秒传输数位数(Bits Per Second),它是衡量网络带宽的重要指标,今天人们使用的网络宽带普遍可以达到 100Mb/s 左右。

② 第 41 次中国互联网络发展状况统计报告. http://www.cnnic.net.cn/hlwfzyj/hlwtjbg/201801/P020180131509544165973.pdf.

③ [美]J.奈斯比特.大趋势[M].北京:新华出版社,1998.

④ 余慧佳,刘奕群,张敏,茹立云,马少平.基于大规模日志分析的搜索引擎用户行为分析[J].中文信息学报,2007,21(1).

个月内近 5000 万条查询日志进行分析处理后，发现长度不超过 3 个词的查询占了总查询数的 93.15%，平均长度为 1.85 个词，这说明用户输入的查询通常都比较短。实际上，查询词语越短就越难以有效地表达用户的准确信息需求。更为吃惊的现象是，只有约 0.73% 的查询含有用于高级查询功能的符号，即目前大多数中文检索用户只是通过输入很少的几个关键词①就开始查询。其实，这些包括布尔查询在内的高级查询往往都能更为有效地表达用户的信息需求。

这充分说明，在更多的情况下，用户检索技能方面的改进空间更大一些，甚至可以说，如果用户不能很好地掌握信息检索方法，再好的信息检索系统也难以发挥它们的威力。

到此，可以对信息检索的必要性有一个感性的认识。在现代社会中，信息检索已经成为一种重要的用户行为，和我们日常工作生活密切相关。所以，我们有必要学习如何更好地使用各种诸如搜索引擎在内的信息查询系统，同时也应该了解不同领域中常见有用的信息资源站点，知道从哪些站点可以更为方便地获取哪些高质量信息，从而为我们提供更多的便利。

1.2.2　信息检索的基本过程

如果把信息资源抽象成一个巨大的人类知识体，那么信息检索活动就是一种人类认识知识和获取知识的基本活动过程。在这种场景中，这种巨大的知识体既可以包括互联网网页信息资源，甚至也可以将图书、报纸等各种传统媒体资源包含进来。因此，用户必须掌握与这种知识体交互的方法，即信息检索方法，才能更好地使用它们。

其实，这包括两个重要条件：一是要存在这样的一个知识体，不管是图书和报纸等传统纸质文献，还是互联网上存储的电子资源，它们都是一种知识体的具体存在形式，因此知识体是客观存在的。这里主要探讨如何在这个信息资源知识体中获取所需信息；二是用户能够表达需要什么样的知识，相对于第一个条件而言，似乎这个条件更为简单，然而对于用户来说，这才是需要着力掌握的技能之一。这其实也就是一种信息检索的能力，越能有效地掌握检索知识，用户就越有可能在今天海量的信息世界中找到自己所需的内容。

不管用户使用搜索引擎还是任何其他信息检索系统来查询知识体，一般而言，主要分为两个步骤：一是用户发出对信息的检索请求；二是信息检索系统响应用户，返回请求的检索结果。不过，这种理解过于简单，用户和知识体并不能直接交流。中间存在两个主要的转换环节：

一是用户需要将自己的信息需求通过查询表达出来，例如在搜索引擎中就是用户输入的关键词等，这既需要用户掌握一些信息检索技能，同时也需要检索系统提供一个良好的界面以方便用户表达信息需求和使用信息检索功能，由此也能看出很多信息检索系统的界面差别正是体现了它们对用户检索感受的不同理解和对当前检索任务的特点的考虑。

---

① 我们通常把用户输入的查询词语也称为"关键词"（Key Word）、"查询词"（Query Term）或者"搜索词"（Search Word）等。它们的含义基本相同。

二是信息检索系统要能够在知识体中找到用户所需的信息内容,这就需要信息检索系统对这些知识体的信息内容做必要的处理,以保证在较短的时间内找到最为相关的信息。然而对于如此巨大的互联网信息检索来说,这并非一件很简单的事情。所以,大多数搜索引擎都是由一些技术先进的大公司来运作和维护的。即使是传统文献检索系统,高质量的文献标注和索引也是提高检索效果的重要基础性工作。

用户在信息检索系统中检索信息的完整过程如图 1.6 所示。

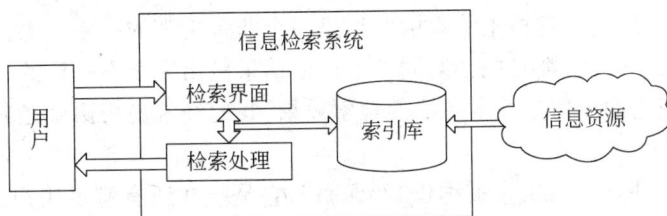

图 1.6 信息检索系统中信息检索过程示意图

从图 1.6 中可以看出,信息检索的基本过程如下:

(1) 信息检索系统为实现快速响应用户检索需求,必须事先对信息资源进行收集、整理和索引,对于搜索引擎而言,就是通过爬虫程序来下载互联网上的各种可以收集到的网页信息,对于文献数据库而言,就是录入诸如文摘或者全文等文献的内容信息。这个过程对于用户而言不可见,但是它是保证信息检索系统整体有效性的数据基础。

(2) 用户通过信息检索系统的检索界面发出检索请求,这需要用户通过系统提供的检索界面表达出自己的信息需求,具体形式可以是在搜索引擎搜索框中输入查询关键词,也可以是在地图上单击所希望查看的地点,甚至是通过语音方式实现输入。准确的信息检索结果往往依赖于用户有能力正确表达自己真实的信息需求,同时也依赖于检索系统可以提供良好的界面供用户来表达这些需求。

(3) 在信息检索系统中,用户的检索请求与索引库的记录按照已有的匹配方法进行计算,最终可以获取到相关结果及其每个结果的相关度,并以友好的方式呈现出来。这种呈现方式直接受限于用户和检索环境的需求,对于海量数据规模的网页检索而言,有效的结果排序方式显得非常重要,而对于文献检索而言,精确匹配并将所有命中结果展示出来则更为重要。

这种信息检索活动是一种常见的行为,尤其在互联网上。一般而言,使用搜索引擎就是一种典型的信息检索行为。那么其他一些查询操作算不算信息检索呢? 例如会有人说:我通常上网并不是使用搜索引擎,只是看看网页,这也是信息检索行为吗?

举个例子,用户打开网易主页,看到了主页上的体育新闻,很快单击该超链接,在弹出的新页面中看到了更多的体育新闻。由于该用户是个篮球迷,于是在这个网页中又连续单击看到很多关于 NBA 联赛的消息。

这种操作看起来并不像是信息检索,其实它具有信息检索活动的全部特点,即用户有比较明确的信息需求,同时也在不停地获取满足这种需求的各类信息资源。具体来看,用户为什么要单击关于体育的新闻呢? 又为什么继续单击 NBA 的消息呢? 这些都能反映出用户的一种个性化的信息需求,也就是说,正是因为该用户想了解这方面的信息,才会通过单击超链接来获取相应的信息内容。不过和一般搜索引擎检索不一样的地方在于这种检索过程没有显式的检索词语输入，而且用户的信息需求是逐渐在浏览操作中被启发而形成的，但它确实是一种信息检索过程，我们通常称之为基于超链接访问方式的信息检索行为。

1.2.3   信息检索效果的衡量指标

在大多数情况下，信息检索结果的好坏是一个非常主观的判断结果。不同的人，甚至同一个人在不同的时间，都可能会对同一个检索结果做出完全不一样的判断。因此，为了能够清楚和客观地测度信息检索系统的检索效果，我们经常使用两个经典的指标，分别是查全率和查准率。

所谓查全率（Recall），也常被称作"召回率"，它是指在所有满足用户查询需求的相关记录中，查询系统实际返回的相关记录比率。使用公式表示为：

$$查全率 = \frac{查询出来的相关记录}{所有的相关记录（包括没有查询出来的相关记录）}$$

而查准率（Precision）是指在查询出来的所有记录结果中，真正相关记录的返回比率。使用公式表示为：

$$查准率 = \frac{查询出来的相关记录}{查询出来的所有记录（包括不相关的记录）}$$

可以肯定地说，两个指标都是越高越好。不过，不同的信息检索系统往往有所侧重。例如对于搜索引擎而言，由于网页规模非常巨大，用户任何一个常见的信息检索操作往往都会命中数以万计的网页结果，此时过分强调查全率的意义已经越来越小，何况一般的搜索引擎通常在结果返回页面中最多只显示 20 条记录，此时如何确保这 20 条记录都与用户信息需求最为相关，都是最有价值的高质量结果，也就是说系统具有较高的查准率，才更有意义。而对于文献检索系统而言，由于用户需求的明确性较高，文献规模相对较小，例如对于法律文献检索和专利文献检索而言，提高检索系统的查全率才是关键。

经验表明，这两个指标就像坐在跷跷板两头的两个小孩，一个上去另一个就会下来，往往呈现负相关的变化关系。究其原因，主要在于如果要提高查全率，就必然要求增加查询结果的数量，因此会不可避免地导致无关结果的增加。反之，如果要提高查准率，就应尽可能少地获取记录结果，而这在一定程度上又会降低查全率。

但是有意思的是，这种现象却无法得到理论证明，甚至有学者还提出两者并不存在什么明显的相关关系[①]。当然，在实践中这种现象确实存在。不过，随着技术的进步，人们研制的新型搜索引擎等信息检索系统确实可以在一定程度上同时提高系统的查全率和查准率。

1.2.4   信息检索系统的发展历史

说到信息检索系统，一般人们都会想起搜索引擎，但是搜索引擎并不是一种最早和唯

---

① 许忠锡. 关于查全率与查准率相互关系问题的新认识[J]. 情报杂志，2004，(3).

一的信息检索系统。搜索引擎是随着互联网的产生才逐渐发展起来的,那在互联网出现之前,人们如何进行信息检索呢?

如果把时间拉回到 20 世纪初,那时还没有计算机,所有的信息检索都是基于纸质文献和胶片等传统信息载体来进行的,显然非常不方便。不过,这确实促进了一些学科的诞生,如图书馆学和档案学等。它们就是要研究如何更为有效和快速地管理和获取这些信息资源。

在 20 世纪中期,随着计算机的出现,特别是早期计算机网络的出现,人们就可以尝试将传统的信息资源电子化,并建立一些基于计算机的信息查询系统。这些系统在很大程度上借鉴了传统图书馆学和档案学的一些方法和思路,直到今天我们还能看到很多,甚至一些名词仍然保留了下来,如"索引",今天的索引主要是指用于提高计算机数据库检索速度的一种编制特殊数据结构的方法,但是这个词语最早在图书馆中是指对图书的标题和作者等信息按照一定次序分条排列并以此提供图书快速检索线索的一种检索工具。

从 20 世纪 50 年代开始,基于计算机系统的现代信息检索系统开始出现。资料表明,1954 年美国海军武器实验站图书馆建立了世界上第一个基于计算机的信息检索系统。从此以后,此类系统开始快速发展起来。一般认为,迄今已经经历了四个主要发展阶段。

1. 脱机批处理检索阶段

这个长长的古怪称呼来源于两个关键词:一是"脱机",即用户不直接使用计算机。不像现在,个人电脑很普及,那时的计算机都是大型计算机,非常昂贵,只有一般受过专门培训的操作员才能使用到它。用户只能将自己的检索需求提交给这些专职操作员,由他们来专门进行检索。二是"批处理",这些操作员不可能接收到一个检索请求就处理一个,那时的计算机处理成本非常高,必须精打细算,所以操作员会在收到很多用户提交的检索请求后,对其进行分类合并,甚至还要对用户的检索进行必要的修改,得到速度最快、效果最好的检索指令,最后集中提交给计算机一并处理。处理完后,操作员将这些检索结果反馈给用户。

世界上第一个这样的系统是在 20 世纪 50 年代末由美国 IBM 公司研制的"定题情报检索"(Selective Dissemination of Information,SDI)系统[①],该系统首次尝试利用计算机编制索引以提高信息检索速度。

2. 联机信息检索阶段

到了 20 世纪 60 年代,计算机网络开始出现。需要说明的是,这并非今天的互联网,而是一些早期的计算机网络。基于这些网络,人们开始尝试实现联机的网络信息检索系统。据资料表明,1961 年,美国系统发展公司首次在 Prolosynthex 上实现了全文百科全

---

① Information 为什么被翻译成"情报"呢?当然也可以翻译成信息,但是在过去的年代,在外人看来如此神秘的计算机上处理的信息,往往都是一些重要的数据资源,不论对于企业决策还是科学研究,这些信息处理都代表着一种情报获取和分析的能力,因此,翻译成情报非常合理。到了今天,信息技术已经普及,信息获取和处理能力不再是企业政府的专利,再说情报似乎有些过头,但是这种叫法却流传了下来。

书联机检索系统。到了1965年，该公司在全美境内进行联网试验并取得成功，最终形成了著名的ORBIT联机情报检索系统。

和以前的脱机批处理系统相比，这种系统的用户不必一定是直接操作计算机的专职操作员，也可以或者更可能是一些通过网络连接到计算机的其他终端用户。因此，这种联机信息检索系统的应用价值更大，使用范围更广，影响也更深远。而且，网络技术还能保证数据的及时更新和实时获取。同时，使用这些系统的用户开始增多，任何用户只要能够通过网络连接到该计算机系统上，就可以使用这些检索系统。这样用户就可以自由地不断修改检索条件，获取自己满意的检索结果。到了20世纪70年代，随着网络技术的高速发展，联机信息检索系统得到了迅速发展。一大批著名的大型联机信息检索系统纷纷出现，如DIALOG①、BRS②、STN③、ESA-IRS④等。其中DIALOG系统是最大的国际联机信息检索系统，现为ProQuest在线信息服务提供商的成员，拥有各个行业600多个数据库资源，存储的记录总数高达3亿多，占世界所有信息检索系统的数据库文献总量一半以上。

到了20世纪80年代，我国也开始连接到这些国际联机信息检索系统上。

3. 光盘信息检索阶段

虽然联机信息检索系统非常方便，但是由于使用的是专用的计算机网络，因此费用高昂。到了20世纪80年代初，互联网还没有普及，一种新型的数据载体改变了这种状况，那就是光盘。最早的光盘是由荷兰的菲利普公司于1972年研制成功的激光唱盘，但直到1983年，日本才首次推出可以用于计算机存储的数据光盘。这种存储介质的最大特点就是容量大，而且数据保持持久，更重要的是光盘造价低廉。只要在计算机上安装光驱或者光盘塔之类的设备即可读取光盘上的数据信息。当然，这种方式也有它的缺点，那就是数据无法及时更新，除非购买新的光盘。1985年，美国国会图书馆首次使用光盘制作了机读目录。

直到今天，虽然互联网已经非常普及，但是数据光盘仍然是一种常见的数据存储形式，因为在很多时候，直接访问光盘来获取信息还是一种比较简单、稳妥和经济的选择方案。所以，很多数据库既提供互联网访问接口，也提供相应的数据光盘版本。

4. 互联网信息检索阶段

到了20世纪90年代以后，随着互联网的发展，一切都改变了。脱机批处理早已一去

---

① DIALOG服务商的网址为http://www.dialog.com。

② BRS意即目录检索服务（Bibliographic Retrieval Service），是美国目录检索服务公司的产品，但在2001年被Open Text公司收购。

③ STN意即国际科学技术信息网（The Scientific & Technical Information Network），是由美国化学文摘社（CAS）、德国的卡尔斯鲁厄专业情报中心（FIZ Karlsruhe）和日本科技情报中心（JICST）共同于1983年创立，是世界上第一个由多个国家合作开发的国际联机信息查询系统，专门报道科学技术信息，也是世界上第一个实现图形查询的系统，网址为http://stnweb.cas.org。

④ ESA-IRS意即欧洲航天局情报检索系统（Europe Space Agency Information Retrieval System），总部设在意大利罗马附近的弗拉斯卡蒂，于1973年建成。该系统有近半数的数据库与DIALOG系统的重复，但对欧洲的文献收录较全，可弥补DIALOG系统的不足。网址为http://www.esa.int/home-ind。

不复返,联机信息检索系统也逐渐在互联网上开展服务,即便是使用光盘数据,就像很多图书馆一样,它可以在购买过光盘后仍然通过互联网给用户提供各种信息检索服务。如南京大学图书馆提供的 ProQuest 检索服务就要求用户在使用前选择光盘塔中的相应数据光盘,如图 1.7 所示。

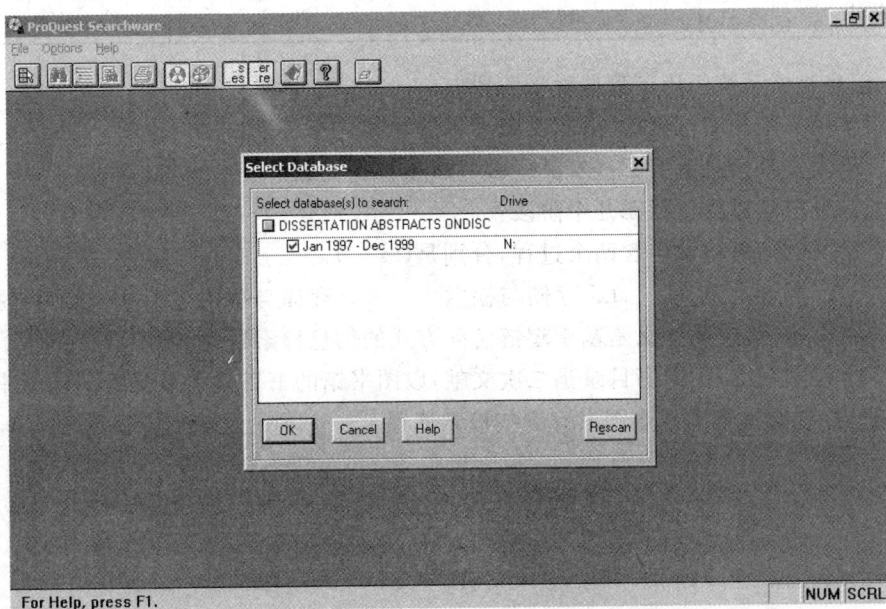

图 1.7　南京大学图书馆 ProQuest 查询系统中选择数据光盘的界面

1.3　练习题 1

1. 结合大家熟悉的电子商务网站,说明现代电子商务网站是如何改进商品搜索效果的,这些方法能否直接应用于一般 Web 搜索引擎当中。

2. 结合自己遇到的实际问题,谈谈如何利用搜索引擎解决,解决过程有无问题,是否方便。

3. 微软的 Sharepoint 是什么? 请说明它的目的和意义。

4. 结合自己的体会,谈谈现代搜索引擎如何防止和解决用户在输入查询词语时发生错误。

5. 为什么有些内容在网上能看到,但是却无法通过搜索引擎找到?

6. 对于查全率和查准率这两个常见检索指标,你觉得哪个更合理? 哪个更易于测度? 如果都有问题,有无更为科学的设计方案?

7. 什么是"暗网"? 利用互联网资源,看看这个概念及其相关意义。

8. 根据下表计算某用户的查全率、查准率、漏检率和误检率。

系统＼用户	相关文献	不相关文献	总计
被检出文献	20	60	80
未检出文献	10	10	20
总计	30	70	100

9. 信息检索系统经历了哪些发展阶段？

10. 按照文献加工深度的不同，文献可以分为哪几个级别？举例说明。

11. 十大文献信息源有哪些？其中哪些属于特种文献？

12. 信息检索过程包括哪几个阶段？

13. 广义的信息检索包含两个过程，分别是（   ）。

　　A. 检索与利用　　B. 存储与检索　　C. 存储与利用　　D. 检索与报道

14. 结合实例，说明什么是基于超链访问方式的信息检索行为。

15. 上机实践练习：图书目录是二次文献，以图书馆的书目检索系统为例检索本专业图书一册，并说明检索本专业图书有哪些检索途径。

第2章 互联网及其信息资源服务

互联网正在快速地改变着人们生产和生活的各个方面,现代用户利用互联网可以有效地完成很多传统方法难以实现的工作,如实时通信、异地文件传输和海量信息检索等。本章首先对互联网的基本内容做一个介绍,以便读者理解现代互联网的特点,及这些特点对目前互联网信息检索活动和方法的影响;其次,本章还重点介绍互联网所提供的各种信息资源服务类型,并对每种方法的特点和使用方法做必要的说明。

2.1 互联网简介

2.1.1 国际互联网的发展历史

早期的互联网并没有现在这么大的规模,甚至人们都意识不到互联网会发展到今天这个样子。按照历史发展顺序,互联网陆续经历了 4 个重要的阶段。

1. 试验研究网络

据资料表明,现代的互联网最早是由一个名叫 ARPANET 的试验研究网络发展而来的。在 20 世纪 60 年代,美苏冷战的格局并未改变,美国担心来自对手的核弹攻击可能带来的巨大破坏,所以在 1969 年,美国国防部的国防高级研究计划署(Advanced Research Project Agency,ARPA)就建立了一种结构灵活、安全稳健的计算机网络以适应这种要求。这项为了验证远程分组交换网的可行性而进行的试验工程,可以防止核战爆发引起大量电话业务中断导致军事通信瘫痪的局面出现,甚至可以在局部节点遭到彻底破坏以后,仍然凭借着其他的连接节点继续保持网络的正常通信。这个网络就是 ARPANET,刚开始时仅有 4 个节点,分别建在加州大学洛杉矶分校(UCLA)、斯坦福研究所(SRI)、加州大学圣大巴比分校(UCSB)以及犹他大学(UTAH)。

该网络就是现代互联网的前身。虽然今天 ARPANET 网络早已不复存在,它留给现代互联网的最大贡献就是研发了大量的先进技术,而恰恰是这些技术使得它的后继者才有可能建立起一个规模巨大的网络。如在 1974 年 ARPANET 创造出了更有效的通信协议——IP 协议(Internet Protocol)和 TCP 协议(Transmission Control Protocol)。进入 20 世纪 80 年代后,此协议被加利福尼亚伯克利分校集成到了 BSD UNIX 操作系统中,此后 UNIX 被许多院校采用，使得 TCP/IP 快速发展起来。1983 年，ARPANET 的全部计算机完成了向 TCP/IP 的转换，并以 ARPANET 为主干网建立了跨越全美的早期网络。另外，一些诸如异种计算机的联网技术、分组交换和路由选择技术等都极大地增强了网络的灵活性。今天的互联网仍然广泛地在使用这些技术。

2. 学术性网络

此时，美国国家科学基金会（National Science Foundation，NSF）开始介入。该基金会大力倡导网络用户发扬奉献精神，反对以盈利为目的而使用网络，所以它从 1986 年开始，建立了一个以 ARPANET 网络为基础的学术性网络，即 NSFNET。美国国家科学基金投入了大量的经费支持 NSFNET 的发展，如支付了大约 10％的线路租用费，为了最终实现信息资源共享，NSFNET 还把全美的主要研究中心和 5 个科研、教育用的计算中心近 8 万台计算机联成一体，并与 ARPANET 相连。

到了 1990 年，ARPANET 的大部分网络已被 NSFNET 取代。NSFNET 的形成和发展，也使它成为美国计算机网络的最重要组成部分。与此同时，许多国家也相继建立了本国的主干计算机网络，并和美国的 NSFNET 网络连接起来，形成一种跨越全球的大型网络系统。同时，计算机网络的普及和影响程度得到了进一步的加强。

3. 商业化网络

商业化网络（NSFNET）最初的宗旨是用于支持教育和科研活动，而不是用于商业性的盈利活动。然而，如果没有商业活动的介入，很难想象网络的发展会深入到千家万户。很多企业都注意到了利用这种大型跨地区的网络，完全可以进行一些非常有价值的信息传输活动，而且在内容传输上，这种网络显然要比传统的电话电视网络更为方便。到了 1991 年，美国国家科学基金会似乎也意识到了这一点，逐渐放松了有关 NSFNET 使用的限制，开始允许企业进行部分商业活动。

1992 年，美国高级网络服务公司（Advanced Network ＆ Service，ANS）推出了 ANSNET，作为后起之秀，它进一步取代了 NSFNET 成为主干网，此时全球的计算机网络系统已经基本形成，而且相互连接起来。同时，其他各个大型商业公司也纷纷加入这个行列，还出现了很多专门从事计算机网络商业服务的企业。1994 年，美国国家科学基金会宣布不再给 NSFNET 在运行、维护上的经费支持，而改由 MCI 和 Sprint 等商业公司来进行相关的运行维护工作。1995 年，NSFNET 正式结束了它作为学术性主干网的历史使命，正式转化为商业性网络。

4. 现代互联网

这里有必要先解释一下现代互联网（Internet）这个词语的含义。事实上，全球的互联网络都是由各个国家的各个计算机网络通过相互连接组成的，何来 Internet 网络？仔细观察，Internet 单词由两部分组成：一是 Inter，指物体之间；二是 Net，指网络。因此，Internet 即是指网络之间的网络，形象些说，即为"众网之网"或者"网际网"。这说明其实并无 Internet 网络，真实存在的网络都是各个子网络，这些子网络在整体上构成了一个完整的、大型的 Internet 网络。理解这一点非常重要，有助于我们对很多问题的认识。所以，早期的 ARPANET 和 NSFNET 等网络，既可以看成是现代互联网的前身，也可以看成是现代互联网的组成部分,当然今天的互联网不仅在规模上而且在技术上都有了质的变化。

但是,现代互联网虽然很大,却是一个"无政府"的网络。由于互联网管理上的开放性,没有人实际拥有互联网,但它又是可以被每个用户所共同拥有和使用的。这也是互联网的最大特点。由于互联网没有物理上的集中管理机构,所以为了促进互联网的持续发展,保证运行所需的标准兼容性,国际社会先后成立了一些机构来自愿承担相应的管理职责,这些组织机构一般都是非盈利组织,遵循着自下而上的结构原则[①]。

下面介绍几个重要的组织机构。

- Internet 协会(Internet Society, ISOC):网址为 http://www.isoc.org,一个相当于互联网最高管理机构的组织。它成立于 1992 年,总部设在美国的雷斯顿(Reston)。ISOC 是作为一个"全球互联网协调与合作的国际组织"而建立的,其任务是确保全球互联网发展的有利性和开放性,并通过领导标准、议题和培训工作来发展互联网络的相关技术。
- Internet 网络信息中心(Internet Network Information Center, InterNIC):网址为 http://www.internic.net。它成立于 1993 年 1 月,该机构的主要任务是负责所有以.com、.org、.net 和.edu 结尾的顶级国际域名的注册与管理。而.mil 和.gov 等顶级国际域名仍然由美国政府管理,各个国家的顶级域名则由各国自己来管理。目前的 InterNIC 由 ICANN[②] 负责维护,提供互联网域名登记服务的公开信息。
- WWW 协会(World Wide Web Consortium, W3C)网址为 http://www.w3c.org,常被人称为"万维网联盟",它的主要任务在于确定和颁布有关 WWW 应用的标准,它的服务包括为 World Wide Web 开发者和用户开发的一个信息库,体现和推动标准的参考代码实施,以及各类展示新技术的源应用程序范例等。

除此以外,还有很多国际和地区的互联网组织机构,如表 2.1 所示。

表 2.1　著名的互联网国际管理组织和机构

简　称	组 织 名 称
ICANN	国际互联网名字与编号分配机构
IETF	国际互联网工程任务组
APNG	亚太地区互联网社群组织
ITU	国际电信联盟
APNIC	亚太互联网信息中心
APTLD	亚太顶级域名协调论坛组织

---

① 所谓自下而上的结构原则,是指如果下级机构有能力解决所面临的问题,任何中央管理机构都不需要去插手下级机构。即使该下级机构无法有效地解决问题,也应该由其上一级机构协助解决。只有各级机构和组织确定无法有效地解决问题,中央管理机构才需要介入。

② ICANN 是互联网名称与数字地址分配机构(Internet Corporation for Assigned Names and Numbers)的简称,网址为 http://www.icann.org。

续表

简　称	组 织 名 称
APIA	亚太地区互联网协会
APAN	亚太地区先进网络联合会
IAB	互联网架构委员会
WWTLD	World Wide Alliance of Top Level Domains

2.1.2　中国互联网的发展历史

相对于国外互联网的发展，中国的互联网起步较晚，但是发展速度却相当快。如果说使用互联网就是互联网发展的第一步，那么可以说是钱天白教授揭开了中国人使用互联网的序幕。1987 年 9 月 20 日，中科院计算机网络信息中心钱天白[①]教授通过意大利公用分组网 ITAPAC 设在北京的 PAD 机，经由意大利 ITAPAC 和德国 DATEX-P 分组网，发出我国第一封电子邮件"Across the Great Wall we can reach every corner in the world"（越过长城，走向世界），实现了和德国卡尔斯鲁厄大学的连接，通信速率最初为 300b/s[②]。

当然，这个极具象征意味的事件并不能表示中国在 20 世纪 80 年代就已经建立了互联网。进入 20 世纪 90 年代后，全球的各个主要国家都逐渐提出了自己的互联网建设计划。如 1992 年美国副总统阿尔·戈尔就率先提出了美国信息高速公路法案，所谓信息高速公路就是一种以互联网为基础、使人们方便地共享海量信息资源的高速计算机网络系统。相应地，中国在 1994 年建成了第一个跨园区的光纤互联计算机网络——北京中关村地区教育与科研示范网络，也被称为"中国国家计算机与网络设施"（The National Computing and Networking Facility of China，NCFC），在国内该网络把清华大学、北京大学的校园网，以及中科院在中关村地区的众多研究所的网络通过光纤连成一体。1994 年 4 月 20 日，该网络到美国加州 Stocken 的 64kb/s 卫星专线开通，首次实现了我国与国际互联网的直接连接，使得我国成为国际互联网的一个成员。因此，国际互联网组织就把中国 NCFC 国际线路开通的时间，即 1994 年定义为中国加入互联网的起始年份。

从那以后，随着中国计算机网络的快速发展，一大批著名的网络应运而生，它们都先后构成了我国互联网的重要组成部分，如表 2.2 所示。

值得注意的是，这些不同的网络彼此相互连接在一起，并和国际互联网连接起来，整体上构成了全球互联网的一个重要组成部分。通常，我们把这些网络服务公司称为互联网服务提供商（Internet Service Provider，ISP），即向单位和个人提供计算机网络接入服务的公司，他们通常都建立了各自的主干计算机网络。相应地，我们把那些主要以提供网

---

① 钱天白被誉为"中国上网第一人"，他对互联网在中国的起步和发展做出了卓越贡献，如他代表中国正式在国际互联网络信息中心（InterNIC）的前身 DDN-NIC 注册登记了中国的顶级域名 CN 等。

② 300b/s 的数值相对比较低，因为今天人们使用的网络宽带可以达到 100Mb/s 左右。

表 2.2 中国内地带有独立国际出入口的互联网络[①]

互联网络名称	单 位	运营性质	建立时间
中国公用计算机互联网(CHINANET)	中国电信集团公司	商业	1995.5
中国金桥信息网(GBNET)	吉通通信有限责任公司(已并入中国联通)	商业	1996.9
中国联通公用计算机互联网(UNINET)	中国联合通信有限公司	商业	1999.4
中国网通公用互联网(CNCNET)	中国网络通信有限公司(已并入中国联通)	商业	1999.7
中国移动互联网(CMNET)	中国移动通信集团公司	商业	2000.1
中国卫星集团互联网(CSNET)	中国卫星通信集团公司(电信业务并入中国电信)	商业	2000.10
中国科技网(CSTNET)	中国科学院	商业	1994.4
中国教育和科研计算机网(CERNET)	教育部	公益	1995.11
中国长城互联网(CGWNET)	中国长城互联网络中心	公益	2000.1
中国国际经济贸易互联网(CIETNET)	中国国际电子商务中心(对外经济贸易合作部)	商业	2000.1

络信息服务的公司称为互联网内容提供商(Internet Content Provider,ICP),如 Google 搜索引擎站点等。虽然 ISP 在互联网中的地位非常重要,但是我们要注意到,人们使用互联网的主要目的还是在于获取互联网内容提供商(ICP)所提供的各种信息资源和服务,如我们所要谈到的信息资源检索服务等。

正如国际互联网有相应的管理机构一样,中国的互联网也有自己的国家管理中心。1997 年 6 月,中国科学院计算机网络信息中心组建了中国互联网络信息中心(China Internet Network Information Center,CNNIC),行使中国国家互联网络信息中心的职责。该管理中心的网址为 http://www.cnnic.net,读者可以从中了解到很多中国互联网网络管理的相关新闻和政策等信息,其中 CNNIC 互联网研究中心还提供了大量的研究报告和数据资源,网址为 http://www.cnnic.cn/hlwfzyj/,界面如图 2.1 所示。

2.1.3 互联网的基本工作原理

在了解了互联网的发展情况以后,下面介绍互联网的具体使用方法。虽然我们可能每天都在使用互联网,但是所谓的"上网"究竟是如何进行的呢? 其实,理解这个过程对于了解和更好地掌握互联网信息检索方法大有裨益。

我们设想一下,假设在南京财经大学信息工程学院信息管理系实验室,一名信息管理专业的学生打开了面前的一台联网电脑,在浏览器上输入 Google 的网址,于是打开了 Google 搜索引擎的主页。即便是这样的一个简单过程,其实也包含着许多复杂的处理步骤。

---

① 张洪斌.融合来了广电怎么办? [N].计算机世界,2010,(5).

图 2.1　CNNIC 互联网研究中心的页面（截取于 2015-3）

首先，用户在电脑上使用一种被称为浏览器的软件访问互联网，著名浏览器有 IE、Chrome、Safari、火狐（FireFox）和 360 浏览器等。这些浏览器功能虽有差异，但是基本功能都一样。用户只需在浏览器的地址栏上输入需要打开的网站网址，如访问 Google 可以输入"http://www.google.com"。

需要说明一下，这个网址中的"http://"是协议类型，http 协议是指访问 Web 网页资源，而其他协议则使用不同的写法，如 Email 的协议类型是"mailto://"。"www.google.com"是域名，它能够唯一地确定一台在互联网上的计算机服务器。常见的网址可能还含有更多信息，如本书网站首页的网址为"http://www.njcie.com/eir/default.asp"，其中"eir"为目录名称，"default.asp"为请求的最终网页名称，一般而言，网站网页都是存放在不同的目录中，具有各自的文件名称。同时，很多网站还提供了默认访问文件，如"http://www.njcie.com/eir"也能打开相同的教材主页界面，"default.asp"就是该网站默认的访问网页。

通常，人们也把这个网址称为统一资源定位符（Uniform Resource Locator，URL）[①]。注意三个特点：一是域名不分大小写，通常后续的目录和文件名区分；二是在输入时可以省略前面的"http://"，但是浏览器最终还会自动加上。值得注意的是，如果把"http://"写成错误的"http:\\"[②]，多数情况下会自动解析成正确的"http://"[③]；三是 URL 最后

---

①　严格意义上讲，统一资源定位符不仅包括网址，Email 邮箱、FTP 等其他内容也属于统一资源定位符。

②　/符号被称为斜杠号，\符号被称为反斜杠号。

③　据说在 URL 中使用两条斜杠号的写法是互联网 Web 网络创始人蒂姆·伯纳德·李（Tim Berners Lee）当时的随意发明，但是他后来也承认如果能再来一次，他绝不会再用这两条斜杠号。蒂姆现在是 WWW 协会的主席，该组织监管着网络的持续发展。

的"/"可以省略,但是浏览器最终也会自动加上,如输入"http://www.baidu.com",最终显示为"http://www.baidu.com/"。

浏览器收到用户输入的网址后,发现它的域名并不属于自己网站,因此并不能直接理解这个信息,所以首先将此请求网址发送到学校实验室中心的服务器进行解析,同样如果实验室中心服务器依然解析不了,它会继续将此网址信息转发,直到到达能够解析此网址中域名信息的域名服务器。

域名服务器可能是位于教育网的其他服务器,它将此网址转换成 IP 地址。IP 地址是真正在互联网上标记一个网站服务器的符号,如南京财经大学的网址为 http://www.njue.edu.cn,对应的 IP 地址为 http://210.28.80.2①。使用 IP 和域名都可以直接访问对应网站服务器,但是 IP 地址并不好记,而且有时还会变化,倒是网址更便于记忆,但是两者通常一一对应,所以请求的效果一样。

等解析完域名后,此时的用户请求信息才会被真正地转发到 IP 地址对应的目标服务器上,如该学生访问的 Google 服务器将收到用户的请求信息。这台服务器可能会位于美国计算机网络中,两国通过海底光缆进行互联网网络信息的通信传输。同样,用户自己的 IP 地址也会被浏览器自动发向 Google 目标服务器,因此,Google 服务器将用户请求的网页信息按照用户的 IP 地址,返送给南京财经大学那位同学的计算机浏览器上。浏览器对网页信息进行解析,最终在用户电脑上显示了 Google 的主页画面。

从互联网的结构来看,上述过程跨越了多个计算机网络,这些网络有些是互相包含的,如中国教育科研网包含了南京财经大学的校园网,而有些网络是彼此独立的,但是互相连接,如中美两国各自的计算机网络通过海底光缆进行连接。

2.2 互联网信息资源服务

所谓互联网信息资源服务,是指互联网提供的各种信息资源及其访问方法。在通常意义上,使用搜索引擎和浏览各种网站就是在使用互联网的信息资源服务。然而,我们可能并不知道互联网所提供的信息资源获取方法和服务远非这些方式,事实上,整个互联网的发展一直都围绕着如何为用户提供更好更多的信息资源这个目标,互联网一直都存在着很多其他类型的信息资源服务。

2.2.1 远程登录服务

今天的互联网是个五彩缤纷的世界,而在二十多年前,早期的互联网却是一个黑底白字的字符世界,那时没有鼠标,用户只能通过键盘输入各种指令来完成对网络的访问。Telnet 就是一种以字符界面为基础的早期网络访问方式,它也是相应操作程序的名称。通过该程序的运行,用户可以使得本地计算机在网络通信协议 Telnet 的支持下暂时成为访问远程计算机的一个终端。通过这些 Telnet 站点,一样可以获取网络信息资源,不过

---

① 很多网站都可以进行 IP 和域名的相关查询,如 http://www.ip138.com/。

它们的访问方式主要基于字符菜单选择界面，操作不是非常方便。虽然现在已经难以在互联网上看到这种服务，但是有些高校仍然还在使用这种访问方式，毕竟它的速度快，对网络带宽的消耗小，同时也能够提供丰富的文字信息内容，如南京大学的小百合 Telnet 网站，网址为 telnet：//bbs.nju.edu.cn，如图 2.2 所示。

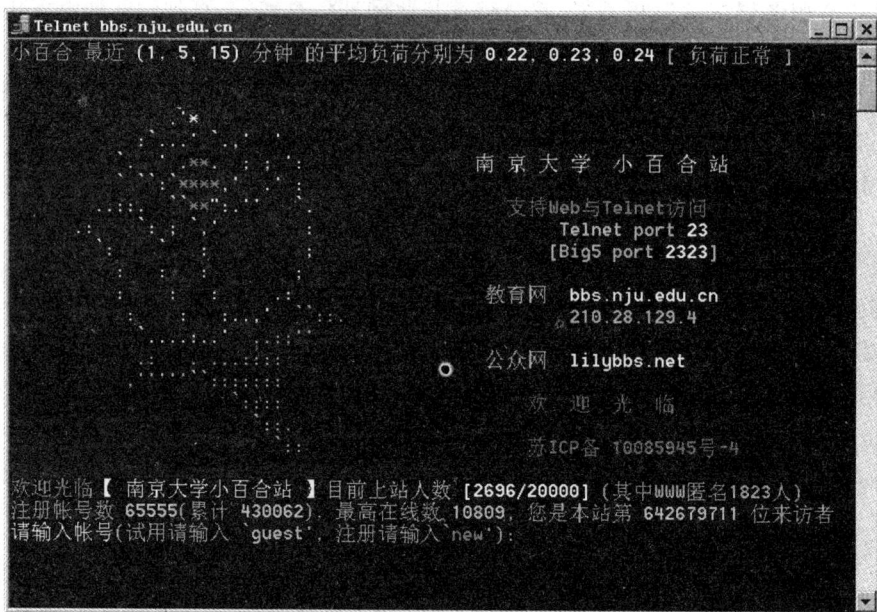

图 2.2　南京大学小百合 Telnet 网站的主页（截取于 2015-3）

　　注意：可以直接在浏览器地址栏上输入上述网址（要加上完整的 Telnet 协议类型），也可以在"开始"→"运行"中输入上述网址，都可以打开一个字符界面的网络访问程序。利用这种服务方式，我们可以快速地获取各种发帖中的文字信息，这种系统也被称为电子公告牌系统（Bulletin Board System，BBS），即让用户留言发帖的网络公告系统。

　　值得注意的是，Windows 7 等系统可能不能使用 Telnet，用户必须在"控制面板"→"程序和功能"→"打开或关闭 Windows 功能"中，点选"Telnet 客户端"（不是"Telnet 服务器"），完毕即可访问，具体操作界面如图 2.3 所示。

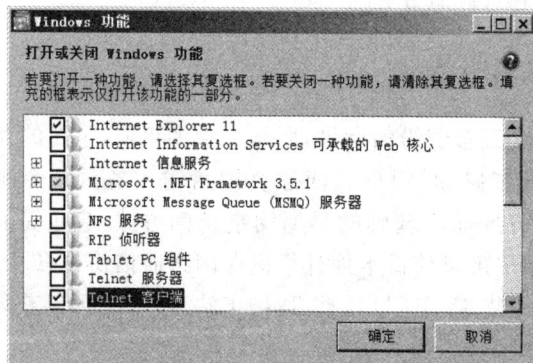

图 2.3　在 Windows 7 等系统中打开 Telnet 功能

　　不要小看它的功能,不论界面还是内容都有很多值得关注的地方,如利用简单字符符号拼接的文字版本图片,如图2.4所示。

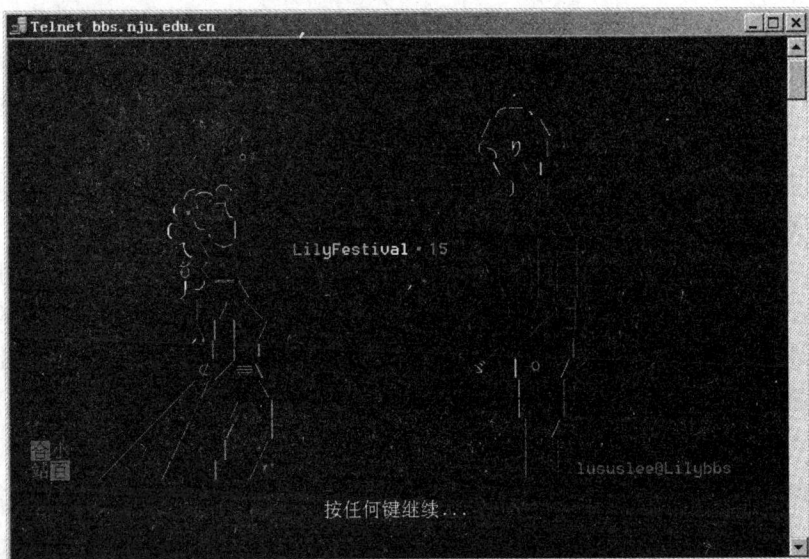

图2.4　Telnet中利用简单字符符号拼接的文字版本图片(截取于2015-3)

　　在内容上,很多Telnet站点也都能提供网页界面可以提供的有用信息,如图2.5所示。

图2.5　Telnet中的内容信息(截取于2015-3)

　　不过,这种Telnet形式的信息内容很难从一般网页或者搜索引擎中查询得到,除非该网站同时提供网页版本的信息内容形式,这也从一个侧面说明在互联网上存在着一般通过常见方法无法访问的大量其他信息资源。

2.2.2　文件传输服务

Telnet 只能提供文字信息的浏览和获取方法，对于那些诸如歌曲和图片等文件，如何在互联网上进行传输和共享呢？FTP 就是一种有效的方式，它的字面意思是文件传输协议（File Transfer Protocol，FTP），其实它定义了不同计算机之间通过网络传送文件的方法，因此我们把这种互联网信息服务称为 FTP 服务。类似于 Telnet，FTP 也是一种实时的联机服务。使用 FTP 服务时，首先要登录到对方的计算机上，但是此时用户只能进行与文件搜索和文件传送等有关的操作。

早期的 FTP 服务界面仍然基于字符界面，操作方法也是通过各种指令来进行的。但是，FTP 服务并没有像 Telnet 服务那样，逐渐退出了人们的视野，相反在今天的互联网上仍然发挥着重要的作用。通过浏览器看到的界面非常类似于"我的电脑"，不过里面所显示的文件都是对方服务器上的文件，此时可以右击文件选择"复制到文件夹"来获取文件，如图 2.6 所示。

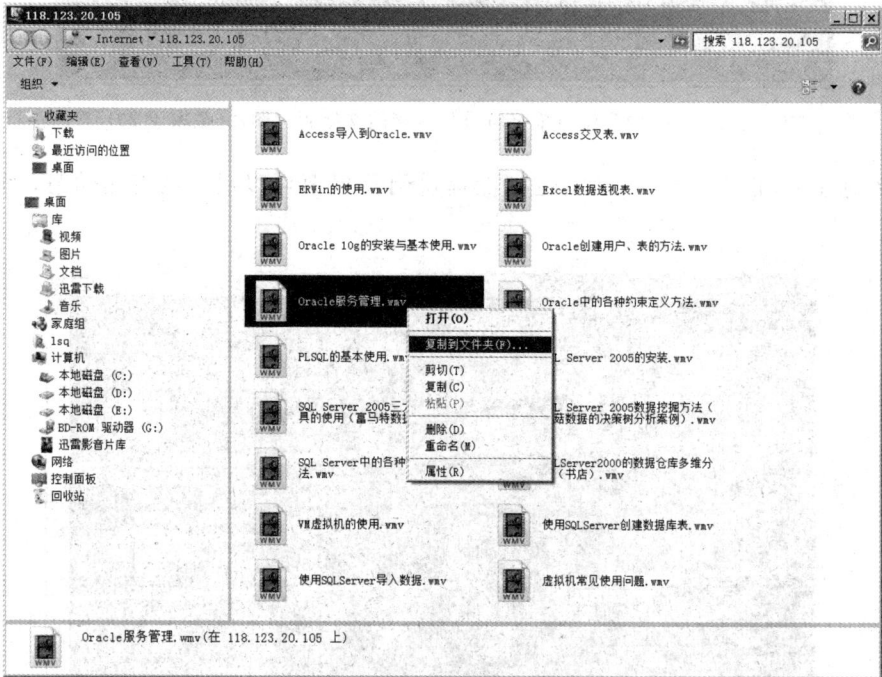

图 2.6　某 FTP 站点的显示界面（截取于 2015-3）

通常利用 FTP 服务，可以非常方便地获取软件、歌曲和图片等电子文档资源，因此 FTP 服务是一种重要的互联网文件资源获取方式。不过，由于电子文档版权的原因，不是每个 FTP 站点都允许用户匿名访问，很多 FTP 站点都要求用户首先登录，如图 2.7 所示。

而且，也不是所有的 FTP 站点都具有允许用户上传文件的功能，大部分 FTP 站点都只允许用户浏览和下载。另外，现代很多新版浏览器在查看 FTP 资源时通常为了防止随意上传内容,都开始采用网页格式来显示其内容,如图 2.8 所示。

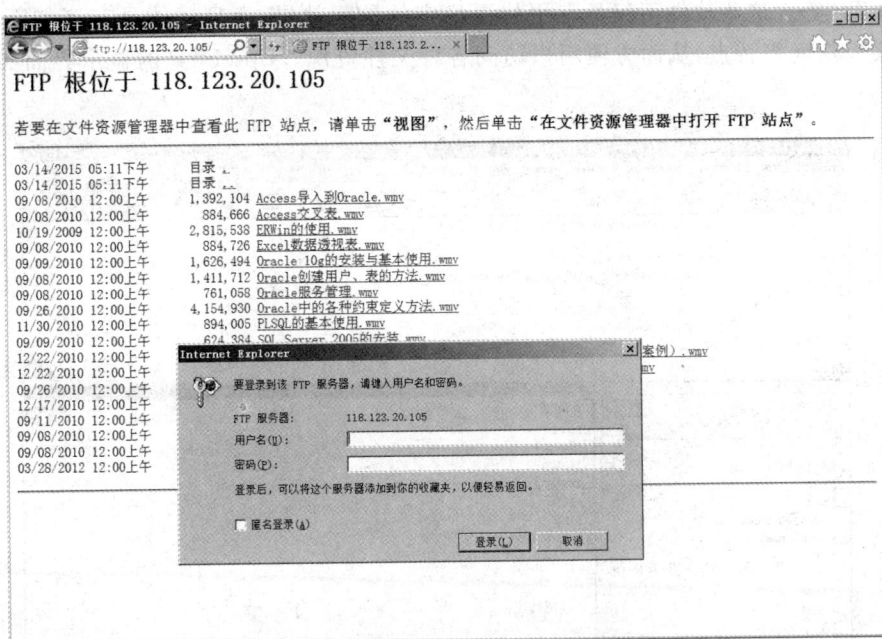

图 2.7　FTP 站点的登录界面(截取于 2007-9)

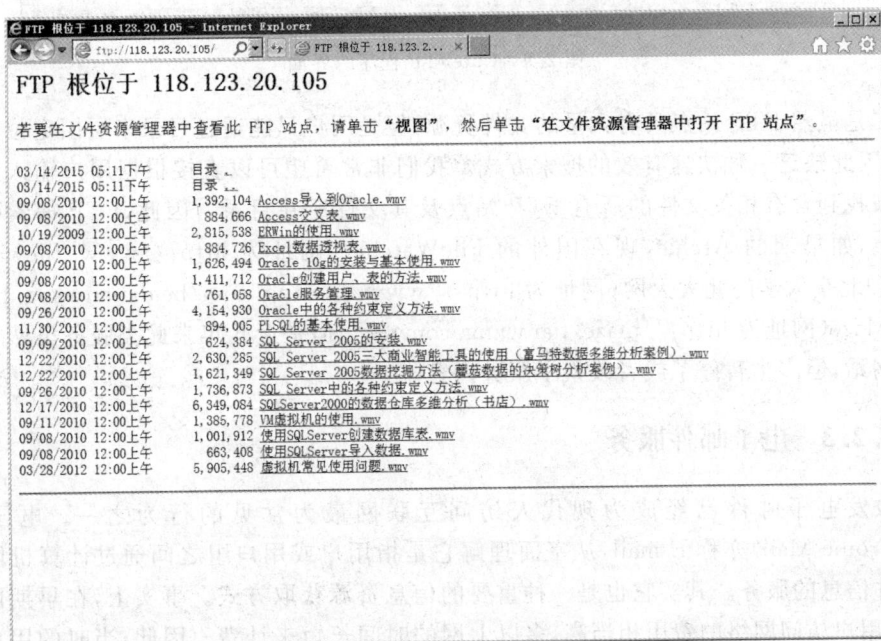

图 2.8　网页格式显示 FTP 内容

最后,强调两个问题。

一是由于浏览器的局限性,利用浏览器访问 FTP 站点通常都会存在各种各样的困难，所以建议读者使用一些专门的 FTP 访问软件来访问相关的 FTP 站点，如 CuteFTP、FlashFTP 等。这些软件不仅具有更快更稳定的访问效果，而且还能具有诸如断点续传和多线程访问等特点，从而方便用户访问各种文件资源。CuteFTP 的显示界面如图 2.9 所示。

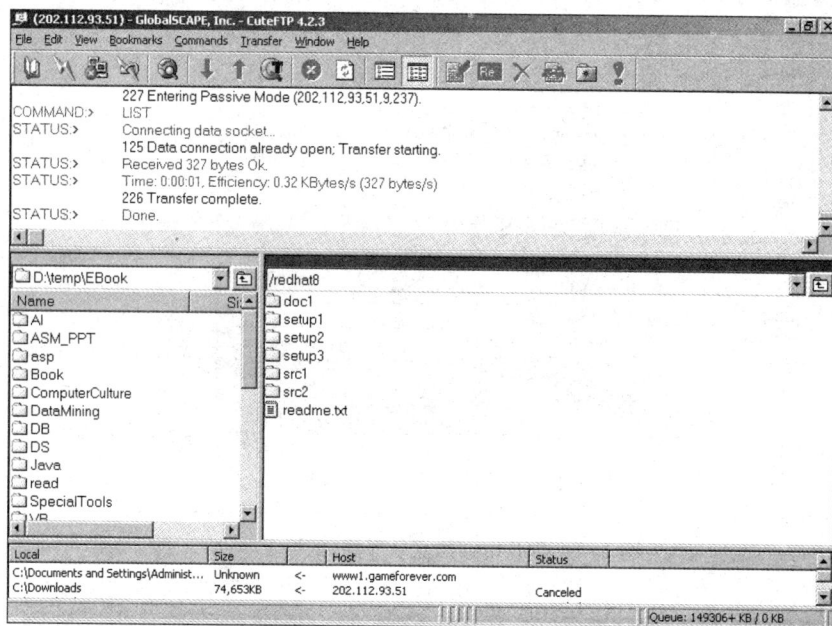

图 2.9　CuteFTP 程序的界面

二是虽然 FTP 站点具有大量的文件资源，但是用户只能通过目录来层层定位所需的文件，因此缺乏一种快速有效的搜索方式。我们非常希望可以直接根据用户输入的查询词语来找到含有相关文件的所有 FTP 站点及其文件所在目录。因此，FTP 搜索引擎应运而生，如早期的 Archie，现在国外的 FileWatcher（网址为 http://www. filewatcher. com）和北京大学的北大天网（网址为 http://www. sowang. com/beidatianwang. htm）及天网 Maze（网址为 http://maze. tianwang. com）等。但是近几年来此类服务虽然依然保留着网站，但多半暂停了或者改换了服务内容。

2.2.3　电子邮件服务

收发电子邮件已经成为现代人访问互联网最为常见的行为之一。电子邮件（Electronic Mail）亦称 E-mail，从字面理解它是指用户或用户组之间通过计算机网络收发邮件信息的服务。其实它也是一种重要的信息资源获取方式。事实上，在早期网络环境中，用户访问网络的费用相当高，多以上网的时间长短来计费。因此，当时的用户不太可能像今天的用户那样，随意地在网络上搜索自己所需的内容。因此，有些科研资源服务器系统就采用这种以电子邮件为载体的信息资源获取方式，允许用户编写固定格式的电子邮件，并指定用户将其发送到指定信箱。系统收到邮件后，会由程序自动解析出其中的检索要求，并将检索结果再以邮件的方式返回给用户。利用这种方式，不论是用户编写邮件还是阅读邮件,都不会产生网络访问,只有在收发邮件的那一刻才需要访问网络。显然,这是一种非常经济有效的信息资源获取方式。直到今天,还有很多网络查询系统仍在使用这种方式,一般这种服务也被称为"信息推送"(Information Pushing),如南京图书馆就允许将书目查询信息以电子邮件的方式发送到用户手中,如图 2.10 所示。

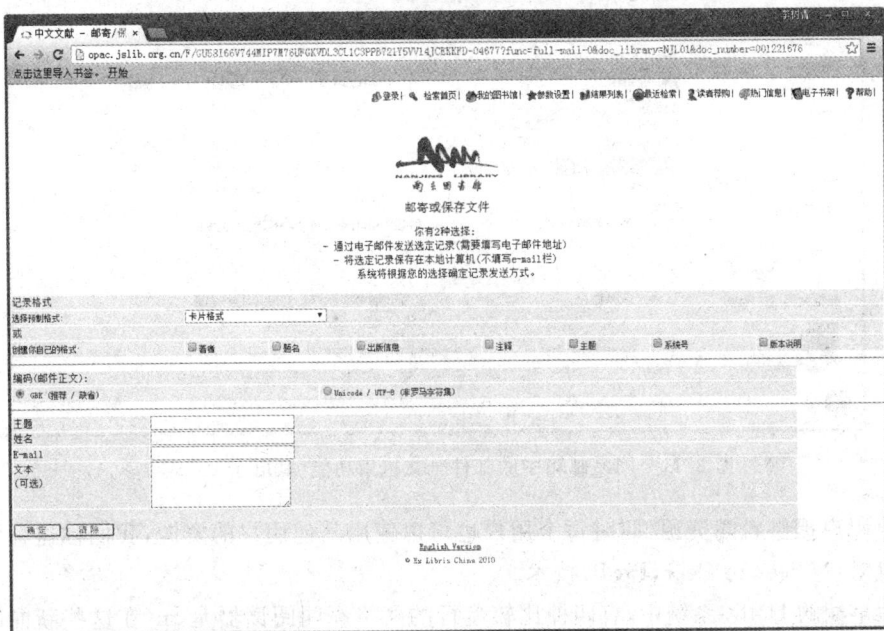

图 2.10　南京图书馆提供的使用电子邮件接收书目查询信息的操作界面(截取于 2015-3)

当然,随着网络技术的普及,今天的人们已经很少再使用电子邮件作为信息获取的主要方式。但反过来,信息检索功能却在今天的电子邮件服务中得到进一步的发展和广泛使用。传统的电子邮件系统往往采用标准的"收件箱"和"发件箱"之类的目录来层次化地管理用户的邮件信息,用户在查询自己所需的邮件时,往往需要大量的浏览和阅读才能定位所需的内容。借助搜索引擎的全文检索方法,今天的邮件系统也开始广泛地使用基于关键词的全文邮件查询功能,如 Google 搜索引擎的电子邮件系统 Gmail 就率先提供了类似的服务,并将邮件查询和网页查询很好地结合在一起,而今天诸如网易等其他邮箱也有此类功能,如图 2.11 所示。

2.2.4　网络新闻服务

一般意义上的网络新闻服务(Network News)是指网络站点提供各种新闻信息资源的行为,然而这里所指的网络新闻服务(Usenet)是一种特指,它借助一种特殊的网络新闻阅读程序来实现,这种程序并非今天的 Web 浏览器,它被称为网络新闻阅读器(Network News Reader),它按不同的专题来组织网络新闻信息,并将具有共同爱好的互联网用户连接起来,用户之间可以相互交换意见共享新闻信息,因此该系统相当于一个采用特定格式交换新闻信息的全球电子公告牌系统。在这种网络环境中,每个用户都可以

图 2.11   网易邮箱中的邮件全文检索功能（截取于 2015-3）

给其他用户提供新闻资源，同时每个用户也可以使用其他用户的资源，我们称这种网络技术为点对点（Peer to Peer，PtoP）技术。

在早期的 UNIX 系统中，有四种比较流行的网络新闻阅读器是 rn（在这些新闻阅读器中是最早的一个）、nn、tin 和 trn。后来的浏览器也开始支持这些网络新闻服务，如老版本 IE 浏览器工具栏上的"讨论"功能就可以支持这种网络新闻阅读和讨论，如图 2.12 所示。

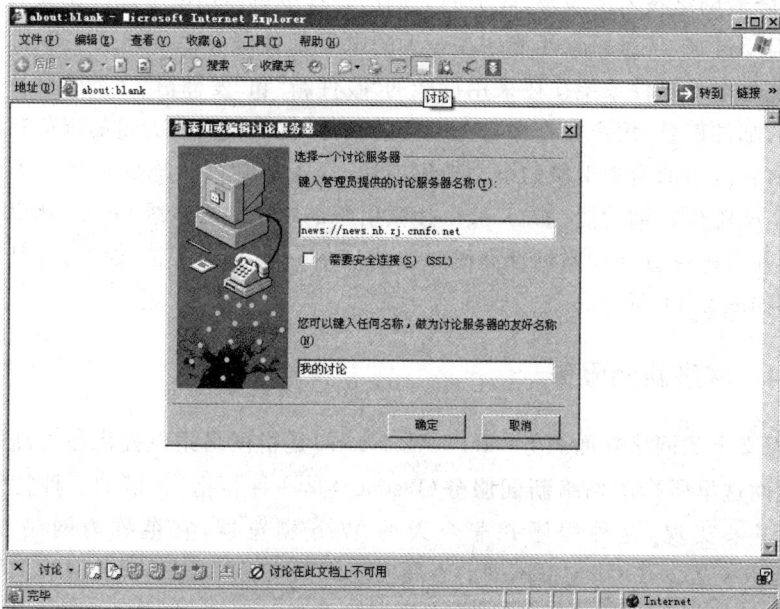

图 2.12   老版本 IE 浏览器工具栏上的"讨论"功能（截取于 2010-3）

今天虽然还能看到类似的服务,但是往往很难使用起来,因为相关的网络新闻服务器多半都已停止服务。现代互联网所提供的 Web 新闻服务功能更为强大,基于 Web 网页的网络论坛、门户网站和新闻站点都能够很好地提供图文并茂的新闻服务,而且还允许用户自由发表评论,同时还会提供较为强大的信息查询途径。不过,Usenet 所采用的 PtoP 网络技术,却在以后的网络技术发展中发挥着越来越大的效果,如今天 BT 等 PtoP 下载软件,还有基于 PtoP 的搜索引擎等。甚至诸如 Faroo 等搜索引擎(网址为 http://www.faroo.com)就利用这种 PtoP 技术取代了传统搜索引擎中需要分布在世界各地的成千上万个服务器,每个参与用户都使用一定的空间来储存 Faroo 的数据内容,同时每个用户浏览网站时,如果他访问一个新网站,网络爬虫就会将其添加到数据目录中。

2.2.5　名址服务

名址服务又称为名录服务,是指利用人们在互联网上已经注册的个人或者机构信息,提供诸如名称和地址等相关信息的一种查询服务。具体的查询内容包括很多,如公司或者个人的邮箱、电话和名称等信息。通常我们把电话号码查询称为"黄页查询"(Yellow Pages Query)[1],把电子邮箱查询称为"白页查询"(White Pages Query)。

显然这是一种极为重要的信息资源。早期的互联网提供了大量相关的名址信息查询软件,如 Finger、Whois、X.500 和 NetFind 等。其中 Finger 是一个专门用来查询在互联网主机上已注册用户详细信息的程序,Whois 则是另一种类型的白页目录,从中可以获取诸如单位名称和用户电子邮箱等信息。X.500 是国标化标准组织 ISO 曾经制定的目录服务标准,可以给网络用户提供分布式的名录服务。NetFind 是一基于动态查询的互联网白页目录服务,它可以查找到含有当前所找人相关信息的计算机。同时,Netfind 不仅会查找一个名称和邮件地址,还会找出有关这个人的 Finger 信息。

然而随着技术的发展,很多早期的名址服务都逐渐退出了人们的视野。但是在某些系统中,依然能够看到相关的名址服务仍然沿用这些过去的名称,如图 2.13 所示。

不过,虽然这些传统技术已不复存在,现代互联网上的名址服务并没有消失,相反,基于名址查询的网络服务大行其道,在各种社交类站点中扮演着越来越重要的角色,如以查询校友信息为主要特点的国内社交站点"人人网"等,甚至一些诸如 QQ、MSN 等实时通信类软件也往往提供非常良好的名址查询功能来吸引用户的使用。

2.2.6　文件索引服务

说到文件索引服务,不得不提到前文所说的 FTP 服务。虽然 FTP 服务器可以给用户提供大量的文件下载服务,用户可以直接在 FTP 服务器上浏览并下载所需文件,但是用户要想知道哪个 FTP 服务器上有自己所需的文件,却是一件非常不容易的事情。为了实现这一目标,人们必须首先对文件建立索引,再以这个索引来提供相关 FTP 文件查询

---

① "黄页"是按企业性质和产品类别编排的工商电话号码簿,起源于北美洲,按照惯例用黄色纸张印制,故称黄页。

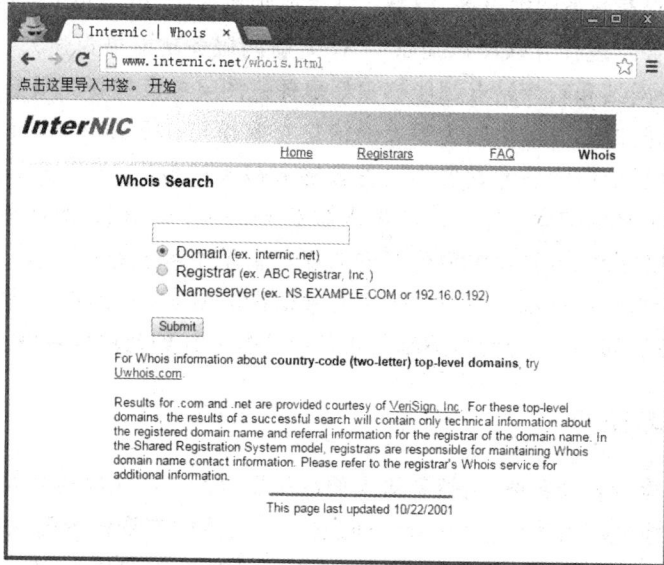

图 2.13　InterNIC 站点提供的 Whois 名址服务（截取于 2015-3）

服务。所谓文件索引，其实就是一个列表，可以根据文件名称来反查文件所在 FTP 服务器的位置。

早期的 Archie 和 WAIS 就是一些著名的文件索引服务。

如 Archie 包括两个部分，一个是 Archie 服务器，它可以跟踪收集世界各地各个主要 FTP 服务器上的文件信息；另一个是 Archie 查询软件，用户使用它可以根据文件名称来查找所在的 FTP 服务器。所以 Archie 也被称为最早的 FTP 搜索引擎，当然 Archie 主要基于字符界面，没有今天的 FTP 搜索引擎这么强大和方便。

再如 WAIS，它是指广域信息服务（Wide Area Information Service），是由三个商业公司 Apple、Thinking Machines 和 Dow Jones 共同开发的，其中 Apple 公司制造了具有图形用户接口的个人计算机，Thinking Machines 公司制造了适合快速查询的多处理器服务器，而 Dow Jones 公司则经营着信息服务业。三者的结合创造了 WAIS 服务。WAIS 服务可以查找文件所在的 FTP 服务器，和 Archie 不一样的地方在于，Archie 只能根据文件名称来查找，而 WAIS 还可以根据文件内容来查找，由此我们可以把 WAIS 看成最早的全文 FTP 搜索引擎。在 UNIX 系统上最为常见的 WAIS 程序有 swais 和 waissearch 等。

然而，随着 FTP 在网络上影响力逐渐衰退，这些文件索引服务也逐渐消失了。取而代之的是今天基于 Web 环境的现代搜索引擎。当然，人们依然能够在某些站点上看到这些传统的服务，如图 2.14 所示。

2.2.7　信息浏览服务

到了 20 世纪 90 年代以后，随着网络技术的发展，越来越多的网络信息浏览技术逐渐出现。通过这些技术，用户可以更加方便地获取和使用网络信息资源。同时，这些不同的

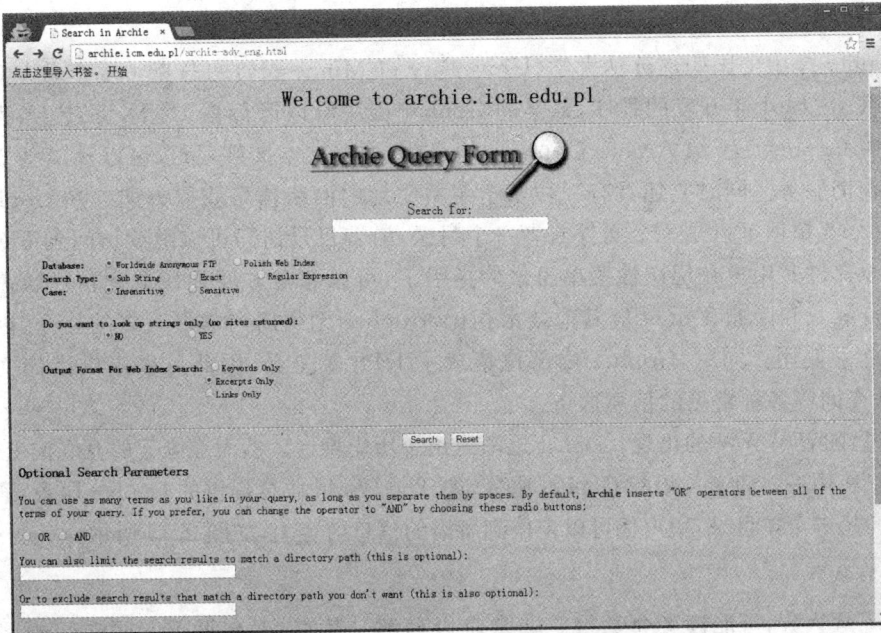

(a)

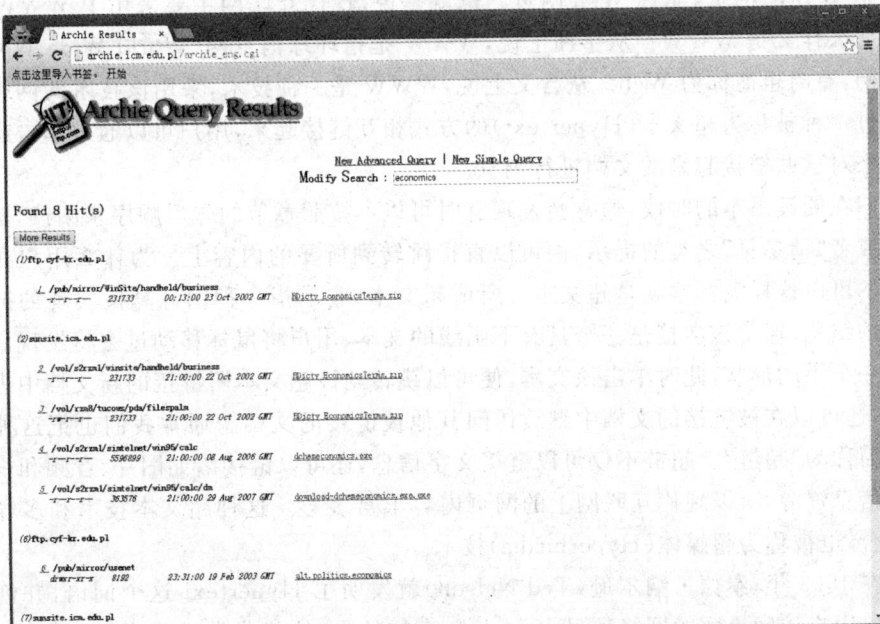

(b)

图 2.14 波兰 ICM 大学提供的 Archie 查询入口(截取于 2015-3)

技术虽然在使用方法上各不一样，但是都努力地在易用性方面达到用户的满意。比较著名的有 Gopher 和 WWW。

1. Gopher

Gopher 是由美国明尼苏达大学（University of Minnesota）的马克·麦卡希尔（Mark McCahill）于 1991 年开发的程序，最早的 Gopher 程序可以运行在 UNIX 系统上，程序的名字就叫 Gopher。不像 Archie，Gopher 只存储普通的文本文件，所以可以提供基于文本内容的查询服务。同时它还具有一种基于菜单驱动的网络信息获取方式。在 Gopher 程序中，每个菜单项可以是一个文件或者一个目录，沿着目录访问可以继续访问到下级目录或者下级文件。用户在层次性菜单目录的指引下，可以非常方便地获取到自己所需的文件信息资源。和诸如 Telnet 等其他技术相比，Gopher 无须用户掌握太多的指令，因此用户易于上手使用。同时，Gopher 内部也集成了 FTP 等工具，因此可以提供诸如文件获取、信息查询等各种常见的信息服务。

不过，随着 WWW 的出现，Gopher 逐渐退出了历史舞台。然而在今天的互联网上，我们仍然可以使用一些尚未关闭的 Gopher 服务，如 The World 协会提供的 Gopher 服务，通过网页形式的超链菜单目录，用户仍可以定位到所需的信息内容上，如图 2.15 所示。

2. WWW

说到 WWW，可能读者会觉得它非常难以理解。其实，现在每天上网访问的网页基本上都是 WWW 网页，简称 Web 网页。也就是说，现代互联网主要采用了 WWW 服务方式。那么什么是 WWW？从字面上说，WWW 是指环球信息网（World Wide Web），也称万维网，有时也简称为 Web。从含义上说，WWW 是一种技术，采用该技术的网络文档可以通过一种被称为超文本（Hypertext）的方式相互链接起来，用户可以通过单击超链接的方式来对这些链接起来的文档进行浏览。

我们在阅读书本的时候，通常会发现有时可以不按照章节的先后顺序来阅读，例如通过脚注或者"请参见"之类的提示，便可以直接跳转到所要的内容上。为什么用户在浏览网页时不可以这样呢？这就是超文本。所谓超文本，它是指一种用计算机实现的链接相关文档的结构，通常该链接是一个具有下画线的文本，用户将鼠标移动过去将发现鼠标光标变成一个手的形状，此时单击该文本，便可以跳转到该超文本所链接的新文档中去。当然，用户还可以在被链接的文档中继续访问其他被链接的文档。通常我们也把这种超文本链接简称为"超链"。超链不仅可以链接文字信息，还可以链接诸如图片、音频和视频等多媒体信息资源，所以现代互联网上的网页内容丰富多彩。这种超文本技术和多媒体技术的结合，也被称为超媒体（Hypermedia）技术。

早在 1963 年，泰德·纳尔逊（Ted Nelson）就发明了 Hypertext 这个词语，并创建了具有简单用户访问界面的网络项目 Xanadu。有趣的是，他却非常反感诸如 HTML 语言之类的复杂网页书写语言。1984 年，日内瓦的欧洲核子物理研究中心（CERN）[①]的研究

---

① 欧洲核子物理研究中心（The European Organization for Nuclear Research）之所以简称为 CERN，是因为这个简称来源于它的法语单词首字母缩写，即 Conseil Européen pour la Recherche Nucléaire。它就是 2012 年进行"上帝粒子"碰撞研究的著名机构。

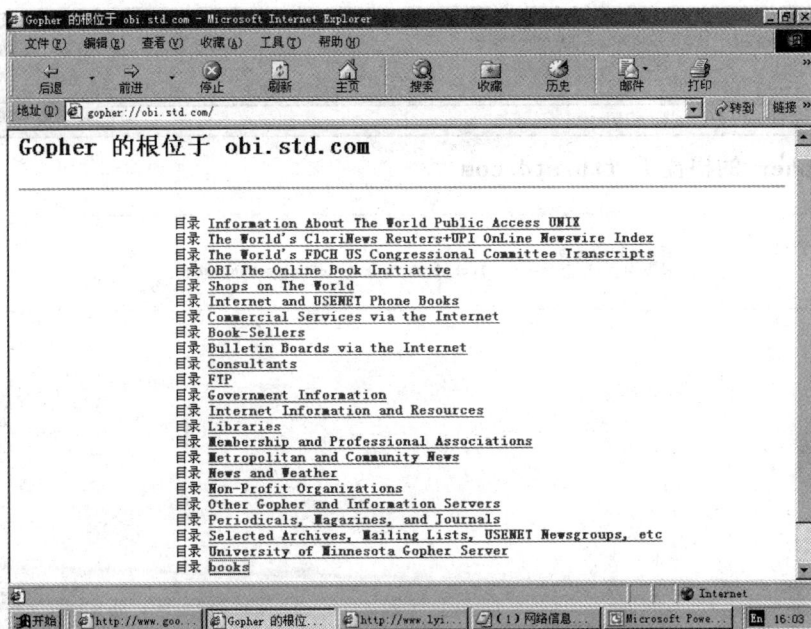

(a)

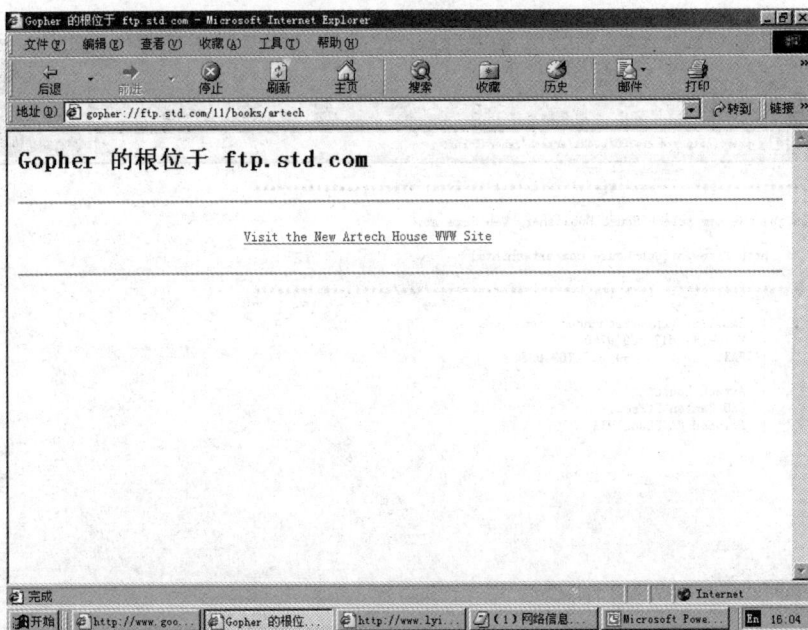

(b)

图 2.15　利用 The World 协会所提供的 Gopher 服务获取出版社名录信息(截取于 2010-9)

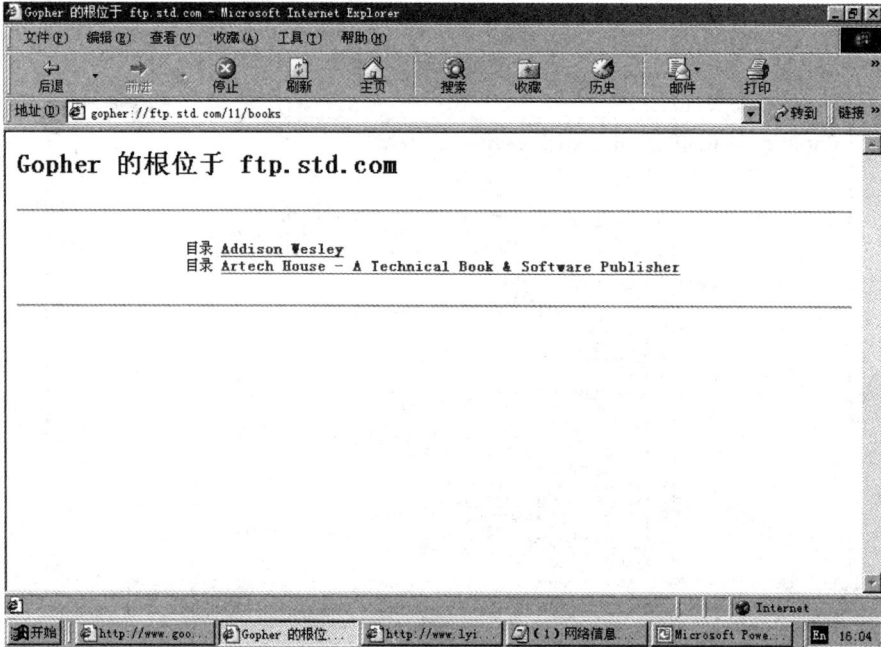

(c)

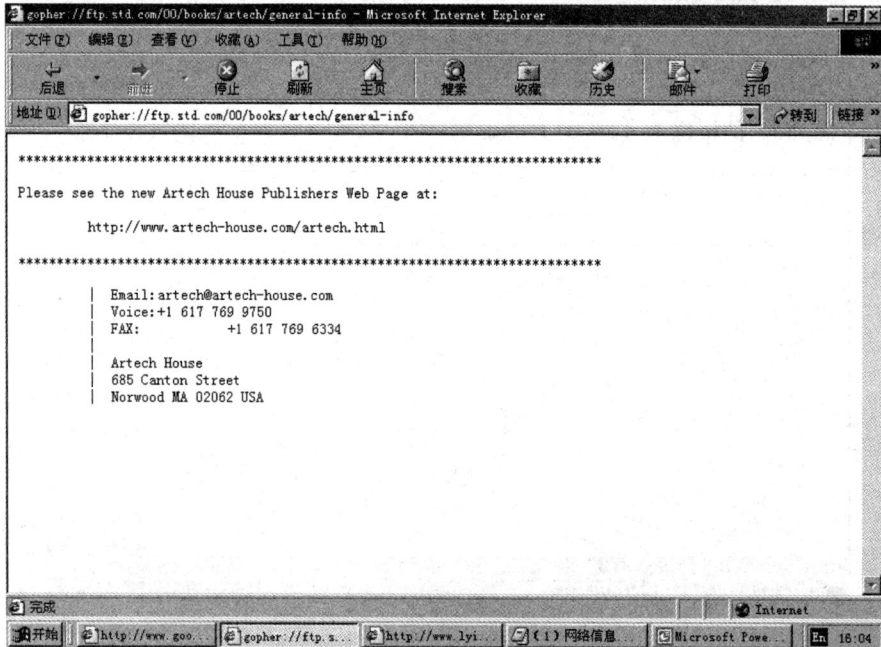

(d)

图 2.15（续）

员蒂姆·伯纳斯·李(Tim Berners Lee)实现了超文本技术,他还发明了用于查看 WWW 网页的 Web 浏览器和存储 WWW 网页的 Web 服务器①。他和他发明的世界上第一个 Web 浏览器如图 2.16 所示。

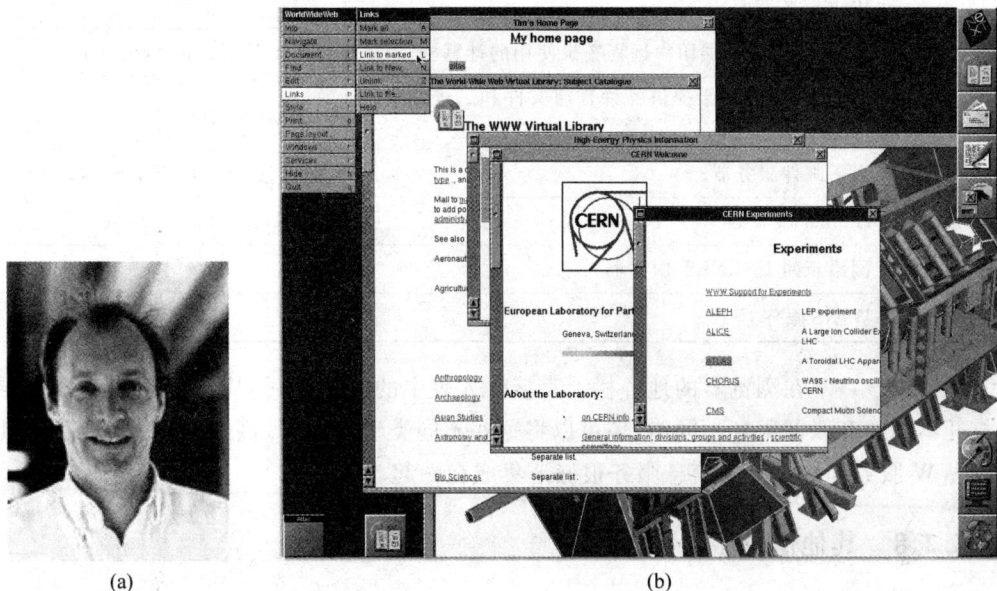

图 2.16　Tim Berners Lee 和他在 1993 年发明的世界上第一个 Web 浏览器界面

有趣的是,蒂姆因为这项发明本可以成为富可敌国的人,但是他毅然放弃了申请专利而将此公开,正如他在 2012 年伦敦奥运会上所说的,"这是给所有人的"。著名的 WWW 协会也是他于 1994 年在美国麻省理工学院(MIT)成立的。1991 年 8 月 6 日,世界上第一个基于超文本访问方式的网站终于建成,网址为:http://info.cern.ch,网站中的网页使用蒂姆发明的超文本标记语言(Hyper Text Markup Language,HTML)来书写。这也是今天人们仍在使用的 WWW 网页制作方法。人们经常把由此类网页构成的互联网称为 WWW 网络、3W 网络和 Web 网络等,此时的用户也可以被称为 Web 用户和 WWW 用户等,这些都说明 WWW 已经成为现代互联网信息服务的主要形式。

WWW 技术利用超本文将互联网上大量的信息资源相互链接起来,用户只需通过浏览器就可以轻松的访问。而且,超文本网页的编写相当容易,又使得用户数量和他们创建的网页数量都得到了快速的增长。值得注意的一点是,WWW 网页与平台无关,无论用户使用什么操作系统,都可以通过浏览器来访问。

最后要强调一个问题,这些不同的互联网信息资源服务通常都是通过请求网址前的协议类型来加以区分的,人们使用带有不同服务协议前缀的统一资源定位符来分别标识它们,如表 2.3 所示。

---

①　蒂姆还写出一本专门说明 WWW 网络发展历程的书《编织 Web》(Weaving the Web)。读者也可以从 WWW 协会的站点来了解蒂姆,网址为 http://www.w3.org/People/Berners-Lee。

表 2.3　各种 WWW 支持的常见服务协议

前　缀	服　务　含　义	示例 URL
http://	HTTP 服务器，主要用于提供超文本信息服务的 Web 服务器	http://www.njmars.net
telnet://	Telnet 服务器，供用户远程登录使用的计算机	telnet://bbs.nju.edu.cn
ftp://	FTP 服务器，用于提供各种普通文件和二进制文件的服务器	ftp://ftp.njue.edu.cn
mailto://	电子邮件服务器	mailto://leeshuqing@163.com
gopher://	Gopher 服务器	gopher://obi.std.com
news://	网络新闻 USENET 服务器	
wais://	WAIS 服务器	

　　大家尝试一下在浏览器的地址栏上直接输入表中的完整示例 URL，就会发现浏览器会打开不同的互联网服务。同时，还可以将这些不同类型的 URL 嵌入 WWW 网页中，使得 WWW 服务和这些传统信息服务很好地集成在一起。

2.2.8　其他信息服务

　　随着网络技术的快速发展，互联网上提供的信息资源服务种类也越来越多。这里重点说明几个。

1. 移动互联网信息服务

　　移动互联网（Mobile Internet）就是将移动设备通信和互联网二者结合起来，从 2014 年以来，它的发展速度惊人。《第 41 次中国互联网络发展状况统计报告》显示截至 2017 年 12 月，中国手机网民规模达 7.53 亿，较 2016 年年底增加了 5734 万人。网民中使用手机上网人群占比由 2016 年的 95.1% 提升至 97.5%。同时，平板电脑和网络电视也逐渐成为重要上网设备，在整体网民中占比分别为 27.1% 和 28.2%。

　　在这种情况下，传统互联网信息内容服务商不仅已经把各种 Web 信息资源开始搬到移动设备端，而且还专门开发移动端应用软件，其中也汇聚了大量有价值的信息资源。例如实时通信（Instant Message，IM）就是一种广受用户欢迎的信息服务，用户借助这个软件平台可以实时地与其他用户进行文本、图像和音频视频的交流和通信，如微信、Skype 和 WhatsApp 等。通过这个平台，用户可以获取的信息资源将会更多，而且及时性更强，事实上，这些服务也一直在努力地把信息资源的易用性体现在自己的产品中，很多都提供了强大的信息查询方法和信息推荐服务。例如腾讯的 QQ 甚至还自己发明了 tecent 协议，单击以"tencent://"开头的 URL 会在浏览器网页中启动本地的 QQ 软件。

　　不过，由于很多实时通讯软件自身的私密性，通常用户很难对其中的对话信息进行直接检索。但对于另一些在私密性方面较弱的产品而言，如微博等，人们可以直接利用上面的信息资源，从中人们可以了解诸如商品市场行情、网络舆情民意等多种信息，甚至还有专门的微博搜索引擎，如新浪微博搜索引擎（网址为 http://s.weibo.com），界面如图 2.17 所示。

图 2.17 在新浪微博搜索引擎中检索"2015 GDP"的相关话题信息(截取于 2015-3)

2. 多媒体信息服务

多媒体信息主要包括图片、视频和音频,现代互联网中近一半以上的流量都与多媒体数据有关,而且这种趋势还在不断加强。从用户角度来看,人们也越来越不满足于纯文字的网络信息资源,对多媒体信息资源的获取意愿也在不断加强。

因此,互联网上专门以提供多媒体信息资源服务的站点数量和内容数量都在急剧增长,如一些专门从事视频发布、共享的网站纷纷出现,如 YouTube、优酷等。即使是实时通信软件也不断增加多媒体信息资源的发布能力,如微信就于 2014 年末在朋友圈中推出了直接播放视频的功能。因此,多媒体信息检索工具也得到了大力发展,例如百度和Google 都有自己的音乐检索、图片检索和视频检索等专门的检索界面。

然而,迄今为止还没有一种多媒体检索方法能像文字检索那样有效,在大部分情况下,用户只能通过和检索一般文本信息一样的方式来利用输入的关键词获取相关的结果,但多媒体信息内容十分丰富,如何有效准确地表达所要检索的图片内容、如何快速地在视频和音频中直接定位到所要关注的片段、如何让检索系统自动概括多媒体信息的主要内容,这些都是尚未解决的问题。

同时,利用多媒体技术实现的很多其他信息服务,也得到了快速发展,例如地图检索等,今天的搜索引擎都可以提供 3D 角度的街景地图检索界面,这一点在移动端的利用价值最大。百度地图的"全景"模式显示如图 2.18 所示。

再如虚拟现实技术(Virtual Reality,VR),它通过三维立体视频和音频效果,可以制造出一个由计算机设计的幻想世界,我们可以想象这种技术会在不久之后成熟,它们可以颠覆性地改变我们认识和使用互联网信息资源的习惯,如 Google 眼镜就可以在佩戴它的用户眼前直观地显示与当前场景相关的信息内容,如图 2.19 所示。

图 2.18   在百度地图中检索"南京财经大学"的全景地图信息（截取于 2015-3）

(a)

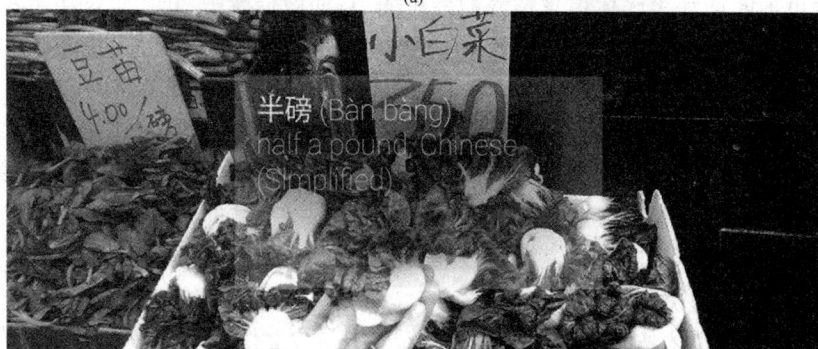

(b)

图 2.19   在 Google 眼镜中显示与当前场景相关的信息内容（截取于 2015-3）①

不妨大胆想象一下，再过十年、二十年，人们该如何获取互联网上的信息资源呢？

---

①   第一张图的网址是 http://upload. techweb. com. cn/2014/0421/1398072004100. jpg，第二张图的网址是 http://img. huxiu. com/portal/201302/22/0905590hoeydd0eghqmly9. jpg。

2.3 练 习 题 2

1．你使用过自己邮件系统的搜索功能吗？尝试寻找某个特定时间段内含有某个信息的内容，看看邮件系统能够支持哪些有效的检索方法。

2．Web2.0是指什么？语义互联网是指什么？

3．结合目前常见的虚拟现实应用，谈谈你设想的搜索场景应用。

4．互联网资源是一个巨大的信息资源体，当然面对着如此海量的信息规模，人们在日常信息利用中越来越觉得很难从中快速找到自己满意的内容。请问这种信息过载问题可以通过什么方式有效地缓解？

5．电子商务模式中有C2C、B2C和C2B这些常见的种类。借鉴这些模式，我们不妨设想一下，目前的互联网信息资源提供者和用户之间是什么模式？已有的电子商务模式能否给我们提供更多的启发？

6．简述IP地址和域名地址的对应关系。

7．简述FTP资源服务的特点和发展现状。

8．简述互联网WWW信息服务的特点。

9．介绍互联网的基本工作原理。

10．什么是URL？它包括哪些形式？

11．百度的超链分析方法是什么？这个方法用于网页评价主要基于什么指标？这个方法和传统的文献的引用关系之间有什么内在的相关性？

第 3 章 搜索引擎介绍

搜索引擎是一种非常有效和易于使用的互联网信息检索工具,利用现代互联网搜索引擎本身就可以直接检索到各种各样的信息资源,同时掌握搜索引擎的使用方法也可以为我们提供利用其他专业信息检索工具的必备技能。

自从 1994 年问世以来,搜索引擎逐渐成为人们获取互联网信息资源的主要方式,相关搜索引擎网站也逐渐成为 Web 用户使用互联网时的首选访问站点之一,另外搜索引擎和实时通信、电子邮件等服务也已经成为当今各大门户网站用来吸引用户访问的三大主要方式。据智研咨询报告,2016 年中国搜索引擎企业收入规模达到 902.1 亿元,同比增长 11.7%[①],据艾媒咨询报告,2017 年第二季度中国移动搜索用户规模增至 6.47 亿人,目前移动搜索用户规模已趋向于饱和状态[②]。

利用搜索引擎获取互联网信息资源也是网络用户常见的访问操作。本章首先主要介绍搜索引擎在国外和国内的发展历史和现状,通过对此问题的了解,有助于我们认识搜索引擎的特点,如为什么搜索引擎是现在这个样子,为什么该这样使用搜索引擎,这些都是我们需要回答的问题;其次,本章还简单讨论搜索引擎的基本原理,以此来加深读者对搜索引擎的了解,从而更好地帮助读者使用搜索引擎。事实上,有时候我们会觉得搜索引擎不是很好用,其中的原因很复杂,但是有一点是肯定的,如果我们越了解搜索引擎,我们就越能有效地使用搜索引擎。

3.1 搜索引擎的发展

搜索引擎这个名称比较古怪,来自它的英文名称:Search Engine,言下之意,它是一种检索信息的发动机。可以说,整个搜索引擎的发展历史就是互联网的发展历史,因为互联网用户中一直存在着从大量网络信息中获取自己所需信息的需求,而且这种需求随着互联网的快速增加而日渐迫切。

按照检索技术的发展过程,搜索引擎的发展经历过三个主要阶段:第一阶段时间跨度大致为 1990 年到 1998 年,这个时期的搜索引擎主要着力于解决如何快速有效地从大量网页中获取较为完整全面的搜索结果,开始使用爬虫等信息收集方式和使用 Web 目录

---

① 2017 年中国搜索引擎市场规模及收入形式结构分析预测. http://www.chyxx.com/industry/201706/534921.html.

② 艾媒报告 | 2017 上半年中国移动搜索市场研究报告. http://www.managershare.com/post/394159.

等信息组织方式,代表性的搜索引擎有 Altavista 等;第二阶段时间跨度大致为 1998 年到 2004 年,此时的互联网规模已经相当庞大,检索结果是否完整似乎已经没有太大意义,相反,搜索引擎开始努力地在命中网页的质量及其内容相关度的排序上来提高用户的满意度,基于网页链接分析的算法逐渐被各大搜索引擎广泛采用,Google 就是典型的代表;第三阶段时间跨度为 2004 年至今,各大搜索引擎不断应用先进的技术来改进功能,如增加多媒体信息查询功能、个性化搜索引擎功能等。

尤其是近年来随着机器学习等人工智能方法的不断应用,今天的搜索引擎在用户查询意图理解和结果呈现等方面,都比以前取得了极为明显的进步,整体检索效果越来越好。

3.1.1　国外搜索引擎的发展历史

可以说,如果没有互联网,就没有搜索引擎。但是,在互联网出现之前,很多人所提出的思想和见解却深深地影响了现代搜索引擎的出现和发展。

1945 年,万尼瓦尔·布什(Van nevar Bush)在《大西洋月刊》(*The Atlantic Monthly*)上发表了一篇重要的文章 *As We May Think*(中文译名为《诚若所思》)[①]。虽然那个年代还没有计算机,但是在这篇文章中,作者提到了类似于超文本的思想,同时还指出未来的世界会出现一种独立于人类大脑以外的知识扩展体(Memory Extension),该物体具有无限大的虚拟空间,可以很好地扩展,同时还能提供有效的信息获取方法,作者称为 Memex,如图 3.1 所示。

图 3.1　《大西洋月刊》上的《诚若所思》一文(截取于 2015-3)

---

① 原文参见 http://www.theatlantic.com/magazine/archive/1945/07/as-we-may-think/303881。

万尼瓦尔·布什大胆地预测了未来人类可能会面临的信息处理困境，这是他书中的原话："The difficulty seems to be, not so much that we publish unduly in view of the extent and variety of present day interests, but rather that publication has been extended far beyond present ability to make real use of the record."含义为："我们所面临的难题看起来并不是我们从当前兴趣的深度和广度出发发表了不恰当的观点，而是我们现有能力根本不足以利用这些发表的内容。"

然而，万尼瓦尔·布什并没有在技术上给出实现。20世纪六七十年代美国康奈尔大学(Cornell University)的杰勒德·沙顿(Gerard Salton)教授在信息检索技术方面做出了很多贡献，很多技术直到今天还在搜索引擎中得到广泛的应用，如空间向量模型、词频、倒文档频率和相关度反馈等技术，他甚至还研发了 SMART 信息检索原型系统。

3.1.1.1　早期的搜索引擎

相对于其他类型的信息服务类型，互联网使用 WWW 服务的时间比较晚，所以早期的互联网并不存在类似于今天的网页搜索引擎，但是仍然出现了很多类似的网络文件检索工具。

1. Archie

1990年，加拿大蒙特利尔的麦吉尔大学(McGill University)的三位学生 Alan Emtage、Peter Deutsch、Bill Wheelan 发明了 Archie，据称这个名称来自"Archive(档案文件)"的缩写。当时的互联网已经可以提供诸如 FTP 等文件下载服务，然而用户却缺乏一种直接检索 FTP 文件所在地址的工具。Archie 恰恰可以自动索引互联网上匿名的免费 FTP 文件信息，并提供一种根据文件名称检索文件所在 FTP 地址的方法。因此，Archie 被称为现代搜索引擎的祖先。然而，客观地讲，它并非一个真正的搜索引擎。原因有两个：一是它只能检索 FTP 文件资源，并不能获取诸如网页等其他类型的文件资源，因此它其实是世界上第一个 FTP 搜索引擎；二是它没有机器人(Robot)程序，不能像今天的搜索引擎那样快速有效地抓取互联网上的网页文章内容，相反，它使用的是一个基于脚本的文件名称收集器，并通过正则表达式来匹配用户查询与文件名称来实现检索，并通过文件列表的方式提供信息检索结果。

2. World Wide Web Wanderer

现代搜索引擎之所以可以检索网页信息，是因为它有一个被称为机器人(Robot)的程序，所谓机器人程序是指可以连续不断地自动获取互联网上所有网页信息的一种程序。World Wide Web Wanderer 其实并不能算是搜索引擎，它只是世界上第一个机器人程序，由美国麻省理工学院(MIT)的马泰·格雷(Matthew Gray)于1993年6月开发。它通过自动遍历网络的方法来统计互联网上的服务器数量，所以可以追踪互联网的发展规模，直至后来还可以专门用于获取互联网上网页的 URL 信息。所有遍历得到的信息都被存入自己的数据库，名字叫 Wandex。由于当时对于性能考虑得不是太多，所以这个机器人程序可以在一天内连续对同一网页进行多达几百次的遍历，因而会造成被遍历系统性能的严重下降。虽然马泰·格雷很快修复了这一问题，然而这次事故却给人们带来一个疑问：我的站点如果被别的机器人程序遍历，是不是会引起性能的下降？直到今天，搜索引擎在机器人设计方面仍然存在着这样的挑战。

今天依然可以看到 MIT 网站上有关的网络统计历史数据，网址为 http://www.mit.edu/people/mkgray/net，如图 3.2 所示。

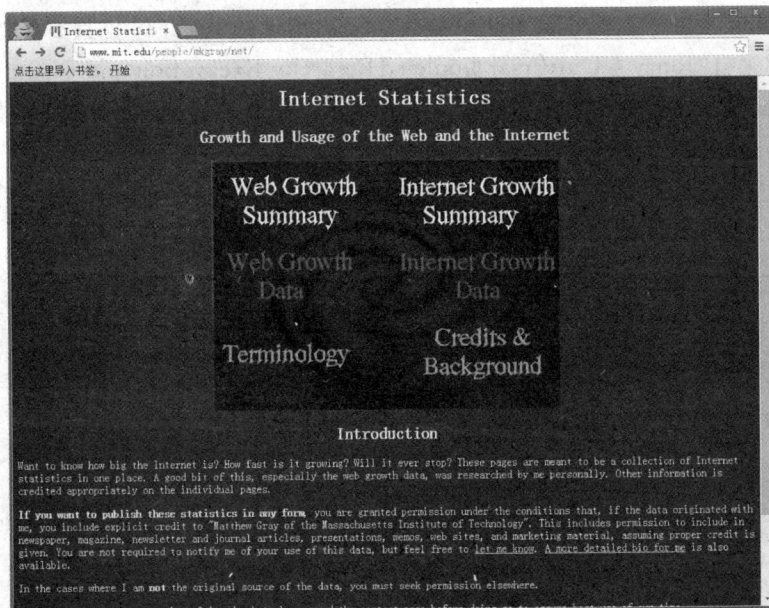
(a)

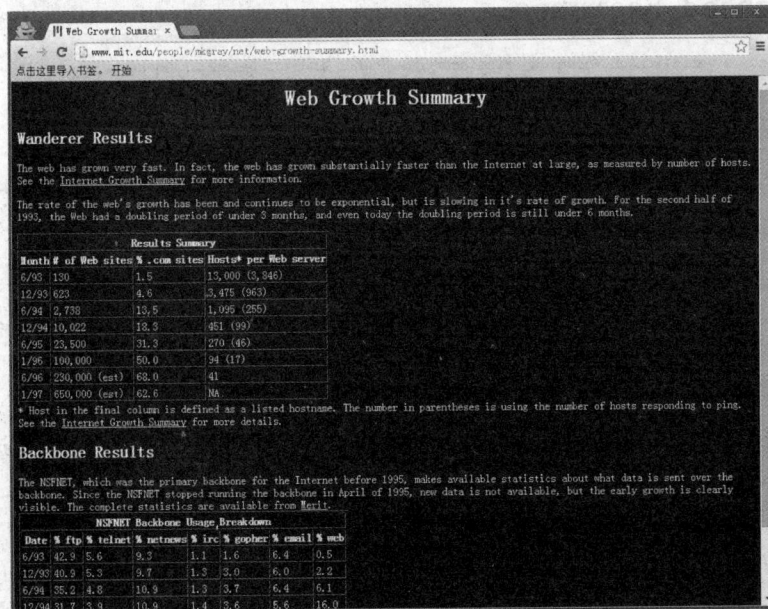
(b)

图 3.2　MIT 网站关于 World Wide Web Wanderer 的信息（截取于 2015-3）

3. Veronica 和 Jughead

之所以把这两个搜索引擎放在一起，是因为它们的功能很相似，出现的时间也很接近。Veronica 由美国内华达大学（University of Nevada）的系统计算服务小组（System Computing Services Group）于 1991 年开发。和 Archie 不同的地方在于，Veronica 只对存在于 Gopher 上的普通文本文件进行查询。随后出现的 Jughead 也具有类似的作用，据称这个名称来自"Jonzy's Universal Gopher Hierarchy Excavation and Display"（Jonzy 的统一 Gopher 层次性挖掘和显示工具）。有趣的是，后人常常把 Archie 称为搜索引擎之父，而把 Veronica 称为搜索引擎之母。

不过，这些工具都已经不复存在，然而人们依然可以在互联网上看到一些遗留下来的服务，如图 3.3 所示。

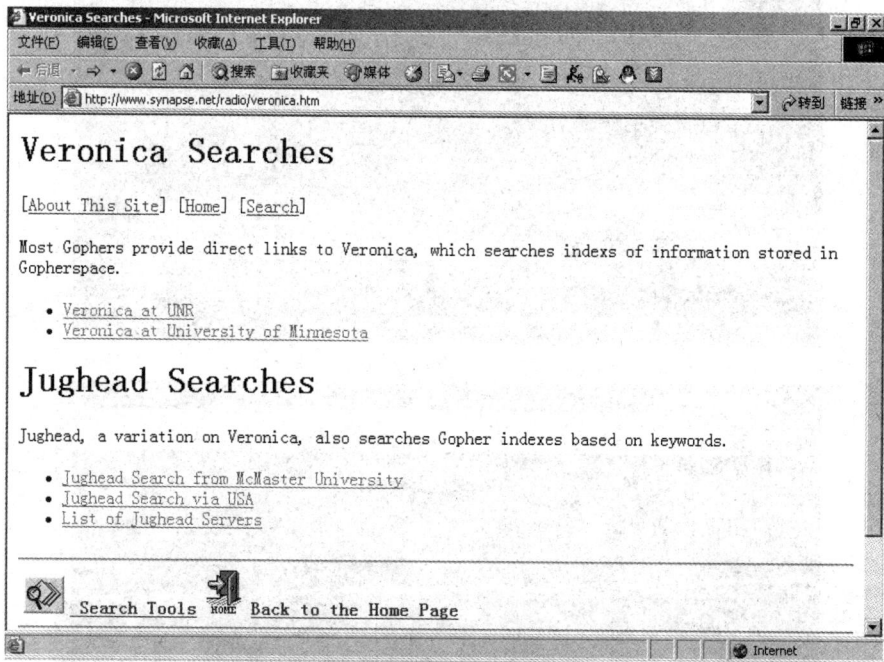

图 3.3　某站点展示的几个大学所提供的 Veronica 服务（截取于 2007-9）

4. ALIWEB

ALIWEB 是个划时代的搜索引擎，借助它人们首次可以对 WWW 网页进行全文查询。它是由马汀·考斯特（Martijn Koster）于 1993 年 10 月开发，名称含义是"类似于 Archie 的 Web 索引"（Archie-Like Indexing of the Web），它相当于 Archie 的 Web 版本。但是，ALIWEB 没有自己的机器人程序，相反它却要求愿意被 ALIWEB 收录的网站网管主动提交自己网站的网页索引信息，这样做的好处在于克服了机器人程序带来的带宽消耗，同时网管可以自主地描述网页内容。但缺点也是显而易见的，很多网管并不知道如何来做这个事情，甚至都不知道是否需要这样做，所以 ALIWEB 的网页数据库规模一直不大。ALIWEB 的网址为 http://www.aliweb.com，今天依然还在运行，主页界面如图 3.4 所示。

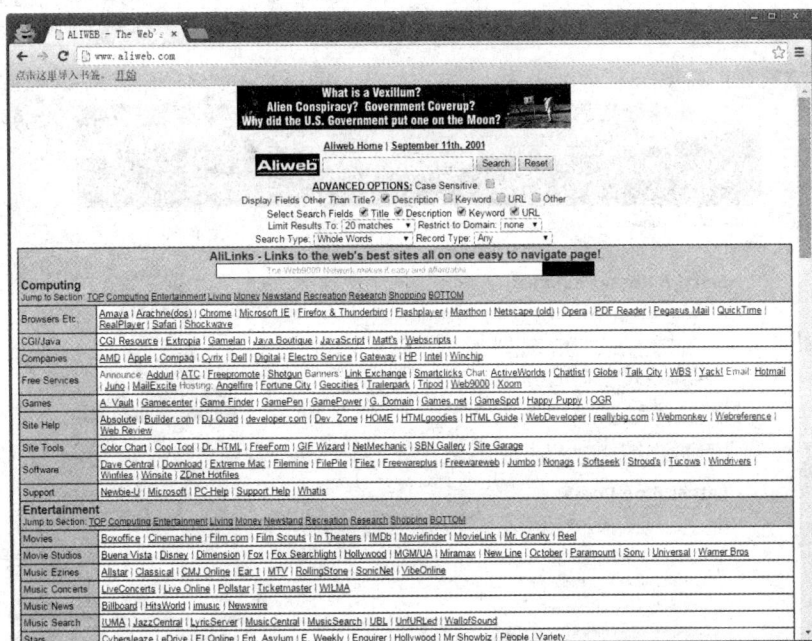

图 3.4　ALIWEB 搜索引擎的主页界面(截取于 2015-3)

虽然它很古老,但是它所提供的检索功能却非常强大,例如它在引号中提供的"子串部分匹配(Substrings)"功能连 Google 和百度都不能提供(它们只能提供全词匹配)。

后来,马汀·考斯特并没有停止对搜索引擎技术的研究,他还成为机器人拒绝协议(Robots Exclusion)标准的主要设计者。通过机器人拒绝协议,网站可以告知搜索引擎哪些信息可以被搜索引擎机器人程序遍历,而哪些不可以遍历,据此人们就可以更好地在信息公开性和保密性之间取得一种平衡。这个协议现在已经成为现代搜索引擎的标准之一。

马汀·考斯特的个人主页网址为 http://www.greenhills.co.uk/,如图 3.5 所示。

3.1.1.2　基于爬虫的搜索引擎

爬虫(Crawler)是从搜索引擎机器人程序发展而来。虽然两者在功能上很相似,但是爬虫程序却可以通过分析遍历来的网页中含有的网页链接信息,自动获取下一步需要遍历的网页,这个过程可以自动地持续地进行下去。爬虫是个非常形象的称呼,也有人称之为蜘蛛(Spider),它们都是一个意思,Web 单词本来的意思就是"蜘蛛网",因此它们真像互联网上的蜘蛛爬虫,自由地跑来跑去,抓取所能获得的各种网页信息[①]。

1994 年在搜索引擎发展历史上发生了很多具有里程碑意义的事件,那一年,各种基于爬虫的搜索引擎纷纷出现,彻底改变了人们获取互联网信息的习惯。

---

① 爬虫程序要想抓取所有的互联网网页信息,需要有个假设前提,那就是互联网的所有网页都相互链接。事实上这并不可能。不过,探讨这个问题意义不是很大,尤其在互联网网页数量规模已达万亿级的今天,人们更关心的是能否快速地找到一些最想要的信息资源而非全部的信息资源。

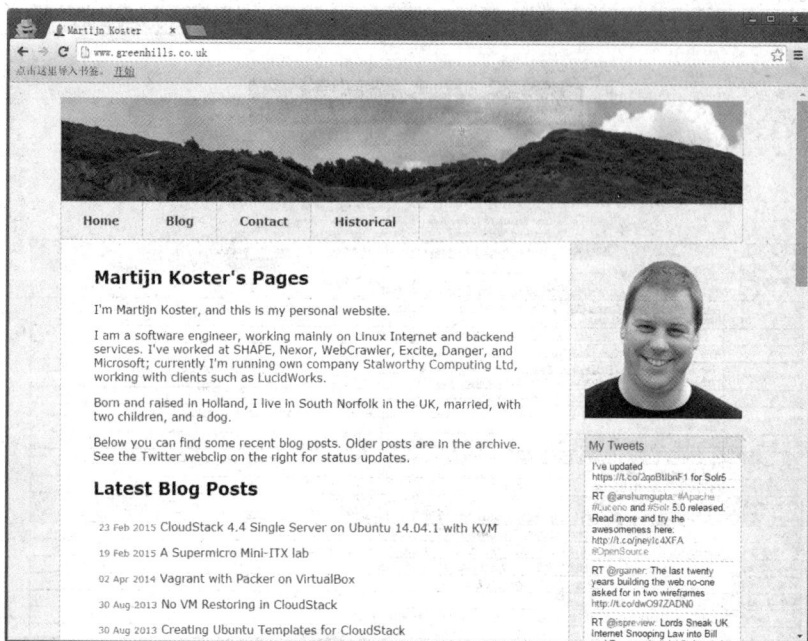

图 3.5   马汀·考斯特的个人主页（截取于 2015-3）

1. JumpStation、The World Wide Web Worm 和 RBSE

最初产生的著名搜索引擎有三个：一是英国苏格兰大学（Scotland University）开发的 JumpStation，它可以自动收集网页的标题等信息，但是随着网页数量的增加，该搜索引擎却不能很好地适应这种变化，性能变得很差，最终停止了运行；二是美国科罗拉多大学（University of Colorado）的奥利弗·麦克布莱（Oliver McBryan）开发的 The World Wide Web Worm，字面意思是"万维网蠕虫"，它可以自动收集网页的标题和 URL 等信息，而且它也是第一个解析超文本信息的搜索引擎；三是美国航空航天局（NASA）开发的 RBSE，意思是基于存储库的软件技术设备（The Repository-Based Software Engineering）。它是第一个能够索引 Web 网页正文的搜索引擎，也是第一个能够在搜索结果排列中引入查询词语相关度概念的搜索引擎。与前两种搜索引擎不同，它不再简单地只根据找到匹配网页信息的先后次序来排列搜索结果，而是利用网页链接分析重新设计新的结果网页排序算法，因此可以把用户最想要的相关网页放置在搜索引擎结果的最前面。

现在这些搜索引擎都早已停止了服务，但是后来的搜索引擎基本上都采用了基于爬虫的网页信息获取方法。

2. Excite

Excite 是一个非常有代表性的搜索引擎，它是由美国斯坦福大学（Stanford Unviersity）6 名本科生在 1993 年 2 月研发的一个项目 Architext 发展而来。最初这些学生认为可以通过对网页中的词语关系进行统计分析来提高搜索的效果，因此他们在引入风险投资后就研发了 Architext 系统。到了 1993 年中期，他们发布了一个供网络管理员可以在自己网站上使用的查询软件版本，称为 Excite for Web Servers。到 1999 年，

Excite 被一个名叫@Home 的宽带运营商以 65 亿美元收购，因此搜索引擎也改名为 Excite@Home。从此，Excite@Home 开始侧重于宽带市场，在搜索引擎方面也就没有更新的技术出现。好景不长，Excite@Home 于 2001 年 10 月破产，2002 年 5 月被 InfoSpace 公司以 1000 万美元收购。今天，Excite 仍然还在运营，不过它已经改用 Dogpile 来提供元搜索引擎服务。Excite 主页网址为 http://www.excite.com，检索界面如图 3.6 所示。

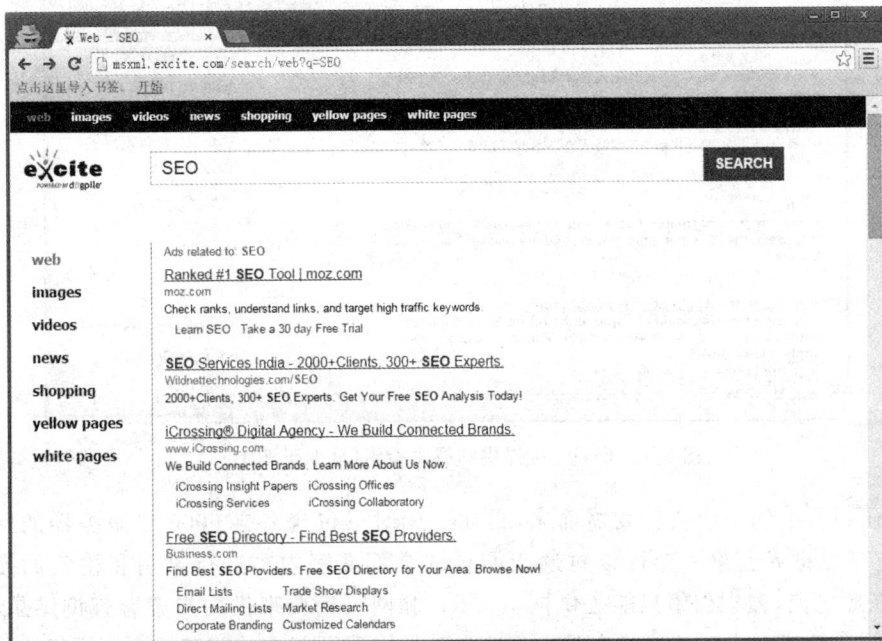

图 3.6 在 Excite 搜索引擎检索"SEO"的相关结果（截取于 2015-3）

其中它还专门提供了黄页（Yellow Pages）检索和白页（White Pages）检索，前者是指电话号码检索，后者是指电子邮箱检索。

Excite 搜索引擎有两点非常引人注目：一是在商业上，它最早提出"免费让人搜索，用广告收入来补贴"的搜索引擎盈利模式，这在当时是比较新的理念；二是在技术上，Excite 一直以概念搜索闻名。所谓概念搜索，是指搜索引擎可以理解用户检索词语的语义含义，并进行自动语义扩检①来推荐更多的查询内容。当然，受限于技术的发展，这种概念检索的功能并非十分强大。图 3.7 展示了在 Excite 中查询"Apple"的界面，在窗口的右边显示了一组扩展的查询词语，如 Apple Store（苹果用品商店），甚至还有 Banana 等水果类词语。

3. WebCrawler

WebCrawler 是美国华盛顿大学（University of Washington）计算机科学系的学生布赖恩·平克顿（Brian Pinkerton）于 1994 年 4 月 20 日创建，虽然它最早只是从一个非正

---

① 扩检是指扩展检索，意即对当前检索词语的语义进行分析，找到更为一般的或者与此相关的其他检索词语提供给用户做进一步查询时使用。

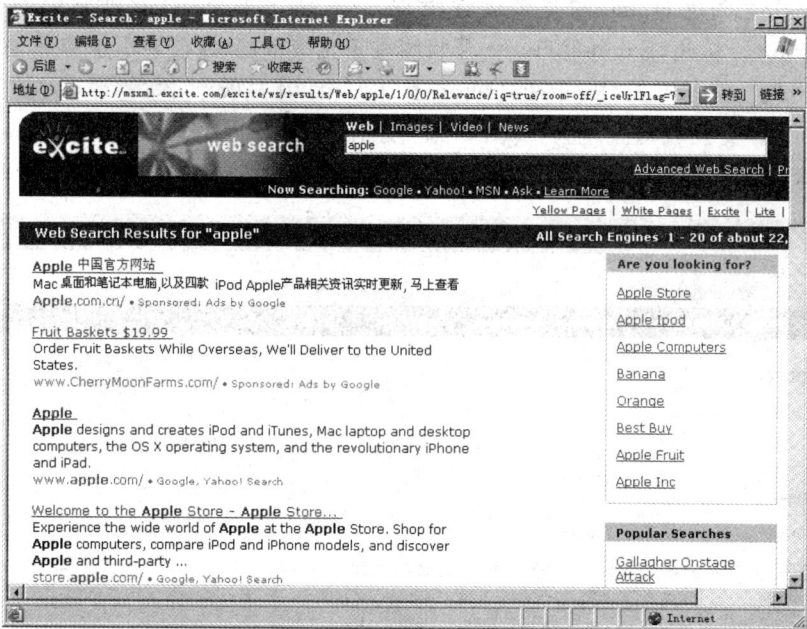

图 3.7　Excite 所提供的概念检索（截取于 2010-3）

式学术研讨会上的小型项目发展而来，最初亮相时只包含来自 6000 个服务器的网页内容，但它却是世界上第一个可以对遍历网页的全部文字内容进行索引和检索的搜索引擎[①]。在此之前，搜索引擎只能提供网页 URL 和网页摘要来供用户查看查询结果，其中网页摘要一般来自人工评论或者是由程序自动抽取网页正文的前若干个词语组成。

1995 年，美国在线收购了 WebCrawler。1997 年，Excite 又把 WebCrawler 买走，此时的美国在线就开始使用 Excite 作为它自己搜索项目 NetFind 的技术提供商。随着 Excite 的风光不再，今天的 WebCrawler 已改用 Dogpile 来提供元搜索引擎服务。网址为 http://www.webcrawler.com，主页如图 3.8 所示。

4. Lycos

Lycos 的名字来自拉丁文单词"Lycosidae"（狼蛛），狼蛛和一般蜘蛛最大的区别就是不结网，而是直接追随猎物捕食。这个形象有力的名称表达了 Lycos 遍历网页的强大能力，事实上，它也是搜索引擎历史上的代表作之一。它由美国卡耐基-梅隆大学（Carnegie Mellon University）的博士生迈克尔·墨登（Michale Mauldin）于 1994 年 7 月在匹兹堡创建，和其他美国搜索引擎不太一样的地方在于，它是早期唯一诞生于美国东部的搜索引擎，而其他的搜索引擎则都在西部的硅谷创建。

从技术上看，Lycos 能够提供网页结果排序、查询词语的前缀匹配、邻近位置词语查询和自动网页摘要等一系列功能。在 1994 年 10 月，用户通过当时最为流行的航海者浏

---

① 在当时，强大的全文索引能力引发了巨大的访问流量，据称当时的华盛顿大学校园网络几乎因此崩溃。

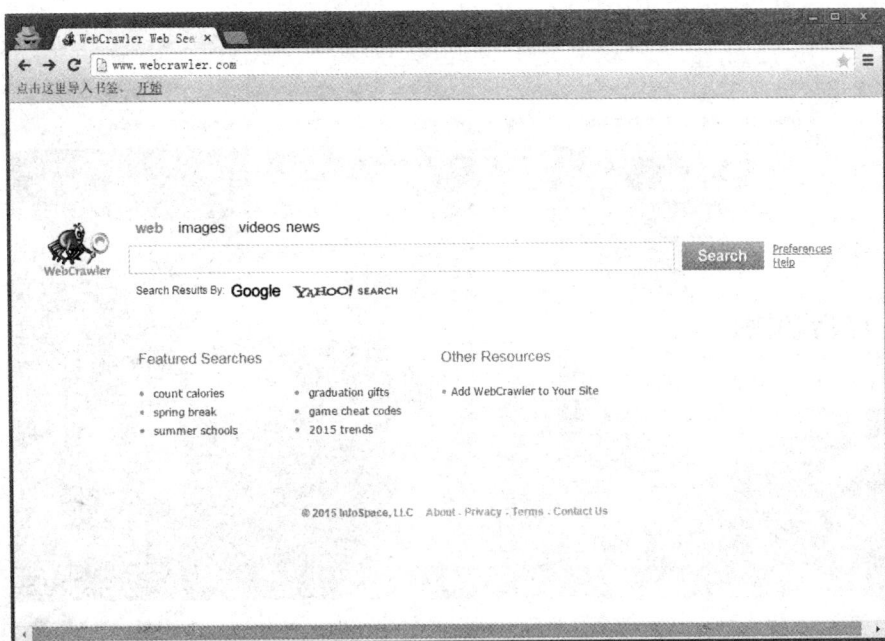

图 3.8 WebCrawler 搜索引擎的主页界面(截取于 2015-3)

览器查询"Surf①"相关结果时,Lycos 是排名第一的搜索引擎结果。正如 Lycos 名字暗示的那样,Lycos 遍历网页的能力非常强,这是它的最大特点,而这一点在互联网刚开始发展的年代无疑非常吸引人。据报道,1994 年 7 月 20 日,Lycos 就可以遍历 54 000 篇网页,到了 1994 年 8 月则达到 39.4 万篇,1995 年 1 月达到 150 万篇,1996 年 11 月更达到 6000 万篇网页,超过了当时任何一款搜索引擎所能收集的网页量。

但是,客观地讲,Lycos 的搜索引擎技术并不是最好。不过,Lycos 在商业上却做得不错,如很早就开始投资做社区网站,网络广告也经营得不错,这些成功掩饰了 Lycos 技术的不足。Lycos 后来似乎意识到了这一点,它收购了一家广受好评的搜索引擎 Hotbot,而 Hotbot 后台使用的是 Inktomi 搜索引擎的技术,Lycos 希望通过此次收购来提升自己的技术水平。但是,这也使得 Lycos 一直需要维持着两个搜索引擎的技术平台。可能是 Inktomi 的技术确实比较先进,直到最后它全面改用 Inktomi 的搜索技术。不过,由于受到 Yahoo!和 Google 的竞争,Lycos 逐渐衰落,最终在 1999 年 4 月停止了服务,改由 Fast 搜索引擎来提供服务。网址为 http://www.lycos.com,主页如图 3.9 所示。

5. Infoseek

Infoseek 也诞生于 1994 年。Infoseek 的起点比较高,因为它所使用的搜索技术来自于美国马萨诸塞大学(University of Massachusetts),而在全美高校中,马萨诸塞大学的信息检索技术名数一流。但是在设计完成之后,设计师还是发现它无法适应如此多的互联网网页处理要求,因此聘请一位名叫威廉·张(William I. Chang)的中国台湾设计师进

---

① Surf 是指冲浪,这里意指所谓的网上冲浪,通常上网的用户也被称为"冲浪者(Surfer)"。

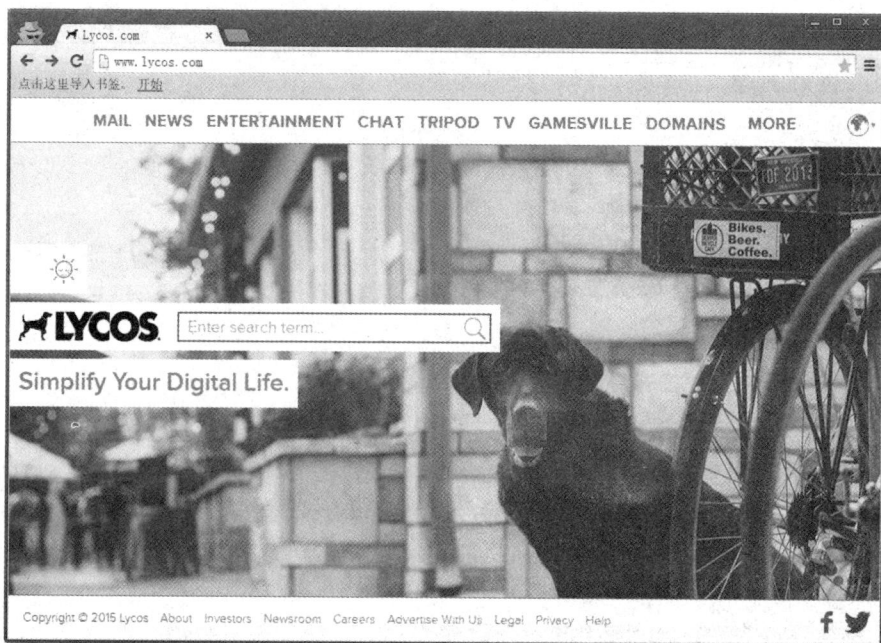

图 3.9   Lycos 搜索引擎的主页界面（截取于 2015-3）

行了改进，改进后的技术平台被称为 Ultraseek。该平台较前者而言，不仅在处理速度上，而且在检索结果的相关度方面，都比较优秀。事实上，后来的 Infoseek 也确实因为相关度算法好而闻名。同时，它还允许网站管理者提交自己的网页来进行实时索引，该项功能非常吸引人，不过，Infoseek 也同时成了搜索造假者（Search Spammer）①的天堂，很多网站管理者利用此项功能来恶意提升自己网站的搜索结果排名和被搜索的次数。

Infoseek 不断增强用户界面的友好性，同时提供大量附加服务以吸引用户使用。最为重要的是，1995 年 12 月，Infoseek 连说服带花钱，让网景（Netscape）公司不再使用Yahoo!作为默认的搜索服务提供商，也就是说，当用户单击航海者浏览器的搜索按钮时，默认弹出 Infoseek 的搜索引擎。但是，随着 1999 年被迪斯尼（Disney）公司收购，Infoseek 最终沦落为 Go.com 网站做娱乐方面的索引和搜索服务，从此在技术方面的革新越来越少。在 2001 年 2 月，Infoseek 终于停止了自己的搜索引擎，改用 Overture 的搜索服务。有趣的是，百度创始人李彦宏也曾经在 Infoseek 从事过技术工作，但于1999 年回国创立了百度。更为有趣的是，那个当时改进 Infoseek 的工程师 William I. Chang 就在工作中认识了李彦宏，并于 2006 年 12 月 6 日加盟了百度，成为百度首席科学家。Infoseek 的网址为 http://go.com，现在已经完全关闭了搜索服务，原先的搜索引擎主页如图 3.10所示。

---

①   所谓搜索造假者，是指一些恶意的网站管理者通过故意修改网页内容来设法提升自己网页在搜索引擎命中结果中的位置，或者使得用户在输入一些常见词语进行检索的时候，可以很方便地找到那些网站管理者自己的网页。显然，这种行为并不公平，而且会极大地影响搜索引擎自身的声誉。

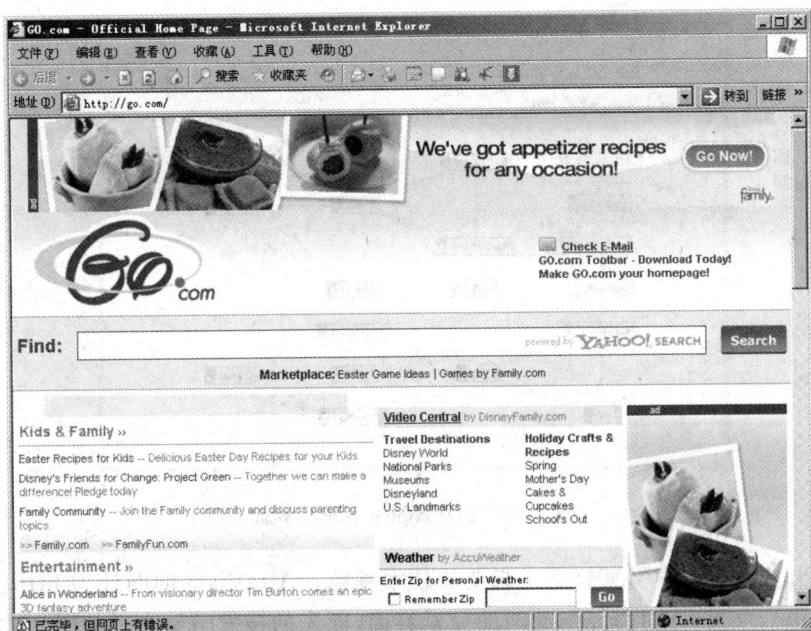

图 3.10　Infoseek 搜索引擎的主页界面(截取于 2010-3)

6. AltaVista

AltaVista 可以被看成是早期搜索引擎中的"Google",它不论是在软件功能上还是硬件条件上都达到了那个时代的顶峰,在很多方面对现代搜索引擎都产生了深刻的影响。

AltaVista 是由美国数字设备公司(Digital Equipment Corporation,DEC)研发,于 1995 年 12 月面世。从硬件条件来看,DEC 公司本身就是生产计算机设备的公司,凭借 DEC 强大的 Alpha 芯片运算能力,AltaVista 可以运行在当时最为先进的计算机上,因此运行速度非常快。从软件功能上看,AltaVista 搜索引擎的功能也非常多,如 AltaVista 第一个允许用户使用句子来进行自然语言查询,第一个支持和实现了布尔查询,能对不同格式的文档、多媒体信息甚至多国语言的网页进行查询。同时,AltaVista 还是第一个允许用户自主增删网页索引信息的搜索引擎,更新的信息最快可以在 24 小时内上线。另外,AltaVista 还能查询有链接指向某个特定网页的所有其他网页,该功能称为链入检查(Inbound Link Check),这个功能有助于网站管理者了解自己站点受人关注的程度,显然,这种被其他网页建立的链接越多,自己网页的受欢迎程度相对也就越高。在界面上,AltaVista 还提供了大量的易用帮助提示信息以方便用户使用。

1997 年,AltaVista 发布了一个图形演示系统 LiveTopics,它采用一个图形化的界面来整理搜索引擎的返回结果,从而方便用户找到所需内容,界面如图 3.11 所示。

这些技术都令人刮目相看。然而,由于管理混乱和竞争者的不断增多,进入 21 世纪以后 AltaVista 逐渐走了下坡路。2003 年 2 月 18 日,Overture 收购了 AltaVista,随后 Yahoo!又收购了 Overture,AltaVista 因此成为了 Yahoo!搜索系统的实验平台,也为

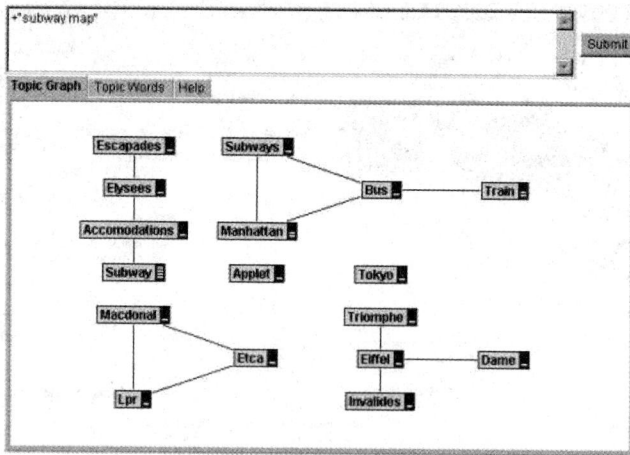

图 3.11　LiveTopics 系统的界面

Yahoo!推出自己的搜索引擎打下了必要的技术基础。AltaVista 的网址为 http://www. altavista.com，今天只能打开 Yahoo!的搜索界面，原先的搜索引擎主页如图 3.12 所示。

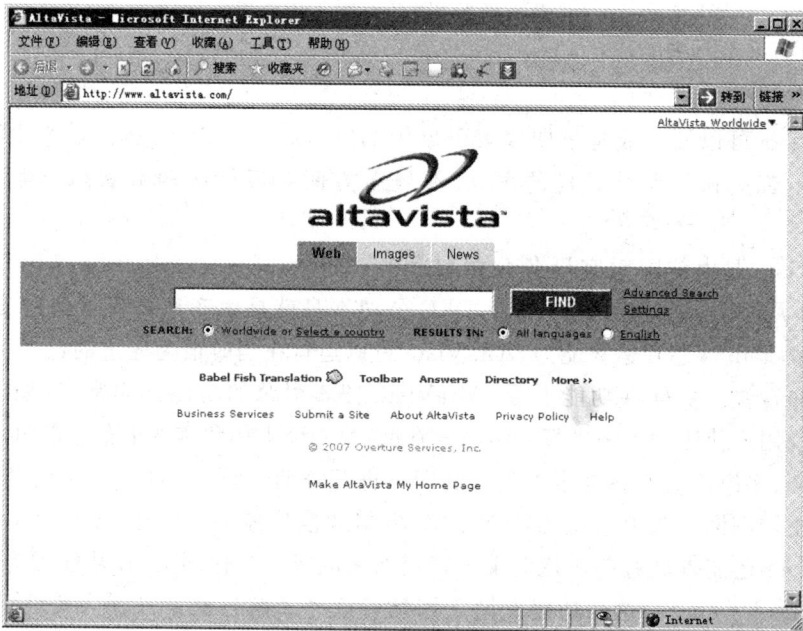

图 3.12　AltaVista 搜索引擎的主页界面（截取于 2015-3）

7. Inktomi

Inktomi 的正确念法是“Ink-to-me”，它来自美洲印第安人传说中的一个蜘蛛魔法师，据说给人类带来了文化和知识。Inktomi 是由美国加州伯克利分校（University of California，Berkeley）计算机教授埃里克·布鲁尔（Eric Brewer）和他的博士生保罗·高瑟（Paul Gauthier）于 1996 年 1 月创建。他们是研究并行处理的专家，也希望以 Inktomi 来证明他们所提出的并行算法是有效的。但是,此时的互联网搜索引擎已经群雄并起,要想和它们正面交锋,难度很大。所以,Inktomi 创建者决定只做技术提供商,并在 1996 年 5 月 20 日开始为 Hotbot 提供服务。事实证明,Hotbot 很受欢迎,它声称每天能遍历 1000 万篇以上的网页,同时还大量运用 cookie 来储存用户的设置信息以提供个性化的查询服务。在商业运行模式上,Inktomi 还提出了很多直到今天依然还在沿用的概念,如 "Search Submit"(付费提交)、"Index Connect"(付费索引)、"Web Portal Solution"(Web 门户解决方案)和"Enterprise Search"(企业搜索)等。到了 1999 年,Inktomi 达到了鼎盛,成为诸如 Yahoo!和微软 MSN 搜索引擎在内近一百多个大网站的搜索后台技术提供商。

随后,Hotbot 被 Lycos 收购,Yahoo!也转用 Google 作为搜索技术提供商,这对 Inktomi 是个巨大打击,不断流失的客户和影响力开始使得 Inktomi 走向下坡路。Inktomi 于 2002 年 12 月 23 日还是被当年抛弃它的 Yahoo!以低价收购。在此之前,Yahoo!一直在使用 Altavista 作为后台技术提供商。现在该服务已经关闭[①],关闭前的最后主页如图 3.13 所示。

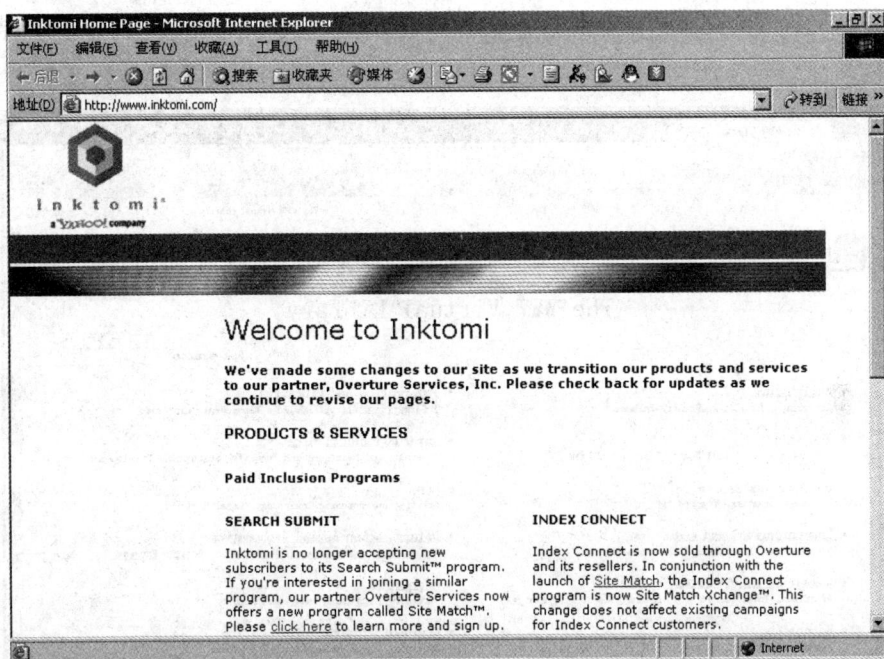

图 3.13　Inktomi 搜索引擎的主页界面(截取于 2007-9)

---

① Inktomi 的最终失败从一个方面反映了搜索引擎必须要正视的问题,那就是究竟应该直接面对用户树立品牌还是甘当幕后英雄。事实证明,要想取得市场的成功,搜索引擎必须及时转型,尽快走到台前。后来的 Google 和百度则采取了正确的转型路线,成为现代搜索引擎的巨头之一。

3.1.1.3 基于分类目录的搜索引擎

前文所述的搜索引擎多是采用爬虫方式来获取网页信息,同时在检索界面上多采用输入检索关键词的方式来获取网页结果,通常我们称这种方式为全文检索(Full-text Retrieval),因为网页只要在任何位置上含有用户的检索词语就可以被命中。与此相对的,还有另外一种有效的信息检索形式,那就是 Web 目录(Web Directory),也称为"分类目录"或者"网页目录"。它采用层次性的目录组织体系,将所收集的网页分门别类地归入不同的子目录,用户按照目录提示可以逐层定位找到自己所需的内容。采取此类方法实现的搜索引擎和信息检索站点也有很多。

1. Virtual Library

发明 WWW 访问方式的蒂姆・伯纳斯・李(Tim Berners Lee)于 1991 年利用WWW 方式组织过一个 Web 目录站点,称为虚拟图书馆(Virtual Library),于是它被看成是世界上最早的 Web 目录站点。不像一般的商业站点,这个站点是由一群志愿者维护的,志愿者分别根据自己所了解的学科知识领域给出相应目录下的推荐网页结果,所以体系不大,但是收录的网页质量却较高。网址为 http://www.vlib.org.uk,主页如图 3.14所示。

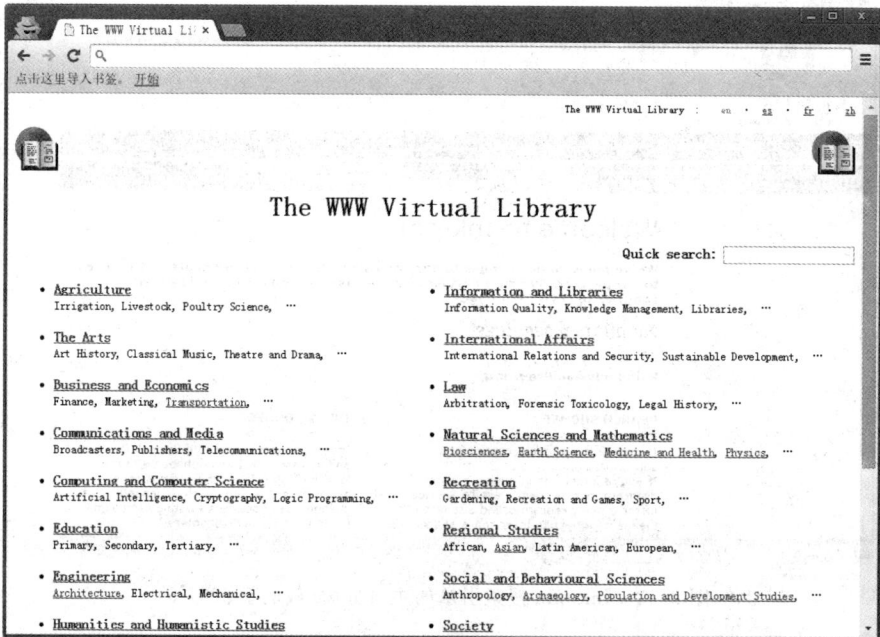

图 3.14 蒂姆・伯纳斯・李创立的虚拟图书馆(Virtual Library)(截取于 2015-3)

2. Galaxy

1994 年 1 月,Galaxy 在美国得克萨斯大学(University of Texas)创建,最早的名称是EINet Galaxy。在创建之初,Galaxy 主要面向电子商务的大型目录指南服务。1995 年4 月,Galaxy 由一个研究项目转变为一个商业项目,1997 年被网络安全公司 CyberGuard

收购,1998 年 9 月,CyberGuard 又把 Galaxy 卖给美国健康网(AHN.com),1999 年 5 月
Fox/News 公司介入 Galaxy。直到 2000 年 5 月,几经变故的 Galaxy 终于成为一个独立
的站点,由 TradeWave 公司负责。

　　Galaxy 是一个著名的 Web 目录搜索引擎,这个目录体系首先按照主题分类,各主题
目录再依字母顺序排列,大主题下分有小主题,因此是个较为综合全面的 Web 目录体系。
同时,在内容上包含了较多的学术性和专业性知识,内容非常丰富。同时,Galaxy 除了可
以提供 Web 网页检索功能外,还能提供当时还在流行的 Telnet 和 Gopher 环境下的信息
检索功能。其实 1994 年互联网的规模还很小,小到似乎没有必要去建立 Web 目录,而事
实上 Galaxy 创建的一个主要原因也就是提供一种 Gopher 信息的目录检索功能,而
Gopher 采用的层次型菜单结构非常需要同时也非常适应 Galaxy 所提供的目录体系。它
的网址为 http://www.galaxy.com,主页如图 3.15 所示。

　　目录型搜索引擎近几年的发展都受到了很大的影响,目前 Galaxy 已经停止服务。

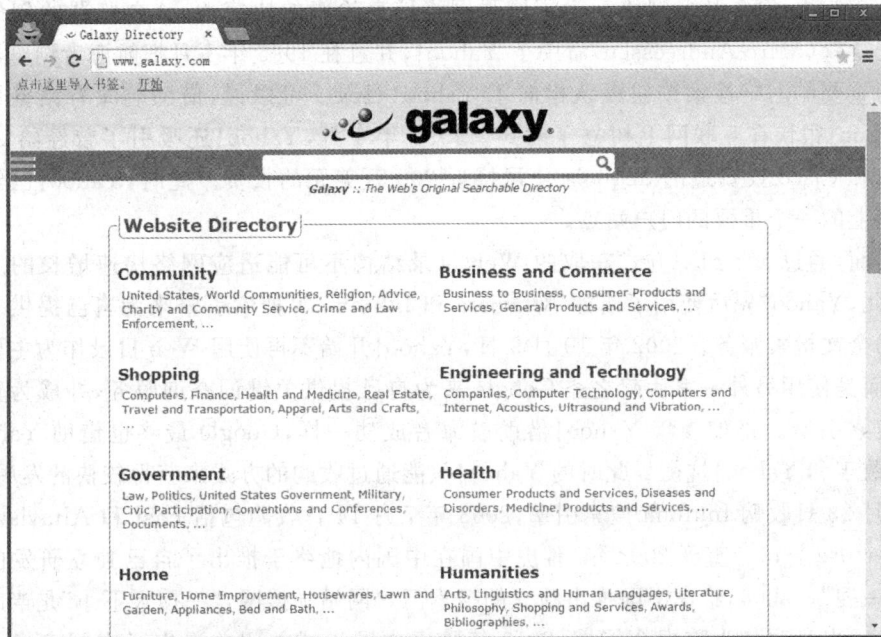

图 3.15　Galaxy 搜索引擎的主页界面(截取于 2015-3)

3. Yahoo!

　　Yahoo!(雅虎)和 Google、Bing[①] 已经成为当代全球三大著名搜索引擎。事实上,它
是这三者当中资格最老的一个。

　　20 世纪 90 年代初,美国斯坦福大学(Stanford Unviersity)电机研究所攻读电机工程
博士学位的美籍华人杨致远(Jerry Yang)和大卫·费罗(David Filo)和其他学生一样,开

---

　　① 微软早期推出的搜索引擎也很著名,如 MSN Search、Live Search 等,2009 年微软推出了 Bing(中文名称是
"必应"),并同时停止了原有的那些搜索引擎服务。

始喜欢上刚出现的互联网。不过,他们都有一个特殊的爱好,那就是经常将自己收集到的一些较好的网页内容链接在自己的个人网页上。渐渐地,他们自己的网页在斯坦福大学内部开始小有名气,人们称呼他们的网页为"杰里和大卫的万维网向导"(Jerry & David's Guide to the World Wide Web)。根据这些已有的经验和前期的基础,杨致远和大卫·费罗于1994年4月使用学校的工作站创建了一个网页目录查询系统,称为Yahoo!①。刚开始,这个网页目录就已经收集了超过1000个不同站点的网页信息。较基于爬虫的早期搜索引擎而言,Yahoo!所收集的网页内容能够含有人工编撰的说明信息,可以极大地方便用户的使用,而基于爬虫的搜索引擎只能通过采集网页URL和标题之类的简单内容来作为网页内容的提示信息,显然不论是在网页体系的组织上,还是在网页内容的说明上,都难以做到和Yahoo!同样的效果。

事实上,Yahoo!的成功离不开它的幸运。当时有一家著名Web浏览器公司网景(Netscape)生产一种称为航海者(Navigator)的Web浏览器软件,该软件非常流行,人们都在使用它去访问Web网络。为了增强网络信息检索的快捷性,该浏览器的创始人马克·安德森(Marc Andreessen)看中了Yahoo!,并且在1995年1月把航海者浏览器上一个最为重要的网络检索按钮默认指向了Yahoo!目录。可以说,借助航海者浏览器的平台,Yahoo!很快在互联网上树立了名声。1995年4月,Yahoo!还吸引了曾经给Apple、Oracle和Cisco投资过的Sequoia公司接近200万美元的投资。此时,Yahoo!已经成为互联网上的一个重要的门户站点。

然而,通过人工组织方式获取的Web目录结构不可能适应网络快速增长的发展要求,因此,Yahoo!先后使用了诸如Altavista和Inktomi等搜索引擎来为自己提供基于关键词的全文检索服务。2002年10月9日,Yahoo!开始不再使用Web目录作为主要搜索工具,而是使用另外一家后起之秀Google来为自己提供关键词查询服务,并成为真正的全文搜索引擎。正如当年Yahoo!借助航海者成功一样,Google最终也借助Yahoo!成名,并敢于和Yahoo!抗衡。此时的Yahoo!只能通过收购的方式来获得较快的发展,2002年12月23日收购Inktomi搜索引擎,2003年7月14日收购包括Fast和Altavista在内的Overture公司。直到2004年,雅虎中国在中国内地终于推出了自己独立研发的搜索引擎"一搜"。2004,雅虎中国推出独立的搜索门户网站一搜网,"一搜天下小"是当时的广告语。后来又改名为雅虎全能搜,2013年雅虎中国正式关闭并退出了中国市场。网址为:https://search.yahoo.com,主页如图3.16所示。

不过,Yahoo!的Web目录仍然还是一个重要的网络信检索工具,它的设计结构经过不断的调整,已经非常成熟和易于使用。Yahoo!的Web目录网址为http://business.yahoo.com,网页如图3.17所示。

---

① 关于Yahoo!这个名称的来历也是众说纷纭,很多人认为它是"另一个层次性的民间先知(Yet Another Hierarchical Officious Oracle)"的缩写词,这可能借鉴了UNIX系统中一个表示网络查询技术的缩略语YACC(Yet another compiler compiler,另一个编译器代码生成器)。但是,根据杨致远等人的说法,Yahoo的"Ya"来自杨致远的姓,他们曾利用韦氏词典设想过Yauld、Yammer和Yardage等一系列可能的名字。之所以选中Yahoo,是因为在《格利佛游记》中Yahoo是一种粗俗和不懂世故的人形动物,它具有人的种种恶习,他们反其义而用之,认为在强调平等权利的互联网上大家都是乡巴佬,为了增加褒义色彩,又后面加上一个感叹号,于是就有了Yahoo!

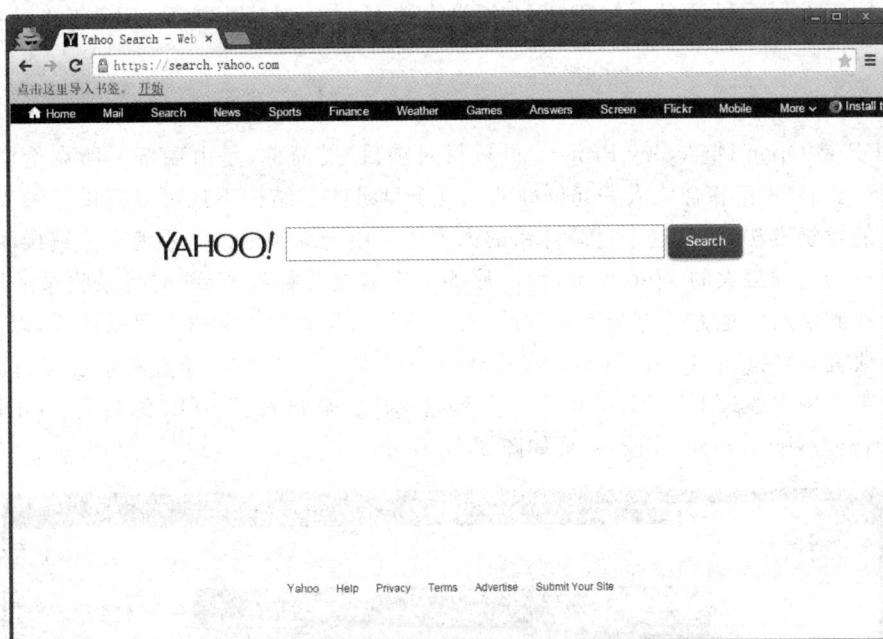

图 3.16　雅虎搜索引擎的主页界面（截取于 2015-3）

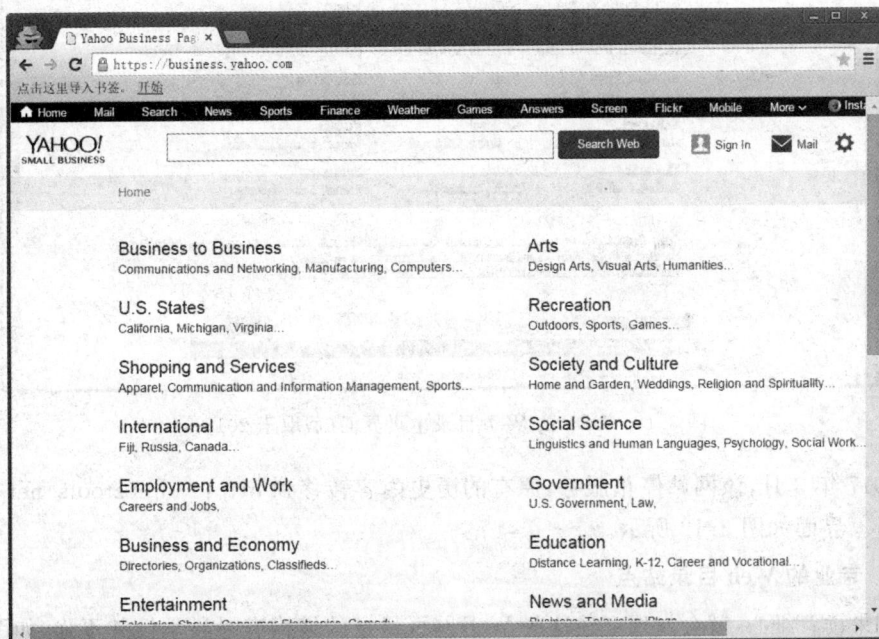

图 3.17　Yahoo!的 Web 目录主页界面（截取于 2015-3）

当然，这个 Web 目录也渐渐地融入了更多的特点。尤其是随着名声的增大，Yahoo!早已开始对收录的商业站点收费，2007 年的收录报价是每年 299 美元。但是，对于那些真正著名的站点而言，Yahoo!还是采用免费收录的方法。

受限于发展不利，Yahoo! 于 2016 年最终被 Verizon 收购，并于 2017 年 1 月更名为 Altaba。

4. ODP

ODP 是 Open Directory Project（开放目录项目）的简称，是由瑞奇·斯克伦塔（Rich Skrenta）于 1998 年和合伙人一起创办的。这个目录体系结构不仅可以提供一种 Web 网页目录的检索方法，而且这个目录体系的内容还是由全球各地的志愿者集体编撰而成，至今已经成为全球最大的 Web 目录，因此那些本来需要等待被 Yahoo! 目录收录的网站现在终于找到了新的地方。更为重要的是，人们还可以免费地下载整个目录体系，以供自己的科学研究。1998 年 11 月，网景（Netscape）公司收购了 ODP。随着网景公司自己在同年同月被美国在线（AOL）以 45 亿美元收购，ODP 后来归入了 AOL 的名下。ODP 的网址为 http://www.dmoz.org，主页如图 3.18 所示。

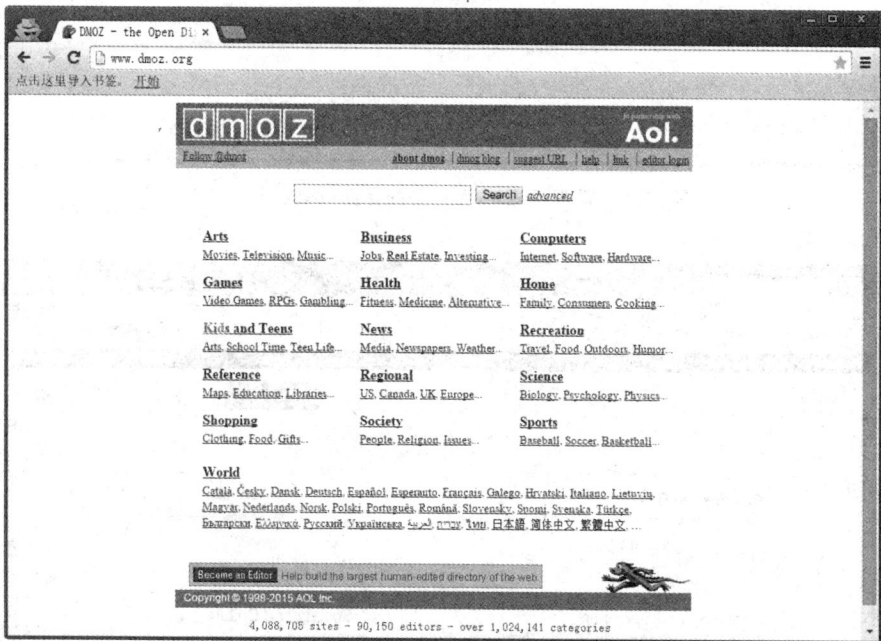

图 3.18　ODP 的 Web 目录主页界面（截取于 2015-3）

2017 年 3 月，该网站停止服务，原有的历史内容转移到 http://dmoztools.net/，并不再更新。界面如图 3.19 所示。

5. 专业的 Web 目录站点

如果读者细心，就会发现上述这些 Web 网页目录的结构有时科学性并不强，如图 3.20 显示了部分 hao123 中文分类目录的内容。

显然，"商城"属于"购物"，无论如何将两者并列作为同一个目录下的子内容项并不合适，更不必说"影视"是否应该放入"视频"目录下了。

但是我们要注意，这些 Web 目录并不在意科学性，相反，它们更加在意易用性。一般的 Web 用户可能并不十分了解目录的层次结构，他们往往希望能够在最短的时间内找到

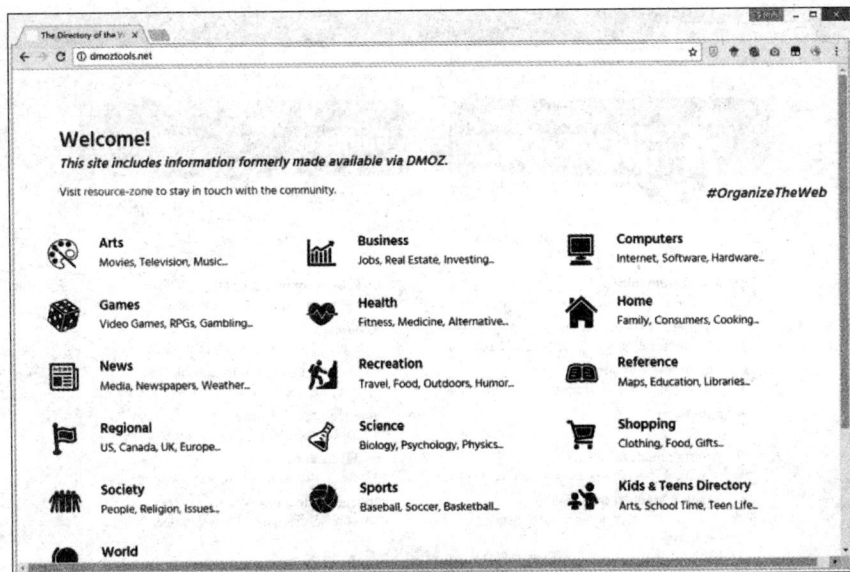

图 3.19 ODP 的 Web 目录主页界面(截取于 2018-2)

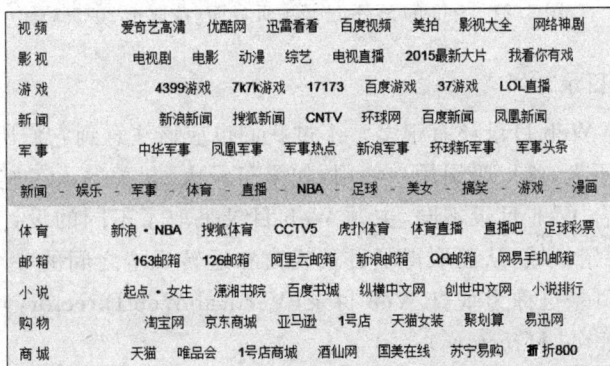

图 3.20 部分 hao123 中文 Web 目录的截图(截取于 2015-3)

自己所要的目录项,所以这些目录往往是集中了最为流行常见的目录项,并且以一种极为方便和直观的方式来展示目录结构,尽可能使用一级目录来呈现最常见的分类。

然而,对于那些诸如图书馆员等从事专门信息资源管理的专家而言,他们可能并不满意这样的结构,为此还有一些更为专业的搜索引擎 Web 目录。

克伦·施耐德(Karen G. Schneider)创办的"图书馆员 Internet 索引"(Librarians' Internet Index,LII)就是一个专门面向图书馆员的专业 Web 目录站点,该目录的结构具有较为完善的组织,科学性强,质量较高。一般而言,那些具有收费收录(Paid Inclusion)服务的 Web 目录,通常都不具备这些特点。2010 年 1 月,它和"互联网公共图书馆"(Internet Public Library,IPL)合并为 ipl2,网址为:http://www.ipl.org/div/subject,主页如图 3.21 所示。该网站现已被关闭,但还能提供服务,只是不再提供数据更新。

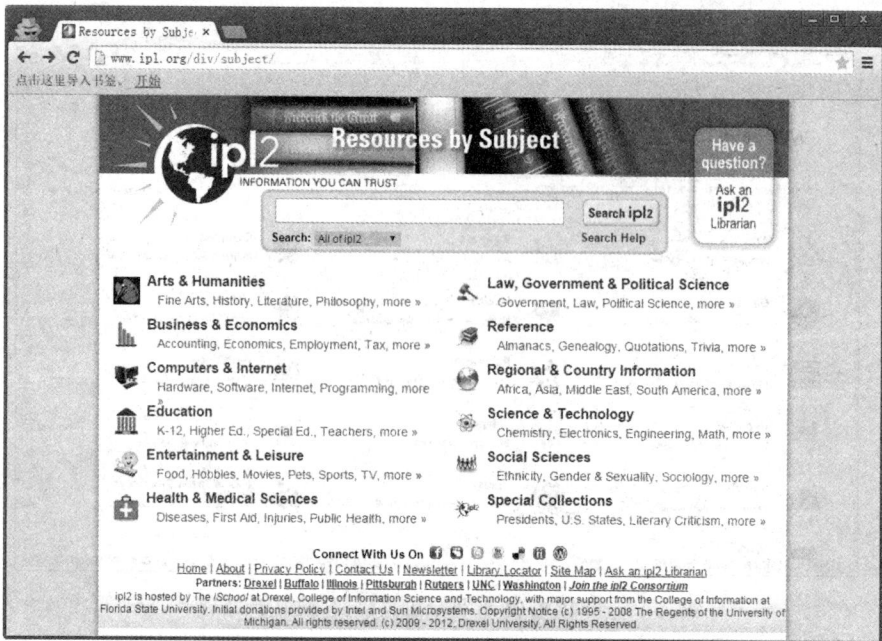

图 3.21　ipl2 的 Web 目录主页界面（截取于 2015-3）

6. 主题 Web 目录

上述这些综合 Web 目录还有很多。不过我们也应该注意到它们所面临的共同问题，如果目录小，价值不大，难以吸引用户使用，如果目录大，相关的人工整理成本太高，维护困难。所以，和综合 Web 目录不同，主题 Web 目录采取了不同的设计策略，它只面向诸如商业和经济等特定领域，从而取得了目录规模和运转成本之间的一个平衡。通常人们把这些主题 Web 目录也称为垂直 Web 目录（Vertical Web Directory）、面向局部的 Web 目录（Locally Oriented Directory）。

如 Business. com 就是一个专门面向商业领域的主题 Web 目录，它的商业目录结构比较有特色，涵盖了商业和经济领域的相关重要内容。网址为 http://www. business. com，主页如图 3.22 所示。

1995 年成立的 Looksmart 也是一家 Web 目录站点，早期曾经通过增加网页收录数量和规模来和 Yahoo! 目录竞争。虽然早期并不十分成功，但是 2002 年 Looksmart 发明的一种新型的盈利模式为它的快速增长提供了基础。在此之前，几乎所有的 Web 目录站点都是采取较为固定的付费收录策略，如每月只需付多少钱可以收录到哪个目录中等。然而，Looksmart 采取了按单击付费（Pay Per Click）的收费方法①，也就是说，用户单击该收录网页次数越多，相应的收录费用也就越高，这对被收录网页而言，显然是一种很好的

---

①　按单击付费（Pay Per Click）的搜索引擎盈利模式最早是由 Goto 搜索引擎提出的，它允许网站管理者实时进行查询结果的排序，客户可以花钱购买排序的位置，通过拍卖的形式将相关网站放在前面，但同时明确标出这个查询结果是付费的。这种方式给它带来了巨大的收益。2001 年，Goto 更名为 Overture。

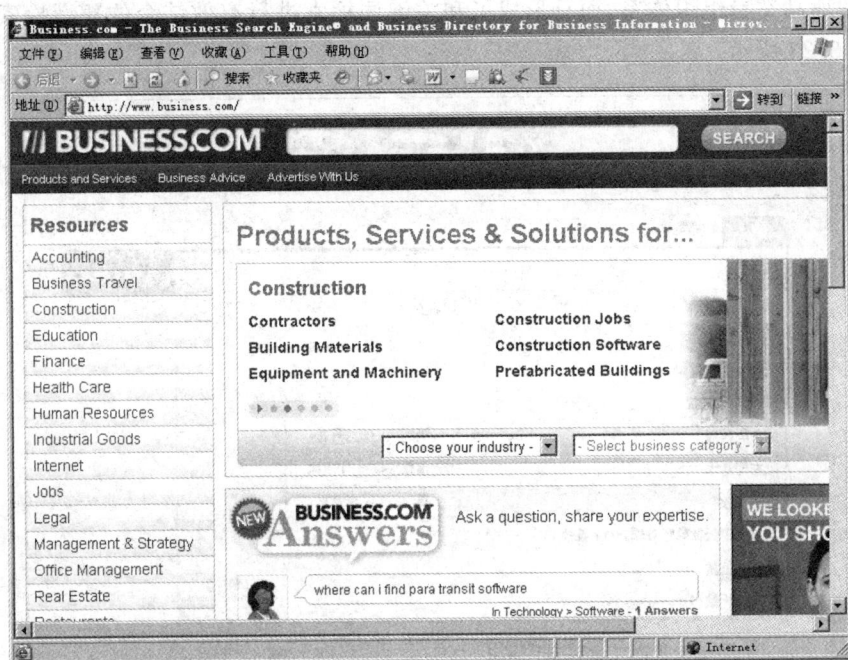

图 3.22　Business.com 的 Web 目录主页界面(截取于 2010-3)

激励措施,愿意为较高的点击率而支付更多的费用。

在内容上,Looksmart 不仅在自己的目录结构中收录网页索引,而且还根据主题分门别类地收录不少很有价值的内容资源,应该是个很不错的主题 Web 目录。然而,这些收录的内容相关性却因为各种原因而逐渐变差,后来在很大程度上又损害了 Looksmart 的声誉。而且在商业上发生了一连串的失败,给 Looksmart 带来了越来越多的不利影响。1998 年,Looksmart 以 2000 万美元收购一家非盈利的 Web 目录站点 Zeal 来扩展自己的目录规模,但是到了 2006 年 3 月 28 日,Looksmart 却关闭了这个 Zeal 目录。2002 年 3 月,Looksmart 还试图通过收购 WiseNut 搜索引擎来获得发展,结果也不理想。不过,最大的问题还不止这些。Looksmart 曾经通过加盟诸如 MSN 等门户站点,通过付费收录方式来获利。然而,Looksmart 一直以来建立的良好信誉却随着这个合作而逐渐变差,而且 Looksmart 在商业上也逐渐越来越依赖于微软的 MSN 搜索引擎。到了 2003 年,微软宣布抛弃与 Looksmart 的合作,对于 Looksmart 来说,这无疑是个致命的打击。后来,Looksmart 开始改用一个称为 Furl 的社会化书签(Social Bookmarking)管理站点来期望获得新的访问流量增长,现在它主要为广告商提供按单击付费的搜索网络平台服务。

近年来,随着 Web 用户对日常生活信息检索需求的快速增长,很多专门提供生活信息分类目录的网站逐渐受到人们的关注,如国内的"58 同城"(网址为 http://www.58.com)、国外的 craigslist(网址为 http://www.craigslist.org)等,它们都可以提供较为完整的生活信息分类目录,同时为了提高易用性,大部分目录只有一级,用户只需单击一次即可看到相关下级记录信息。

尤其在电子商务领域,基于分类目录的商品检索方式发展更为成熟,不仅能提供越来越灵活的商品类目组织体系，而且形成了和关键词检索进行有效结合的新型检索提示方法，如图 3.23 所示。

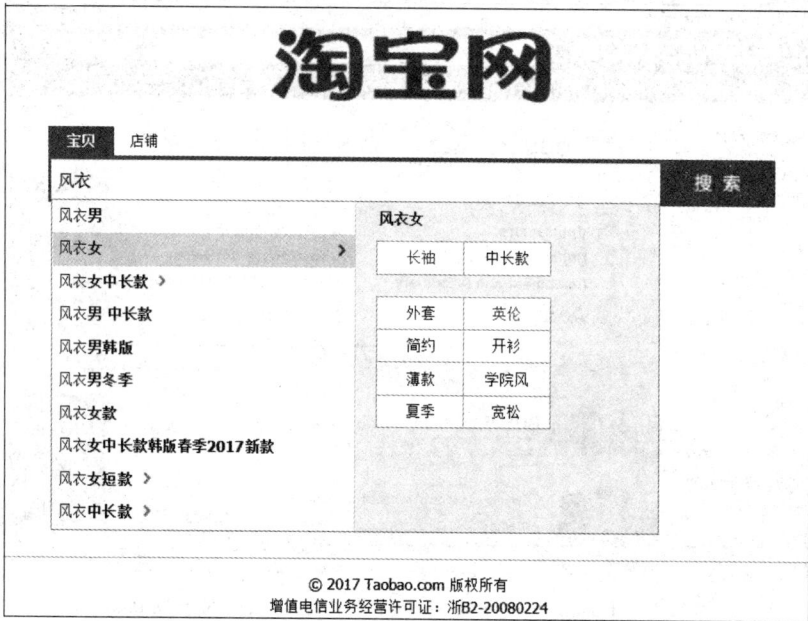

图 3.23　结合分类体系的即时类别提示

综上所述，Web 目录确实具有不少优点，所以在搜索引擎领域中一直都是一个不可或缺的角色。连 Google 都曾经利用 ODP 目录推出了自己的 Web 目录站点，不过已经在2011 年 7 月份宣布关闭该服务。

然而，这种方式并非现代搜索引擎的主流。由于 Web 网页目录需要大量的人工编撰工作，所以维护成本很高，缩放性很差。而且网页目录规模通常都不大，相对于关键词查询而言，可以认为虽然关键词查询可能查准率不高，但具有更高的查全率，而网页目录查询则具有更高的查准率，查全率则较低。

而且这种目录结构还存在一个不太引人注意的缺点，那就是它要求用户首先了解网页目录结构，否则用户将很难使用。举个例子，用户想查询"蓝牙"的相关网页，如果他根本不知道这是一种无线通信技术，那他就根本找不到目录的入口，即便用户知道这是无线技术，恐怕也很难在较短的时间快速定位到所要的子目录，究竟"无线通信技术"在"数据通信"目录下呢还是在"硬件"目录下呢？而且，更为麻烦的是，如果用户认为它应该在"数据通信"目录下，而目录编撰者却把"蓝牙"归入"硬件"目录中，也就是说，良好的目录使用效果需要用户和编撰者对目录结构具有一致的思路和理解，事实上这很难办到，因此就会导致用户难以理解，甚至用户会认为在这个目录中根本找不到自己所需的内容。所以，现在比较流行的 Web 目录往往采取主题化策略，如只针对新型站点资源进行收集和整理，另外博客目录（Blog Directory）、社会化书签目录等也往往具有不错的应用效果。

3.1.1.4　当代著名搜索引擎

从 2000 年左右起,一批新型搜索引擎逐渐出现,其中很大一部分搜索引擎至今还在提供服务,并且成为了主导当代互联网信息资源服务的重要力量。它们不论是在技术实力上,还是在商业运营模式上,都比它们的前辈取得了更多的成功和突破。从技术上看,虽然基于爬虫或者 Web 目录的传统搜索引擎技术仍然还在发挥作用,但是各大新型搜索引擎所使用的核心技术已经完全跳出了传统的框架,纷纷提出自己的新技术和新方法,以期在功能和效果赶超过去的元老。从商业运营模式上看,搜索引擎已经成为现代门户网站中最为常见的免费服务之一,而且也是各大网站吸引用户访问的主要功能亮点。搜索引擎也从诸如竞价排名等传统服务开始转型,推出一些新型的盈利模式,如 Google 所推出的 AdSense 可以提供与网站的内容相匹配的广告,而网站可以在访问者单击这些广告时获得收益,而 Google 的 AdWords 则规定仅当有用户单击网站在 Google 联网中的广告时,网站才需支付相应的费用。这些形式具有极大的创意,也改变了人们对搜索引擎的使用习惯和认识。

1. Google

Google 已经成为现代互联网上最大的搜索引擎,而且在业务上已经开始超越搜索引擎本身,在移动开发、应用软件和操作系统等方面成为可以和微软等大公司抗衡的重要力量。不过,这个搜索引擎在 1998 年 10 月之前,仅仅只是个美国斯坦福大学(Stanford Unviersity)的一个小型学生项目。1995 年,斯坦福大学计算机系博士生拉里·佩奇(Larry Page)和塞吉·布林(Sergey Brin)开始尝试设计一个名称为 BackRub 的项目。严格说来,BackRub 只是一个可以统计分析网页词语信息的爬虫程序。不过,佩奇和布林都认为这个项目可以做下去,他们于 1997 年 9 月 15 日注册了 google.com 的域名。Google 这个名称据说来自"googol"单词,意思是 10 的 100 次方,这个巨大的数象征着 Google 能够处理海量的互联网网页信息。1999 年 2 月,Google 完成了从 Alpha 版到 Beta 版的升级 。通常,Google 公司把 1998 年 9 月 27 日认作是自己的生日,每年这个时候,Google 搜索引擎的主页 Logo 都会变成一个祝贺生日的模样。

Google 和前期的搜索引擎相比,采取了一系列新技术,如用于网页排序的 PageRank 算法等,其实正是这个基于网页链接分析的算法才使得 Google 具有了和以前搜索引擎完全不一样的使用效果。另外,通过十几年的发展,它还开发了一大批的新服务,如近几年所广泛使用的地图搜索和移动搜索等。不过,正如所有成功的搜索引擎一样,Google 的成功也离不开商业上的努力。在 2000 年之前,Google 的发展和推广一直都不是很快。直到 2000 年开始为 Yahoo!提供后台搜索技术支持之后,Google 才凭借 Yahoo!快速发展起来,正如当年网景提携了 Yahoo!一样。在 2002 年到 2003 年间,Google 连续两年被评为互联网世界第一品牌。从这以后,Google 的发展就进入了快速增长期。

不过,中国一直是 Google 始终未能取得辉煌的市场。事实上,Google 直到 2004 年才进入中国内地。一个明显的事实就是直到 2005 年 4 月 29 日 Google 才花费巨资赎回了 google.com.cn 和 google.cn 的域名。这桩交易也是国内有史以来跨国公司第一次以高价赎回与其品牌密切相关的域名,据估计,为了这 19 个字母,Google 支付的费用应在百万元之上,平均每个字母价值超过 5 万元[①]。在此之前,google.com.cn 域名的拥有者却是一个"创可贴"论坛[②],如图 3.24 所示。

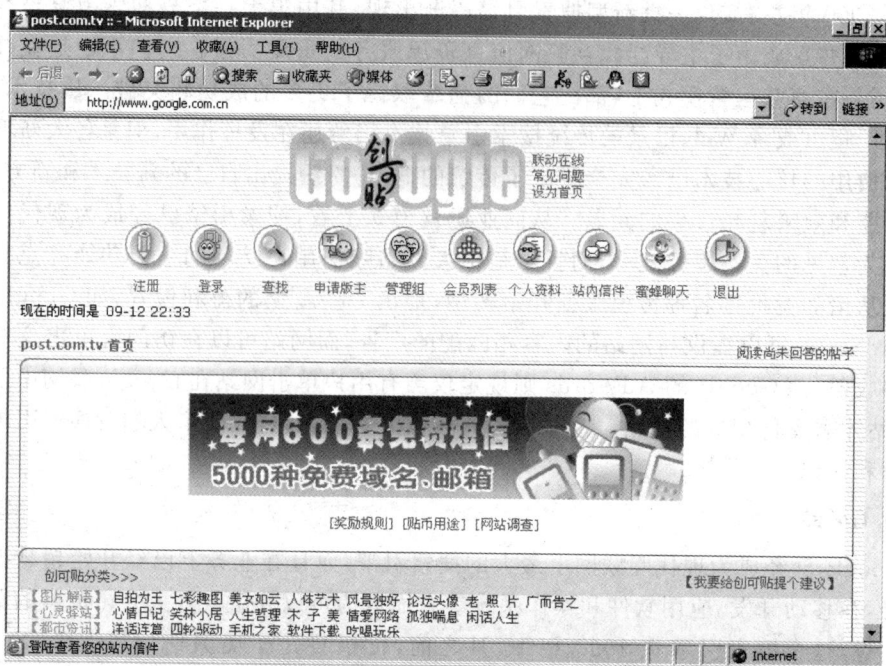

图 3.24 ·google.com.cn 域名的前拥有者"创可贴"主页界面(截取于 2004-9)

2006 年 4 月 Google 首席执行官埃里克·施密特来到中国,将 Google 中文命名为"谷歌",并开设了一个号称最短的域名"www.g.cn"。而遗憾的是到了 2010 年 3 月 Google 终于宣布退出中国内地市场。从 2010 年 4 月开始,所有 Google 域名都自动定向到香港服务器下,同样,此前号称最短的域名 www.g.cn 和中国域名 www.google.cn 也都会自动定向过去。Google 的网址为 http://www.google.com,主页如图 3.25 所示。

2. 微软搜索引擎

微软较早的一款著名搜索引擎是于 2004 年 7 月推出的 MSN Search,可能在中国各大搜索引擎纷纷推出新版本时,微软太过于仓促,使得这款搜索引擎在刚推出时甚至都没有简体中文版本,只有繁体中文版本,网址为 http://search.msn.com,主页如图 3.26 所示。

到了 2006 年 9 月,微软改用了 Windows Live Search 搜索引擎,网址为 http://www.live.com,主页如图 3.27 所示。

不论是哪一款,当时的互联网都反应平平。为此微软先后又推出若干个昙花一现的

---

① Google 以百万元高价购回中国域名十九个字母. http://www.sh.xinhuanet.com/2005-04/29/content_4156067.htm. 2009-10.

② 这种情况并非少见。直到 2010 年 4 月,还有人收藏着百度的美国域名站点,http://www.baidu.us,期待着类似于 Google 故事的财富奇迹。这也是一种一直以来存在的互联网域名抢注现象。

图 3.25　Google 搜索引擎的主页界面（截取于 2015-3）

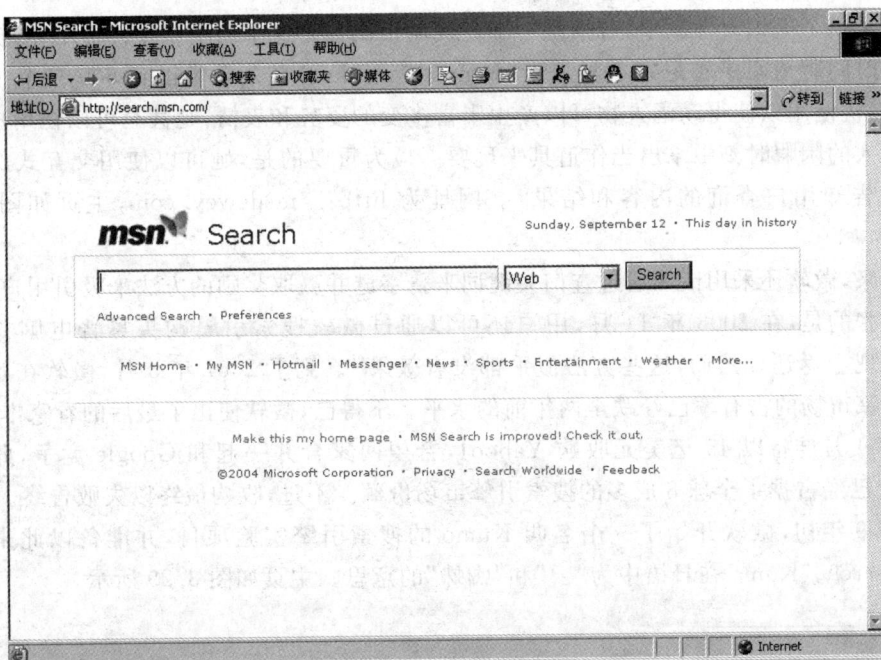

图 3.26　MSN Search 搜索引擎的主页界面（截取于 2004-9）

搜索引擎版本，其中有几个有趣的搜索引擎，如号称交互式搜索引擎的"杜威女士"（Ms. Dewey），它基于 Windows Live Search 搜索引擎的技术基础，但是在界面上使用 Flash 动

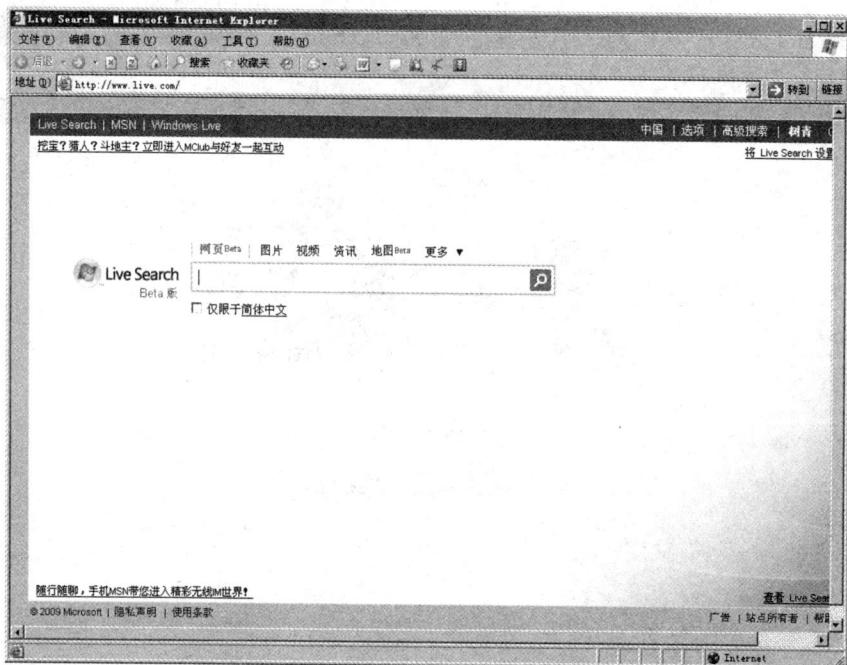

图 3.27　Windows Live Search 搜索引擎的主页界面（截取于 2009-3）

画创造了一个虚拟女性助手，背景是一个现代城市街景。这个助手制作代价不菲，据说花了 3 天时间聘请明星雅尼娜·加万卡(Janina Gavankar)真人录像得到 600 多个视频片段，并随机使用以使得动画人物可以产生丰富多变的姿势和表情，她甚至可以在用户没有任何输入的闲暇时刻中拿出当作道具来玩耍。最为重要的是，她可以使用交互式的声音提醒并告知用户查询的内容和结果[①]。网址为 http://msdewey.com，主页如图 3.28 所示。

后来，微软还采用诸如通过查询关键词来猜字谜并赢取奖励的方法来吸引用户使用，最为夸张的是，在 2008 年 11 月，用户还可以通过微软搜索引擎购买惠普电脑并获得 40% 的现金返还。然而，这些方法似乎都没有效果[②]。到了 2007 年 3 月，微软在互联网搜索引擎市场的占有率已经跌至两年前的水平。不得已，微软使出了最后的看家本领，在 2008 年 1 月准备以 45 亿美元收购 Yahoo!，希望两家合并一起和 Google 竞争，此时的 Google 已经占据了全球 8 成多的搜索引擎市场份额。不过，收购最终以失败告终。

2009 年初，微软开始了一个名叫 Kumo 的搜索引擎实验项目，并准备以此来替代 Live Search。Kumo 在日语中为"云"和"蜘蛛"的意思。主页如图 3.29 所示。

---

① 微软的"杜威女士"搜索引擎已于 2009 年底关闭服务。

② 造成这种局面的原因有时很复杂，甚至都不一定是技术问题。如微软在线用户商业集团高级副总裁尤瑟夫·迈瑟迪(Yusuf Mehdi)曾经表示，微软搜索服务不受欢迎的部分原因在于品牌不如 Google。他进一步举例到，微软曾做过用户测试，在不知道用户搜索引擎使用偏好的情况下，把微软搜索引擎的查询结果加上 Google 的 Logo 呈现在用户面前，参测用户无一例外地认为，这是最好的查询结果。事实上，现代搜索引擎技术已有较大的发展，用户并不容易区分这些不同搜索引擎技术的不同之处。

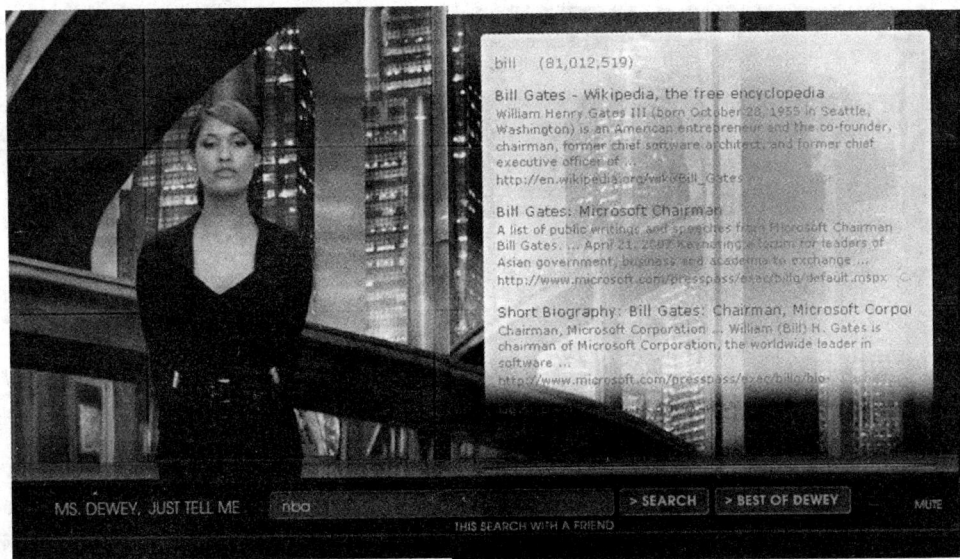

图 3.28　Ms. Dewey 搜索引擎的主页界面(截取于 2009-3)

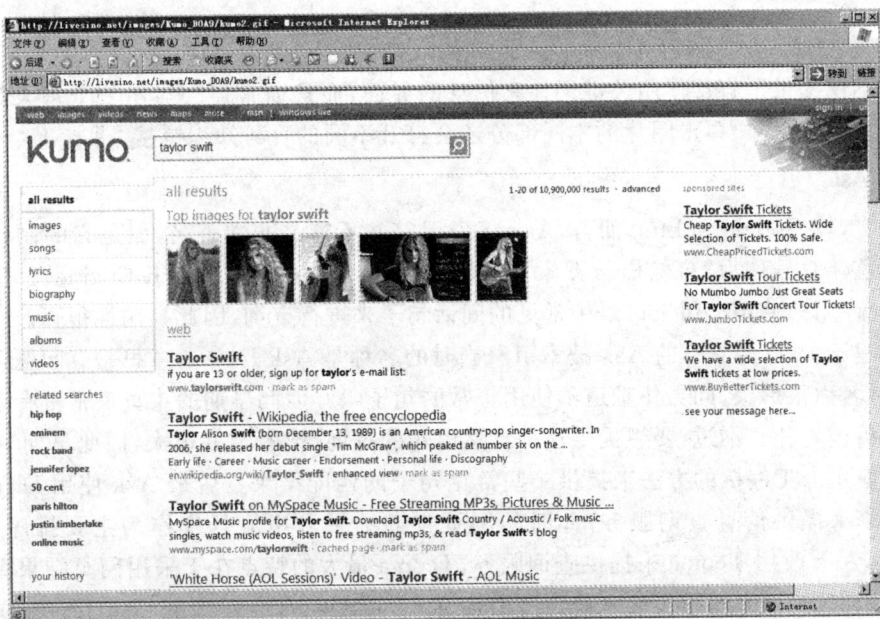

图 3.29　Kumo 实验搜索引擎的主页界面(截取于 2009-6)

这个名称是不是隐含着在云计算年代中的搜索含义我们不得而知,但是我们知道,Kumo 压根就没有正式发布,它只是一个过渡产品,最终微软于 2009 年 5 月发布了一个成熟的搜索引擎产品 Bing,这个像铃声的单词据说来自一名德国百岁老人的姓氏,中文名称为"必应",应该为有求必应之义。网址为 http://www.bing.com,主页如图 3.30所示。

图 3.30　Bing 搜索引擎的主页界面（截取于 2015-3）

它不仅提供了直接使用关键词检索信息的界面，而且通常还会显示一个每天都会变换的背景图片，用户单击图片的不同部分还会打开不同的百科知识链接。

3. Ask

其实，较 Google 和 Bing 而言，Ask 搜索引擎并不算是非常著名，但是它的制作创意非常出色。它号称为"自然语言搜索引擎"（Natural Language Search Engine）。也就是说，它允许用户使用类似于口语中常见的问话句子来进行查询，因此易用性很强。

创建于 1997 年 4 月的 Ask 搜索引擎当时的名称是 Ask Jeeves，意思是有问题可以询问男仆，名称很形象，问男仆难道不使用正常的句子吗？因此早期的主页上常常有个面带微笑的英国男仆。不过，要想提供这种自然语句的查询，技术难度很大，因此早期 Ask 搜索引擎使用人工编撰的方法来提供一些常见句子的匹配结果。后来 Ask 使用 DirectHit 搜索引擎来提供信息查询服务，此时的网页查询结果采用流行度作为主要排序指标。2001 年，Ask 改用 Teoma 来提供查询服务，Teoma 最大的特点在于采用网页结果聚类方法来组织主题，以方便用户快速得到所需内容。2006 年，Ask 正式从 Ask Jeeves 更名过来。网址为 http://www.ask.com，主页如图 3.31 所示。

3.1.2　中国搜索引擎的发展历史

之所以说中国搜索引擎而不说中文搜索引擎，是因为国外的著名搜索引擎大都营运着相应的中文版本，如 Google 在 2000 年 9 月就推出了中文版本。我们所指的中国搜索引擎专指中国本地企业创办的搜索引擎。中国本地搜索引擎的发展历史要比国外晚得多，直到 2000 年以后，中国内地的搜索引擎市场才开始获得快速发展。但是，作为全球网

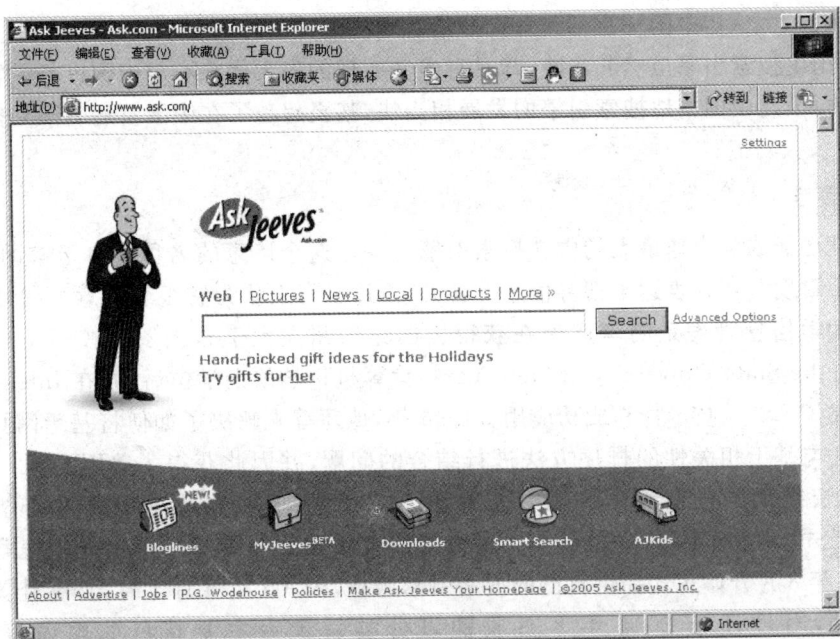

(a)

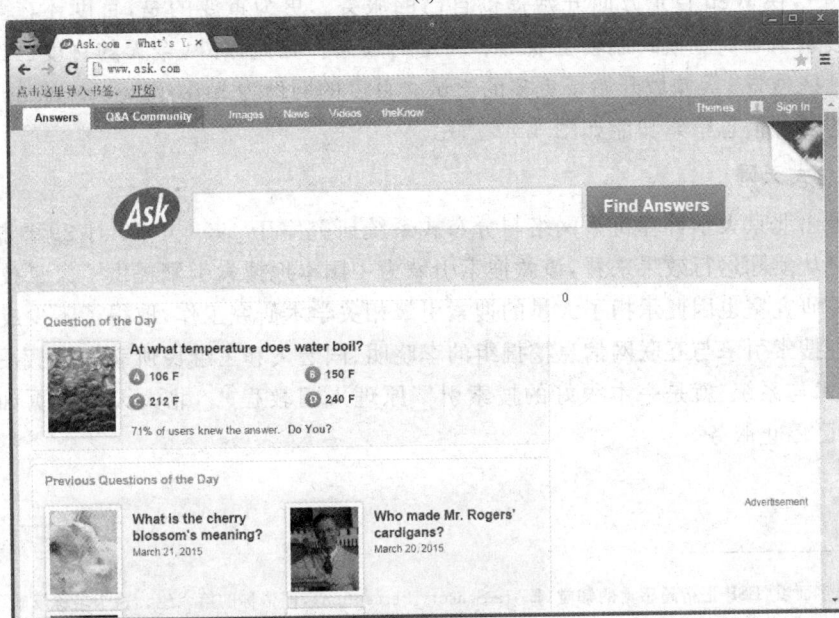

(b)

图 3.31　Ask 搜索引擎的主页界面((a)图截取于 2007-9,(b)图截取于 2015-3)①

---

① Ask 主页每天都有一个 Question of the Day(每天一问),一个用自然语言提出的问题。在 2010 年 4 月 2 日,Ask 主页上的"每天一问"是 What year brought the most abundant Swiss spaghetti harvest(瑞士面条树大丰收是哪一年出现的)。这其实是个愚人节玩笑,1957 年愚人节 BBC 新闻中说,瑞士的面条树大丰收,农民都在树上收割面条。大量观众上当受骗,打电话来咨询面条树的种植方法。BBC 对此的回复是:把一根面条插在番茄酱里,然后就等着吧。

民最多的国家之一，中国一直都是各大搜索引擎厂商关注的重点。但是，由于中文处理的特殊性，国内搜索引擎虽然起步晚，却具有中文处理的先天优势和对中国市场更为了解的特殊能力，因此中国本地搜索引擎的发展相当快，甚至超越了在中国营运的国外搜索引擎巨头。

1. 百度

百度已经成为全球最大的中文搜索引擎之一。这个诗意的名称来自于宋词名句"众里寻他千百度"，巧妙表达了搜寻信息的含义，不过也有人认为它很有禅意。1991 年毕业于北京大学信息管理系的李彦宏在获得美国纽约州立大学布法罗分校（University at Buffalo, the State University of New York）计算机科学硕士学位后，并在 Infoseek 工作期间创建了 ESP[①] 技术将它成功应用。1996 年，他还首先解决了如何将基于网页质量的排序方法与基于相关性的排序方法进行结合的问题，并因此获得了美国专利。1999 年底，李彦宏携风险投资回国和其好友徐勇于 2000 年 1 月在北京中关村创立了百度（Baidu）公司。刚起步的时候，百度主要为诸如搜狐和新浪等门户网站提供搜索技术服务，2001 年 8 月开始正式提供自己的搜索引擎服务。2005 年 8 月 5 日，百度赴美上市成功。另外，百度还于 2004 年 8 月收购以分类目录为主要特色的国内著名站点"hao123"[②]，在 Web 目录方面开始提供自己的服务。更为重要的是，百度还在竞价排名服务等搜索引擎商业模式创新上取得了一定的成果。除此以外，今天的百度已经在电子商务和社区搜索[③]等领域开始了更多的尝试。百度的网址为 http://www.baidu.com，它所提供的各种信息检索功能如图 3.32 所示。

2. 北大天网

它是由北京大学计算机系网络与分布式系统研究室于 1997 年 10 月 29 日推出的搜索引擎。从实际运行效果来看，该款搜索引擎为中国本地搜索引擎提供了大量技术人才，而且相关研究室也因此承担了大量的搜索引擎相关学术研究工作，取得了不少成绩，如北大天网中搜索引擎与互联网信息挖掘组的李晓明、闫宏飞和王继民所著的《搜索引擎——原理、技术与系统》就是一本很好的搜索引擎原理入门教程[④]。北大天网主页如图 3.33 所示，现已停止服务。

---

① 从字面看，ESP 是指超感觉的知觉（Extra-Sensory Perception），即俗称的第六感。这个名称反映了用户在使用该技术查询时，仿佛具有第六感，比较容易获得自己想要的东西。

② Google 也于 2007 年 6 月收购了网址导航站 265，网址为 http://www.265.com，提供类似的 Web 目录检索服务。

③ 所谓社区搜索（Community Search），是指利用某种社会交流平台软件，将人们存储在脑海中的知识发掘出来，以解决其他用户所要查询的问题，也被称为"协同搜索"（Collaborative Search）。诸如百度的"贴吧"（http://tieba.baidu.com）、"知道"（http://zhidao.baidu.com）和"百度 Hi"（http://im.baidu.com）实时通信工具，都能够提供这种社区搜索服务，对于在一个社区里面提出的一个问题，由人工参与解答而非搜索引擎通过机器自动算法获得结果。也有人称之为问答式搜索或者在线百科全书等。

④ 《搜索引擎——原理、技术与系统》官方电子版本的下载地址为 http://sewm.pku.edu.cn/book/LxmYhfWjm_v1.0.pdf。

图 3.32 百度搜索引擎所提供的各种信息检索功能(截取于 2015-3)①

图 3.33 北大天网搜索引擎的主页界面(截取于 2015-3)

除了具有一般的网页查询功能外,它还具有强大的 FTP 文件查询能力。另外,北大天网还拥有一个巨大的"中国 Web 信息博物馆",它主要收集和展示历史上的中国网页信

---

① Logo 中那个蓝色的图案是个熊掌。之所以这样,据说在创立的时候,百度开发者觉得其他的搜索引擎网站太沉闷,而选择的熊掌则比较俏皮可爱。话说回来,很多其他搜索引擎也常常都有一个动物图腾,如搜狐有"狐狸"等。

息内容，目前存储的网页数量已达数十亿以上。网址为 http://www.infomall.cn，主页如图 3.34 所示。

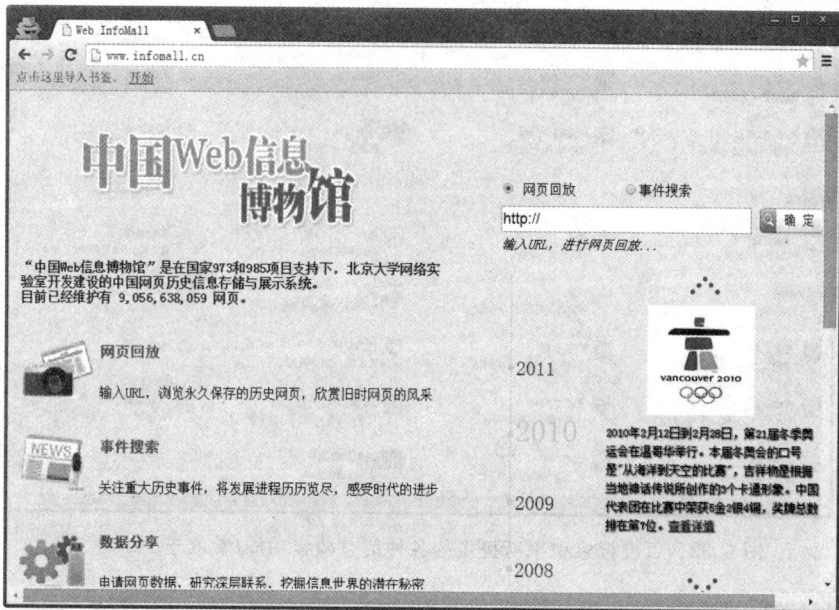

图 3.34 中国 Web 信息博物馆的主页界面（截取于 2015-3）

国外也有类似于北大天网"中国 Web 信息博物馆"的站点，如"Internet"档案（Internet Archive），网址为：http://www.archive.org，如在其中查询某站点的历史网页内容记录，如图 3.35 所示。

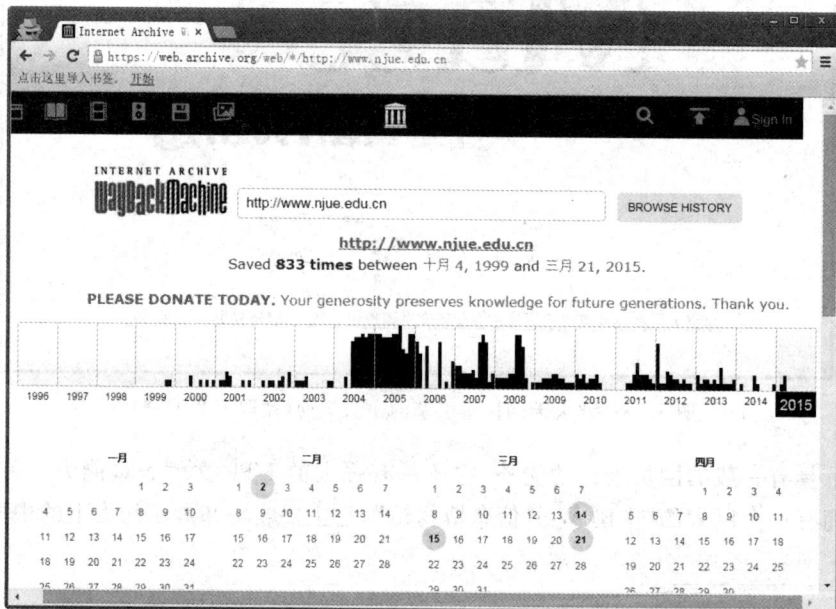

图 3.35 在 Internet Archive 站点中查询某站点的历史网页内容页面（截取于 2015-3）

3. 其他搜索引擎

中国本土的搜索引擎还有很多，下面对其他搜索引擎简单做一说明。

搜狗是搜狐(Sohu)公司的子公司，1996 年 8 月成立的搜狐公司也是最早提供网络信息分类导航服务的网站，1998 年 2 月，搜狐推出了分类目录搜索引擎，是当年 Yahoo! 搜索引擎对应的中国版本。而搜狗则是搜狐于 2004 年 8 月 3 日专门推出的一款搜索引擎。据称名称来自于 2001 年电影《大腕》里的幽默台词"他们搜狐，我们搜狗，各搜各的！"早期的搜狐也做搜索，但是自从推出搜狗以后，搜狐就加快了搜索引擎开发的进度。另外，搜狗在拼音输入等桌面应用程序领域也一直表现不错。网址为 http://www.sogou.com，它所提供的各种信息检索功能如图 3.36 所示。

图 3.36　搜狗搜索引擎所提供的各种信息检索功能(截取于 2015-3)①

于 1997 年成立的网易是国内第一家提供中文全文查询服务的门户站点，之后经过几次升级并先后和 Google 和百度在搜索技术有过合作。同时它在创立时就推出了全中文

---

① 搜狗为什么要做拼音呢？这与搜索引擎有没有关系呢？正如搜狐副总裁王小川所言，搜狗为拼音服务，拼音为搜索服务。一方面从商业层次上看，拼音输入法是一种使用面很广的输入法，利用这种免费的输入法可以极大地宣传搜狗，增加用户对搜狗搜索引擎的了解，扩大搜索引擎的知名度；另一方面从技术层次上看，现代搜索引擎越来越重视对用户行为的理解，认为只有最为了解用户需求的搜索引擎才能取得成功。利用人们在使用输入法中的词语组合等输入信息可以有效地提供"线下"(相对于网络在线访问而言，就是不在线的桌面应用环境)用户的需求信息，以此来改进搜索引擎，反之也可以利用搜索引擎用户的线上查询需求来增强拼音输入法的有效性，如可以把当前的热门查询词语组合排在输入结果的前面等，以解决其他用户所要查询的问题，也被称为"协同搜索"(Collaborative Search)。诸如百度的"贴吧"(http://tieba.baidu.com)、"知道"(http://zhidao.baidu.com)和"百度 Hi"(http://im.baidu.com)实时通信工具，都能够提供这种社区搜索服务，对于在一个社区里面提出的一个问题，由人工参与解答而非搜索引擎通过机器自动算法获得结果。也有人称之为问答式搜索或者在线百科全书等。

搜索引擎目录服务，虽然这不是主要服务内容。网易还曾经拥有和维护着当时唯一的开放式目录体系中文版本（类似于著名的 ODP），这个项目于 2006 年被关闭了。不过，就在2006 年底，网易推出了自主研发的中文搜索引擎有道测试版，并于 2007 年 12 月推出正式版本。网址为 http://www.youdao.com，主页如图 3.37 所示。

图 3.37　有道搜索引擎的主页界面（截取于 2015-3）

虽然以门户服务为主的新浪并非一个专业的搜索引擎，但是新浪于 1999 年 2 月 2 日就已经推出了中文搜索引擎"新浪搜索"测试版，1999 年 10 月 9 日，新浪还推出了高级搜索，所收集的网页内容规模和分类目录的规范程度都不错。2000 年 11 月 1 日，新浪又正式推出了国内第一家综合搜索引擎，即可以同时对多种不同类型的信息内容进行同步查询，在用户的一次查询过程中，就可以在结果网页上获得包含目录、网站、新闻标题、游戏等在内的各类综合查询结果。2005 年 6 月 30 日，新浪推出了专门的搜索引擎——新浪爱问搜索，后来该搜索引擎功能变为以互动问题交流为主，专门的新浪搜索也主要侧重对新闻、博客、微博等内容的信息服务，网址为 http://search.sina.com.cn/，它所提供的各种信息检索功能如图 3.38 所示。

中搜是由"慧聪搜索"发展而来，它是由中国网、慧聪国际等公司共同创办的中国搜索联盟，于 2002 年 9 月正式改名为"中国搜索"，并于 2003 年 8 月推出搜索门户，后来改称"中搜"，它的信息内容在电子商务应用和行业服务方面有自己的特色，它所提供的各种信息检索功能如图 3.39 所示，中搜网现已停止搜索服务。

甚至一些传统媒体也参与到搜索引擎的研发中，如中国搜索就是由人民日报社、新华通讯社、中央电视台、光明日报社、经济日报社、中国日报社、中国新闻社联合设立创办，2014 年 3 月 21 日正式运行，主要在新闻等综合搜索和垂直搜索方面提供检索服务。网

图 3.38　新浪搜索引擎所提供的各种信息检索功能（截取于 2015-3）

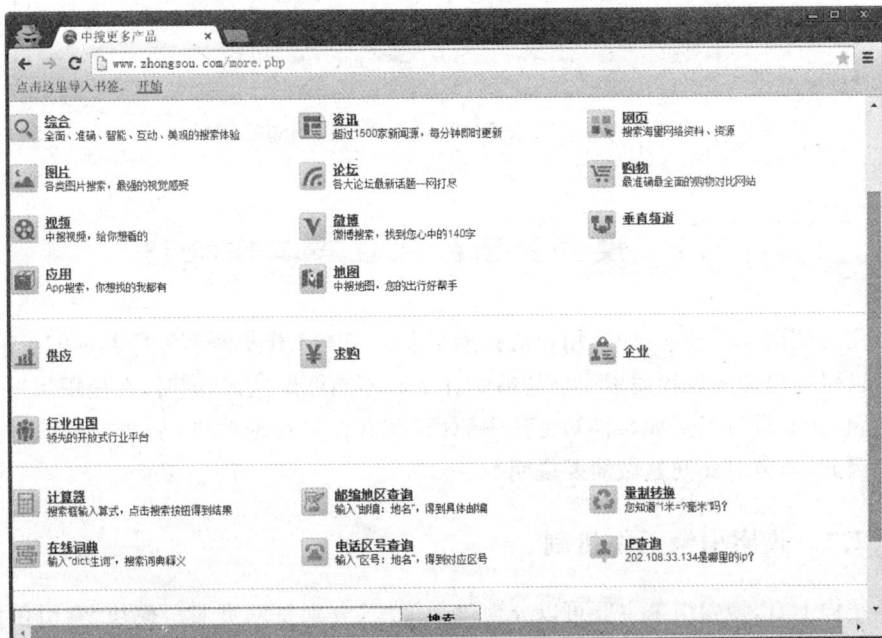

图 3.39　中搜搜索引擎所提供的各种信息检索功能（截取于 2015-3）

址为 http://www.chinaso.com，主页如图 3.40 所示。

除此以外，中国台湾和香港两个地区都有自己本地的搜索引擎。如由台湾中正大学吴升教授所领导 GAIS 实验室开发的 Openfind 搜索引擎成立于 1998 年 1 月，是台湾最早开发的中文智能搜索引擎，采用 GAIS 实验室推出的多元排序（PolyRank）核心技术，不过今天的业务主要已经退出搜索领域，目前中国台湾常用的搜索引擎主要是雅虎奇摩，网址为 http://tw.search.yahoo.com。再如中国香港搜索引擎 Timway，网址为 http://www.timway.com。

图 3.40　中国搜索的主页界面（截取于 2015-4）

3.2　搜索引擎的原理与工作机制

以往的使用经验表明，如果用户对搜索引擎的基本工作机制有一些基本的了解，那么用户可以更好地理解现代搜索引擎能够做什么和不能够做什么，同时，在使用当中如果出现了问题，我们也可以更加容易知道其中原因，并有针对性地改进，从而提高信息检索的效果。因此，本节对此问题做简要说明。

3.2.1　搜索引擎工作机制

从结构上看，搜索引擎主要可以分为三个模块，分别是网页遍历模块、索引模块和检索模块。下面结合搜索引擎的一个典型的工作流程，来介绍它究竟是如何运行的。

假设用户打开百度搜索引擎，输入"南京财经大学"6 个字，在不到一秒钟的时间内，用户就可以看到最终的结果网页，其中南京财经大学的主页链接被排在第一位，其他几个相关站点分别罗列于下方，如图 3.41 所示。

这个短短的一瞬间究竟发生了什么呢？我们凭借直觉，感觉应该是：搜索引擎获取

图 3.41 利用百度搜索引擎检索"南京财经大学"的结果页面(截取于 2015-3)

到用户输入的检索词语(即所谓的关键词),到互联网上去查看每一篇网页内容,并判断网页是否与所检索的词语相关,然后把找到的网页 URL 及其相关信息显示给用户。

这种看起来非常简单的做法其实根本行不通。原因有很多,就说一个最为简单的问题,那就是搜索引擎如何快速地在如此多的网页中找到用户所需的网页,目前互联网的网页规模早已达到万亿级,而且据学者 Bar-Yossef 和 Gurevich 在 2006 年采用随机采样方法的研究表明,当时的 Google 搜索引擎大概也只能获取到实际互联网 64% 的网页[1],而且能够获取的网页 URL 只会更多[2]。

因此,在如此多的网页中,实时地在每篇网页中逐字逐句地查找关键词,显然不可能在一秒内完成。

为此,搜索引擎需要事先做点准备工作,就像从一个整理过的图书架可以更快地找到所需要的图书一样。不过,搜索引擎的准备工作比较复杂,可能需花费几天到几周的准备时间。在这期间,它需要完成两件重要的工作。

---

[1] Z. Bar-Yossef and M. Gurevich. Random sampling from a search engine's index. In Proceedings of 15th International World Wide Web Conference, 2006.

[2] 读者可能并不清楚为什么网页数量和网页 URL 数量并不一致。一般来说,一个网页应该具有一个 URL,一个 URL 对应一个网页。对于传统的静态网页而言,这是正确的。但是对于现在更为常见的动态网页而言,一个网页完全可以对应多个不同的 URL,如下面两个 URL:

http://www.njcie.com/bbs/index.asp? boardid=16

http://www.njcie.com/bbs/index.asp? boardid=25

它们都是访问 http://www.njcie.com/bbs/index.asp 网页,但是后面跟着的参数并不一样,所以读者会发现它们分别打开不同的论坛栏目。

一是先利用爬虫从互联网上获取尽可能多的网页，将其保存在搜索引擎自己的数据库中。这里有两个需要解释的地方：一是之所以说是尽可能地多，是搜索引擎自己的技术局限性和网页不断增加的现状，导致不可能获取全部的网页信息，通常爬虫一秒钟也只能获取到几十到几百个网页信息；二是之所以这样做的原因是在获取这些网页后，再以它们作为用户检索的依据，就不要在用户检索时再去实时检索互联网上的网页内容。具体来看，爬虫程序可以从一个或者几个起始网页开始，下载这些网页，并将网页内容和 URL 等信息一起保存在搜索引擎自己的数据库中。然后，爬虫程序可以从这些网页中进一步得到其他网页的链接，再次获取这些超链所对应的其他网页，这个过程将不断地进行下去。通常这种过程我们称为"网页遍历"。由于不可能收集完所有的网页，所以搜索引擎通常会在一段时间后或者在满足一定条件时完成这种遍历活动①。

二是需要对存储在搜索引擎本地数据库的网页信息进行必要的分析和索引。分析的目的在于解析网页内容，如今天的搜索引擎可以检索诸如 Word 文档和 Flash 动画等各种常见格式的文件，这个功能就需要搜索引擎对收集来的文件信息进行分析才能实现。索引过程也很复杂，细节我们可以不必关心，不过我们必须理解建立索引的必要性。如果没有索引，对于这些数量极大的网页内容，如果采用直接扫描的方式，仍然不可能在很短的时间内完成用户查询。建立索引好比是图书馆对图书进行重新编码和整理，从而可以在较短的时间内找到所需的内容。本书的后面章节将会介绍很多具体的搜索引擎检索方法，其实每种方法都可能需要不同的索引来处理，所以，搜索引擎的索引量非常大。优秀的索引方法可以极大地提高检索速度，甚至可以达到在毫秒级检索响应能力。

到此，搜索引擎就完成了必要的准备工作，开始提供检索服务。在用户输入查询关键词后，搜索引擎利用该关键词到索引中去检索对应的网页，并将命中的网页 URL 和诸如摘要等相关信息整理出来。由于可能会命中数以万计的网页结果，所以通常搜索引擎只显示部分结果，其他的内容放在"下一页"中显示。因此，这里又产生一个重要问题，把什么网页放在第一页呢？又根据什么把什么网页放在第一条呢？可以想象，应该把用户最想得到的网页结果放在第一页的第一条。这就需要搜索引擎具有相关度排序能力。所谓相关度，可以理解为满足用户需求的程度。由于每个搜索引擎的相关度排序方法都不一样，所以即便是同一个关键词，不同的搜索引擎返回结果也往往具有非常明显的差异。

Google 就是因为使用了被称为 PageRank 的高级网页相关度排序方法才取得比较好的效果，才在很短的时间内快速成长为一家著名的搜索引擎公司②。而百度创始人李彦宏当年发明的超链分析技术也是用这样的网页相关度排序方法。可见对于搜索引擎而言，这种网页相关度排序技术非常重要，尤其在强调网页结果查准率高的现在

---

① 这时我们可以回答一个问题：为什么有时搜索引擎找不到某些已经存在的网页？除去用户方法错误等主观原因外，常见的一个原因就是搜索引擎可能没有对这个网页进行遍历和进一步的索引，因此在利用该搜索引擎进行查询时，用户将无法获得该网页的任何信息。

② Google 创始人塞吉·布林（Sergey Brin）就曾经发表过一篇探讨 PageRank 的经典论文 *The pagerank citation ranking：Bringing order to the web*（《PageRank 排序方法：给 Web 带来次序》），斯坦福大学的数字图书馆就有电子全文的下载服务，网址为 http://ilpubs.stanford.edu:8090/422。今天的 Google 站点还收集着有关 Google 技术细节的更多相关论文，网址为 http://research.google.com/pubs/papers.html。

更是如此。

　　我们又可以回答一个问题了：为什么搜索引擎的有些结果网页打不开？此时浏览器会显示"无法找到该页"，如图 3.42 所示。

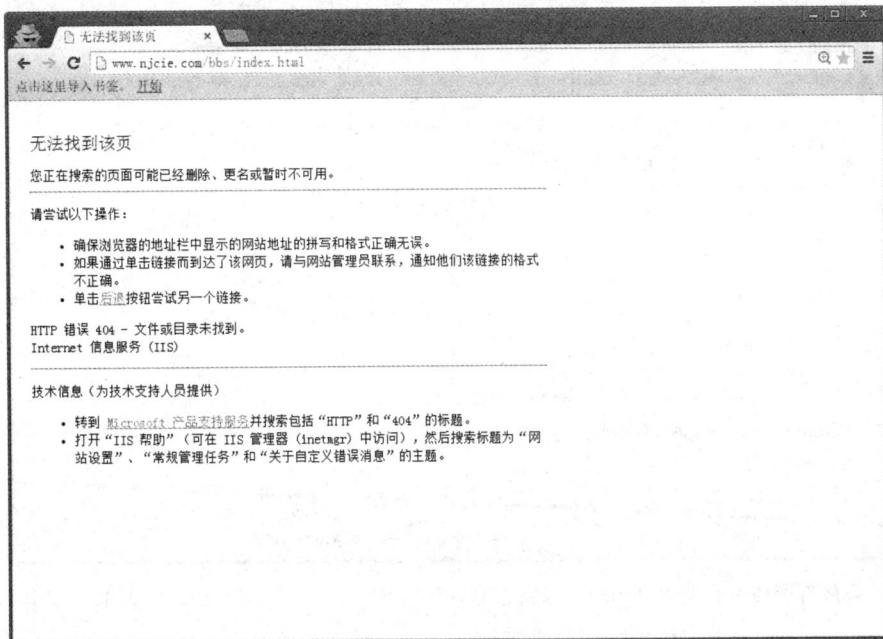

图 3.42　某些通过搜索引擎检索到的不能打开的网页界面（截取于 2015-3）

　　更为奇怪的是，有时打开某些结果网页，你会发现这个网页根本就没有你所要的内容。其实造成这些现象的原因可能都是一样。因为搜索引擎遍历和索引网页是需要一定时间的，也许在当时爬虫遍历网页时，这些网页还存在或者还有某些关键词信息，但是到用户检索的时候，这些网页可能已经被删除，这时会出现上述"无法找到该页"的错误，或者网页 URL 还有效，但是内容已经被修改，所以根本就没有用户现在所要的内容。

　　不过，这个问题并非不能解决。搜索引擎结果页面每条命中网页记录后的"网页快照"就提供了一种获取搜索引擎所存储的网页原始内容的能力。在上述情况出现的时候，可以通过使用网页快照获取所需的内容，如图 3.43 所示。

3.2.2　查询结果的显示模式和排序依据

　　同样的检索"南京财经大学"在必应搜索引擎中的搜索结果如图 3.44 所示。

　　和百度的返回结果相比，两者的区别比较明显。不过，我们也能看到它们都有一种同样的模式。一般而言，每个命中网页都会给出诸如网页 URL、网页标题、网页摘要等内容。其中网页标题通常就是一个指向网页 URL 的超文本，而且网页 URL 还会以绿色显示在网页记录的最底下，网页摘要则仅仅是网页内容中含有关键词的一段文字，这些内容中含有关键词的部分通常都会红色高亮显示以示强调。除此以外，有时搜索引擎还会给出网页更新时间（如 2010-4-7）、网页大小（如 2K①）等。

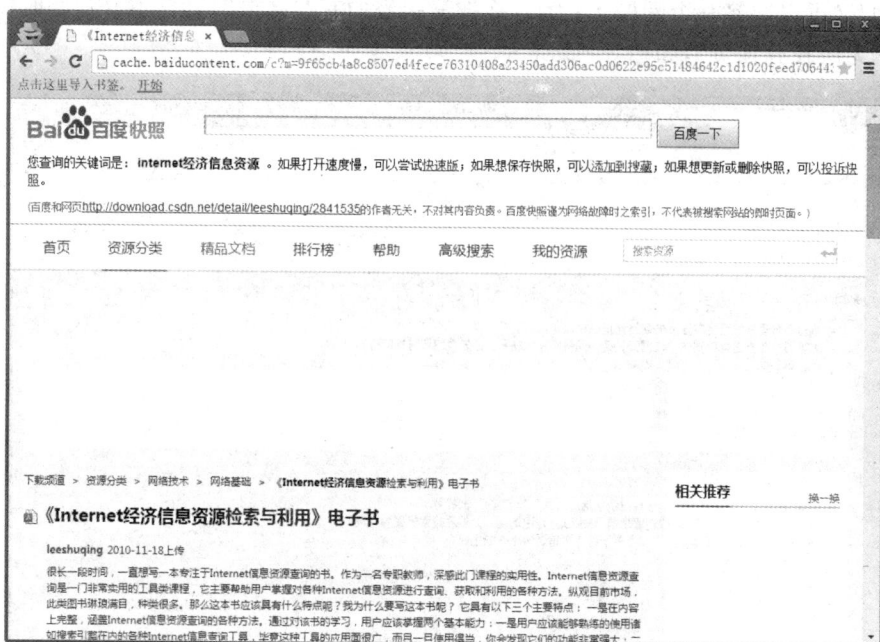

图 3.43　百度搜索引擎中"Internet 经济信息资源"命中结果网页的网页快照（截取于 2015-3）

图 3.44　利用必应搜索引擎检索"南京财经大学"的结果页面（截取于 2015-3）

---

① 1K 约为 1000 个英文字符，或者 500 个汉字字符。

当然,在结果网页列表中,最令用户关心的其实还是命中网页的次序,这好比是梁山好汉的座次,越靠前越说明该结果网页越重要和越相关。前文说过,这是相关度排序方法在起作用。不过,有一个问题需要回答:搜索引擎是根据什么来排序的?往往在不同的搜索引擎结果中网页次序的差异非常大,即便是同一个搜索引擎的结果都会因为版本不同而有巨大差异。有一个有趣的站点给出了 Google 英文版和 Google 中文版的显示结果差异图,网址为 http://www.langreiter.com/exec/google-vs-google.html,如图 3.45 所示。

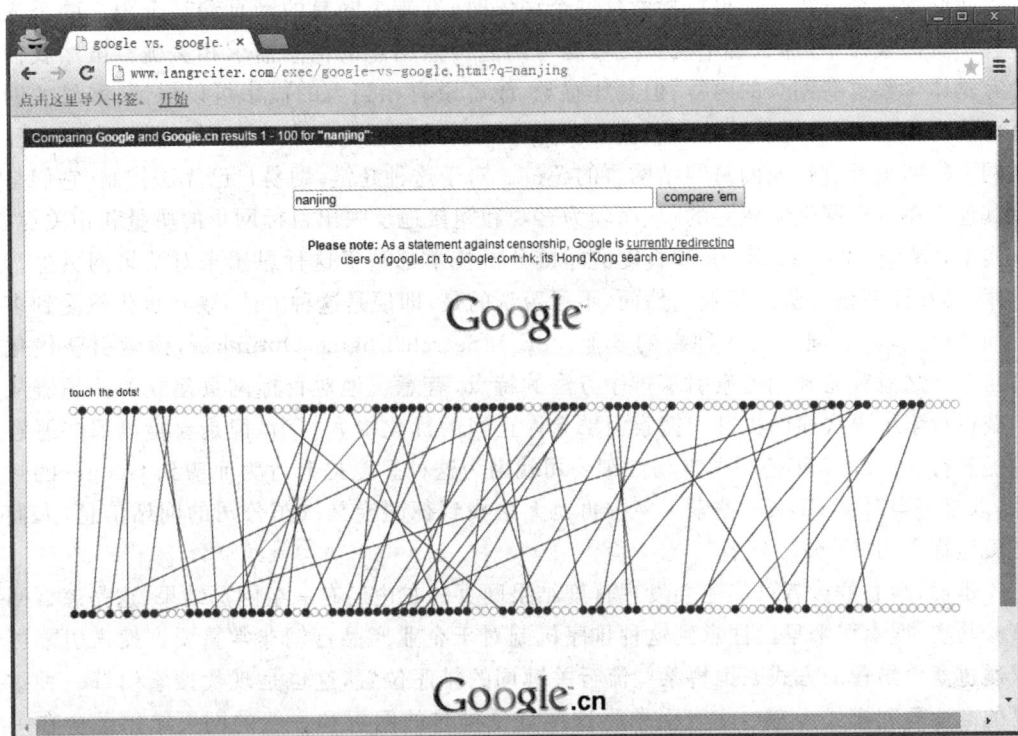

图 3.45 给出 Google 英文版和 Google 中文版在查询 nanjing 时的显示结果差异(截取于 2015-3)

早期的搜索引擎一般都是按照比较传统的方法来对网页进行排序,大概有如下两种方法:

一是按照词语出现的次数,即词语频率,简称为词频。如果网页 A 出现了 10 次"猫",显然比只出现一次"猫"的网页 B 更能反映与检索词"猫"的相关性。因此,如果一个网页含有的检索词语越多,一般可以认为该网页和该检索词语的相关度越大。

二是按照词语出现的位置。如果网页 A 在标题中出现了"猫",显然要比在正文中出现"猫"的网页 B 更能反映与检索词"猫"的相关性。因此,搜索引擎可以根据词语出现位置的不同分别设置不同的权重值,以此反映这种位置不同所产生的相关度差异。

不过,这些方法都存在着一个致命的问题。谁不想让自己的网页排在搜索引擎返回网页结果的前面呢?网络管理员完全可以通过在自己的网页中重复或者故意在重要位置添加一些流行关键词，从而获得本来并不应该获得的次序提升。我们把这种行为称为"搜索引擎作弊"（Search Engine Spam）。而早期的搜索引擎无一例外都存在着这种被欺骗的可能性。

如同评价一个人，他自己说怎么好是没有用的，而凭借词频和词语出现位置来评价网页相关性就如同采用这样的自我评价方法一样缺乏客观性。显然，更为客观的方法应该是由别人来评价。对于网页而言，这种所谓的别人评价方法存在吗？这就是超链。

我们做一个分析。如果在检索某一个词语时，有一个网易的网页和某个用户的个人博客网页都被命中，那么哪个网页更可能与当前检索用户的信息需求相关呢？虽然我们没有具体考察这些网页的内容，但是凭感觉，或者说有相当大的概率可以保证，网易的网页可能更相关，因为网易网站知名度高。为什么说网易网站知名度高呢？因为有很多互联网上的网页都有指向网易网站网页的超链。对于这种超链，网易自己无法控制，它们是由其他人在自己网页中建立的，从而较为客观和间接地反映出目标网页的质量和相关性。事实上，Google 的 PageRank 和百度的超链分析技术都基于这种思想来对结果网页进行排序，实践证明该方法很有效。然而，不可否认的是，即便是这种方法，现在也仍然受到多方面的挑战，甚至催生出一种新的职业：SEO（Search Engine Optimizer，搜索引擎优化师），言下之意就是利用搜索引擎排序方法的特点，有意识地对目标网页建立一些超链从而获得检索结果次序的提升。搜索引擎允许正当的优化提升行为，但是会检测那些恶意的提升行为。2006 年德国的宝马汽车公司就因为这种恶意提升行为而遭到 Google 的封杀，以至于当时从 Google 搜索引擎中再也无法找到德国宝马汽车公司的网站信息，人们形象地称之为"Google 死刑"。

不过，细心的读者可能还会发现百度结果网页的右边还有一组网页结果，这是怎么回事？其实，搜索引擎早已注意到这种排序机制对于企业产品营销非常重要。搜索引擎可以通过竞价出售的方式来销售某些流行关键词的排序位置，这也是现代搜索引擎一种重要的商业盈利模式。有些搜索引擎将这些竞价排名的网页和一般的网页结果混合在一起，而诸如百度等搜索引擎则在结果网页的右边单独显示这些付费排序结果内容。不管怎么说，竞价排名也成为一种重要的排序指标。

最后说明一点，由于搜索引擎爬虫程序会定期重新遍历网页，更新网页索引数据库，所以搜索结果和结果网页的次序并非始终保持不变。有时这些结果网页甚至会显示出剧烈的排名波动，有的网站会在查询结果中突然消失再也找不到，而有的网站则突然名列首位。如 Google 搜索引擎数据库每月会有一次大规模的升级，以前曾产生的巨大波动现象被人形象地称之为"Google 之舞"（Google Dance）。

更有意思的是，有些搜索引擎甚至还允许用户自主选择排序依据，如百度文库搜索引擎，就可以根据"相关性排序""最多下载""最新上传"和"最受好评"等指标由用户自主选择排序依据，默认为"相关性排序"，从而方便用户使用。页面如图 3.46所示。

图 3.46　百度文库搜索引擎可以根据多种指标对结果进行排序（截取于 2015-4）

3.3　特种搜索引擎

除了 Web 网页搜索引擎外，互联网上还有很多特殊类型的搜索引擎，如元搜索引擎、多媒体搜索引擎和地图搜索引擎等。这些都能够给用户提供一些具有特殊功能的查询方法，它们对 Web 网页搜索引擎也是一种很好的功能补充。

3.3.1　元搜索引擎

元搜索引擎的原理和一般搜索引擎并不一样，它并没有采用标准的爬虫和索引数据库等复杂的结构，相反，它非常简单。

为什么要使用元搜索引擎？元搜索引擎是如何工作的？在回答这些问题之前，我们先来看看传统 Web 搜索引擎可能存在的问题。由于各个 Web 搜索引擎所使用的爬虫技术和索引技术都各不相同，而且都把实现细节作为核心秘密并不对外公开，所以就使得各个 Web 搜索引擎的差异很大，比如现代搜索引擎的相关度排序算法都各不相同，通常任何两个搜索引擎都会对同一个检索词语提供完全不一样的结果。

这就会造成一些困惑，究竟什么网页是用户最想得到的？而且不同的搜索引擎优点和强项也各不一样，经常有人形象地说"内事问百度，外事问 Google"，说白一点，就是百度检索中文信息更为方便一些，而 Google 检索外文信息则更为强大。

能不能把所有搜索引擎的功能结合起来提供一个更为强大的搜索引擎？这就是元搜

索引擎。一般而言,元搜索引擎往往能够提供更为方便和强大的检索界面接口,用户使用起来更为方便,如有的元搜索引擎增加了时间检索功能,有些还能够将网页检索、词典检索、百科检索和寻人服务等全部结合成一个一站式的检索站点。当然,元搜索引擎自身没有任何爬虫和索引,不过它会将用户的检索请求转发到其他真正的 Web 搜索引擎中,一般的转发方式是转发给多个搜索引擎,然后将获取到的不同搜索引擎的检索结果集中起来,按照自己提出的相关度排序算法重新排序和筛选,整理出最终的检索结果返回给用户。复杂的转发方式甚至可以根据用户检索的不同而转发到不同的搜索引擎,以充分发挥其他每个搜索引擎的特殊优势,最终会把结果整理后返回给用户。所有这些处理步骤用户都是看不见的,用户唯一能够感受到的只有一个功能更为强大和全面的搜索引擎,那就是元搜索引擎。

不妨做个比喻,如火车订票,如果直接到火车站去购票,虽然可以直接获得所需的车票,但有时并不方便。借助票务公司,上述缺点就可以很好地得以解决,虽然他们的火车票最终仍然来自火车站。用户直接把请求提交给票务公司,票务公司利用火车站的资源,通过增加自己的服务内容以方便用户使用,最终将火车票交给用户。我们可以把火车站看成是一个搜索引擎,而把票务公司看成是元搜索引擎,而用户的买票则可以看成是信息检索。

目前,主要的元搜索引擎有两种类型:元搜索引擎站点和桌面元搜索引擎。

元搜索引擎站点是以 Web 网站的形式提供服务,和一般的搜索引擎相比,外观和使用方式十分相似。其中,Metacrawler 是最早的元搜索引擎,于 1995 年由华盛顿大学(University of Washington)学生埃里克·塞尔伯格(Eric Selberg)和奥林·艾兹尼(Oren Etzioni)设计的 Metacrawler,它主要利用 Google、Yahoo!、Bing 和 Ask 等搜索引擎来提供查询服务。它的名字直接翻译过来就是"元爬虫",这恐怕也是元搜索引擎名称中那个"元"的来历。目前已属于 InfoSpace 公司并改由 Dogpile 元搜索引擎提供服务。

1. itools

itools 是一款较早出现的元搜索引擎,网址为 http://www.itools.com[①]。虽然它不能很好地支持中文检索,但是它提供的检索功能确实很多,主要分为五大类,分别是"Search"(互联网网页查询工具)、"Language"(语言查询工具)、"Media"(多媒体查询工具)、"Internet"(互联网信息查询工具)和"Money"(金融信息查询工具)。所有的工具都有默认的搜索引擎或者检索站点,用户可以通过选择以更改这些设定。如利用 Google、DuckDuckGo[②] 和 Bing 完成网页搜索,利用 Google 和 Twitter 来完成新闻搜索,利用 Dictionary.com 在线词典完成词语检索,利用维基百科完成百科知识检索等。主页如图 3.47 所示。

不过,iTools 中的一个检索功能只能设定一个默认的搜索引擎来查询,而且在检索时

---

① iTools 在运行新版的同时仍然提供老版本界面服务,网址为 http://classic.itools.com。
② DuckDuckGo 是由美国麻省理工学院研究生盖布瑞·温伯格(Gabriel Weinberg)于 2008 年创办的搜索引擎,该搜索引擎的特点在于强调对用户搜索隐私的保护、个性化搜索服务及其自然语言提问检索。网址为 http://www.duckduckgo.com。

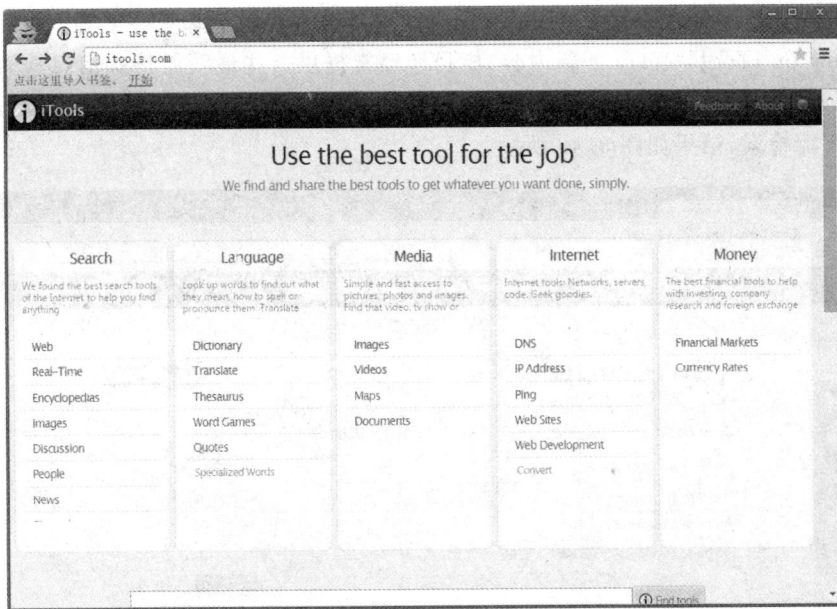

图 3.47　iTools 元搜索引擎的主页界面（截取于 2015-3）

会离开 iTools 直接跳转到来源搜索引擎界面中去。

　　除此以外，它还能提供对网络 IP 和域名及其金融市场信息查询，内容十分丰富。如检索"car insurance"（汽车保险）的相关市场报价，默认打开的是 Google 财经搜索引擎中的相关检索结果，如图 3.48 所示。

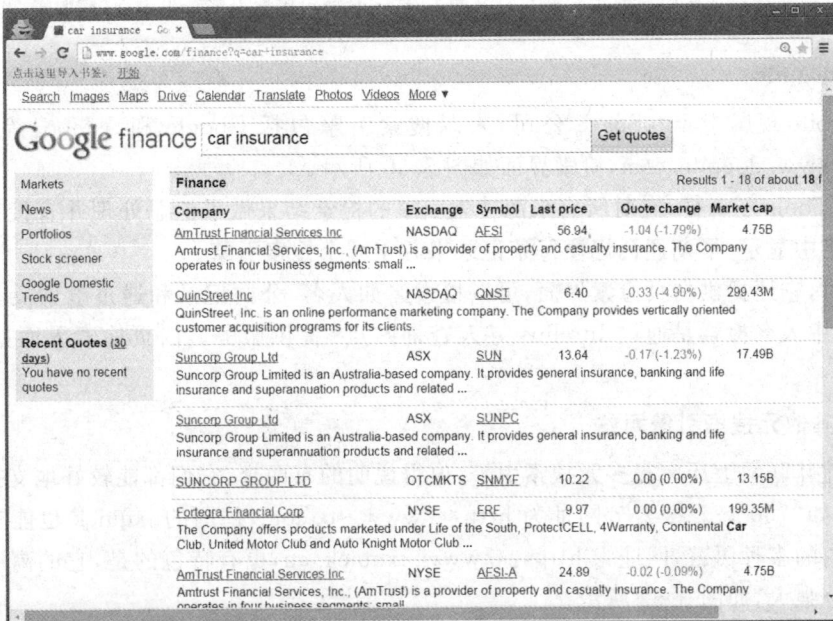

图 3.48　在 iTools 中检索金融市场信息打开的 Google 财经检索结果界面（截取于 2015-3）

它在页面下部还提供诸如电话号码检索、人名检索和电子邮箱检索等。更有趣的是，它的"New on iTools"（iTools 新内容）栏目还经常提供一些最新的特殊信息检索服务，如"短句撰写"（Phraseup Sentence Writer）利用 Phraseup 短句搜索引擎来提供对常见短语的模糊匹配检索，结果如图 3.49 所示。

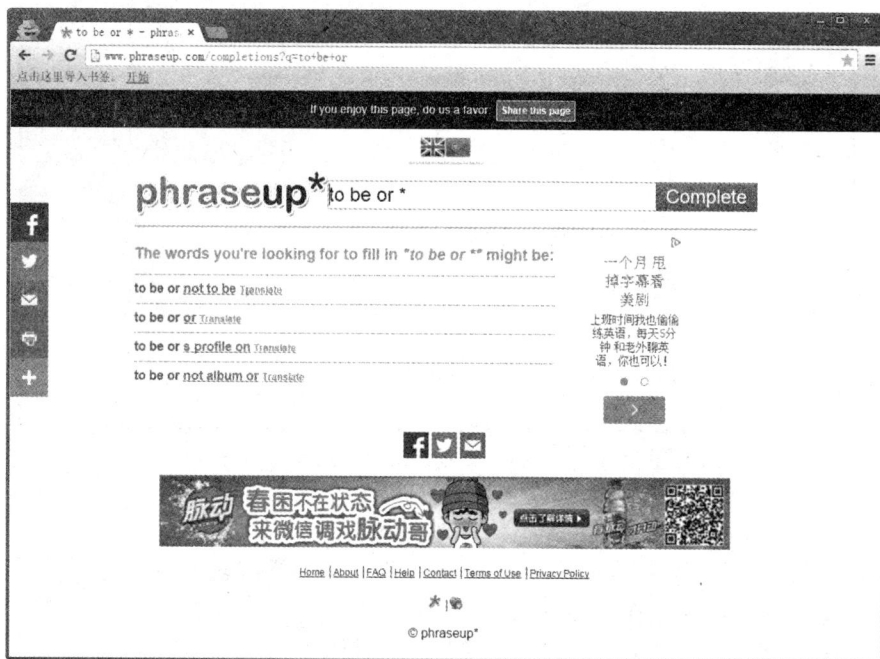

图 3.49   在 iTools 中检索短句撰写打开的 Phraseup 短句搜索引擎结果界面（截取于 2015-3）

2. dogpile

dogpile 现属于 InfoSpace 公司，来源搜索引擎包括 Google 和 Yahoo! 等，网址为 http://www.dogpile.com，检索界面如图 3.50 所示。

与 iTools 不一样，它对所有来源搜索引擎的检索结果做了汇总处理并直接在自己的界面上集中显示，早期还会标注每条记录来源于哪个搜索引擎。

同时，它还提供白页检索界面，可以检索诸如人名、公共记录和通过电话反查人名的服务，其中人名检索是通过 Intelius 寻人查询站点[①]提供服务。白页检索界面如图 3.51 所示。

3. 其他元搜索引擎网站

目前互联网上还有很多元搜索引擎，值得说明的有两个，它们都能较好地支持中文信息检索，如"360 综合搜索"，网址为 http://www.so.com，德国的 ixquick 也能支持包括中文在内的多种语言，网址为 https://www.ixquick.eu，更有特色的是，它的高级检索功能也十分强大，如图 3.52 所示。

---

① Intelius 寻人查询站点的网址为 http://www.intelius.com。

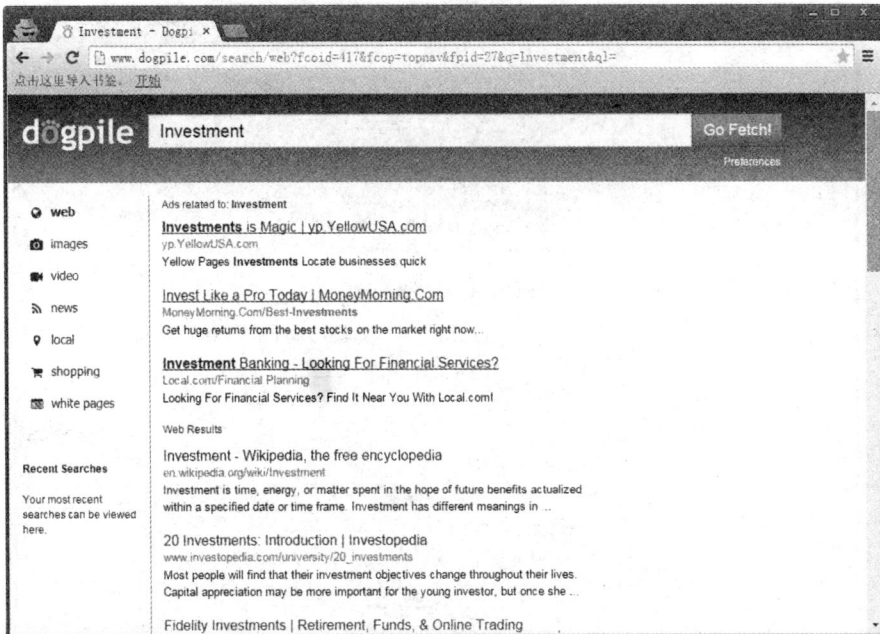

图 3.50　利用 dogpile 检索"Investment"的结果页面(截取于 2015-3)

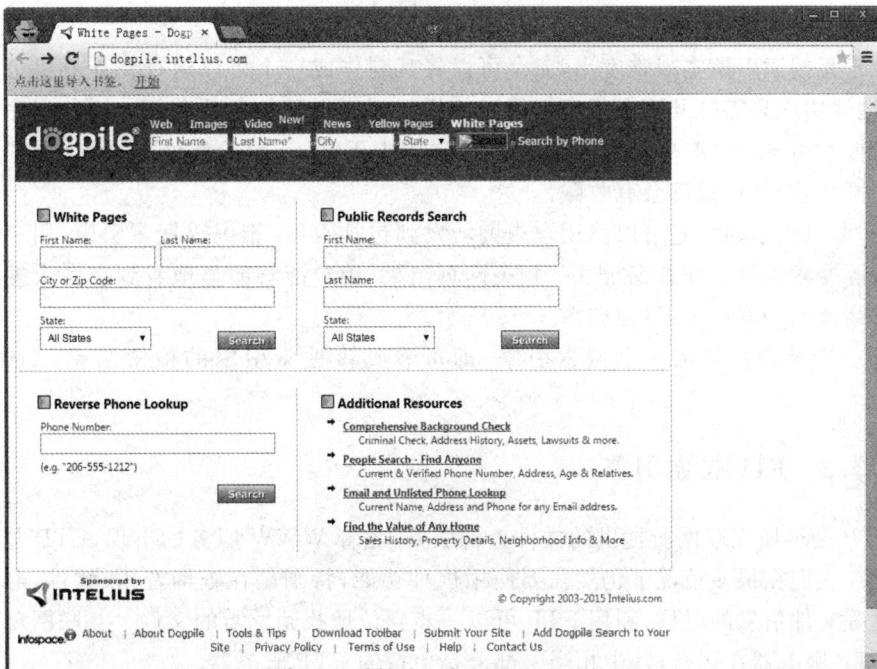

图 3.51　dogpile 白页检索页面(截取于 2015-3)

图 3.52　ixquick 的高级检索界面（截取于 2015-3）

4. 桌面元搜索引擎

由于元搜索引擎实现难度小，完全可以将其制作成一个可以运行在计算机上的应用程序，这样用户只需打开这个程序就可以使用元搜索引擎的各项功能。这种程序被称为桌面元搜索引擎。这些软件大多可以从互联网中下载，一般的软件下载站点中"网络工具"的"网络搜索"栏目都会有收藏。

如"飓风搜索通"，它可以将用户查询转发到包括百度、雅虎等搜索引擎，用户也可以指定来源搜索引擎。如查询"汇率"相关网页结果，用户能够明显地看到在各个搜索引擎中查询结果的获取进度，界面如图 3.53 所示。

进一步单击具体的一个搜索引擎，即可看到该搜索引擎的检索结果，如图 3.54 所示。

3.3.2　FTP 搜索引擎

FTP 是早期互联网所提供的文件查询服务，随着 WWW 服务的出现，FTP 并没有消失，相反，人们在很多情况下仍然需要使用这种功能，特别是在查询音乐、软件、电子书或者视频等文件信息的时候，利用 FTP 可以一步到位地找到所需的文件。互联网现在仍有很多 FTP 服务器在运行，其中相当一部分是免费的 FTP 服务器。

和元搜索引擎一样，互联网有专门的基于 WWW 方式访问的 FTP 搜索引擎站点和桌面 FTP 搜索引擎程序，这些不论是在功能上还是界面易用度上，都比早期的 Archie 等工具更为好用。

FileWatcher（文件看守者）是一款国外的 FTP 搜索引擎。除了支持一般的 FTP 文

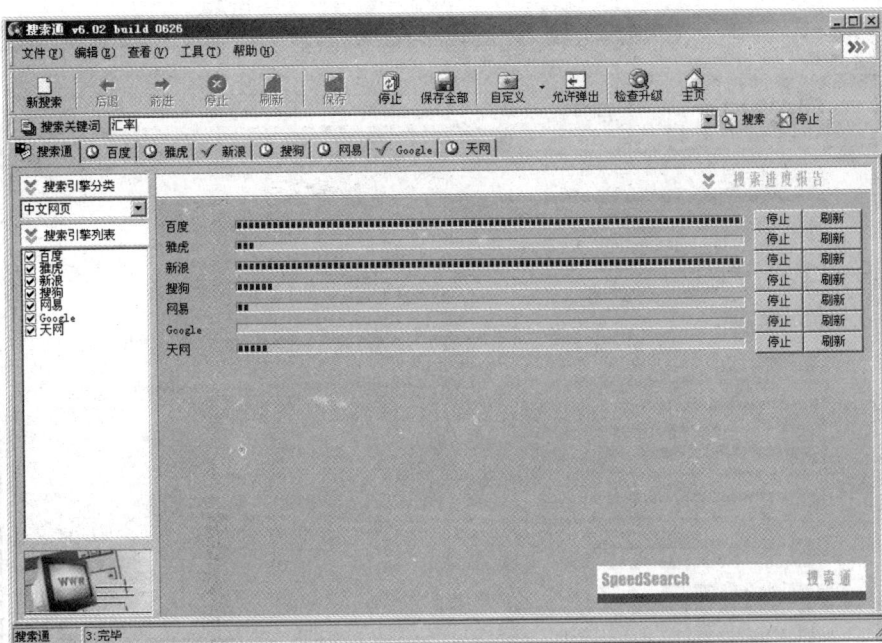

图 3.53　在飓风搜索通中查询"汇率"的程序运行界面（截取于 2015-3）

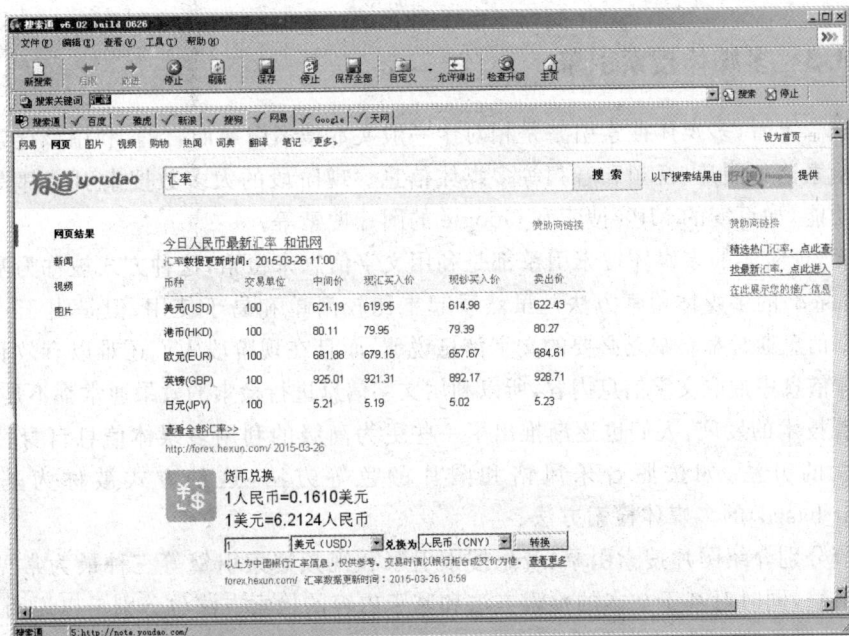

图 3.54　在飓风搜索通中查询网易搜索引擎获取的"汇率"相关网页结果（截取于 2015-3）

件名称查询外（"file search"），还支持对部分类型文件内容的 FTP 检索功能（"content search"）。网址为 http://www.filewatcher.com。如检索"marketing cases"（营销案例）的结果页面如图 3.55 所示。

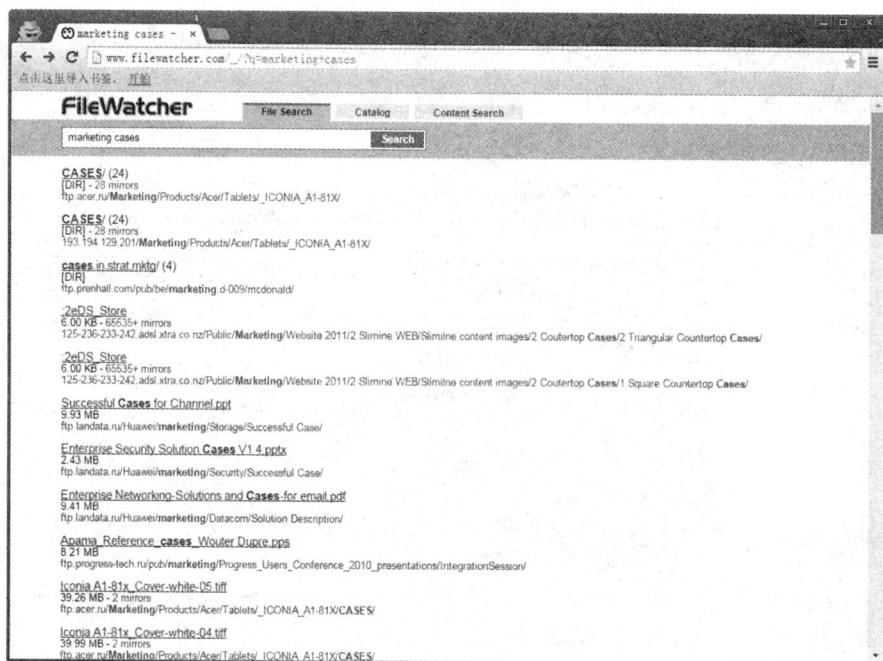

图 3.55　FileWatcher 搜索引擎的结果页面（截取于 2015-3）

3.3.3　多媒体搜索引擎

从概念上看，多媒体搜索引擎是相对于一般文本搜索引擎而言的，利用该搜索引擎用户可以检索诸如图片、视频和音频等多媒体信息。现阶段的大多数搜索引擎都支持多媒体检索功能，如百度的 MP3 搜索和 Google 的图片搜索等。

然而，现阶段的多媒体搜索引擎都是利用文字信息来检索，这种方式被称为基于文本（Text-based）的多媒体检索方法。虽然看起来比较简单和易于使用，但是由于一般的多媒体数据信息通常都会缺乏必要的文字信息说明，而且在现阶段人们还难以有效和快速地从多媒体信息中抽取文字信息内容，所以利用文字信息进行检索的效果通常都不是很好。

随着技术的发展，人们也逐渐推出了一些更为高级的利用多媒体信息自身特征数据进行检索的方法，如按照音乐风格和图片颜色等方法，这种方式被称为基于内容（Content-based）的多媒体检索方法。

本节分别介绍图片搜索引擎、音乐搜索引擎和视频搜索引擎等三种最为常见的多媒体搜索引擎，同时对基于文本的检索方法和基于内容的检索方法也分别予以说明。

1. 图片搜索引擎

例如百度的图片搜索引擎，用户可以从百度的主页选择"图片"进入，也可以直接进入它的网址 http://image.baidu.com。如想检索中国工商银行的标志图片，可以直接输入"中国工商银行标志"，检索结果如图 3.56 所示。

虽然此次检索效果不错，但要想获取更好的检索结果，也需要掌握很多的检索方法并

图 3.56　在百度图片搜索引擎中检索"中国工商银行"标志的相关网页结果（截取于 2015-3）

理解一些注意事项。

　　首先应当理解，这种基于文字的多媒体检索对于较为常见的普通检索效果一般都不错，但是对于功能较为独特、专指性较强的检索而言，则效果往往不甚理想。如检索"南京财经大学信息工程学院"，检索结果如图 3.57 所示。

图 3.57　在百度图片搜索引擎中检索"南京财经大学信息工程学院"的相关网页结果（截取于 2015-3）

显然结果不够理想，这些图片都是南京财经大学的校园图片。造成这种现象的主要原因有两个：一是相关图片可能确实很少；二是相关图片可能没有足够的有效文字进行描述，因此无法检索出来。

其次是要注意准确地表达用户检索需求。如查询苹果公司的著名标记，直接输入"苹果"，查询结果多为水果类图片，如图 3.58 所示。

图 3.58　在百度图片搜索引擎中检索"苹果"的相关网页结果（截取于 2015-3）

此时可以考虑使用其他图片搜索引擎，更换检索关键词或者采用更多的文本检索策略等方法，这些内容在下面章节会有专门说明。

最后可以考虑使用一些基于内容的查询方法。这里的关键词检索就是一种基于文本的检索方法，但同时它也提供了基于内容的检索方法，如位于搜索框后面的"图片筛选"。在单击后，可以在打开的"尺寸""颜色"和"类型"三个选项中进行组合筛选，这些检索指标都是反映图片内容的非文本信息，合理的使用可以更好地表达对图片信息的准确需求。如检索苹果 LOGO 的红色动态图片，相关选择和结果页面如图 3.59 所示。

随着技术的发展，现代图片搜索引擎的检索功能更为完善和丰富，如 Idée 公司实验室推出的几款基于颜色和图片相似度的搜索引擎系统（http://www.tineye.com）等。如其中基于颜色的图片搜索引擎允许用户选择图片所具有的颜色，自由检索相应的图片，同时还有可以结合标签信息的文本检索。如检索橙蓝黑三色为主并且反映人物内容的图片，结果如图 3.60 所示。

近年来，随着检索技术的发展，不少搜索引擎还推出了功能更为强大的识图功能，如"百度识图"，网址为 http://shitu.baidu.com，如在上传了一张印章图片后，百度识图搜

图 3.59　在百度图片搜索引擎中利用"图片筛选"进行检索(截取于 2015-3)

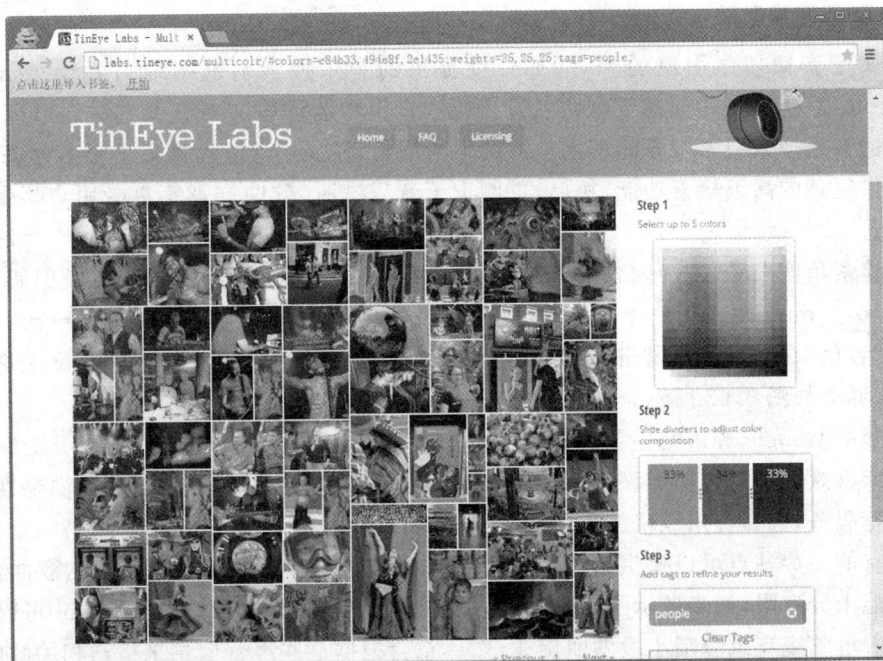

图 3.60　在 ideeinc 图片搜索引擎中利用颜色和标签进行复合检索(截取于 2015-3)

索引擎自动识别出图片为"书法篆刻"类型,并显示了很多风格和布局类似的其他图片,结果如图 3.61 所示。

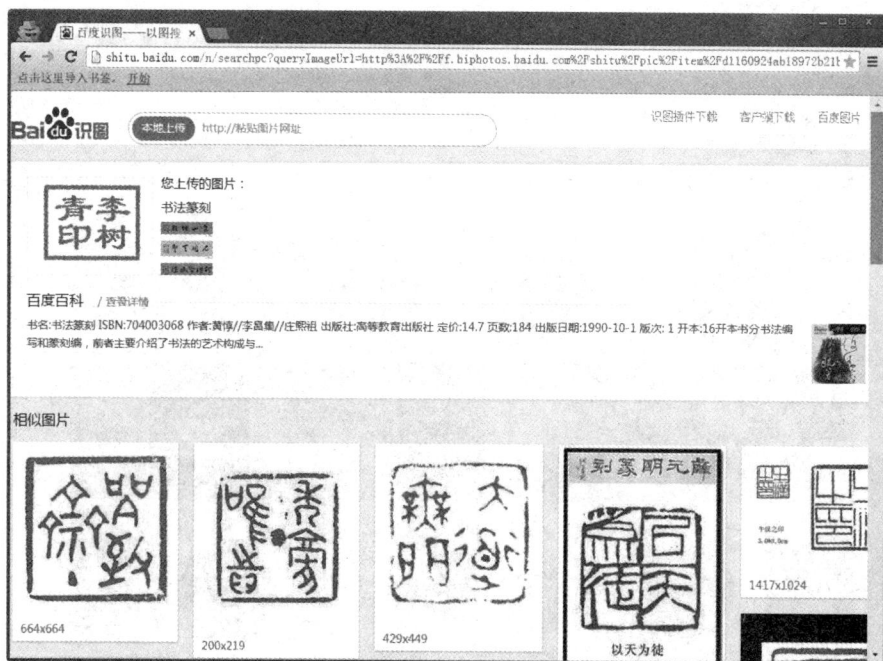

图 3.61   在百度识图中利用上传图片文件进行检索（截取于 2015-3）

2. 音乐搜索引擎

它属于音频搜索引擎的一种，如百度提供的音乐搜索引擎网址为 http://music. baidu.com，它提供了诸如基于歌曲名称、歌手、专辑和歌词等文本查询方法。不过，今天互联网的音乐搜索引擎服务随着用户群的不断增长，在易用性方面做出了很多改进，基本不再提供复杂的高级检索功能，相反，更侧重于音乐试听、歌曲推荐等更受用户喜爱的服务内容。

从检索角度来看，基于内容的音乐搜索引擎并不多见，Google 音乐也有类似服务，网址为 http://music.google.com。它曾经推出过一款 "挑歌"，允许用户按照包括 "节奏" "声调" "音色" 在内的歌曲风格，以及 "年代" "歌手" "流派" 和 "语言" 等多项指标来进行复合查询，界面如图 3.62 所示。

新版的 Google 音乐则主要通过 Google Play 提供服务，用户登录后，即可定制和选择自己所喜欢的音乐风格类型，并且系统还可以根据所检索的音乐类型来提供个性化的音乐推荐服务，选择音乐风格的界面如图 3.63 所示。

现有的一些站点可以提供诸如通过演唱或者敲击键盘来输入想要检索的歌曲信息，不过功能十分有限，初步展示了未来基于内容检索音乐文件的方式，如 Midomi 可以允许用户对着电脑麦克风哼唱小段歌曲旋律，然后它会根据这些声音信息来检索相关歌曲，网址为 http://www.midomi.com。再如 SongTapper 可以允许用户敲打键盘上的空格键来表达歌曲的节奏，同时也允许哼唱小段歌曲旋律，以此来检索相关歌曲，网址为 http://www.songtapper.com/public_html。

Themefinder 利用音乐数据库允许通过输入音符和设定音调来检索歌曲信息，并且可以

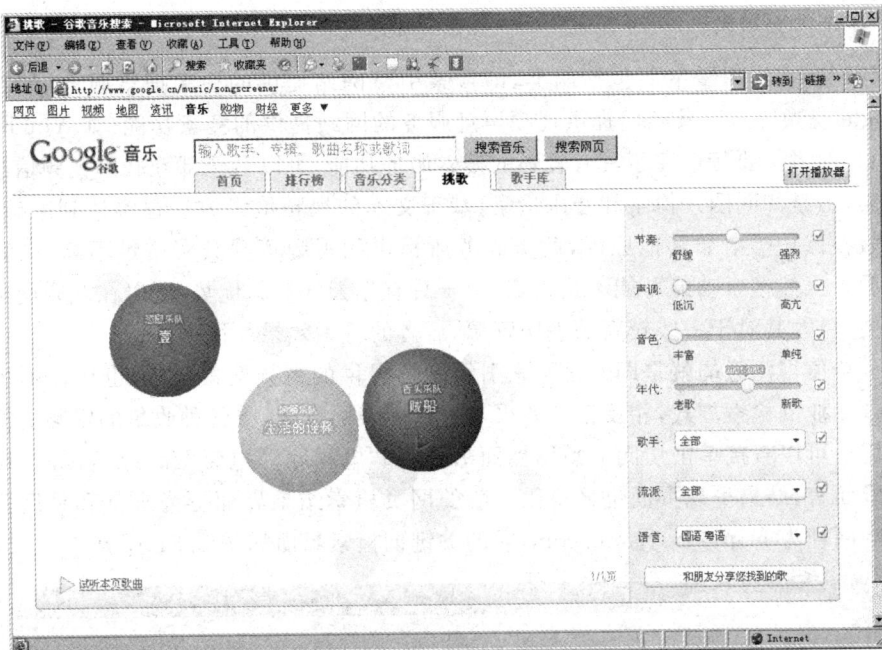

图 3.62 在 Google 音乐搜索引擎通过音乐风格来选歌(截取于 2010-7)

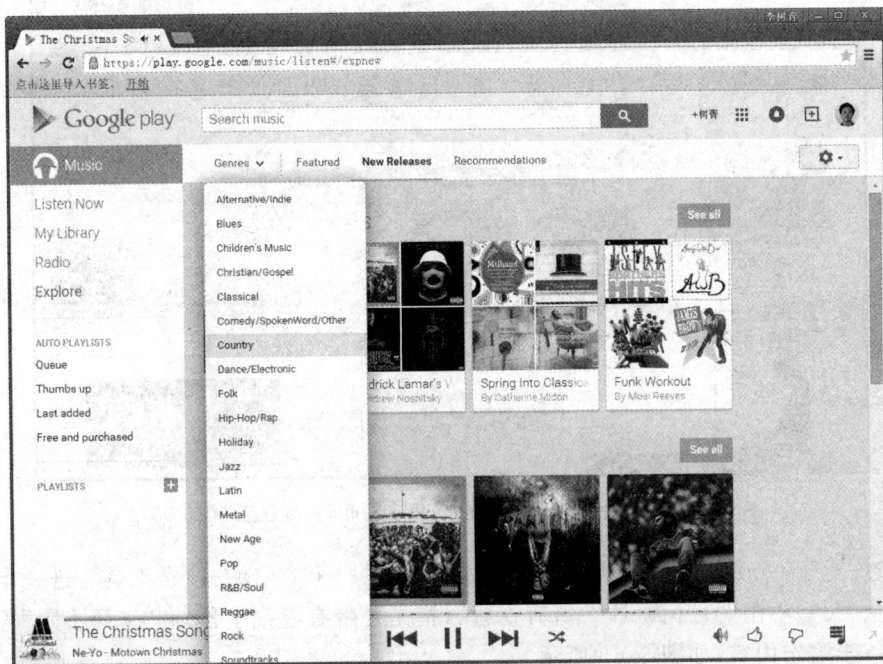

图 3.63 在 Google 音乐搜索引擎通过选择音乐风格类型来选歌(截取于 2015-3)

根据查找到的歌曲来进一步查找其相似片段,网址为:http://www.themefinder.org/。

目前,此类基于哼唱进行音乐检索更为常见的应用方式是各种移动音乐播放 APP,此类 APP 大都提供了允许用户哼唱进行歌词识别或者曲调识别,从而完成相应的歌曲检索。

3. 视频搜索引擎

现代视频搜索引擎主要包括两类，即搜索引擎网站提供的视频搜索服务（如百度视频、Google 视频等），以及专门提供视频信息服务的网站提供的搜索功能（如 YouTube[①]、优酷等）。前者主要特色在于具有较强的搜索服务功能，可以对全部互联网视频信息资源进行检索，但是如同图片检索和音乐检索，基于文本的视频检索方法很难达到准确有效，再加上版权保护等诸如其他原因，此类服务所提供的视频资源其实质量不高，来源也有限。而后者虽然搜索功能可能不是很强，由于具有先天的资源优势，所以在互联网上更受用户的关注，尤其对于一些较新的视频资源，后者的检索效果往往更好。

另一个值得注意的就是即使是搜索引擎网站提供的视频搜索服务，也往往不再提供非常复杂专业的检索方式，相反都开始采用目录列表的方式，将各种收集的视频资源直接组织成用户可以直接单击访问的易用界面形式，如"电视剧""电影"和"综艺"等。对于关键词检索而言，结果呈现页面也显得比一般的网页检索结果界面更为丰富和易用。如百度视频的网址为 http://v.baidu.com，它的关键词检索界面如图 3.64 所示。

图 3.64　百度视频搜索引擎的检索结果页面（截取于 2015-03）

不过，对于 Google 视频搜索引擎而言，它却提供一个专门的"搜索工具"，进一步对检索结果从"长短不限""任何画质""所有视频"（指是否带有隐藏字幕）和"来源不限"等几方面来进一步限定内容，如图 3.65 所示。

另外还有一些专门提供视频检索的垂直搜索引擎[②]，如"搜库"（网址为 http://www.

---

①　YouTube 已于 2006 年被 Google 收购。

②　垂直搜索引擎也被称为主题搜索引擎，主要对互联网资源库中某类专门信息提供检索服务，通过主要针对某一特定领域、特定人群或某一特定需求来提供相应的信息和相关服务，它是搜索引擎的细分和延伸。

图 3.65　Google 视频搜索引擎检索结果页面中的"搜索工具"(截取于 2015-3)

soku.com)等,同时还可以提供很多视频检索的相关应用和延伸服务。

3.3.4　地图搜索引擎

地图搜索引擎作为一种特殊的搜索引擎,在现代搜索引擎中的作用越来越大,很多结合购物、旅游和交友的信息检索服务都开始与地图搜索引擎结合,从而为用户提供更为方便和直观的体验。国外的 Google 地图搜索引擎、国内的百度地图都是一些比较有代表性的地图搜索引擎。

Google 地图搜索引擎是近年来受到关注最多的一款。早在 2004 年,Google 就通过收购卫星影像提供商 Keyhole,使用 Keyhole 的 Quick Bird(捷鸟)卫星影像,开始对外提供地图搜索服务。后来该项服务开始与生活搜索、移动搜索等结合,并允许用户通过 Google 地图搜索引擎提供的专门方法,可以很方便地将这些地图检索功能集成到自己的网站系统中,影响度很快得以扩大。它的网址为 http://maps.google.com。用户可以直接在搜索框中输入所要显示的城市名称,中英文都支持,如检索北京地区的地图信息如图 3.66 所示。

用户可以单击右下角的加减号或者滚动鼠标滑轮来缩放地图,还可以单击地图左下角的"卫星图像"等按钮来改变地图的显示内容,如切换为"卫星图像"视图后将会显示北京城市的卫星拍摄地图[1]。

同时,Google 地图还提供了街景浏览功能。用户只需将缩放尺上边的黄色小人拖曳到地图上,即可显示那个位置的街景照片。对于有些城市,Google 还提供了三维街景视

---

[1]　此版本的 Google 地图还提供了一个有趣的"吃豆子"经典游戏,只不过用户是在检索的地图道路上进行。

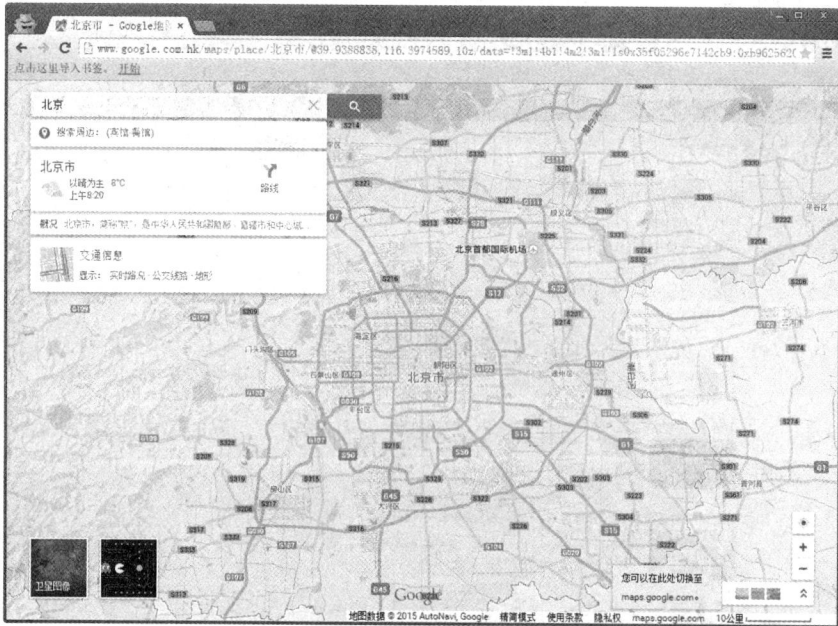

图 3.66　在 Google 地图中检索"北京"地区的地图信息（截取于 2015-4）

图，如香港铜锣湾地区的三维街景视图如图 3.67 所示。

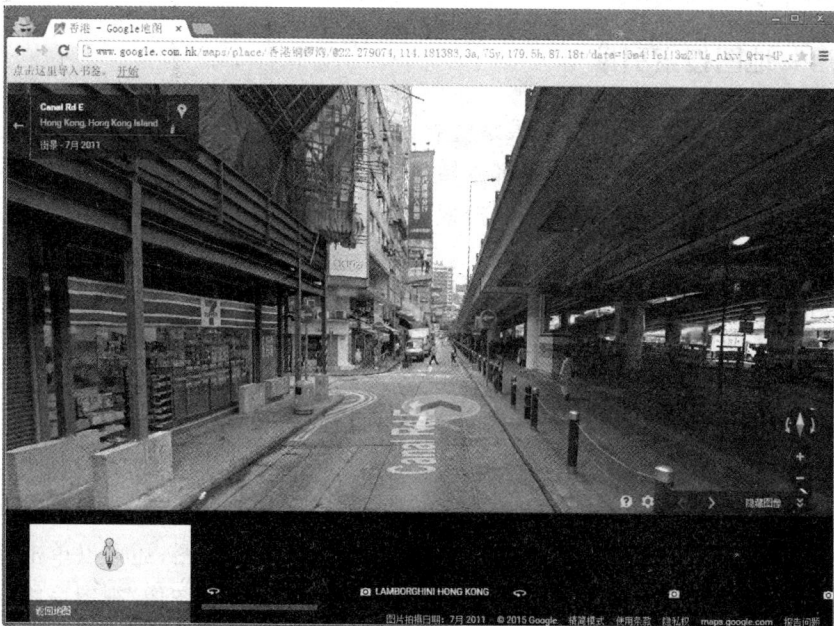

图 3.67　在 Google 地图中显示街景视图（截取于 2015-4）

　　而且 Google 地图也将很多其他的生活信息检索服务与地图检索结合起来，如实时路况和公交查询等。如检索从南京火车站到南京财经大学仙林校区的公交路线，同时显示当前路况信息，如图 3.68 所示。

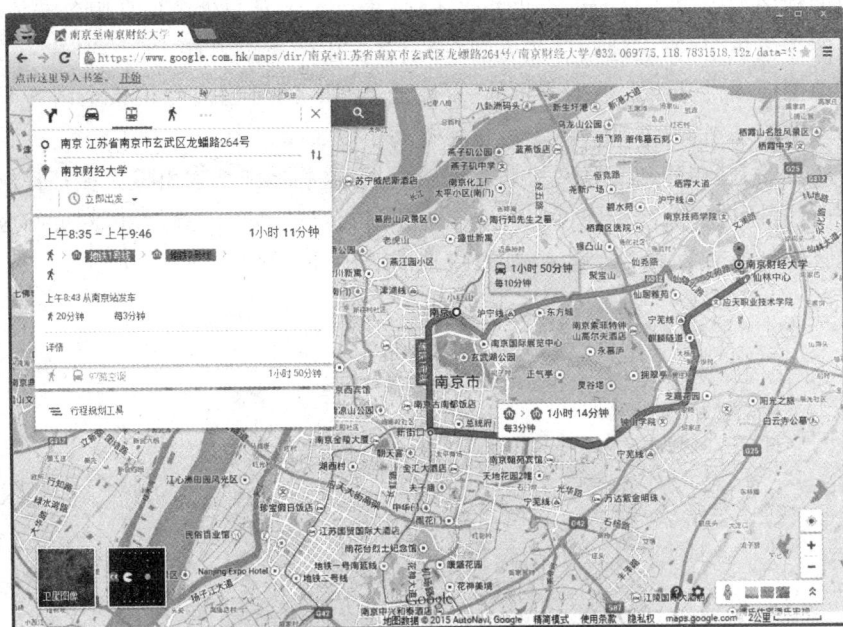

图 3.68　在 Google 地图搜索引擎中检索公交信息(截取于 2015-4)

　　Google 还提供了"Google 地球"信息检索服务,网址为 http://www.google.com/earth,这是一个需要单独安装的桌面程序,可以通过它以 3D 方式浏览建筑、图像和地形,甚至包括对火星地图的查看。与此类似的还有"Google Sky"(Google 太空),网址为 http://www.google.com/sky,界面如图 3.69 所示。

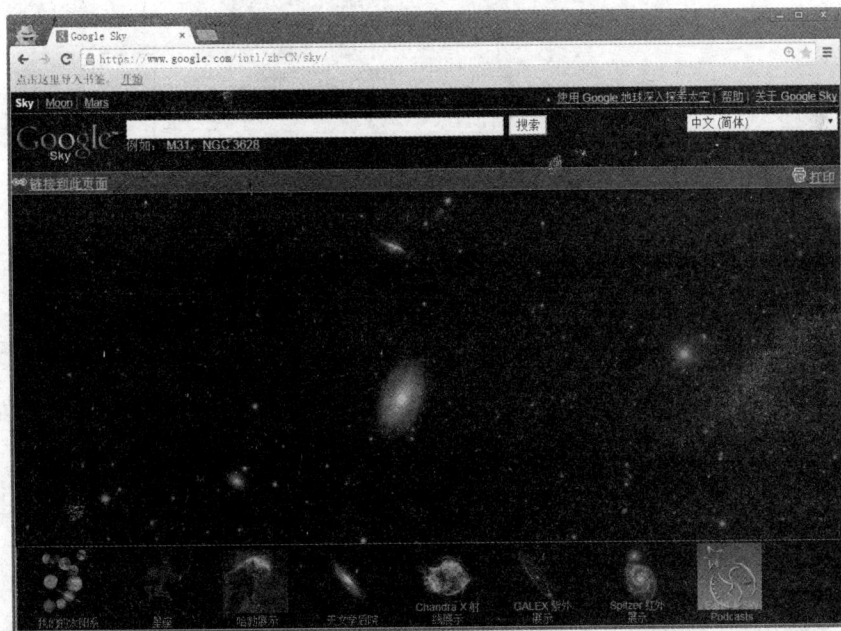

图 3.69　Google 太空的星空检索界面(截取于 2015-4)

国内的地图搜索引擎目前做得也相当不错,提供了大量与生活信息服务有关的服务,如百度地图还提供了"雾霾地图""热力图"等很多实用的地图工具。

百度地图还提供基于大数据分析的"百度迁徙"服务,可以实时检索全国各个主要城市之间的人群流动情况,并且提供了可视化界面予以展示。

值得注意的是,在移动互联网快速发展的今天,这些地图搜索引擎大多都提供了移动APP,用户只需通过移动终端即可实时动态地了解自己的地理位置信息,并更好地将相关信息检索服务与当前活动结合起来,如百度地图 APP 的界面如图 3.70 所示。

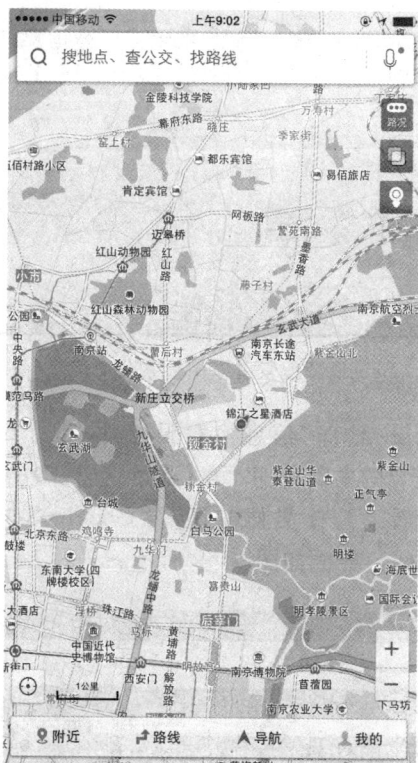

图 3.70　移动终端的百度地图 APP 界面(截取于 2015-4)

对于移动地图信息服务而言,部分城市还专门开发了更为具体的公交信息查询,如"南京掌上公交"的"实时公交"就可以直接定位用户所在位置,并显示当前公交车的具体行驶情况。

3.3.5　特殊搜索引擎

随着搜索引擎技术的发展,今天的搜索引擎种类已经非常多样,在此我们介绍几种值得关注的特殊搜索引擎,从中可以一窥搜索引擎的未来发展形式。

1. 语义搜索引擎

语义搜索引擎比现有的一般搜索引擎具有更强的自然语言理解能力,用户只需输入完整的提问和问题即可找到相关答案,如 answers,网址为 http://www.answers.com,它同时还允许用户去编辑问题的答案和判断答案是否有用,据此提高答案的质量。如检索"Who is the first president of USA?"(谁是美国第一任总统?),结果界面如图 3.71 所示。

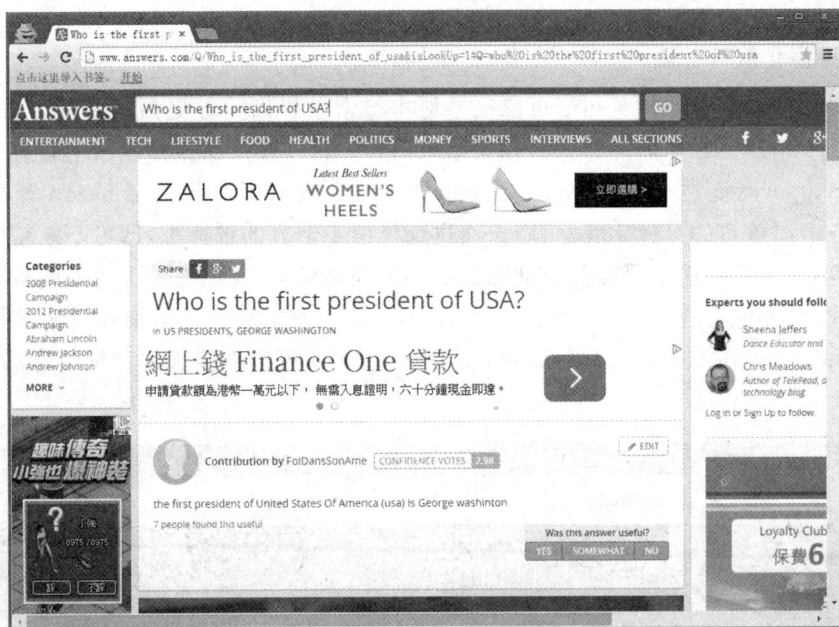

图 3.71　在 Answers 网站直接通过提问检索(截取于 2015-4)

它同时提供了很多百科知识的检索服务,用户直接输入名词条目即可检索来自于多个著名在线辞典和百科全书知识网站的释义,如检索"panda"(熊猫)的结果如图 3.72 所示。

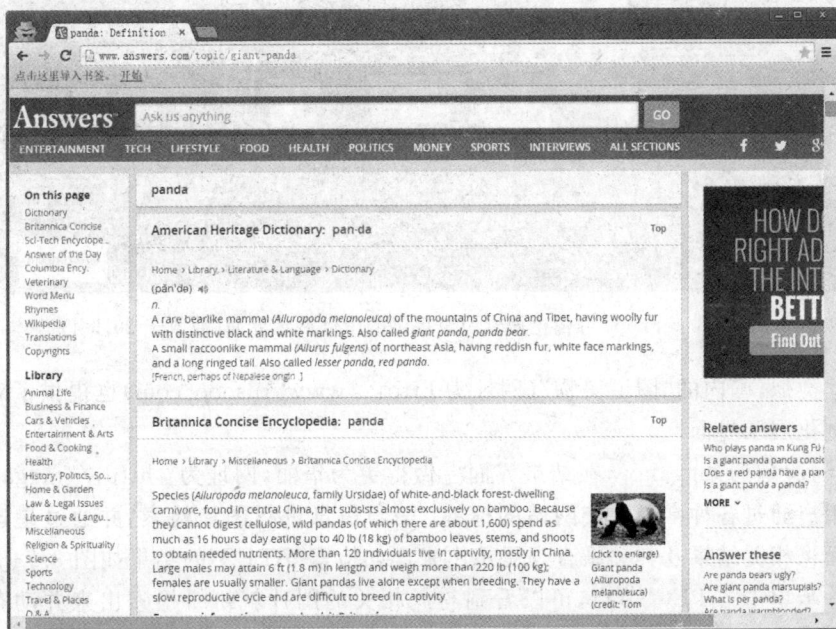

图 3.72　在 Answers 网站检索百科全书知识(截取于 2015-4)

不过，现有的语义搜索引擎不论在功能上还是在效果上，都因为现有技术水平的限制，所以还达不到完全满意的效果，通常只能对一些较为常见和一般的问题做出直接回答。

2. 可视化搜索引擎

可视化搜索引擎的特色在于可以很好地将检索结果以一种更为美观的方式来展示，从而有助于用户更好地理解和探索相关结果内容。目前在产品搜索领域中有着广泛的应用，如 oSkope，网址为 http://www.oskope.com，它提供了对包括 Amazon 等在内多个电子商务产品信息的可视化展示，用户通过选择位于上方的选择框，即可不断精确所需检索的内容，同时在页面主要部分中动态显示相关检索结果，其中提供了诸如网格和列表等显示方式，最为强大的是图例展示（View As Graph），此时会按照价格和销售量排名的二维坐标系对检索结果进行布局展示，单击其中的内容还可以直接查看详细信息，如图 3.73 所示。

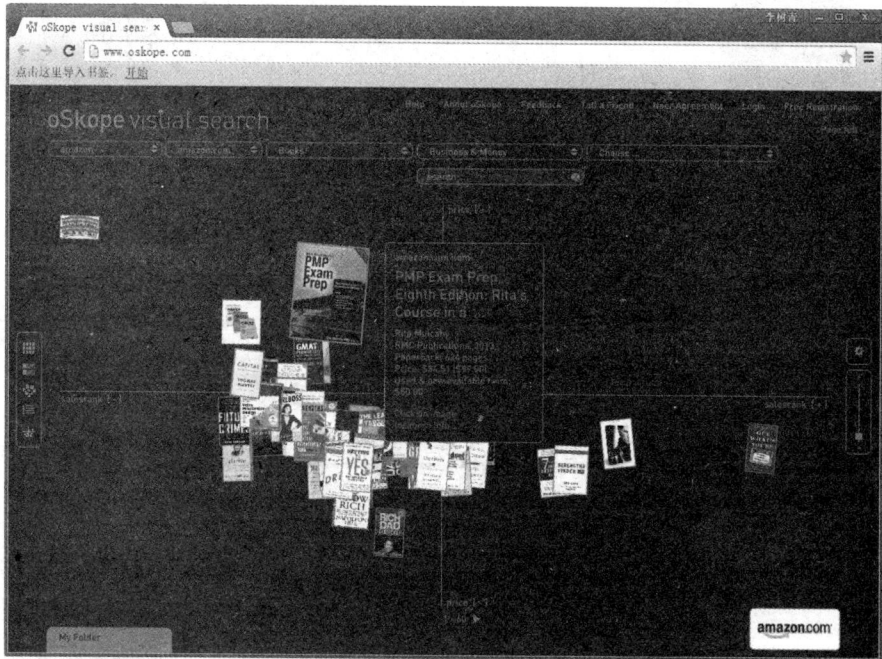

图 3.73　oSkope 可视化搜索引擎提供的图例展示界面（截取于 2015-4）

与此类似，国内的"图说美物"（网址为 http://www.tusooo.com）也提供了对产品信息的图例化展示界面。

另外，德国的 taggalaxy 在结果界面上做得更为华丽，网址为：http://taggalaxy.de，它允许用户通过各种常见社交网站的标签（Tag）信息进行图片检索，并通过星球状的可视化界面将相关结果及其关系直观展示出来。如检索"APEC"的结果如图 3.74 所示。

进一步单击"APEC"节点，可以看到与此相关的图片就纷纷检索出来并动态地贴在星球上，如图 3.75 所示。

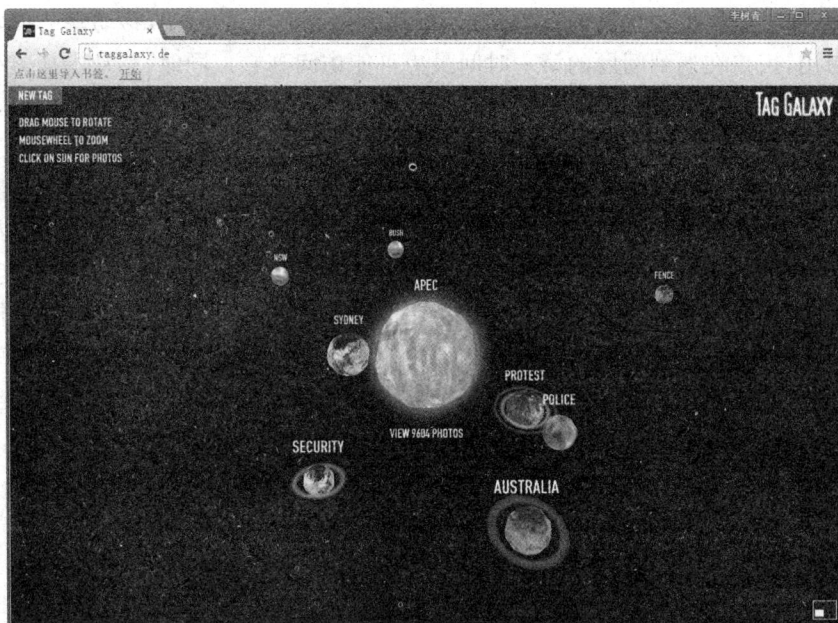

图 3.74　taggalaxy 可视化搜索引擎中检索"APEC"的结果页面（截取于 2015-4）

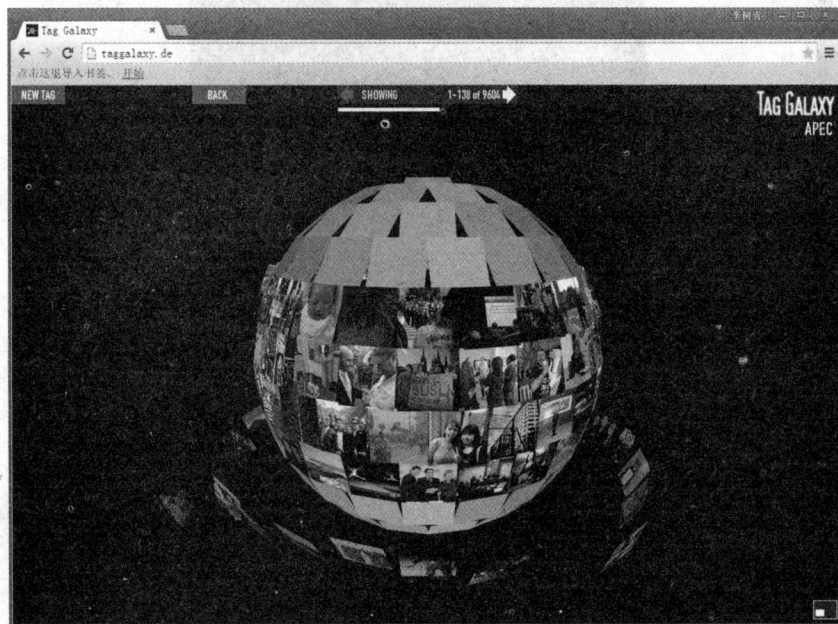

图 3.75　taggalaxy 可视化搜索引擎中展示图片结果的星球效果（截取于 2015-4）

3.3.6　移动端搜索引擎

面对越来越多的移动用户，移动端搜索引擎的使用规模和应用场景都在不断增多。从功能上看，可以理解为现在人多数移动端搜索引擎都是桌面端的延续，所以几乎所有主流的 Web 搜索引擎都有自己的移动搜索 APP,但是不同于桌面端,移动端的搜索功能十分方便易用,用户在遇到问题的第一时间最为可能访问到它。同时,移动端搜索引擎还可以很容易集成诸如地理信息等当前环境信息,从而能获取更为准确的用户需求,甚至在输入方式上通过语音来提供更为快捷的使用功能。

在应用方式上,移动端搜索引擎除了可以仍然和桌面电脑端一样使用浏览器来提供 Web 界面服务,同时还增加了更为常见的 APP 功能,几乎各大主流的搜索引擎都有自己的 APP。据统计,在 2017 年上半年中,我国移动搜索引擎 APP 主流产品有百度搜索、神马搜索、搜狗搜索、360 搜索和谷歌搜索等。同时,现有的移动平台大都集成了较为完整的内置搜索功能,不仅可以提供对本地资源的检索,同时还可以实时联网实现互联网信息检索。如 iOS 平台,用户只需将屏幕划向最左边的界面,就会自动出现一站式搜索界面,其中就可以利用"搜索网页"功能打开内置的 Web 搜索引擎提供网络信息检索服务,如图 3.76 所示。

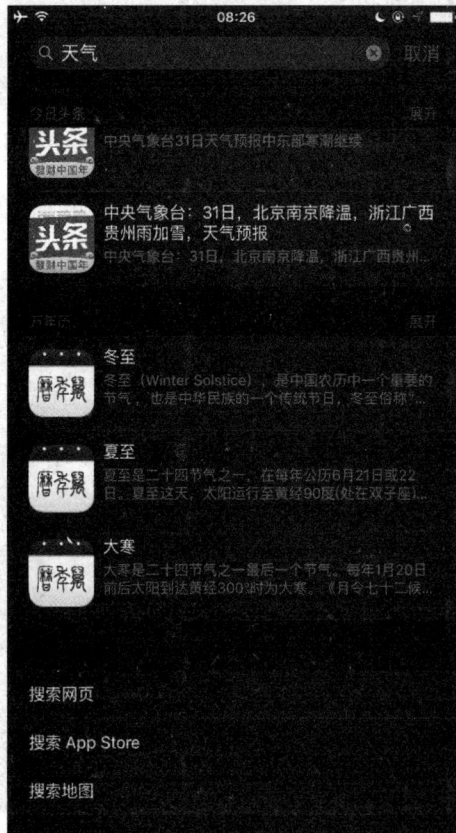

图 3.76   iOS 移动平台上的一站式网络信息检索功能(截取于 2015-4)

移动搜索引擎在提供一般网络信息检索功能的同时,往往还会将各种常见的信息资源服务都进行有效的集成,如包括新闻、贴吧、小说、热搜榜、导航等,可以帮助用户在搜索客户端主界面上第一时间获取所关注信息的最新状态。同时在功能上,还能提供有别于桌面端更为丰富的展示功能。

下面主要介绍两个功能：

（1）百度搜索 APP：主要利用百度自身的搜索资源，搜索结果相对比较全面，支持语音搜索，中文识别准确率高达 98％，支持图像搜索，允许用户手机拍照实现即时图片查询，准确率高达 95％。同时，广泛采取了个性化搜索设置，可以结合用户阅读习惯和搜索行为，为用户推荐更优质、更符合兴趣点的信息资源。另外，在一些细节上也设计得比较合理，如支持安卓手机全局夜间模式，视频关联功能允许用户看短视频自动关联完成片源，减少四处搜索的时间等。

（2）神马搜索 APP：神马搜索是 UC 和阿里 2013 年已经成立合资公司推出的移动搜索引擎，是 UC 浏览器的内置搜索引擎，因此在浏览器、APP 和桌面端形成了较为完整统一的访问入口，用户使用方便。它最初是通过 APP 搜索、购物搜索、小说搜索三个垂直搜索功能完成起步发展，后期在语音搜索、图片搜索和个性化搜索方面都形成了自己的特点。

除此以外，我们还必须注意到现在移动 APP 通常都会提供各种形式的内置查询功能，这些功能在很大程度上也能方便的实现网络信息资源的检索，但是受限于访问界面的局限性，通常这些功能往往不如桌面 Web 端强大，因此，大家在使用时，如果觉得移动端 APP 的搜索功能有局限，或者没有提供相关的有效检索方法，都可以考虑使用桌面 Web 来尝试。

例如，对于微信的内置搜索而言，很难直接搜索已有公众号的文章内容，但搜狗于 2014 年 6 月上线的微信搜索功能，即可帮助用户搜索到微信公众号以及公众号的内容，如图 3.77 所示。

图 3.77 搜狗微信公众号及其内容搜索

3.4   练 习 题 3

1. 收集相关资料，统计目前国内外搜索引擎发展的总体情况，进行对比分析。

2. 早期 ALIWEB 都能提供的"子串匹配"功能，为什么在现在搜索引擎中都没有提供？

3. 从 2015 年以后，基于分类目录的搜索引擎大都关闭了，请谈谈相关主要原因。

4. 收集相关资料，介绍一款最新的 Web 搜索引擎，对其特点和功能做说明。

5. 由于需要处理中文信息，所以中文搜索引擎有着自己独特的特点。请结合自己的体会，谈谈国内中文搜索引擎和国外搜索引擎中文版的功能区别。

6. 人工智能技术是近年来非常重要的信息技术之一。请结合自己的应用体会，介绍现代搜索引擎应用人工智能技术的最新功能演示。

7. 淘宝等电商搜索功能都支持比较复杂的商品结果排序功能，例如销量、价格、信用等，为什么 Web 搜索引擎却很少提供较为丰富的结果排序功能？

8. 说明元搜索引擎和百度等 Web 搜索引擎的区别。

9. 在 ixquick 检索结果中，检索结果右侧会有一些★、√ 和×等符号，请分别解释它的意义。

10. 结合自己的理解阐述搜索引擎的工作原理。

11. 以百度为例，阐述相关检索结果排序的主要依据。

12. 以百度和必应为对象，比较二者检索结果页面的区别和相同点。

13. 按照工作方式或者检索机制的不同，简要介绍搜索引擎的主要类型。

14. 论述独立型搜索引擎的工作原理。

15. 目录式搜索引擎的优点和缺点是什么？

16. 什么是元搜索引擎？ 它的工作原理是什么？

17. 结合实例，说明什么是基于内容的图片信息检索。

18. 结合实例，说明网页目录检索和常用的百度搜索引擎检索主要区别是什么。

第4章 搜索引擎的检索方法

搜索引擎提供的信息检索功能非常丰富,甚至可以利用搜索引擎来实现诸如统计分析等复杂的功能。同时,从搜索引擎开始学习信息检索的基本方法和技巧,也是一种很方便的入门选择。一旦掌握了这些基本信息检索方法,读者在了解各种相关数据库等专业信息检索系统时,就会更加容易地快速适应和充分发挥专业信息检索系统的功能。"工欲善其事,必先利其器",掌握好搜索引擎的检索方法是必不可少的。

从总体来看,搜索引擎的检索方法有两大类:一类是基于关键词的基本检索方法,它是最常见和最为有效的一种方法;另一类是基于 Web 目录的分类检索方法,虽然功能略逊于前者,但是也有自己的优势,而且这两种方法还可以结合使用。本章对此分别予以介绍,并在最后讨论一些常见的查询策略和典型案例。

4.1　基于关键词的基本检索方法

对于此类检索,一般用户通常只是使用一个到几个关键词来进行,实际效果往往也并不理想,究其原因,没有合理地掌握搜索引擎的检索方法是其中的一个重要原因。因此,本节对搜索引擎中各种基于关键词的常见信息检索方法进行专门的介绍。

按照检索方式的不同,现代搜索引擎所提供的信息检索方法可以分为四种,分别为布尔检索、词组检索、模糊检索和字段检索。需要说明的是,由于需要结合一个特定的搜索引擎来说明这些操作方法,所以本节内容主要结合百度搜索引擎和 Google 搜索引擎来谈论。当然,很多操作也完全适用于其他的搜索引擎。不过,相关检索语法细节还是会因搜索引擎的不同而有些差异。因此,读者可以通过了解各个搜索引擎官方网站所提供的帮助资源来细致地学习其使用方法,如百度的帮助资源站点网址为 http://help. baidu. com/question,Google 搜索引擎的帮助资源站点网址为 http://support. google. com/? hl=zh-Hans。几乎所有的搜索引擎都会提供此类帮助信息。

4.1.1　布尔检索

布尔检索是一种最为常见的检索方式,是一种利用诸如 AND、OR 和 NOT 等布尔操作符表达的检索。由于它也是各个搜索引擎的默认检索方式,所以一般用户自觉不自觉都在使用这种方式。通过布尔检索,用户可以告诉搜索引擎希望找到什么、不希望找到什么等。

我们从一个例子开始。假设一个用户准备检索关于"搜索引擎"的相关网页信息，他就可以直接在 Google 搜索引擎中输入检索关键词"搜索引擎"，如图 4.1 所示。

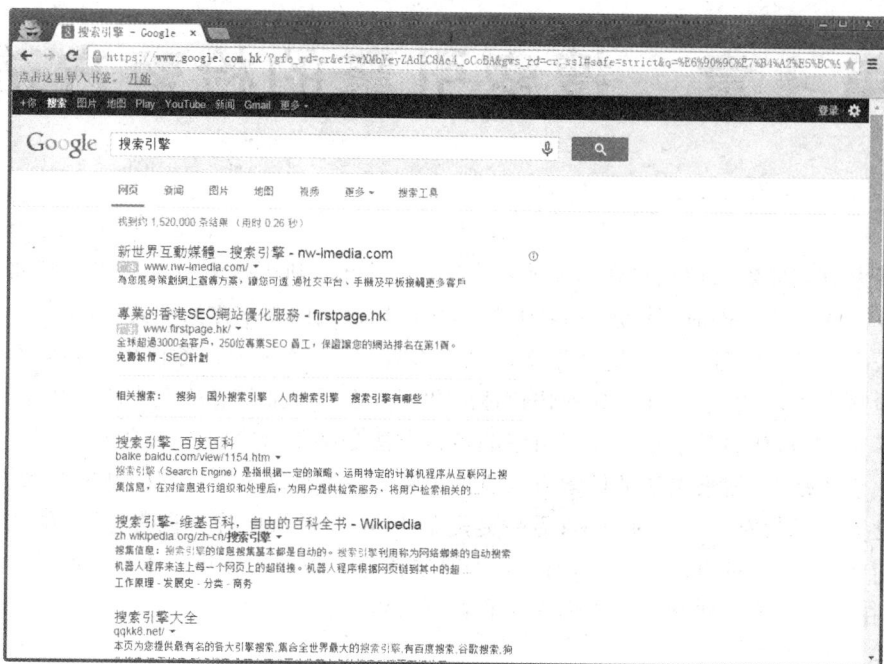

图 4.1　关键词"搜索引擎"的检索结果页面（截取于 2015-4）

此时展示的结果非常多，高达 152 万篇命中网页。仔细观察一下结果，我们会发现第一条非广告的结果只是百度百科中的搜索引擎条目说明，连百度搜索引擎和必应搜索引擎都没有排在前几条，甚至连 Google 自己也没有。

是 Google 太谦虚？当然不是，而是用户的查询太模糊！本书的主要目的就在于教会读者如何更好地使用搜索引擎，因此我们不去强调搜索引擎应该怎么改进，焦点全部对准用户的检索改进方法。而且在多数情况下，如果用户能够更加准确地表达出自己的检索需求，通常搜索引擎都可以展示出更为合理的搜索结果。当然，我们也希望搜索引擎通过自身功能的改进可以更好地满足用户的检索需求，这些都是现代搜索引擎需要解决的诸多技术问题之一。

1. AND 检索

仔细思考上述问题，造成这种现象的主要原因在于用户没有准确地表达自己的需求，究竟是要找著名的搜索引擎网站，还是要找介绍搜索引擎的网页？假设用户想要检索各个常见搜索引擎的首页站点，用户可以使用"搜索引擎 首页"作为检索关键词，查询结果的第一页就能显示诸如百度和 Google 等搜索引擎主页站点链接，如图 4.2 所示。

假设用户想要检索介绍搜索引擎的相关网页，可以尝试使用"搜索引擎 介绍"作为检索关键词，如图 4.3 所示。

此时所使用的方法就是布尔检索，而且是一种被称为"AND"的布尔检索。AND 字面意思是"并且"的意思，如"搜索引擎 介绍"的最终检索结果是含有"搜索引擎"和"介绍"

图 4.2　关键词"搜索引擎 首页"的检索结果页面（截取于 2015-4）

图 4.3　关键词"搜索引擎 介绍"的检索结果页面（截取于 2015-4）

的相关网页,则满足检索条件,当然我们可以想象满足此条件的网页应该就是我们所需要的。

这里需要说明四个问题：

一是为了清楚表明用户的检索需求,采用多个检索关键词十分必要,但是选择关键词需要技巧和经验,有时可能需要多次尝试才能找到最为合适的关键词。例如对于检索"搜索引擎 首页"的练习而言,如果采用"搜索引擎 站点"来检索,效果就不理想。但是这种现象可能会因时因地而变化。

二是在大多数搜索引擎中,AND是通过空格来表示的,所以我们应该通过空格来分隔不同的关键词。读者可以使用诸如"搜索引擎介绍"来检索,但是,如果仔细观察,读者就会发现其实Google搜索引擎检索的内容并非"搜索引擎介绍",仍然还是"搜索引擎 介绍",这是因为现代中文搜索引擎通常都具有自动分词的能力,也就是说,将较长的词组自动拆分为多个关键词并且自动扩展为AND布尔检索,所以实际效果区别不大。

三是由于搜索引擎经常更新网页的索引信息,而且不同的搜索引擎都会采用不同的相关度排序算法,所以实际的检索结果可能会因时因地而变化,这种现象很正常。

四是AND检索其实是一种缩小检索范围的查询方法,该方法可以提高查准率,当然在减少返回结果的同时,一般也会不可避免地丢失一些其实有价值的结果,因此会降低查全率。

2. OR检索

如果我们要检索银杏果的相关内容,简单的方法就是直接检索"银杏果",但如果想要扩大检索的结果数量,希望找到更多的内容,我们该怎么进行呢？其实,银杏果的俗称是白果,因此无论以何种称呼来谈论,相关网页都应该被选中,也就是说,我们需要找到含有"银杏果"或者"白果"的相关网页。因此,正确的检索关键词为"银杏果 OR 白果",检索界面如图4.4所示。

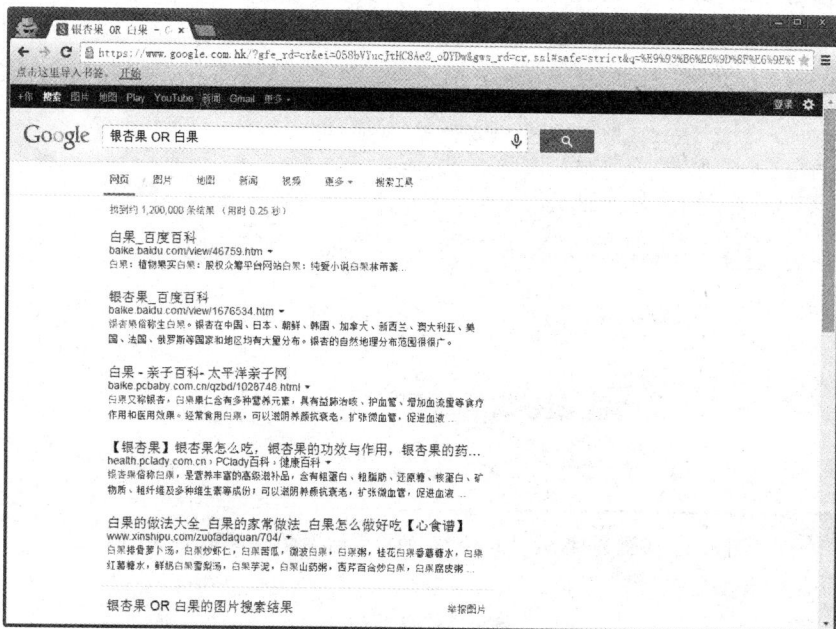

图4.4　关键词"银杏果 OR 白果"的检索结果页面(截取于2015-4)

可以看出,命中结果内容更为丰富,数量也已经扩大到 120 万条[①]。这里强调两个问题:

一是这种方法显然增加了无关网页被命中的概率,特别是在选择的关键词不甚合理时尤为如此。和 AND 查询相比,使用 OR 可以说是一种增加查全率但会降低查准率的方法。

二是增加关键词需要用户了解相关背景知识,否则如何知道"银杏果"也可以称为"白果"呢? 特别对于较为专业的知识而言,只有熟悉该领域知识的用户才能更容易找到更多的相关检索词。

再看前文所说的介绍搜索引擎的网页查询,已有的检索结果似乎已经足够,然而我们必须正视一个问题,还有很多介绍英文搜索引擎的网页内容没有包含在内,可能这些网页更多更重要。如何表达这种检索内容呢? OR 检索就是一种解决方法。我们可以输入"搜索引擎 OR 'search engine' 介绍"即可。

对于该检索表达式的正确理解应该是检索"含有搜索引擎或者 search engine,并且含有介绍"的网页。检索表达式中的英文单词前后应该加上双引号,以防止搜索引擎在处理检索时把 search 和 engine 分开,如果那样,含义就是检索"含有搜索引擎或者 search,并且含有 engine 和介绍"的网页。

值得注意的是,不同的搜索引擎可能会有一些差别和注意事项,如 Google 就要求 OR 大写,并且前后空格分隔,还可以"|"[②]来代替"OR"。百度也使用"|"表达 OR 检索。

3. NOT 检索

下面是个看起来比较奇怪的检索练习,有人要检索"李四"的相关网页信息,结果他意外地发现在检索结果第一页最后一条找到了"李四牛"的相关信息,后面几页记录中甚至还有"李四光"的相关内容,如图 4.5 所示。

其实,这种问题也可能发生在检索"张三"的时候找到"张三丰"的相关网页内容。仔细观察,我们就会发现原因就是因为搜索引擎不正确地将网页中的"李四牛"拆分成了"李四"和"牛"两个部分。由于中文不像英文本身没有天然的词语分隔符,对于一些较为模棱两可的词语,有时连我们自己都难以正确地解析和分词,除非了解用户的检索背景,而对于搜索引擎而言,这显然不可能[③]。

如何排除这些干扰项呢? 我们可以使用"NOT"检索,即检索"李四"的信息但是一定不要"李四光"的信息,正确的检索关键词为"李四 —李四光"。注意两个问题:一是那条横线是减号,前面有个空格,后面没有空格,表示"NOT(不)"的意思;二是减号为英文半角的减号,作为不表示语义概念的布尔操作符,所有的这些布尔操作符都应该是英文半角符号。

---

① 需要说明一点,这种数量都是搜索引擎估算出来的,并非实际准确相关结果数量,因此有时可能会发现这种数值在使用 OR 检索后可能略会减少。这并不表示方法有问题。

② 这个符号是键盘"\"的切换字符,也就是说,按下"Shift+\"即可得到此字符。

③ 中文分词技术难度较大,如"发展中国家兔的饲养"就可以理解为两种形式:一个是"发展 中国 家兔 的 饲养",另一个是"发展中国家 兔 的 饲养"。更为奇妙的是在百度的商业广告中那句"我知道你不知道我知道你不知道我知道你不知道"。

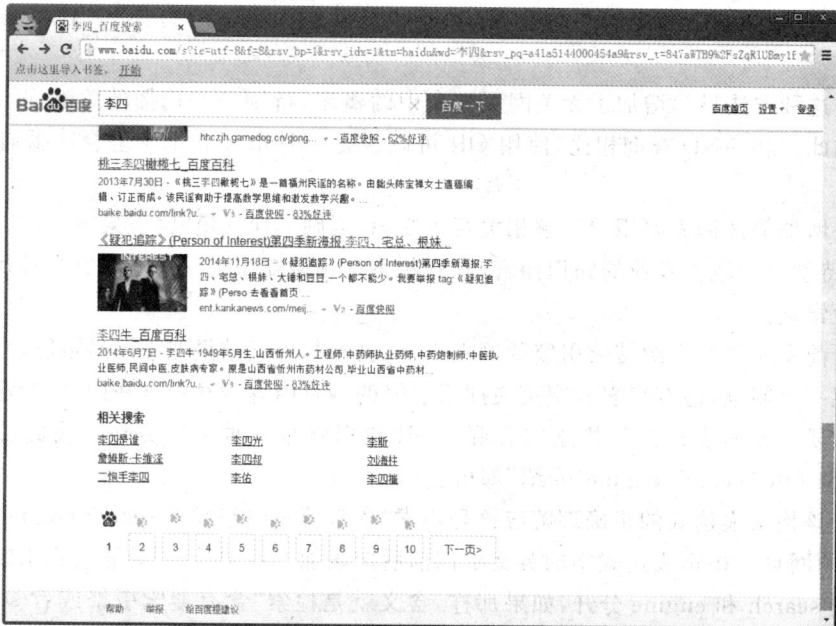

图 4.5　关键词"李四"的检索结果页面（截取于 2015-4）

除了这种情况需要使用 NOT 检索外，NOT 检索也提供了一种新颖的检索思路。有时可能并不十分清楚被检索的内容，很难构造准确的检索关键词，那么就可以首先利用一般的关键词来检索，然后对其结果不断地利用 NOT 检索去排除无用信息，间接地找到所需的内容。例如要检索"财政金融"的相关信息，但是该词语通常都作为学院名称出现，因此排在前面的结果都与学院有关，如图 4.6 所示。

图 4.6　关键词"财政金融"的检索结果页面（截取于 2015-4）

　　此时,合理的检索策略就是使用"财政金融 － 学院",可以取得更好的效果,如图 4.7 所示。

图 4.7　关键词"财政金融 －学院"的检索结果页面(截取于 2015-4)

　　当然,也应当注意到,NOT 检索也有其副作用,毕竟相对于全部网页而言,满足关键词的网页数量一般总是少数,因此直接使用或者过多地使用 NOT 检索不足取,会命中太多结果。如在 Google 中使用"-a"来查询,干脆返回一个无法找到的提示信息,如图 4.8 所示。

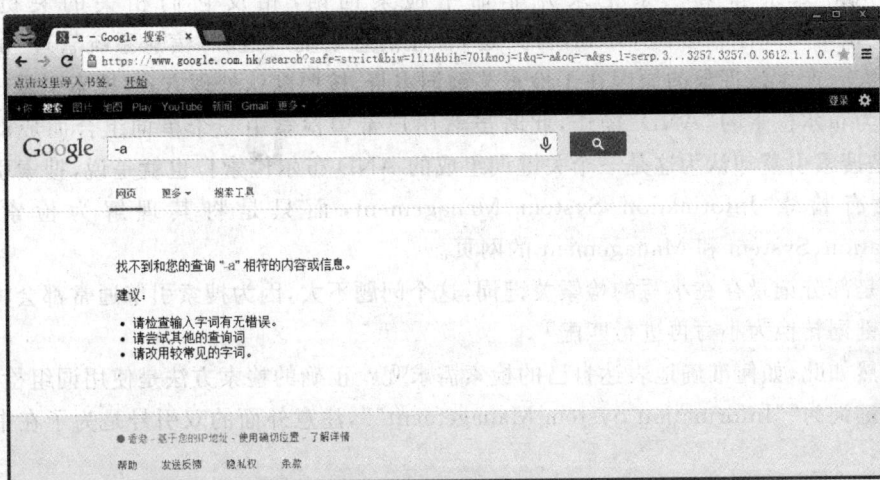

图 4.8　关键词"-a"的 Google 检索结果页面(截取于 2015-4)

4.1.2　词组检索

下面的例子演示了检索"信息系统管理"相关英文网页信息的方法，检索关键词为 Information System Management，结果如图 4.9 所示。

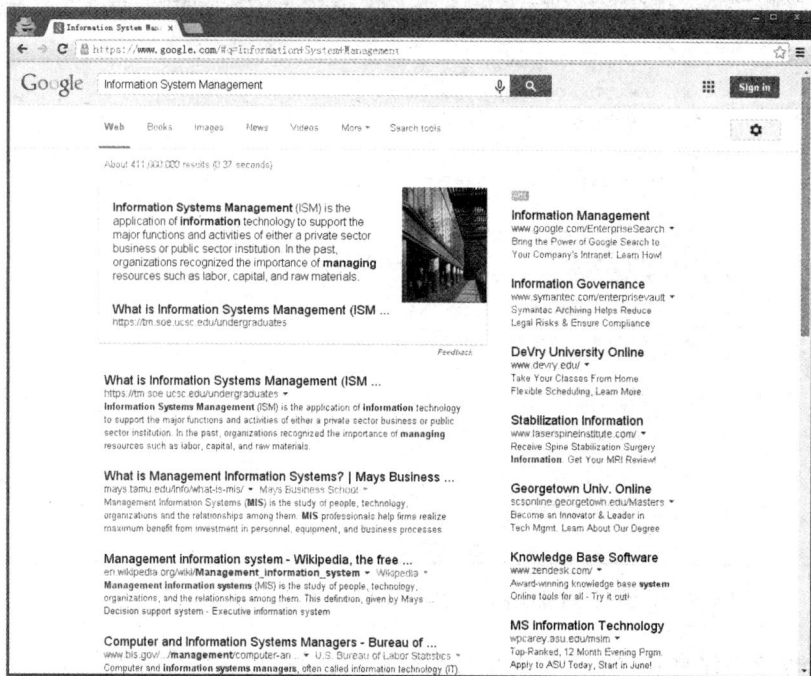

图 4.9　关键词 Information System Management 的检索结果页面（截取于 2015-4）

仔细观察其中的结果，可以发现有几个问题：

一是第二条和第三条记录并非命中检索词语，相反它们相关的关键词是 Management Information System，含义是"管理信息系统"，这和"信息系统管理"的概念差别很大。产生该现象的原因在于检索关键词本身，按照默认处理方式，搜索引擎一般认为空格为布尔检索的"AND"操作，此时虽然用户希望检索由三个单词组合而成的关键词，但是搜索引擎却认为这是三个关键词组成的 AND 布尔检索！也就是说，搜索引擎其实并没有检索 Information System Management，而只是将其理解为检索含有 Information、System 和 Management 的网页。

二是部分记录存在小写的检索关键词，这个问题不大，因为搜索引擎通常都会将全部检索关键词转换为小写再进行匹配[①]。

既然如此，如何准确地表达自己的检索需求呢？正确的检索方法是使用词组检索，此时的关键词为""Information System Management""，注意外面的双引号是为了在书中限

---

① 虽然现代搜索引擎通常不区分大小写，但是我们也发现，有时对于某些关键词，大小写的返回结果也并不总是一致。

定关键词内容,里面的双引号才是用户需要在检索关键词中增加的内容。注意,这个输入的双引号将用户检索关键词括了起来,从而表明希望搜索引擎返回完整的匹配内容,既不去除停用词,也不要随意拆分检索关键词,更不要调换内部词语的位置。强调一下,双引号也应该是英文半角字符[①]。结果如图 4.10 所示。

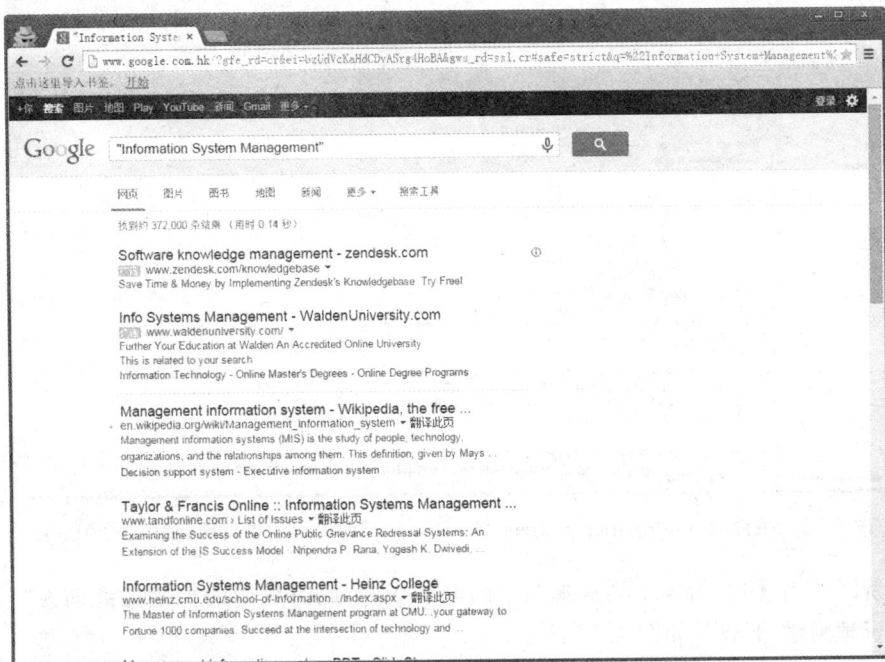

图 4.10 关键词""Information System Management""的检索结果页面(截取于 2015-4)

值得注意的是,即使这样有时依然还能看到部分其他的内容,如此处的第一条仍是 Management Information System。这样做的主要原因在于搜索引擎认为该种写法的搜索可能更符合用户的本意,这是大多数用户经常检索该写法的结果。这种现象常常发生在检索关键词和其他更为常见的关键词比较相似的时候。

同时,在 Google 搜索引擎中,也可以利用减号(此时表示连字符)实现词组检索,如上述检索也可以表达为 Information-System-Management,此时无须前后的双引号,而使用"-"连接就可以表达一个整体检索词组,检索结果一样,如图 4.11 所示。

这些操作对于百度搜索引擎同样适用。

词组检索有着非常广的应用,有时甚至可以实现一些其他方法难以实现的检索效果,如检索和下载电子书或者论文等电子文档。一般而言,常见的方式就是使用诸如文档名称,或者再加上诸如"全文"和"下载"之类关键词来进一步限定结果内容。然而,往往实际效果都不理想。

如有用户购买了《一本书读懂投资理财学》一书,阅读后十分满意,但是摘录成电子稿

[①] 随着技术的发展,现代中文搜索引擎有时也会认可中文全角字符,但是,为了统一和具有更广的适用面,我们应当知道究竟应该怎么做。

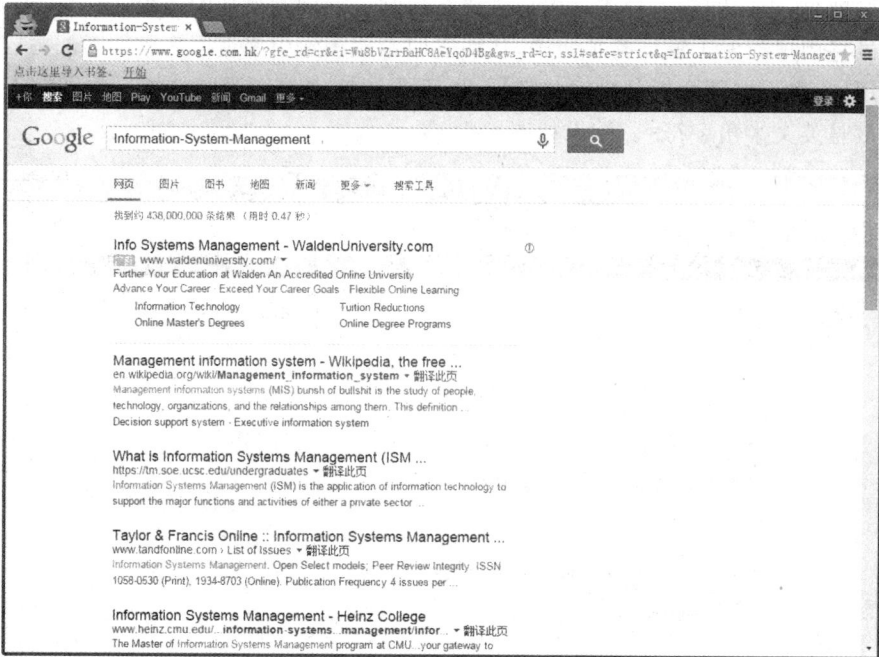

图 4.11　关键词"Information-System-Management"的检索结果页面（截取于 2015-4）

件非常费时费力，因此希望得到这本图书的电子版本，此时采用的检索关键词为"一本书读懂投资理财学 下载"，如图 4.12 所示。

图 4.12　关键词"一本书读懂投资理财学 下载"的检索结果页面（截取于 2015-4）

　　虽然找到很多文件,但是能够看到原文的网页并不多,而且排在首页的这些命中网页往往都是一些介绍下载的网页,是否可以真正下载并不一定,可能要注册,甚至可能要付费等。

　　换个思路,为什么不可行? 可以想象,如果真的有一个该书电子版本的全文浏览网页,可能并没有这些诸如"电子书"或者"下载"之类的词语,甚至连标题也都不是必需的,反之,具有这些检索关键词的网页倒可不一定提供全文。因此,为何不能直接使用更能反映书籍内容的词语来作为检索关键词呢? 如找到一些很有代表性的、不太可能出现在其他书中的句子,使用词组检索,可以想象,如此严格的检索可能找不到,但是如果能够找得到,一定就是真正的原文,而且一步到位地得到。我们可以使用该书第一页中一句"最新的数据表明,现在的银行存款总额已经超过了 15 万亿元人民币"作为检索词组[①],得到的第一个网页结果就是全文下载的百度文库,如图 4.13 所示。

图 4.13　使用原文内容进行词组检索获取全文的检索方法(截取于 2015-4)

　　因此,人们有时也把词组检索叫作"句子检索",这更能体现它的特点。当然,任何方法都有两面性,虽然词组检索可以非常准确地找到所需的内容,但是也可能会一无所获,毕竟不是所有的书籍论文都有网络电子版本,更何况使用该方法还需我们知道一些必要的书籍内容原文,这也是该方法的局限性。

---

① 即使手头没有现成的书籍,也可以利用诸如当当和亚马逊等在线图书销售网站的"图书试读"功能得到部分原文,同样可以完成词组检索的关键词表达。

4.1.3 模糊检索

从字面理解，模糊检索应该是指一种在不是非常清楚被检索内容时采用的检索方法。其实，这种理解是错误的，如果用户不清楚被检索内容，就难以构造一个检索条件。相反，使用模糊检索的主要目的在于有意识地获取更为灵活的返回结果。

举个例子，我们想检索南京地区的各所大学，显然有很多，直接使用诸如"南京大学 OR 南京财经大学 OR 南京师范大学"之类的布尔检索也无法罗列所有学校。但是，南京地区的大学名称大都会以"南京"开头而以"大学"结尾，因此可以使用模糊检索，此时的检索关键词为"南京 * 大学"，如图 4.14 所示。

图 4.14　关键词"南京 * 大学"的检索结果页面（截取于 2015-4）

因此，很多人也把模糊检索称为"截词检索"，虽然名称较为别扭，但似乎更准确一些。

这种检索方式有着广泛的应用面。再如有用户以拼音方式输入"卷帙浩繁"一词，然而该用户不知道其中"帙"如何发言，因此无法以拼音来输入。此时完全可以借助搜索引擎来帮助他。设定检索关键词为"卷 * 浩繁"，直接可以将网页中匹配的字符复制过来即可输入，如图 4.15 所示。

不过，还有一种更为直接和有效的方法，那就是利用百度于 2010 年推出的一种"百度拆字查询"服务，如在百度搜索引擎中检索关键词为"左边一个巾右边一个失"，将会自动获取百度词典中的拆字检索结果，如图 4.16 所示。

当然，这种模糊检索的方式也有自己的局限性，比如它只能在词语级别上进行操作，不能对词语内部的若干字符进行模糊检索。如检索含有所有以"mon"开头并且以"y"结尾单词的网页，查询关键词为"mon * y"，你会发现结果并非如此，它只是以 mon 和 y 为

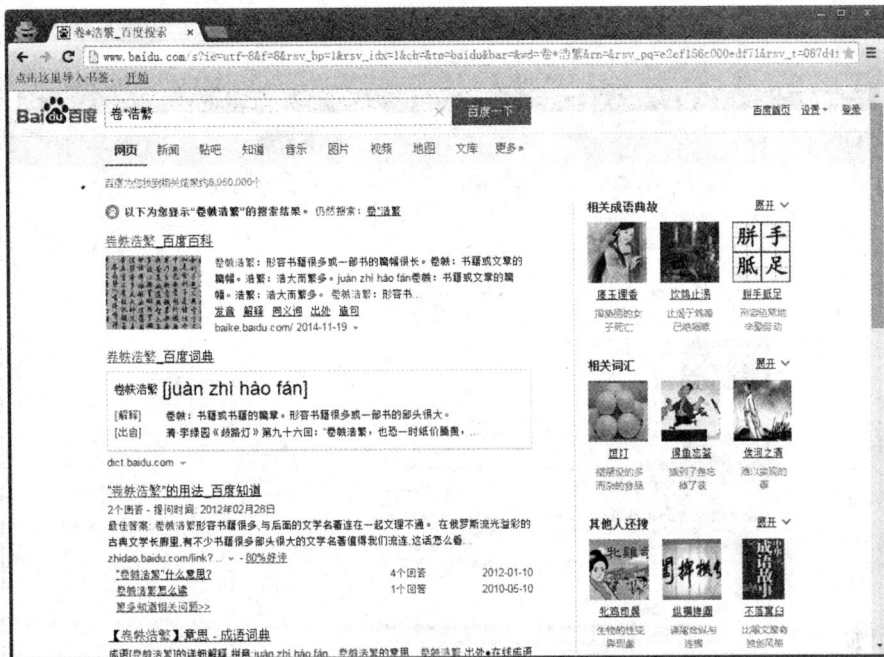

图 4.15 关键词"卷＊浩繁"的检索结果页面（截取于 2015-4）

图 4.16 利用百度拆字检索实现的文字检索结果页面（截取于 2015-4）

两个独立词语进行了模糊检索，结果如图 4.17 所示。

值得说明是，之所以大多主流现代搜索引擎不支持词语内部的模糊检索，主要是因为

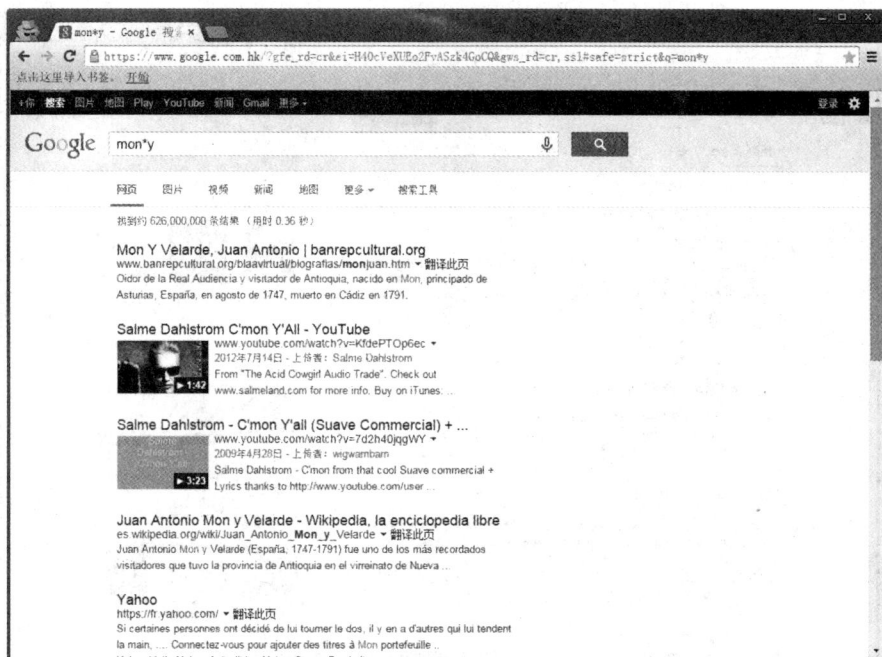

图 4.17　关键词"mon＊y"的检索结果页面（截取于 2015-4）

该功能的使用面很少，同时实现的技术代价很大。但是作为最早出现的著名搜索引擎之一 Aliweb 却支持词语内部的模糊匹配[①]。方法是选择 Search Type 中的 Substrings（子串部分匹配），同时输入词语部分即可，如检索 economic 类似词语的相关结果，如图 4.18 所示。

从中可以看出，Economics、Economic 和 Economy 都是匹配关键词。

4.1.4　字段检索

上述检索方法已经可以提供强大的检索能力，不过在了解本节的字段检索后，恐怕读者会有"山外青山楼外楼"的感受，原来还有更为强大好用的其他检索方法。我们先从一个例子入手。

---

① 用户甚至可以通过选择搜索框下的若干选项来细致的定义检索条件：

Display Fields Other Than Title：说明显示结果除了展示标题信息外，还要展示哪些信息，如标题（Title）、描述信息（Description）、关键词（Keyword）、URL、其他（Other）。

Select Search Fields：说明检索范围，是在标题（Title）、描述信息（Description）、关键词（Keyword）、URL。

Limit Results To：说明最大结果数量。

Restrict to Domain：说明在哪种类型的网站进行检索，功能等同于 Google 的 site 字段检索（后文有介绍）。

Search Type：说明匹配查询关键词时采用何种策略，全词匹配（Whole Words）、子串部分匹配（Substrings）、正则表达式匹配（Regular Expression）。

Record Type：说明结果网页的类型。

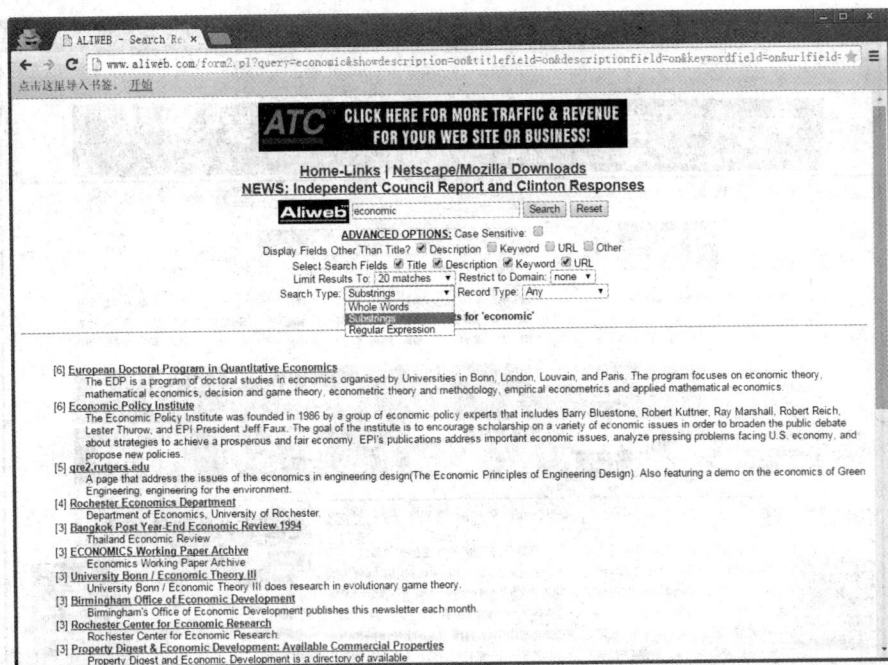

图4.18　Aliweb搜索引擎提供的子串部分匹配检索方法(截取于2015-4)

1. site 字段检索

例如股民需要了解一些股票的相关最新动态,和讯网①是国内比较著名的一个财经类站点,从中获取关于某个股票的相关信息显然比较有价值,然而要想全面地检索和讯网站提供的相关信息,并不十分好做。例如在和讯的首页搜索框中,我们只能按照它所提供的"股票""基金""微博""新闻"和"博客"之一进行搜索,如图4.19所示。

如果想通过搜索引擎来实现,如检索"和讯 中国远洋",你却能看到那些不是和讯网站提供的该股票信息。难道就没有办法了吗? 可以再试一试这样的检索关键词"中国远洋 site:hexun.com",如图4.20所示。

Google和百度都支持该功能。此时检索结果网页都是有关"中国远洋"的股票信息,而且更为重要的是,这些网页内容都来自于和讯网站。

这就是字段检索。所谓字段,其实就是一个被检索内容的出处,如此例中的"site"字段就表示网页所在的站点,此处跟随的网站后缀就是和讯站点的主域名。可能读者会问中国远洋是什么字段? 以前使用的那些普通检索又是在什么字段上进行? 其实,从广义上讲,任何检索都是字段检索,只不过默认只对网页正文内容这个字段进行检索,如检索"搜索引擎"的意思是指在网页正文内容字段中检索是否有"搜索引擎"。如果添加了其他字段规定,如 site:hexun.com 就表示在网页 URL 的域名中查找是否存在 hexun.com,显然具有这样域名后缀的网页一定是和讯网站的网页,如第一条命中网页的 URL 为

---

① 和讯的网址为 http://www.hexun.com。2008 年 8 月 12 日,和讯和百度宣布结盟,共同创办了百度和讯财经网,后来该站点并入百度新闻服务。

图 4.19　只能进行"股票""基金""微博""新闻"和"博客"之一检索的和讯网站主页（截取于 2015-4）

图 4.20　关键词"中国远洋 site：hexun. com"的检索结果页面（截取于 2015-4）

http：//stock. hexun. com/2015-03-31/174596454. html，第二条命中网页的 URL 为 http：//
stockdata. stock. hexun. com/601919. shtml，请读者注意域名后缀都是 hexun. com。

　　强调一点,字段修饰符可以放在其他检索关键词的前面,也可以放在后面,中间以空格分割,所以"中国远洋 site:hexun.com"和"site:hexun.com 中国远洋"效果一样,其他字段检索皆如此。

　　由于 site 字段可以用于判断网页所在的站点,反之就是判断站点拥有哪些网页,因此,利用此项功能我们还可以进行网站规模统计,如统计"南京财经大学"的网页数量,即查询 URL 后缀为 njue.edu.cn 的网页,内容不限,正确的查询关键词是 site:njue.edu.cn,如图 4.21 所示。

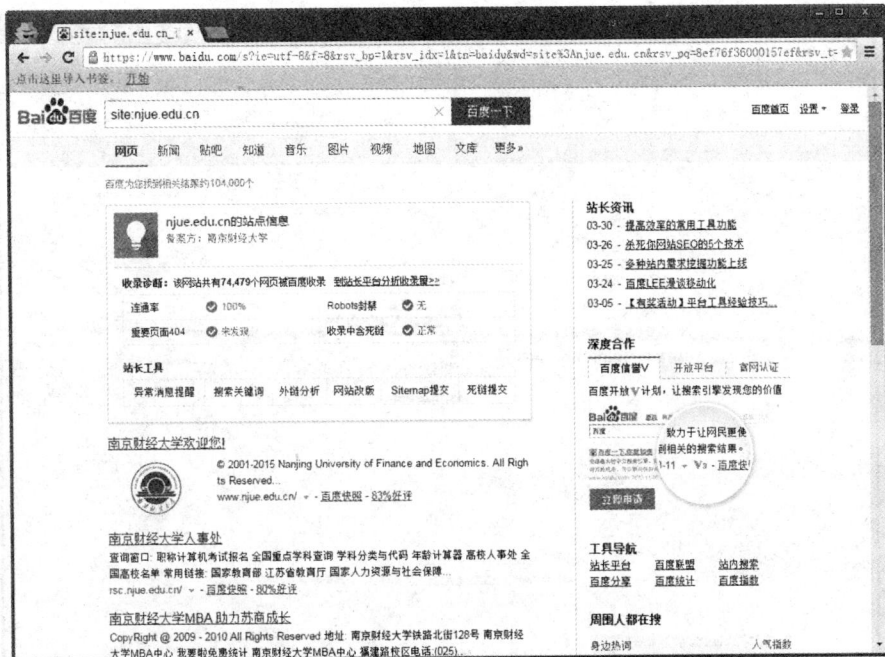

图 4.21　关键词 site:njue.edu.cn 的检索结果页面(截取于 2015-4)

　　这个结果数量往往偏少,原因在于搜索引擎爬虫不可能遍历学校的全部网页,因此,该方法只能是一种估算。但是通过与其他网站进行对比,却可以比较准确地判断规模的相对大小。再如 site:edu.cn 可以估算中国教育科研网的网页数量规模,site:cn 可以估算中国域名网站的网页数量等。

　　在实际使用中,利用此方法还能起到提高查准率的效果。如想检索关于 ERP 课件的相关内容,就可以通过限定在教育网网站中查找的方式来提高效果,毕竟教育网网站更易于提供相关资源的浏览和下载,此时的检索关键词为"ERP 课件 site:edu.cn"。

　　最后强调一点,对于字段检索而言,并非所有的搜索引擎都能够提供,而且不同搜索引擎的能力也各不一样,因此,读者在使用时一定要阅读搜索引擎的帮助文档,积累经验。

2. filetype 字段检索

　　利用搜索引擎可以检索到 Word 文档吗? 可以检索到 Flash 动画吗? 可能你觉得不可能,因为这些不是一般的文本网页;也许你觉得可能,那么能够检索到金山 Office 的

WPS 格式文件吗？

　　早期的搜索引擎一般只能检索普通的文本网页信息，随着各种其他文件格式的流行，现代搜索引擎逐渐增加了对常见文件格式的支持功能，如 Google 等搜索引擎就可以查询到包括 Word 格式在内的近十多种类型文件①。但是，这种功能需要搜索引擎能够正确解析文件的格式，而且可以想象，只有比较流行的常见文件格式才会受到支持。所以，目前像 Google 等搜索引擎并不支持 WPS 等文件格式。百度能支持的检索文件格式如图 4.22 所示。

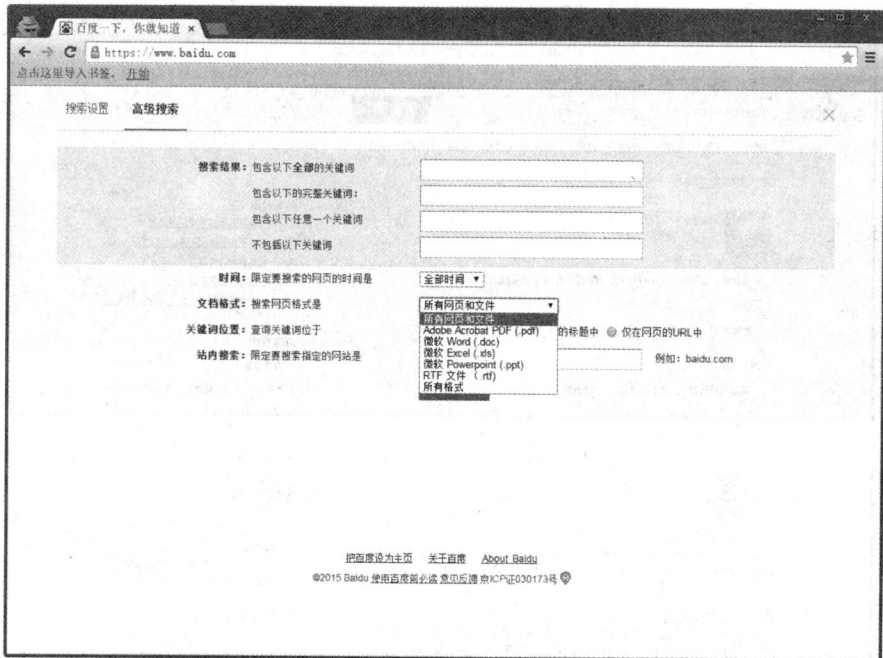

图 4.22　百度搜索引擎在"高级设置"中显示的可检索文件格式（截取于 2015-4）

　　我们举个例子。检索关于"市场营销教学大纲"的相关 Word 论文，关键词为"filetype：doc 市场营销教学大纲"，其中 doc 表示 Word 文档的文件扩展名，如图 4.23 所示。

　　Google 和百度都支持该功能。不过，要想正确地使用该种检索功能，必须要了解搜索引擎所支持的常见文件格式及其扩展名，如表 4.1 所示。

表 4.1　常见文件格式及其扩展名

文 件 类 型	文件扩展名	文 件 类 型	文件扩展名
Office Word	doc/docx	Adobe Acrobat	pdf
Office Excel	xls/xlsx	Flash	swf
Office Powerpoint	ppt/pptx		

---

　①　通常这些非文本文件格式被简称为二进制文件，主要原因是它采用二进制数据来表达文件中的字符信息。

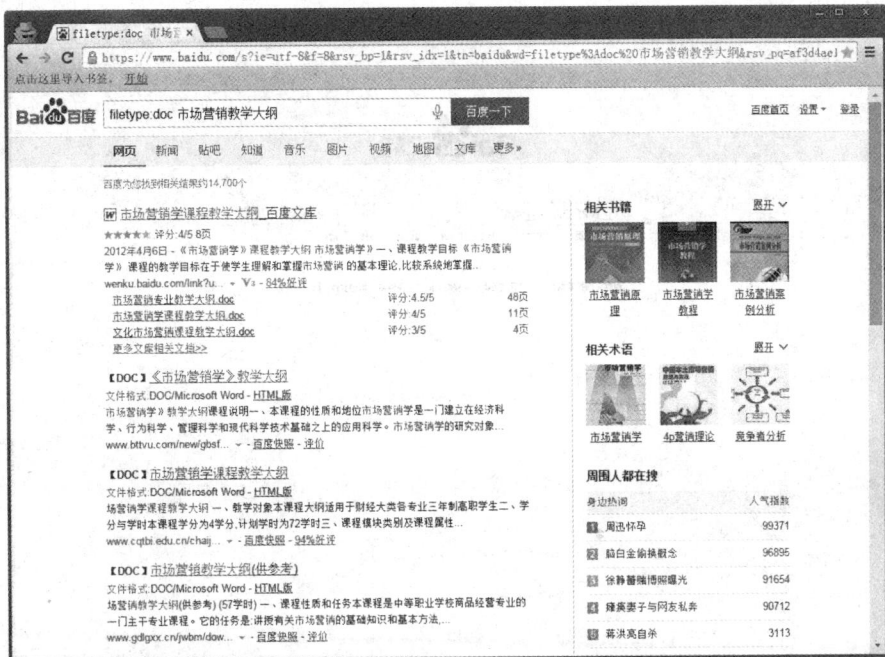

图 4.23 关键词"filetype:doc 市场营销教学大纲"的检索结果页面(截取于 2015-4)

需要说明的是,Adobe 公司推出的 PDF 格式是一种互联网电子出版文件的标准格式,不像 Word 等文件,该种文件可以内嵌字体和图片,所以可以保证在任何能够打开的机器上都呈现出相同的外观,而且由于是电子化出版标准,所以该类型的文件通常质量较高,更为重要的是它们的数量也很多①。所以,要想获取高质量的网络文件,通过限定文件格式为 PDF 是一种较为有效和常见的方法。

由于该项功能非常易于学习者获取相关学习资源文件,所以百度利用此项功能专门推出一个服务"百度文档",网址为 http://file.baidu.com。如检索产业集群或者产业集聚方面的 PDF 文档,输入关键词后点选对应的文件格式,检索界面如图 4.24 所示。

不过此时打开的结果界面却是普通的百度搜索引擎,只是自动加上了 filetype 字段检索功能,如图 4.25 所示。

3. link 字段检索

Web 网页通过超链互相连接在一起,这种超链不仅方便用户在不同的网页间跳转浏览,而且对于网页来说,也是测度网页质量的一个间接方法。比如一个著名的高质量网页通常会被更多的网页所链接,此时我们通常说,该网页具有较高的链入数,反之可以认为,如果一个网页被其他网页链接的越多,则该网页更为重要。字段 link 就可以检索指定网页的所有链入网页,主要作用就是评价网页和网站的质量和知名度。Yahoo!搜索引擎可以较好地支持该功能②,如通过检索毕马威国际会计师事务所主页的链入网页数量来估

---

① Google 宣称 PDF 格式文件在所索引的全部二进制文件中能够占到 80% 左右。

② Google 和百度现在都不支持 link 字段检索。

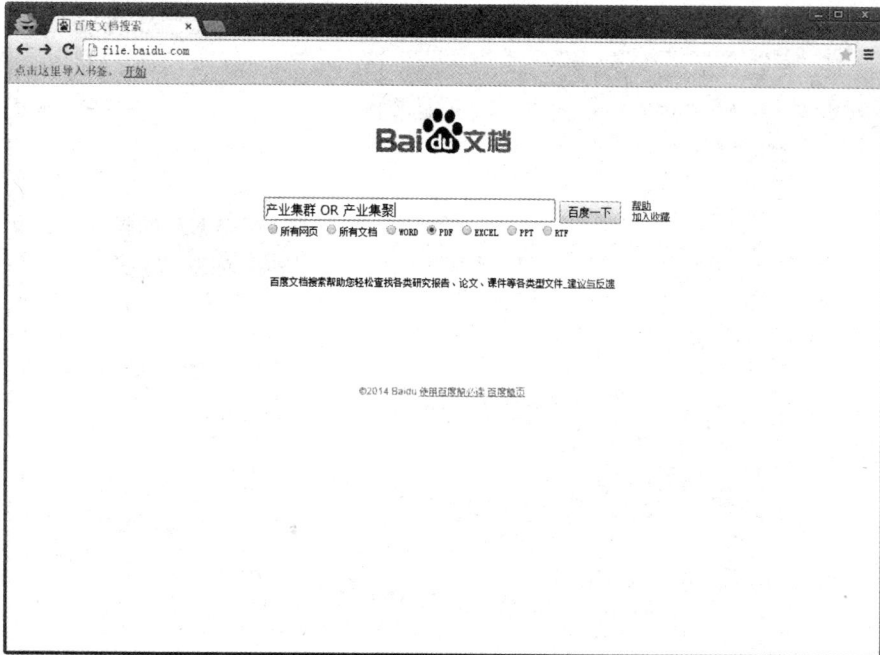

图 4.24　百度文档的检索界面（截取于 2015-4）

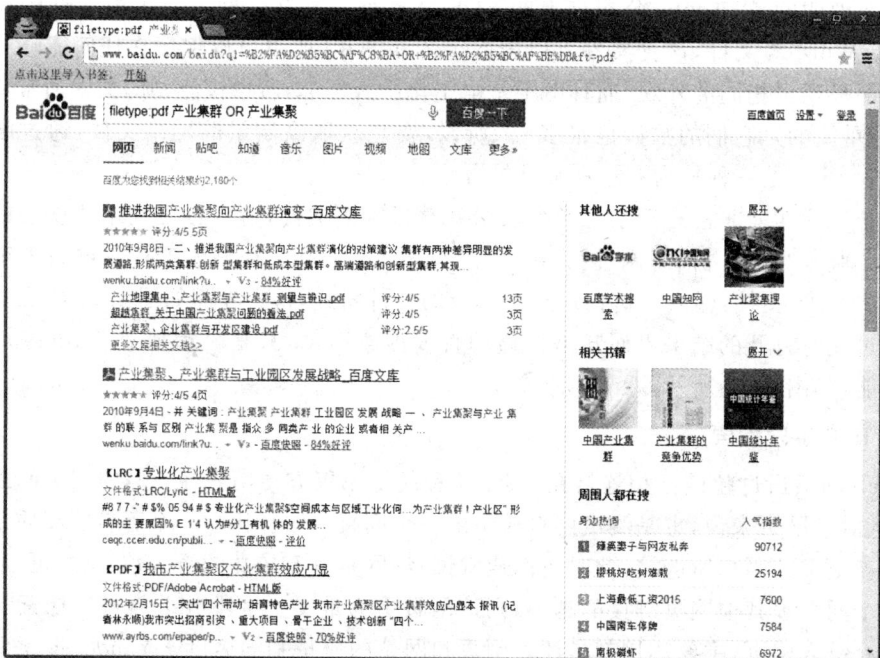

图 4.25　在百度文档搜索中检索"filetype：pdf 产业集群 OR
产业集聚"的相关文档结果页面（截取于 2015-4）

计它的知名度,检索关键词为 link:http://www.kpmg.com[①],如图 4.26 所示。

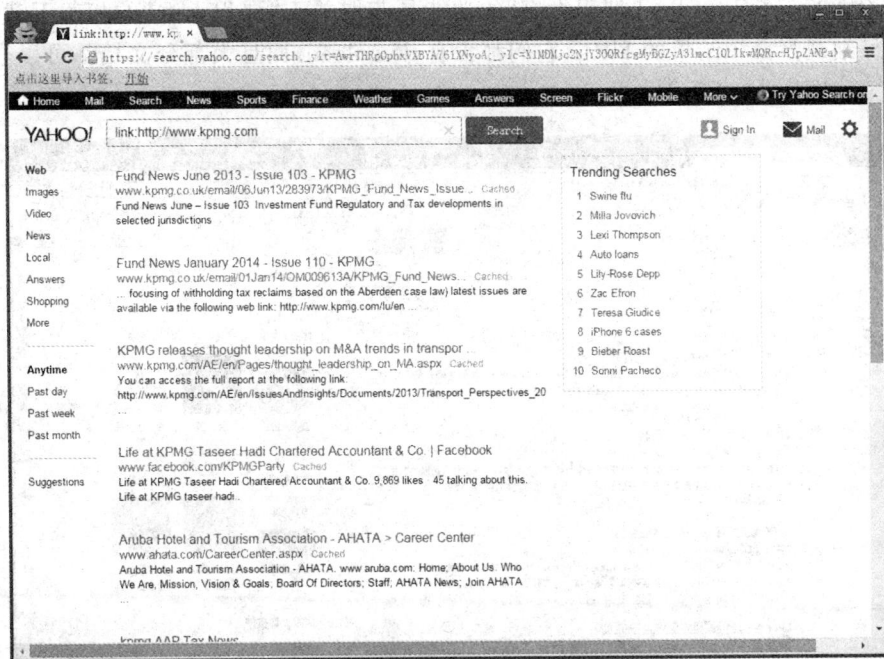

图 4.26　在 Yahoo!中检索"link:http://www.kpmg.com"的结果页面(截取于 2015-4)

由于搜索引擎所遍历获取的网页并不全面,同时也由于网页分析算法的局限性,可能最终获取的链入网页数量很少,如得到的毕马威国际会计师事务所主页链入网页只有1790 篇(该数据位于结果网页底部)。这也只是一种估算。不过,利用不同检索关键词能获取的链入网页数量进行相互比较,可以在很大程度上区分出网页质量和知名度的高低。

关于网页的链接的补充说明,如在网页 Page1 中建立一个指向网页 Page2 的超链,方法是在网页 Page1 的 HTML 代码中加入"＜a href＝"Page2.html"＞单击打开网页 Page2＜/a＞",它的模样如图 4.27 所示。

图 4.27　网页中的超链外观

用户单击此超链,即可打开网页 Page2。因此,网页Page1 就是网页 Page2 的链入网页,网页 Page2 就是网页 Page1 的链出网页,显示在网页Page1 中的蓝色超文本也被称为锚文本(Anchor Text)。

4. 其他字段检索

下面简单说明其他几种常见字段检索的使用方法。

字段 inurl 可以检索在网页的 URL 任意位置上是否含有所要的关键词。由于网页URL 反映了网页所在的具体地址路径,因此该路径中的词语和网页内容往往直接相关,即便网页内容可能不含有此检索关键词。

字段 inurl 和 site 并不一样,后者只是在域名中检索,而前者是在包括域名在内的整

---

① 毕马威国际会计师事务所主页的网址为 http://www.kpmg.com。

个 URL 中检索。

如检索"inurl:download 课程大纲"的功能是获取关于"课程大纲"的相关下载网页，请读者仔细观察命中结果的 URL，它们都含有 download，而且大部分文档都可以直接下载。结果如图 4.28 所示。

图 4.28　关键词"inurl:download 课程大纲"的检索结果页面（截取于 2015-4）

字段 intitle 可以检索在网页的标题中是否含有所要的检索关键词。默认情况下，搜索引擎会在网页正文内容和标题中同时检索。由于网页标题更能反映内容，所以通过限定在标题中检索，有助于提高查准率。与此相对的还有一个字段 intext，恰恰限定只能在网页正文中查找。如检索"intitle:论坛 intext:会计"的功能是获取正文含有"会计"并且标题含有"论坛"的网页，如图 4.29 所示。

字段 inanchor 可以在链入网页的锚文本中检索关键词。由于锚文本通常是由其他链出网页来建立，所以可以更为客观地说明链入网页的主要内容，利用这种锚文本中的文字信息进行检索的方法往往可以取得更为理想的结果。如对于图 4.27 所示的超链而言，"inanchor:单击"或者"inanchor:Page2"等查询都可以检索到网页 Page2。

下面举个例子，检索关于课件下载的相关网页，传统的方法是使用诸如"课件下载"等关键词直接检索，利用 inanchor 字段可以构造更为准确的检索条件，如"课件下载 inanchor:推荐"，结果如图 4.30 所示。

可以想象，这些命中网页都被其他网页建立过超链，那些超链锚文本上都有"推荐"词语，因此命中网页应该被很多人认可，而且这些命中网页自身还含有"课件下载"相关内容，检索效果的质量和内容都较好。

图 4.29 关键词"intitle:论坛 intext:会计"的检索结果页面（截取于 2015-4）

图 4.30 关键词"课件下载 inanchor:推荐"的检索结果页面（截取于 2015-4）

字段 related 可以检索内容类似的相关网页，使用该字段和访问某一结果网页的"类似结果"效果相同。如检索 related：www. njue. edu. cn[①] 的功能是获取与南京财经大学主页类似的网页，如图 4.31 所示。

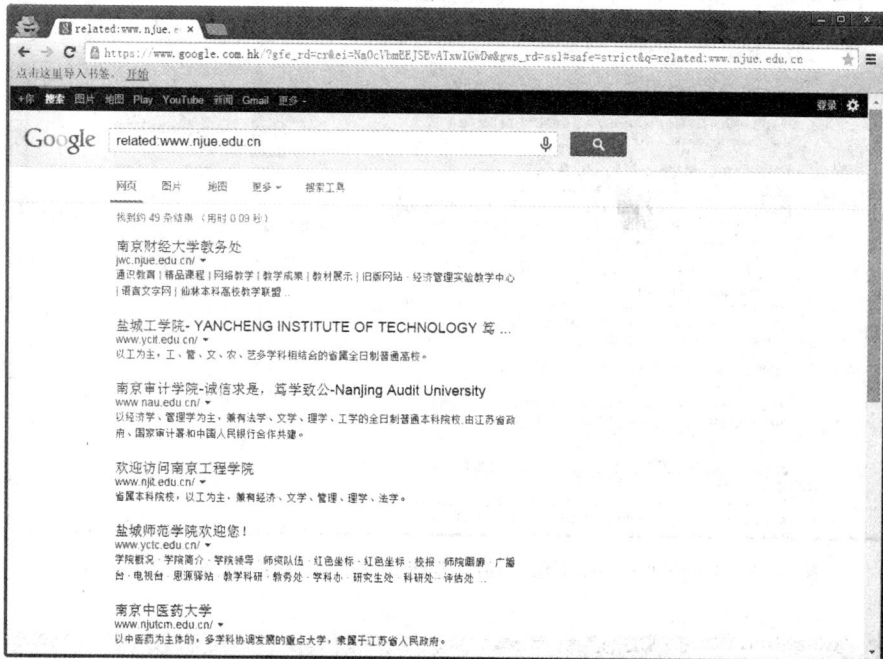

图 4.31　关键词 related：www. njue. edu. cn 的检索结果页面（截取于 2015-4）

最后强调一下，不同的搜索引擎对这些高级字段检索的支持能力各不一样，有些可能不支持，有些可能支持但是采用的语法规则和文中所述的并不一致。因此，读者需要在使用其他搜索引擎前了解一下具体的使用方法，在使用时留心观察。另外，很多搜索引擎还会提供一种较为简单易用的"高级搜索"界面，引导用户实现这些高级检索功能，如图 4.32 所示。

你能从中看出都分别实现了哪些高级检索功能吗？

5. 特殊字段检索

本节主要介绍 Google 搜索引擎提供的一些特殊字段检索方法，使用的符号较为特殊，功能也较为特殊。

对于经济类信息而言，比如商品价格通常是检索商品时的重要字段之一，因此 Google 允许用户根据商品的价格区间来检索商品。如检索售价在 200 美元到 300 美元之间的三星手机，检索词为"Samsung ＄200..300"，在结果页面中很容易看到所需的几款产品，如图 4.33 所示。

甚至 Google 还专门提供了一些特殊商品的检索字段。如检索像素数在 1000 万到 2000 万并且价格在 200 美元到 300 美元之间的 Canon（佳能）相机，检索词为"Canon megapixel 10..20 ＄200..300"，结果如图 4.34 所示。

[①]　南京财经大学主页的网址为 http://www. njue. edu. cn。

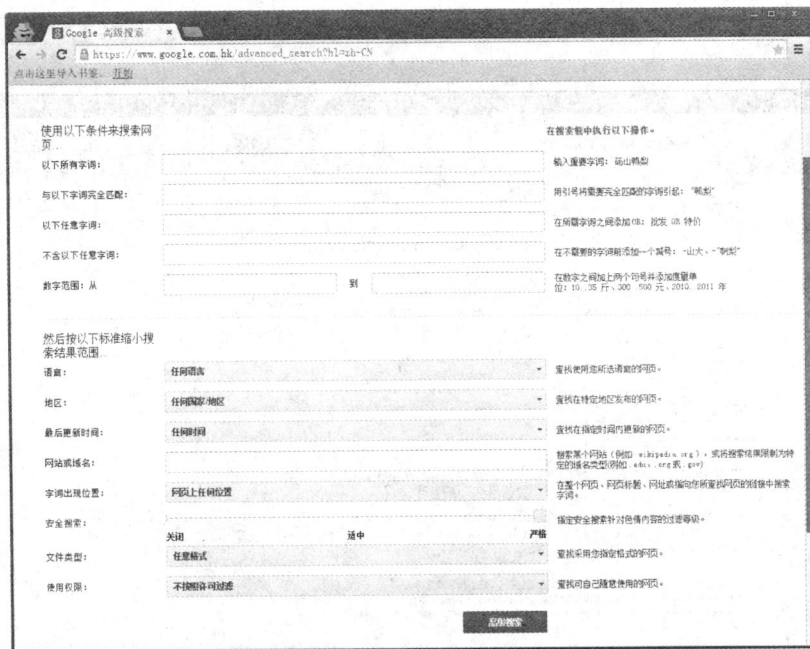

图 4.32 Google 搜索引擎的"高级搜索"界面(截取于 2015-4)

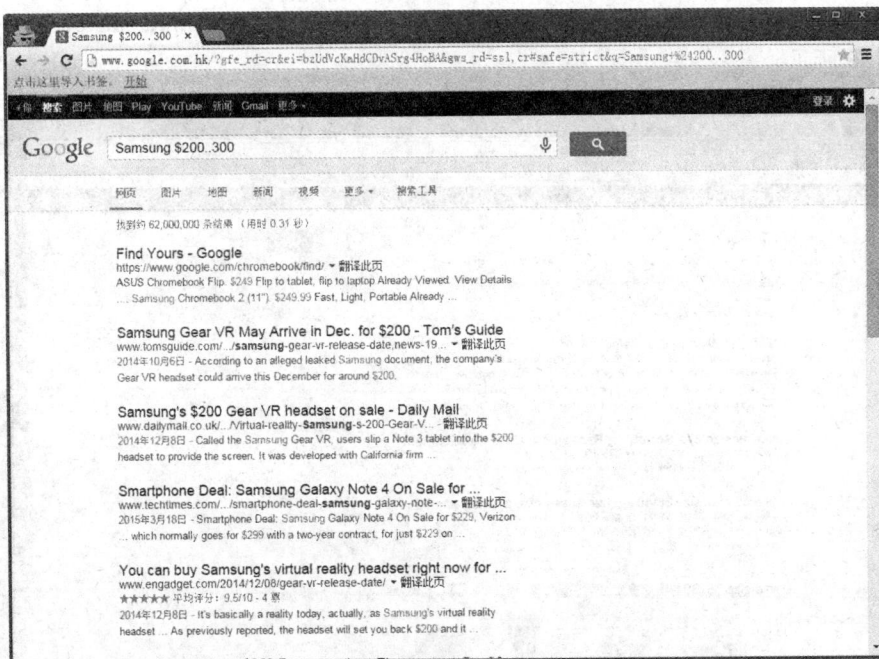

图 4.33 关键词"Samsung ＄200..300"的检索结果页面(截取于 2015-4)

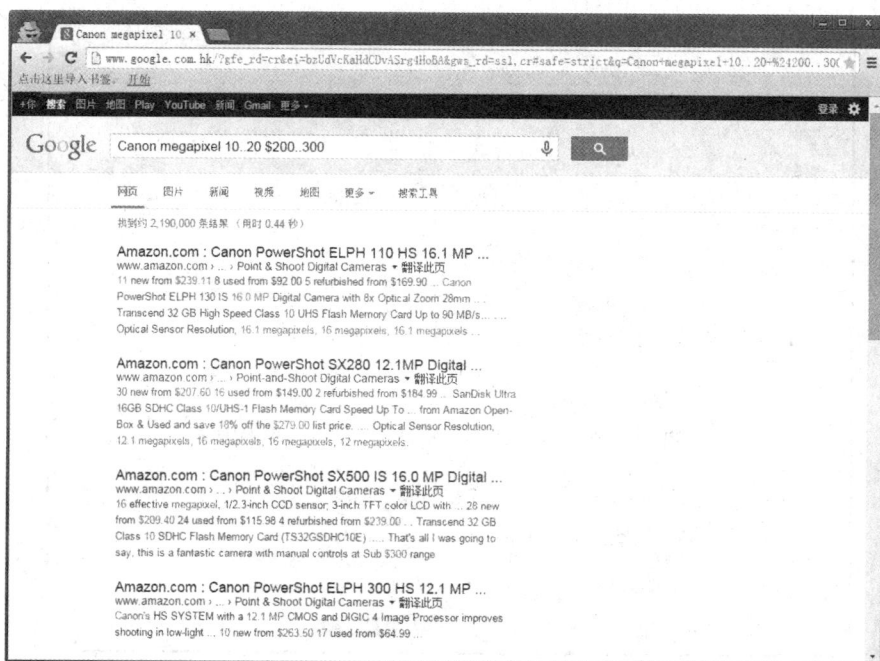

图 4.34   关键词"Canon megapixel 10..20 ＄200..300"的检索结果页面（截取于 2015-4）

再如检索尺码在 35 到 39 之间的 Nike（耐克）球鞋，检索词为"nike size 35..39"，结果如图 4.35 所示。

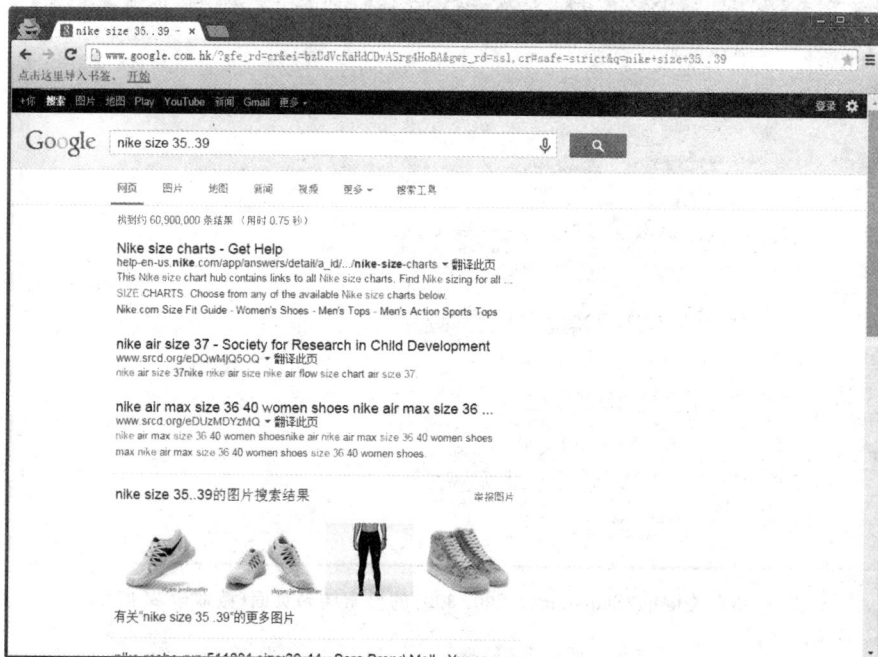

图 4.35   关键词"nike size 35..39"的检索结果页面（截取于 2015-4）

更多内容可以参见 Google 网页搜索帮助中搜索中的标点、符号和运算符说明,网址为 http://support.google.com/websearch/answer/2466433？p＝adv_operators&hl＝zhHans&rd＝1。

4.2 检索策略与典型案例分析

要想获得更好的检索效果不仅要求用户熟练掌握上述检索规则与用法,还需掌握相应的检索策略。本节结合典型案例分析对几种常见的检索策略做一说明。

4.2.1 合理选择检索关键词

1. 增加相关检索关键词

检索关键词的选择至关重要。用户既要保证选择的关键词能够准确反映自己的检索需求,同时还要保证能够有效地检索出所需的内容。

我们来看一个案例:检索冯小刚以前拍摄的《手机》电影信息,最为直接的检索就是"手机"。实际效果并不理想,几乎全部内容都是手机产品等广告网页。为了表达与电影相关,我们再次调整检索关键词为"手机 电影",如图 4.36 所示。

图 4.36 关键词"手机 电影"的检索结果页面(截取于 2015-4)

结果依然不理想,大部分返回结果都是关于手机上观看电影的相关内容。仔细思考,关键词"手机 电影"确实存在这种歧义,而且相对于那部以前的电影,显然此类信息更受人关注。因此在很多情况下,检索过程都需要不断地调整关键词,甚至有时在开始检索前,我们都难以确认究竟该如何调整,此时必须从结果反馈中进行判断,借此反复调整。当调整的检索关键词为"手机 冯小刚"时,情况终于得到改善,如图 4.37 所示。

图 4.37　关键词"手机 冯小刚"的检索结果页面(截取于 2015-4)

2. 去除无关检索关键词

无关的检索关键词不仅会造成检索出过多的无用信息,甚至可能会导致无法找到有用的信息。我们来看一例。例如对于 2015 年度国家社会科学基金重大项目选题"全球价值链发展变化与我国创新驱动发展战略研究",如果用户想了解该选题的含义和内容,最为直接的方式就是把原始课题名称作为检索关键词,结果如图 4.38 所示。

获取的返回结果多是关于该课题申报的通知,无法找到对其含义的解释。原因在于该课题刚公布不久,目前最多的关注点都是与其申报有关。如果去除其中的无关或者不重要关键词,保留最为核心的特征词语,一方面可以减少与这些最新申报信息的字面匹配相似度,另一方面有助于更准确地表达所需的检索意图。最终检索关键词为"全球价值链 创新驱动",此时就可以明显看出与课题内容相关的网页结果,如图 4.39 所示。

百度搜索引擎在自己的帮助文档中也给了一个很好的例子,网址为 http://help.baidu.com/question? prod_en＝webmaster&class＝553&id＝1000851。如果用户想检索"小学三年级关于时间的名人名言"并以此为检索词,虽然准确地体现了用户的真实全部检索意图,但是效果并不好,原因在于大多数名人名言并不规定针对几年级,即使要加也只需"三年级"即可,"关于"也是一个与名人名言本身没有关系的词,"的"也不是一个必要的词,"名人名言"中名言通常就是名人留下来的,在名言前加上名人是一种不必要的重复。因此最终简化的检索关键词为"三年级 名人名言",结果如图 4.40 所示。

图 4.38　关键词"全球价值链发展变化与我国创新驱动发展战略研究"的检索结果页面(截取于 2015-4)

图 4.39　关键词"全球价值链 创新驱动"的检索结果页面(截取于 2015-4)

图 4.40 "三年级 名人名言"检索结果

3. 使用更为准确的检索关键词

准确的关键词选择可以让我们甚至一步到位地命中所需结果。如比尔·盖茨有一句很著名的话："每天早晨醒来，一想到所从事的工作和所开发的技术将会给人类生活带来的巨大影响和变化，我就会无比兴奋和激动"，我们想了解该句话的英文原文。显然，直接使用中文句子中的词语进行检索很难保证一定能找到英文原话，但是我们又无法知道英文原话是如何表述的。仔细思考一下，首先不建议检索英文网页，因为比尔·盖茨是美国人，他说的大部分话都是以英文形式出现在互联网上，这样做检索范围显然太大。如果把目标对准中文网页，可以想象，这些出现比尔·盖茨英文原话的网页一般都只是摘取著名话语段落，显然检索范围较小而且精度较高。再假设如果有一篇含有比尔·盖茨英文原话的中文网页，那么应该是什么样子的呢？我们构造了"wake every day 比尔 盖茨"检索关键词，选择 wake every day 是因为他的英文原话一定会有这些单词，而且这些词比较独特，我们显然不会选择诸如 technology 等单词。至于选择"比尔 盖茨"既是确保内容与他相关，同时也确保这是中文网页。结果如图 4.41 所示。

在更多情况下，由于用户自身对检索问题并非十分了解，可能会导致难以选择合适的检索词。此时，通过了解与检索关键词相关的知识来确定该选择什么样的关键词，不失为一种有效的方法。

再如检索一幅吞吃自己的蛇的图片，如图 4.42 所示。

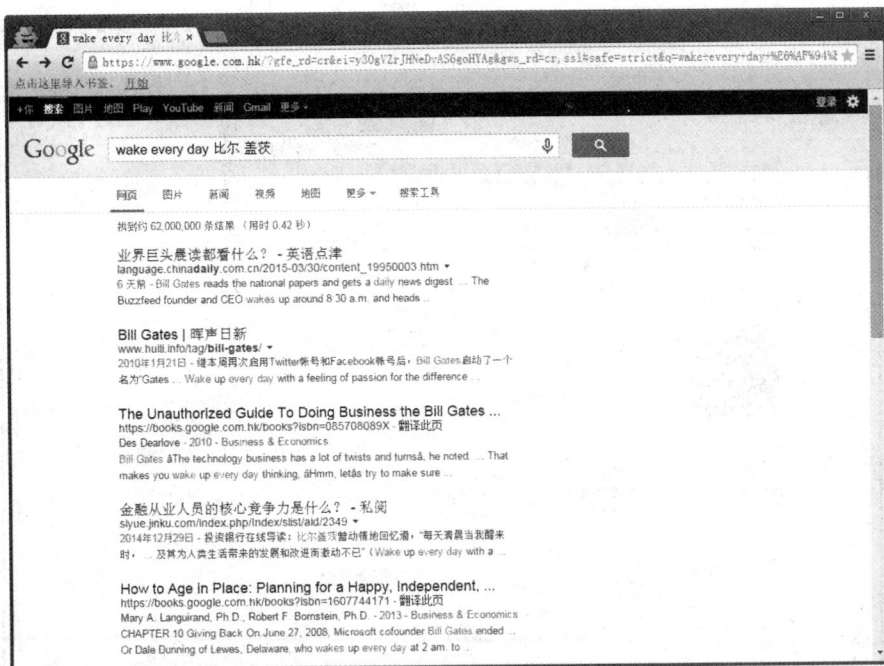

图 4.41　关键词"wake every day 比尔 盖茨"的检索结果页面（截取于 2015-4）

图 4.42　一幅吞吃自己的蛇的图片①

　　最为直接的检索关键词为"吞吃自己尾巴的蛇"，利用图片搜索引擎的结果往往并不理想，甚至一个结果也没有，但如果去除无关词语，得到"吞吃 蛇"，检索结果可能又会变太多和更加无关。

　　遇到这种情况，不如换种思路，造成目前这种困境的主要原因就是关键词选择错误，究竟这种吞吃自己的蛇是什么意思，有没有专指的术语，通过不断地调整，甚至切换不同的搜索引擎，在百度中检索"吞吃 尾巴 蛇"的相关网页，首页最后一条记录就明确地给出了标准称呼"衔尾蛇"，如图 4.43 所示。

　　按照此关键词检索即可在图片搜索引擎中很准确地得到所需图片，如图 4.44 所示。

---

　　①　图片来自于维基百科，网址为 http://upload.wikimedia.org/wikipedia/commons/f/fa/Ouroboros.png。

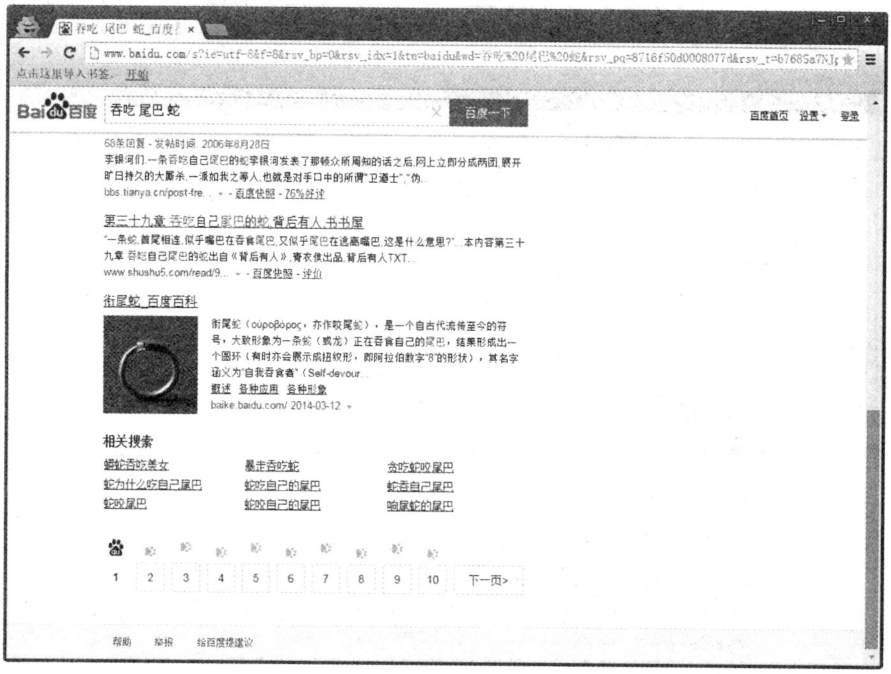

图 4.43　关键词"吞吃 尾巴 蛇"的检索结果页面（截取于 2015-4）

图 4.44　关键词"衔尾蛇"的图片检索结果页面（截取于 2015-4）

4. 利用检索中的发现来改进检索

刚才的例子也说明,我们之所以不能更好地得到满意的检索结果是因为我们不了解,甚至对该使用什么样的检索词都不是很清楚,因此,不合适的检索词找到一些不满意的结果也在情理之中。但是,如果通过在检索中的发现,逐渐学习和了解与我们检索内容相关的知识,可以很好地帮助我们调整和改进检索词语,从而获取更为满意的结果。

比如想了解 STN 这个著名联机情报查询系统的完整英文单词写法。一般而言,如果是谈论 STN 的网页,通常都有可能对它的完整英文单词写法有所交代,因此我们直接输入查询词为 STN,检索结果如图 4.45 所示。

图 4.45 关键词 STN 的检索结果页面(截取于 2015-4)

实际效果并不理想。很多记录都是关于 STN 的其他缩写词意思。显然,有必要进一步明确此处的 STN 是指什么。将检索词扩展为"STN 情报",结果如图 4.46 所示。

虽然这个结果并没有给出具体的完整单词写法,仍然还有很多无关的网页,但是我们注意到了 STN 是属于德国的系统,于是再次增加检索词语以提高查准率,检索词为"STN 情报 德国",结果如图 4.47 所示。

此时即可看到最终的完整正确写法 The Scientific and Technical Information Network(科技信息网)。

4.2.2 综合使用各种检索方法

前面介绍的几种基本检索方法,每一种都有自己的特点,合理的选择和综合使用往往可以取得更好的效果。

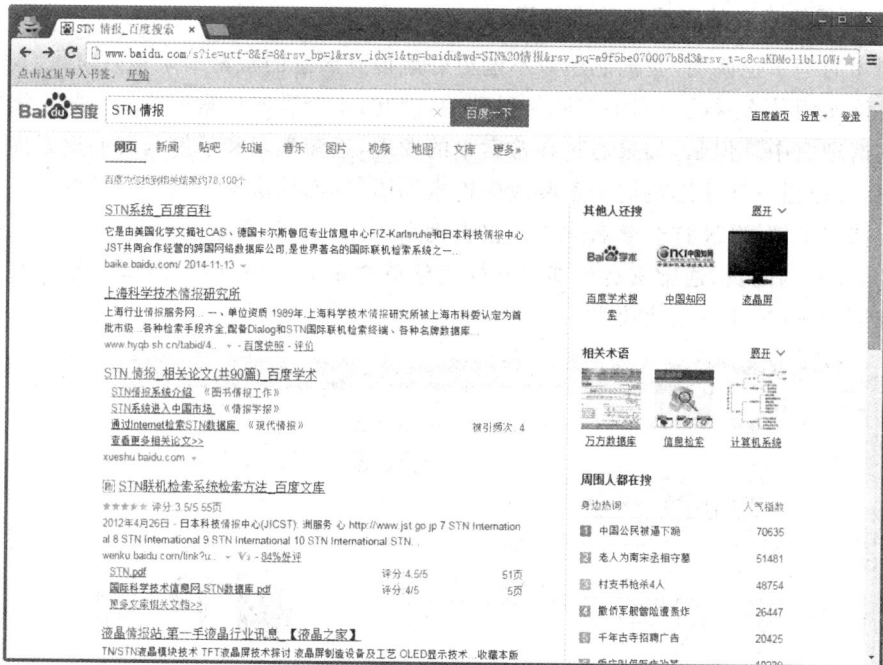

图 4.46　关键词"STN 情报"的检索结果页面（截取于 2015-4）

图 4.47　关键词"STN 情报 德国"的检索结果页面（截取于 2015-4）

1. 结合多种关键词检索方法

如我们准备获取有关《西方经济学》的习题资料,直接使用相关关键词"西方经济学习题"进行检索,但是效果并不十分理想,多是相关书籍的介绍与说明。如果综合采取多种高级字段检索方法,构造一个新的检索"filetype:pdf site:edu.cn 西方经济学 习题",其含义是检索教育网中西方经济学习题的相关 PDF 文件,这样可以保证文件多为出版资料,质量相对较高,而且可以直接从搜索引擎结果网页上单击下载,同时由于限定在教育网,所以网站图书的商业广告较少。结果如图 4.48 所示。

图 4.48 关键词"filetype:pdf site:edu.cn 西方经济学 习题"的检索结果页面(截取于 2015-4)

与此类似的用法往往可以取得较为明显的效果。再如检索"filetype:pdf site:kingdee.com 案例",意思为在金蝶网站上获取相关 PDF 格式的案例相关文件[①],如图 4.49所示。

2. 关键词检索与网页目录检索相结合

关键词检索和网页目录检索各有优势,前者可以提供一步到位的直接命中检索结果的能力,而后者则可以提供相对较为准确的检索结果。我们可以尝试将两者结合以起到更好的检索效果。由于英文网页目录内容较为全面和实用,本节所举的例子为英文资源检索。

如想了解一些关于 ERP 在企业会计工作中应用的相关英文内容。可以在 ODP(网址为 http://www.dmoz.org)英文网页目录中找到 Business→Accounting,定位到会计

---

① 金蝶的网址为 http://www.kingdee.com,域名后缀为 kingdee.com。

图 4.49　关键词"filetype：pdf site：kingdee.com 案例"的检索结果页面（截取于 2015-4）

相关的目录下，然后在关键词搜索框中输入 ERP，选择 Search→only in Accounting（在会计中检索），界面如图 4.50 所示。

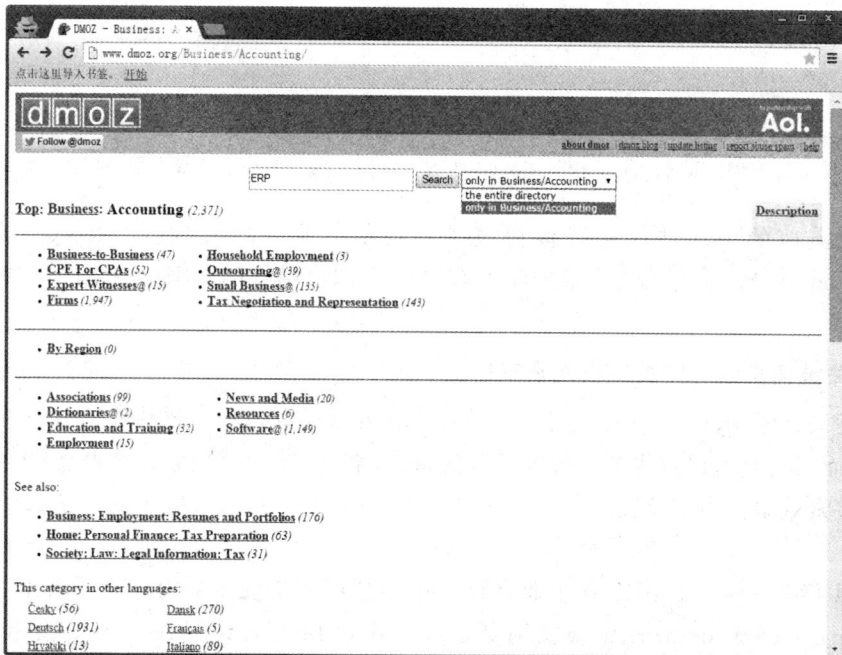

图 4.50　在 ODP 指定网页目录下结合关键词进行检索（截取于 2015-4）

值得说明的是,ODP 中文目录信息较少,因此效果相对较差。中文目录信息检索需要单击主页面下部的"简体中文"才可进入。

3. 结合时间信息的检索

有效利用搜索引擎提供的时间检索方法,结合现有的关键词检索可以取得更好的效果。

如想了解房价在 2014 年的相关信息,并对其历史走势和发展趋势做出分析,则可以在 Google 搜索引擎中输入"房价",在得到相关命中结果网页中,选择搜索文本框下的"搜索工具",即可指定时间范围信息,如图 4.51 所示。

图 4.51 在 Google 搜索引擎中结合时间范围进行检索(截取于 2015-4)

利用这种精细的时间维度信息我们可以了解不同时段的相关信息内容,从而为决策提供帮助。需要说明一点,这种时间信息并非是网页创建的时间,而是指网页中出现的时间信息,事实上,也只有这种时间信息才和网页所涉及的内容相关,才有助于信息分析。

最后补充一点,也可以直接在 Google 搜索引擎检索具体的时间,而且它比较智能化,能够准确地解析时间含义。如检索 1987 年 8 月 27 日相关信息,检索关键词可以为 87/8/27 或者 08-27-87 等,Google 都可以自动分析并准确理解,我们可以从检索结果看出,如图 4.52 所示。

4.2.3 间接检索方法

在直接检索始终没有效果的情况下,另辟蹊径,采取一种间接的方法往往可以取得意想不到的效果。

图 4.52　在 Google 搜索引擎中检索"87/8/27"的结果页面（截取于 2015-4）

1. 关键词检索与网页浏览相结合

从用户行为角度来看，网页浏览行为其实也是一种信息检索活动，只不过此时用户是通过单击与自己信息需求相关的网页链接来实现对更多相关网页内容的检索。由于有相关网页内容的提示，所以这种网页浏览行为可以让用户在检索的同时，还可以了解和学习更多的相关内容。

如几年前曾经看过别人推荐的一本讲述中国 IT 企业精英创业历史的红皮畅销书，包括联想和金山等早期的创业史，但是把名称和作者等全部忘记了，甚至连内容也只是大概有印象。如何查到这本书呢？如果把这样的描述告诉新华书店的服务员，多半只有这样的回答"那边就是这方面的书，你自己过去看看吧！"现在我们试一试。

首次尝试的检索关键词为"中国 IT 企业 创业 畅销书"，会发现多为现在新书内容。虽然检索词语已经去除了无关的内容，但是收效甚微。我们尝试选择更能准确反映图书内容的关键词，修正的检索为"联想 金山 创业 畅销书"，显然这些词语是从图书的内容出发来选择，因为书中主要介绍了这些 IT 企业的成长经历。

然而，依然无法找到。现在已经检索到很多诸如《梦想金山》和《联想风云》之类的图书，此时如果继续调整关键词，可能效果就难以保证了。

我们设想如果在介绍这些图书的网站上，应该也会有介绍我们所想的那本图书。于是，打开中文当当网站[①]，直接搜索诸如《联想风云》等图书内容。这些网络书店规模一般都较大，图书内容也较多，而且通常都提供较好的目录层次来组织各类图书。可以明显地

---

① 　中文当当的网址为 http://www.dangdang.com.cn。

看到在显示《联想风云》的网页上部就提供了很多类似图书推荐,进一步点选即可发现我们所需的那本红皮图书,如图4.53所示。

图4.53 中文当当网站中《联想风云》的图书检索结果页面(截取于2015-4)

强调一下,用这种借助网页浏览方式间接获取所需信息的方式依赖于前期对相关内容的准确检索。当然,由此也看出信息检索的技巧性。同时,这也说明,对于某些类型的信息而言,在一些专门提供相关信息的站点上进行检索也有比较好的效果,而并非一味地使用搜索引擎。本书后面章节会专门介绍各种常见类型信息及其相关资源站点。

2. 检索如何检索的方法

对于很多检索问题,从检索问题本身走出来,站在了解如何检索这一问题本身这个环节上也是种极为有效的间接方法。

如遇到不认识的字,发音无法确定,在不会五笔等字形输入法的情况下连拼音输入也无法进行,如何输入该字并检索呢?前文所述的模糊检索是一种方法,但该方法依赖于对该字的用法有一定的了解,而对于一个独立的单字呢?此时不妨检索"如何知道字的读音",从搜索引擎的返回结果中去了解解决此类问题的方法,如图4.54所示。或者利用查阅"网络字典"的方法也可以得到检索字词的入口,如图4.55所示。

3. 利用网址截取方式获取更多相关文件

如果能够在一个网站上找到一篇想要的内容,那么可以想象它非常有可能还有更多你想要的内容,特别对于一些成系列的资料而言尤其如此。

例如想获取有关于用友ERP U8系列的解决方案文档,并且已从百度获取到一篇机械行业解决方案的文档,如图4.56所示。

图 4.54　关键词"如何知道字的读音"的检索结果页面（截取于 2015-4）

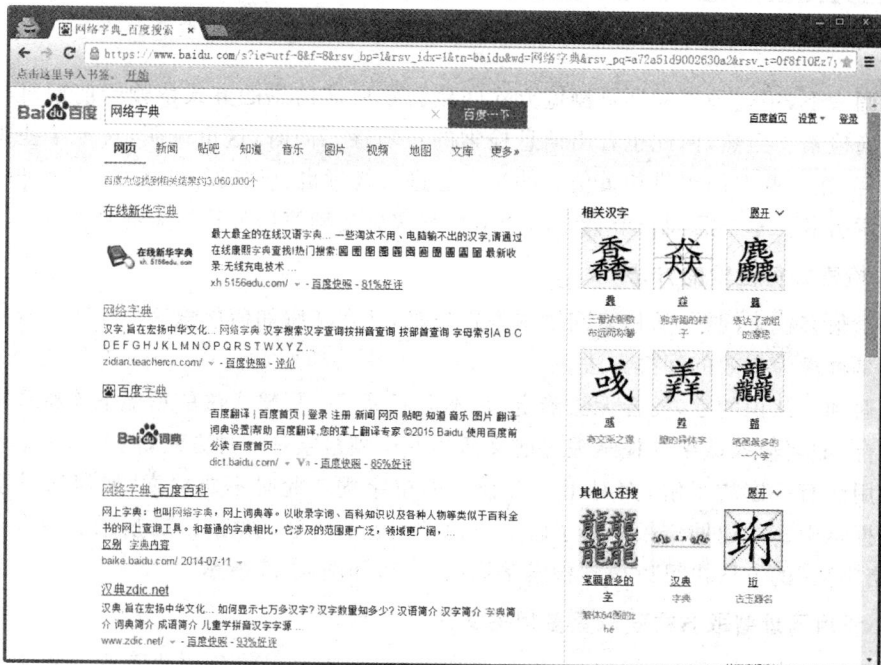

图 4.55　关键词"网络字典"的检索结果页面（截取于 2015-4）

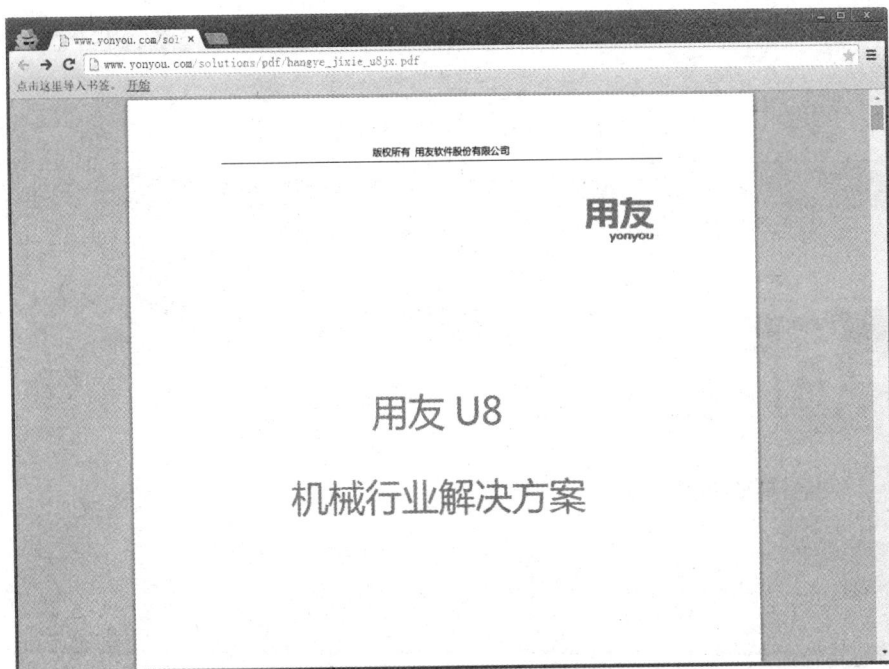

图 4.56 已经找到的一篇用友 ERP U8 系列的解决方案文档（截取于 2015-4）

由于 ERP 软件的应用行业极为多样，如何得到其他相关行业的文档呢？手工一篇一篇地检索非常不现实，我们就从这篇文档入手吧。

它的网址为 http://www.yonyou.com/solutions/pdf/hangye_jixie_u8jx.pdf，仔细观察便可发现它的网址有明显的规律，solutions 表明为解决方案，pdf 表明为 pdf 文件，而后面的文件名称正是机械的汉语拼音，而且还出现了两处，分别是 jixie 和 jx（拼音首字母）。按照这种思路，我们可以推测出其他行业的可能文档名称，如汽车行业为 http://www.yonyou.com/solutions/pdf/hangye_qiche_u8qc.pdf，等等，实践证明完全可行，直接将其复制到浏览器地址栏上即可打开。如果不行，则应该考虑换个名称来反复试一试。

当然，这种方法依然还是低效，此时不妨以该网址中每个斜杠号为单位，依次从右向左不断地截取网址，依次可以得到下面的网址。

http://www.yonyou.com/solutions/pdf

http://www.yonyou.com/solutions

http://www.yonyou.com

并可以将这些网址依次放入浏览器地址栏中打开。如可以打开，则会很快发现一个明显的页面会给出较为完整的资源列表，如此处的 http://www.yonyou.com/solutions 可以打开的界面如图 4.57 所示，从中就可以得到所有行业相关文档资源的下载入口。

需要说明的是，这种方法并非总是有效，它的关键在于网站是否愿意公开全部相关文档的访问权限。如果不行，通常会显示错误信息，如图 4.58 所示。

图 4.57　利用网址截取方式访问网站——显示资源列表的界面（截取于 2015-4）

图 4.58　利用网址截取方式访问网站——不允许访问的界面（截取于 2015-4）

不过，即便是网站没有提供，我们也可以最终得到网站的域名，如上述网址截取到最后就是"www.yonyou.com"，而此时总是可以打开，一般就是网站的主页。这时通过该主页提供的入口链接再尝试浏览和进一步检索，可以想象，也有较大找到所需文件的访问入口的可能。

4. 从浏览历史来检索

在很多情况下，我们往往需要检索一些曾经检索过的内容，此时，可以考虑使用浏览历史信息的检索功能来寻找所需内容。这通常需要两种方法：

第一种方法：如果用户有账号可以登录当前搜索引擎，就可以在搜索引擎提供的检索历史记录中看到相关检索关键词、检索时间和检索单击结果。比如，在 Google 搜索引擎主页单击 Web History，即可打开当前用户的检索历史，如图 4.59 所示。

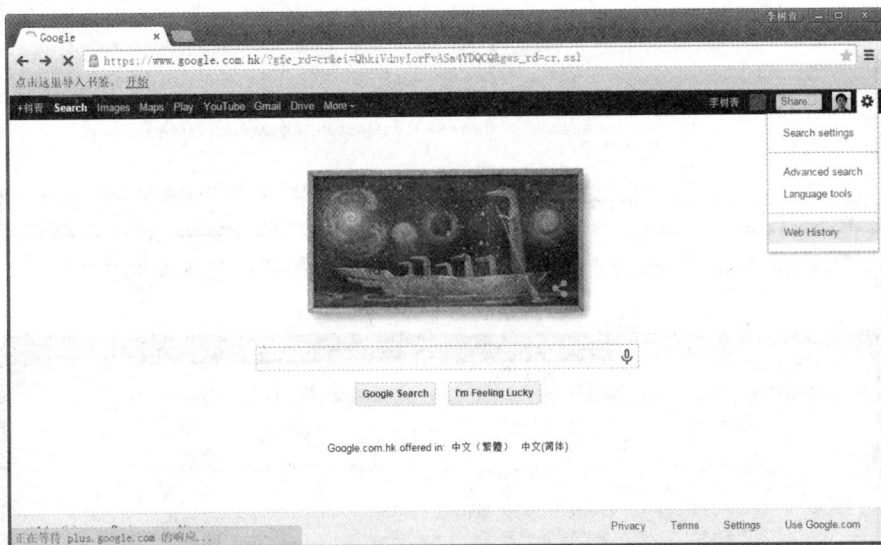

图 4.59　在 Google 搜索引擎主页选择"Web History"（截取于 2015-4）

此时即可看到你自己的检索历史，Google 还提供了检索活动状态的统计信息等，不过这些信息只有当前登录用户才可以看到。另外，只有在用户登录后进行的检索才能被记录进这个历史记录中。

比如想检索自己曾经查找过的关于汽车的相关文档，就可以直接在搜索文本框中输入检索词语，此时的结果就是检索历史的相关匹配记录，每条记录都可以直接单击并打开，检索结果如图 4.60 所示。

此时，用户还可以对自己的检索历史信息做下载和删除等操作处理。

第二种方法：如果用户一直在使用同一个浏览器检索网页资源，则可以直接检索这个浏览器的历史记录来获取历史检索信息。例如在 Chrome 浏览器菜单中选择"历史记录"，即可看到所有使用该浏览器访问网页的历史信息，此时在搜索文本框中输入检索词，单击"搜索历史记录"按钮，即可看到相关信息并可以直接打开，结果如图 4.61 所示。

不同的浏览器使用方法并不一样，我们再说明一下常见的 IE 浏览器相关使用方法。

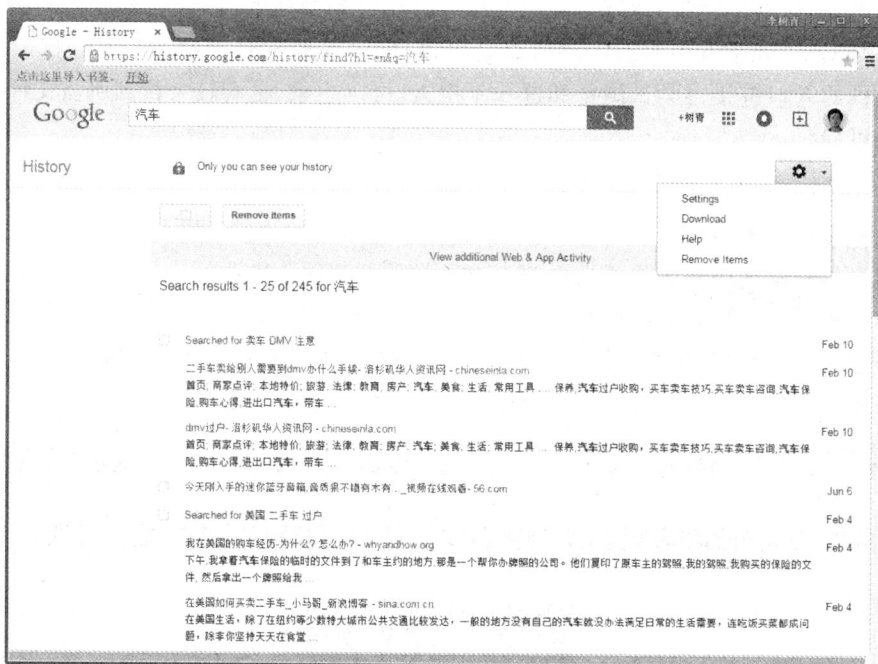

图 4.60　在 Google 搜索引擎用户检索历史记录中进一步检索（截取于 2015-4）

图 4.61　在 Chrome 浏览器的历史记录中进一步检索（截取于 2015-4）

　　默认情况下，新版 IE 浏览器没有直接显示菜单栏，需要按 Alt 键显出菜单栏，选择"查看"→"浏览器栏"→"历史记录"，如图 4.62 所示。

　　此时在"历史记录"左栏中选择"搜索历史记录"，并在下面的搜索框中输入关键词即可看到以前曾经访问过的相关网页资源，如图 4.63 所示。

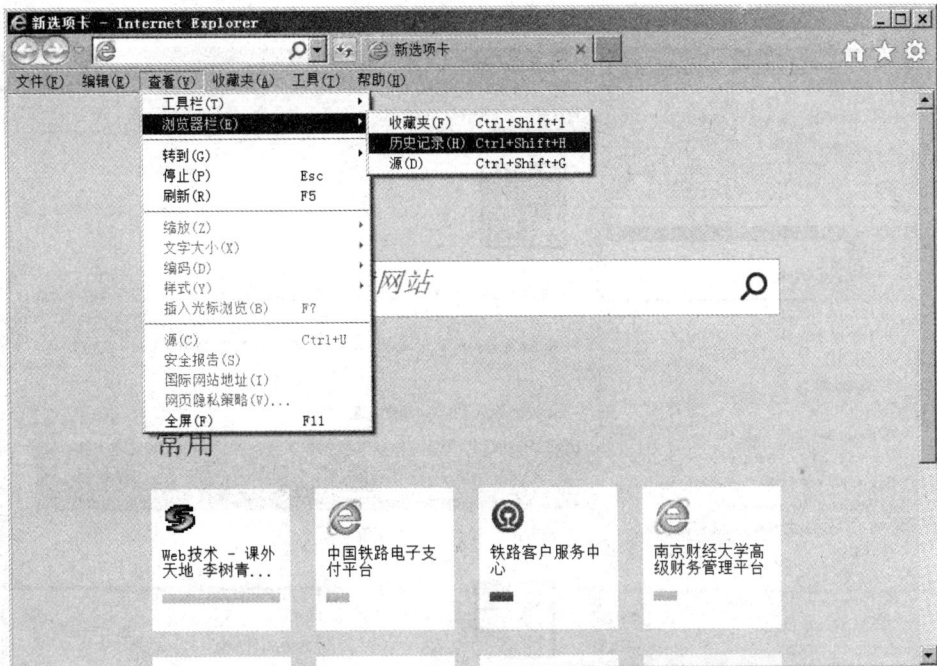

图 4.62 打开 IE 浏览器的历史记录（截取于 2015-4）

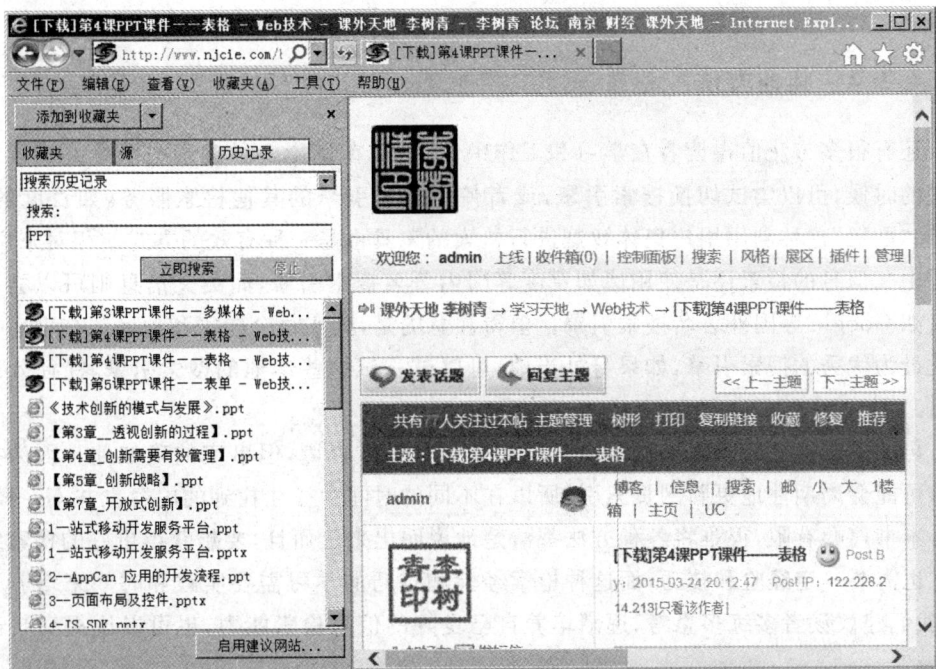

图 4.63 在 IE 浏览器的历史记录中进一步检索（截取于 2015-4）

同时,该浏览器还支持按照不同的方式来对结果进行排序,如"按日期查看"等,如图 4.64 所示。

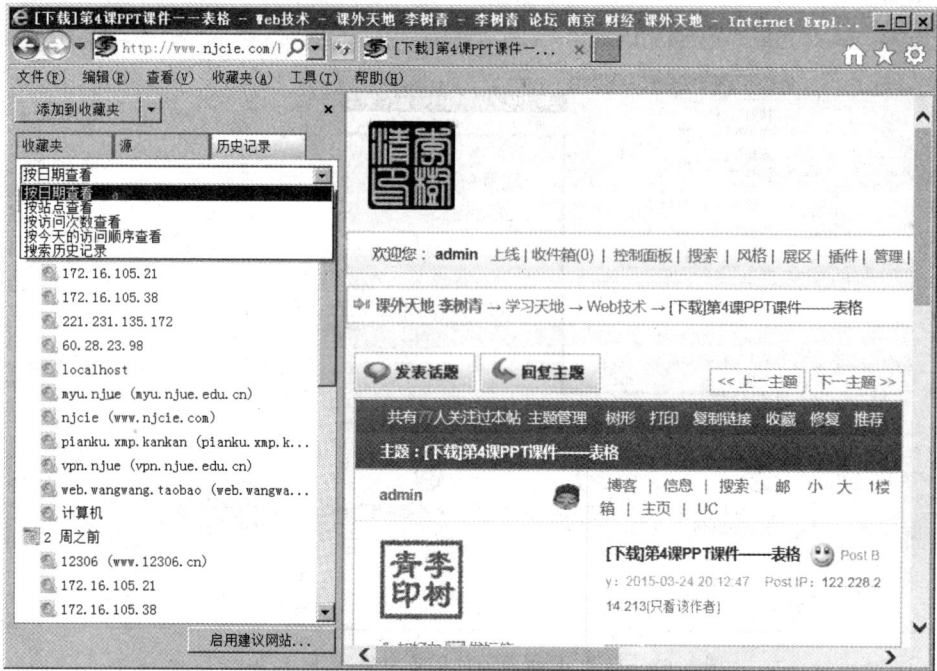

图 4.64   IE浏览器提供的多种历史记录排序方式(截取于 2015-4)

4.2.4   其他方法

还有很多方法值得读者在学习和工作中使用,如在使用一种搜索引擎始终难以取得效果的时候,可以尝试切换搜索引擎,或者使用搜索引擎的其他检索服务,如百度的"知道"和"贴吧"这种利用用户集体智慧进行检索的工具也是一种有效的方式。相对来说,建议对中文信息的检索还是使用诸如百度等国内著名搜索引擎,而英文信息则可以尝试使用诸如 Google 等国外著名搜索引擎。值得注意的是,其实每个国家和地区往往都有自己当地最为优秀的搜索引擎,如果身处当地,可以试一试这些本地的搜索引擎,往往效果也不错。

再如可以换个时间来操作。也许听起来像是天方夜谭,但事实的确如此。因为搜索引擎可能会周期性地更新网页索引,所以在不同的时间中往往找到的内容也并不一样。

本书篇幅有限,很难将各种方法都清楚地说明出来。而且,要想获得更好的检索结果往往也需要一定经验和技巧,而这种检索经验和技巧的学习需要实践和时间来培养。所以,我们建议读者多练多思考,逐渐培养自己良好的信息检索能力,也可以说提高自己的"搜商"。

读者还可以从一些网站举办的搜索引擎大赛来获得更多的学习机会。同时,还有一些关注与搜索引擎发展和使用的站点,也很有参考价值,如表 4.2 所示。

表 4.2 关于搜索引擎使用和相关信息的推荐站点

网 站 名 称	网 址	特 色
中文搜索引擎指南	http://www.sowang.com	内容丰富全面,收录站点较多,其中的"搜索入门到精通"很适合初学者
搜索引擎大全	http://www.eryi.org	中英文搜索引擎观察、研究与使用技巧及最新资讯
搜索引擎观察者	http://searchenginewatch.com	著名的搜索引擎相关信息的英文国外站点
Google 黑板报	http://blog.sina.com.cn/u/2617744132	Google 中国的博客网志

4.3 常见网络信息资源的下载方法

掌握搜索引擎检索方法是获取网络资源的第一个要求,但是,对于获取到的网页内容,我们有时也会发现无法对网页内容做进一步使用,如无法复制文本、无法下载图片和视频等。从理论上讲,能够从网上看到的资源,一定是可以下载到的资源,只是没有掌握合适的下载方法。在注意版权保护的前提下,应该学会如何正确有效获取网页资源的各种方法。本章主要针对互联网网页包括文本和多媒体资源在内的各种资源,讲解常见的使用方法和下载方法。

4.3.1 网页文本的下载

网页文本就是直接显示在网页界面中的文字资源。值得注意是的,很多网页往往是通过图片形式来显示文字信息,对于这样的文字资源,无法对此文字内容直接复制使用。

一般情况下,只需直接拖曳鼠标选择所需内容即可,但有时也会遇到一些现实的问题,比如文字篇幅过于庞大,非常不方便直接拖曳选择文本。对于此类较大的文章段落,正确的做法是首先单击所选内容的起始处,然后滚动页面,在结束处按住 Shift 键再次单击,即可选中两次单击之间的大块文本。

对于选择好的文本,直接右击页面选择"复制"或者按"Ctrl+C"都可以获取文字信息,如图 4.65 所示。

对于较大的文章段落的选择,可以先单击起始处,再按住 Shift 键单击结束处,即可选择两次单击中间的全部内容。

但有时也会发现无法复制,甚至连鼠标右击都无法显示菜单内容。造成这种现象的主要原因在于这些网页为了防止用户恶意下载,进行了必要的脚本控制,也就是说,网页除了显示正常文字内容外,还执行了某些代码功能,限制了浏览器此时的操作行为。因此,最为直接的解决方法就是取消浏览器执行脚本代码的能力。

常见的设置方法以 IE 为例(以下操作皆如此),单击菜单栏,选择"工具"——"Internet 选项"(如果看不见,需要按下 Alt)。将 Internet 区域下的"安全级别"设置为最高,如图 4.66 所示。

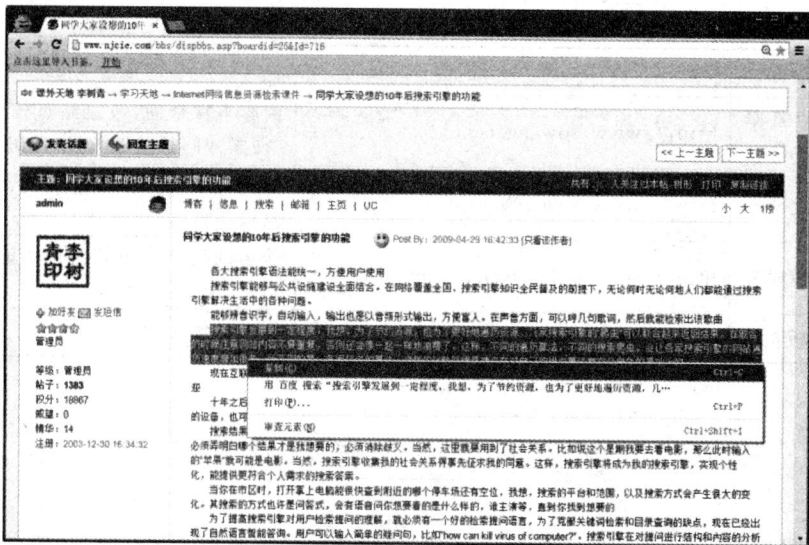

图 4.65   常见的网页文本直接选取方式（截取于 2015-4）

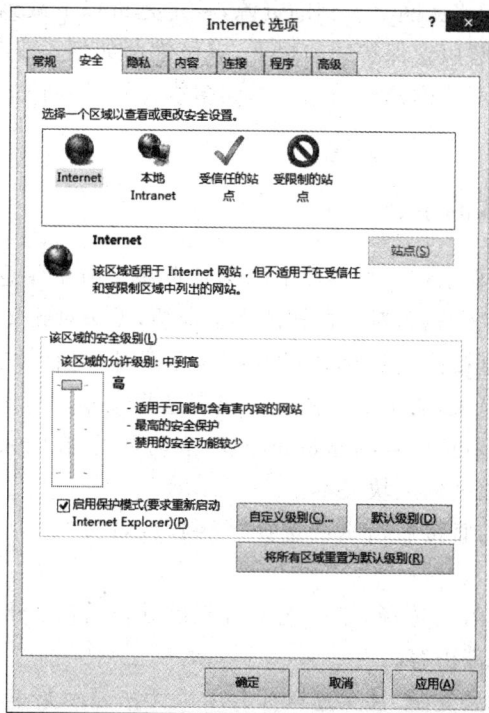

图 4.66   设置 IE 浏览器 Internet 区域的最高安全级别

同时，也可以直接将当前网页内容保存为文本文件，然后使用记事本或者 Word 打开该文本文件即可直接获取其中的文字内容。单击菜单栏，"文件"→"另存为"，在对话框中选择"保存类型"为"文本文件（∗.txt）"，如图 4.67 所示。

与此功能类似的，如果可以右击显示菜单，也可以直接选择"查看源（文件）"，即可直

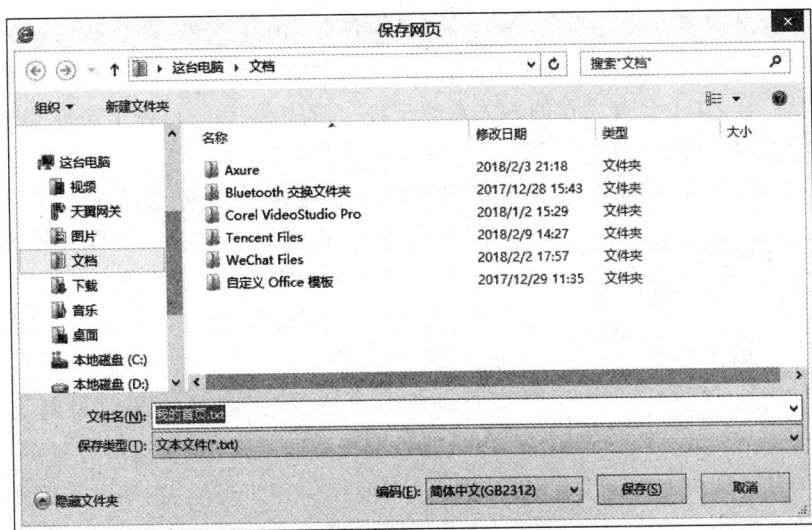

图 4.67 将网页保存为文本文件

接打开和上述保存的文本文件一样的内容。

4.3.2 网页的下载

网页的下载不同于网页文本内容的下载，它不仅保存里面的文字内容，还会同时保存相关图片和样式等附加资源。要想完整再现网页的展示界面，通常需要对网页进行下载保存。

基本的网页下载方法就是利用浏览器的文件保存功能，单击菜单栏，"文件"→"另存为"，此时值得选择的内容仍然是"文件类型"，默认为"网页全部"，这就意味着不仅保存网页文字内容，还会保存其他诸如图片等相关资源文件，如图 4.68 所示。

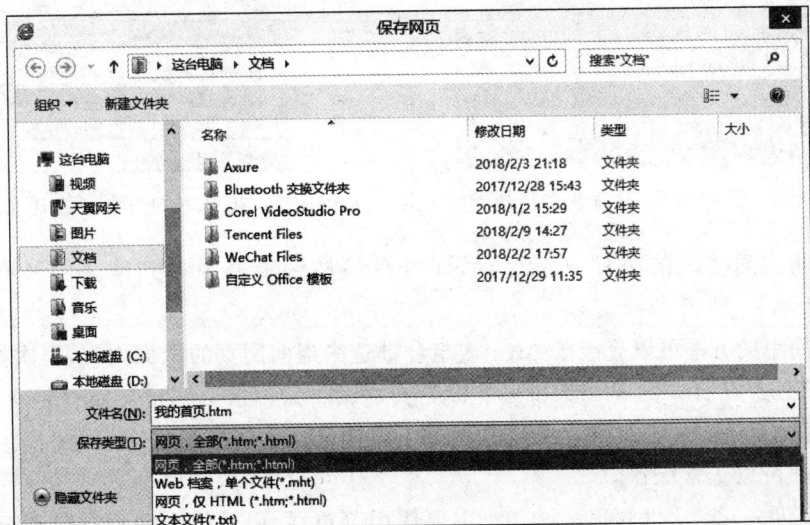

图 4.68 保存网页

此时保存的内容主要有两个：一个是"我的首页.html"文件，即包括网页文字内容的文件；另一个是"我的首页_files"的文件夹，这个文件夹的名称往往在下画线前会和第一个文件一模一样，其中会有大量的相关资源文件。请注意，删除这两个文件和文件夹中的任意一个，都会自动删除另外一个。

图4.68中的"Web档案"格式也可以保存全部内容，但是它会将全部文件资源都合并成一个完整文件，这对于想进一步分离网页其中的文字和图片内容的用户而言，并不方便。

但是，有时也会出现不能保存网页的现象，如图4.69所示。

图4.69 保存网页时的出错提示

这种原因比较复杂，既可能是因为网页有代码控制，也可能是浏览器的原因，如果这些方法都不理想，可以考虑使用其他编辑器或者发送邮件的方式来间接保存。当然，这些方法都需要浏览器和操作系统环境的支持。

比如某些版本的IE浏览器会允许用户以Word方式打开当前网页，如图4.70所示。

此时即可在Word中直接保存该文件，Word编辑器也允许用户在保存时选择不同的文件类型，包括网页文件格式（HTML格式）。

再如某些版本的IE浏览器在用户设置了操作系统的默认邮件管理工具时，可以允许用户直接将当前网页作为附件生成邮件，如图4.71所示。

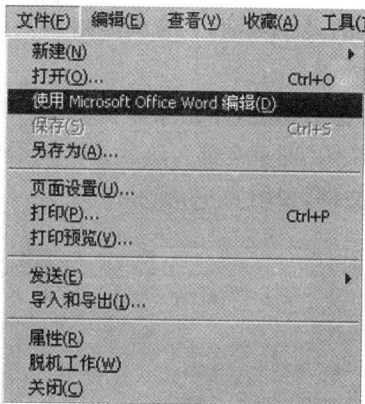

图4.70 在IE中以Word编辑器打开当前网页　　图4.71 在IE中使用邮件发送当前网页

此时可以对生成的邮件直接保存，即可在邮件编辑器中看到网页的所有内容，如图4.72所示。

更为简单的方法可以直接按Alt+A组合键选中当前网页的全部内容，再次按Ctrl+C组合键复制，并在打开的Word和写字板等文本编辑器中按Ctrl+V组合键直接粘贴内容，此时即可再选择保存文件。大部分情况下可能会产生变形等格式问题，不过对于网页内容一般都可以正常保存。

补充说明一点，这里的很多操作都需要使用菜单栏，但是很多网页有时甚至连按Alt键也出现不了菜单栏，如图4.73所示。

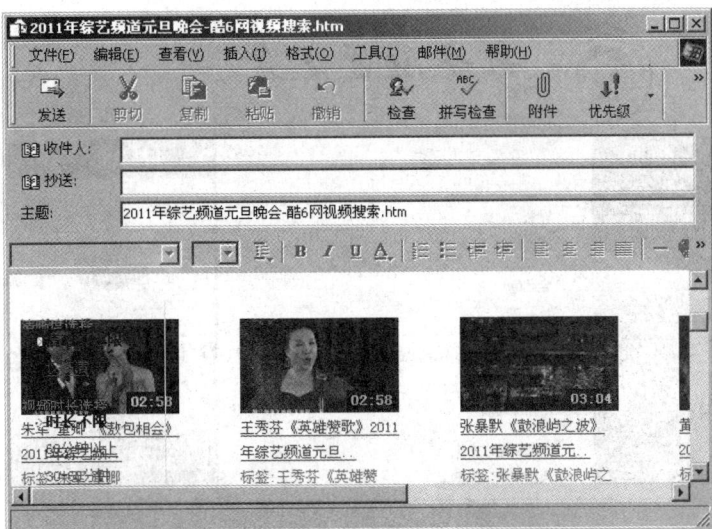

图 4.72 利用邮件编辑器查看网页内容

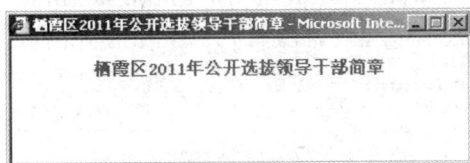

图 4.73 没有菜单栏的特殊网页

这主要是因为浏览器受到了显示限制,有效的方法是按 Ctrl＋N 组合键即可在具有菜单栏的浏览器界面中打开一个一模一样的当前网页,此时即可进行上述对于菜单栏的各种操作。

4.3.3 网页多媒体资源的下载

多媒体资源包括图片、视频和音频等常见格式,这些不同的资源形式往往使用的下载获取方式也不一样,因受限于相关版权保护,用户必须在遵守相关网站版权规定的前提下才可以使用。

图片是最为常见的一种网页多媒体资源。最为常见的保存方法就是右击网页选择"图片另存为",如图 4.74 所示。

但是并非所有的图片都支持这种菜单的显示,如图 4.75 所示。

产生这样的原因在于这些图片链接并不是直接放在网页中,而是放在网页样式文件中。因此直接的处理方法就是右击网页选择"查看源(文件)",查找样式单元中的图片链接,如图 4.75 打开的网页样式代码中有如图 4.76 所示的代码。

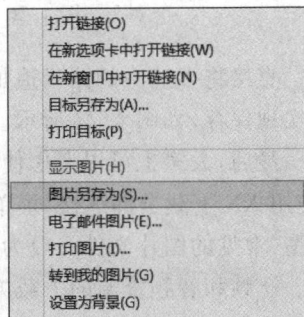

图 4.74 保存网页中的图片

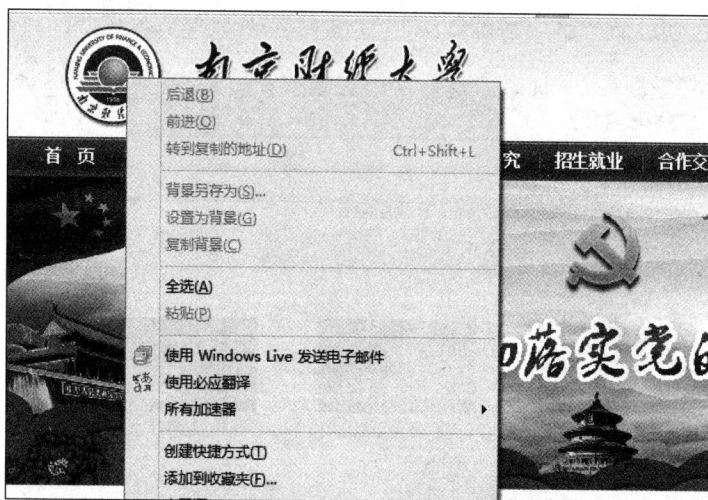

图 4.75 不支持保存功能的网页图片

```
<link rel="stylesheet" type="text/css" href="css/style.css?20171214">
    <style type="text/css">
    #fdck {border:1px solid #c0c0c0;margin:0 auto;padding:5px;background:#f0f0f0}
    </style>
<style type="text/css">
    .index_rq {
        float: right;
    }
    #other-version {
        font-size: 14px;
        float: left;
    }

    #other-version a {
        color: gray;
        text-decoration: none;
    }

    #other-version a:hover {
        text-decoration: underline;
    }
    .title{ font-size:14px; font-weight:bold; color:#990000;}
    .topImageTD{
        background-image:url(images/index/index_banner.gif);
        width:1002px;
        height:100px;
    }
```

图 4.76 网页源代码的样式信息中保存的图片地址

直接将该选中的路径追加到当前网页的 URL 后面，即可看到完整图片，而且可以右击实现保存，如图 4.77 所示。

最后，大家也可以考虑使用专业下载工具，如迅雷等，它们都可以通过右击网页选择“使用 XX 下载全部链接”菜单项，在弹出的配置界面中，可以自己灵活选择要下载的文件类型（常见的图片文件一般为 gif、jpg、png 等格式），如图 4.78 所示。

视频和音频资源的下载方法基本类似，本节统一说明。不同于图片文件，这些多媒体文件一般都不会在网页中直接提供保存功能。造成这个问题的主要原因在于这些多媒体

图 4.77 直接查看网页中的图片

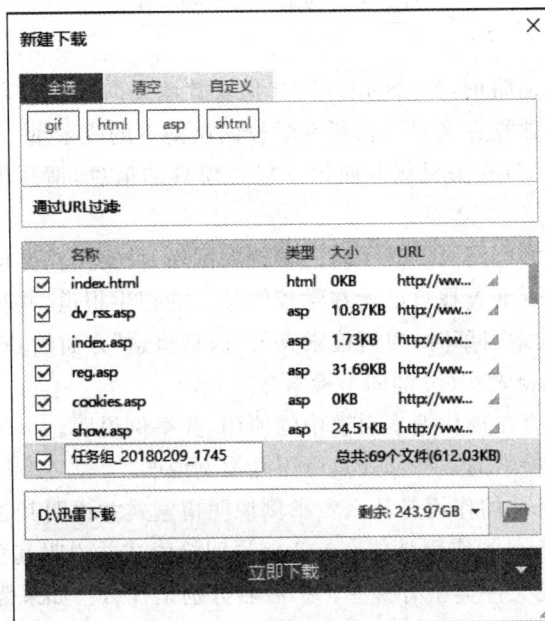

图 4.78 使用专业下载工具下载网页图片资源

资源通常都不能直接在网页中正常播放,而是需要特定的插件才能解析播放,而这些插件通常并不提供保存功能。

主要的保存方法有以下几种。

(1)利用网站自己提供的多媒体资源链接,如优酷网就提供了客户端允许用户直接登录下载。

(2)利用浏览器自身的播放缓存:这需要首先清空当前浏览器缓存,方法是选择菜单栏"工具"——"Internet 选项",单击"浏览历史记录"中的"删除"按钮,以删除缓存文件夹中的所有临时文件。然后即可将当前多媒体资源播放完毕,此时即可在缓存文件夹中看到刚刚缓存的各种资源文件,其中也包括视频和音频文件。如果不清楚缓存文件夹的位置,可以在"浏览历史记录"中单击"设置"按钮,进一步单击"查看文件",即可打开相应的文件夹。一般由于视频等多媒体文件体积较大,因此可考虑按照从大到小的详细文件展示方式来排序,方法是右击文件夹空白处,选择"查看"→"详细信息",再单击"大小"按钮即可排序生成。

(3) 可以考虑使用专门从事网络视频下载服务的第三方站点,比如"硕鼠下载(http://www.flvcd.com)",就允许用户直接将播放多媒体网页的 URL 复制过来,即可提供相关的下载地址。

(4) 一些浏览器如 Chrome 等,允许用户安装插件,通过这些插件也能提供更为灵活的网页资源下载功能,如 Tampermonkey 等。这些功能相对比较复杂,用户可以自行了解学习相关功能和使用方法。

4.4 练习题4

1. 如果遇到英文缩略词,如 ODBC 等,如何有效地查询它的准确英文全称写法?

2. 利用检索工具估算百度对自己所在学校网站网页的收录量。

3. 如果要查找 CAD 有关机械方面但不包含模具的信息,请写出使用布尔逻辑关系表示的检索式。

4. 说明如何查找哪些网页链接了自己学校的网站,并写出具体检索步骤。

5. 说明如何使用百度查找自己所在学校网站上的招生报道,并写出具体检索步骤。

6. 在使用 Web 搜索引擎时,如何检索有关"信息检索"方面的 doc、pdf、ppt 等格式的文献,分别给出相应的检索式(关键词＋检索命令)。

7. 分析截词运算符在现代搜索引擎中的使用,并举例说明。

8. 论述布尔逻辑检索的三种形式及应用并举例说明。

9. 字段检索中 inurl 的作用是什么? 举例说明检索式并说明其含义。

10. 字段检索中 link 的作用是什么? 举例说明检索式并说明其含义。

11. 互联网的常见文件类型有哪些? 扩展名分别是什么? 如果需要检索某种类型的文件,应该使用什么方法? 举例说明。

12. 分别写出下列检索式的含义。

- link:www.nufe.edu.cn
- inurl:download 课程大纲
- intitle:论坛 intext:会计
- 课件下载 inanchor:推荐
- related:www.taobao.com
- site:com.cn

13. 举例说明链入网页、链出网页和锚文本的关系。

14. 利用 Web 搜索引擎完成对某网站网页总数、外部链入数、网站总链接数等数据的估算。

第 5 章　利用搜索引擎进行信息分析和决策

　　搜索引擎并非只是一种简单的信息检索工具,利用它提供的用户行为分析结果和网络舆情发展情况,可以更好地指导各种经济活动。具体来说,这主要利用搜索引擎收集到的检索关键词、用户检索行为、用户网上问卷调研结果和新闻内容监测与分析等数据,提供两种主要功能:一是网络用户的检索行为分析。不同于一般的用户调研,利用用户在搜索引擎中的检索信息得到的用户需求往往更为准确和客观,更能反映用户真实的潜在需求;二是进行互联网舆情监测,通过对新闻报道的获取和分析,监测产品和企业的相关市场反应,为企业的市场公关策略、危机预警和处理等提供客观及时的咨询建议。

　　通常这些信息是以查询日志的方式存储在搜索引擎服务器中,但是现在大多数著名搜索引擎都已经公开了这些信息,而且大都开始提供基于此类原始信息生成的分析报告。这些信息对企业或者组织分析市场、分析决策有着重要的参考作用。

　　通过本章的学习,能够让读者加深对此问题的认识,同时也可以在各种经济工作中更好地应用搜索引擎来解决一些实际问题。

5.1　百度的信息分析决策功能

1. 百度搜索风云榜

　　百度搜索风云榜是百度搜索引擎利用用户检索关键词,按照搜索量排列整理而成。通过搜索量的大小,用户可以了解互联网用户的信息需求特点和社会热点问题。百度每天都会根据前一天的搜索量自动计算统计得到当日的搜索风云榜。其中重要栏目还包括今日热点、七日关注和地域风向标等内容。网址为 http://top.baidu.com,主页如图 5.1所示。

　　地域风向标和人群风向标还提供了按照地区和用户群来划分的搜索热点检索功能。最值得关注的是"全部榜单",其中按照各个主题对相关搜索热门信息进行了归类。利用这些信息,我们可以了解某些产品的市场影响力和用户关注度。如检索手机品牌的关注情况,可以选择"科技榜单"中的"手机品牌",其中还能看到具体的搜索指数,以方便用户比较,结果如图 5.2 所示。

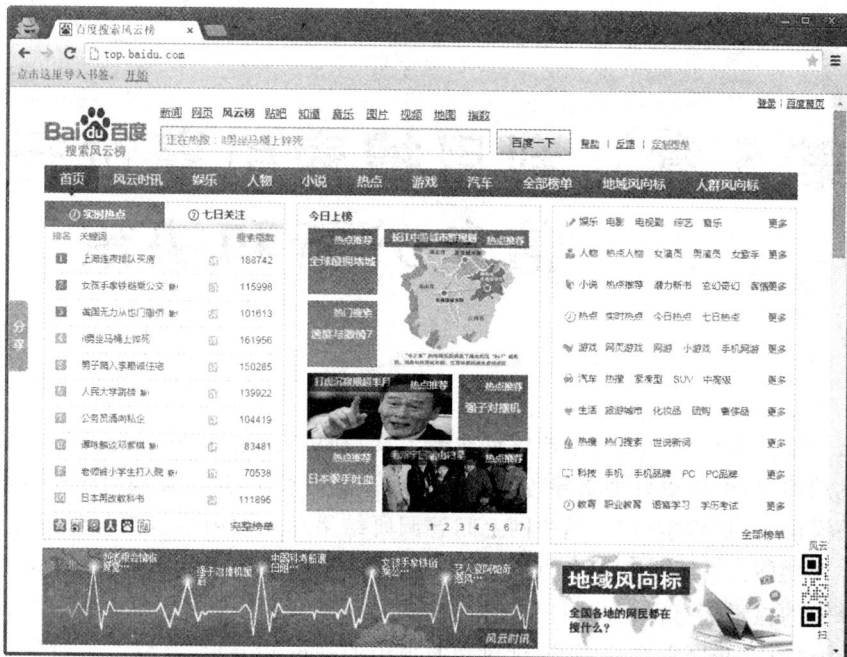

图 5.1　百度搜索风云榜的主页界面（截取于 2015-4）

图 5.2　百度搜索风云榜中"手机品牌"排行榜结果页面（截取于 2015-4）

2. 百度指数

较搜索风云榜而言，百度指数对这些关键词信息提供了更为详细和灵活的汇总结果，包括诸如指数探索和行业指数等功能,其中指数探索里提供了趋势研究、需求图谱、舆情管家和人群画像等功能。网址为 http://index.baidu.com。用户必须登录百度账号才能使用,主页如图 5.3 所示。

图 5.3 百度指数的主页界面(截取于 2015-4)

例如想了解江苏省南京市 2014 年 361°和特步两个运动类产品品牌的数据对比情况,可以直接在"指数探索"中添加相关关键词,并选择时间和地区,相关结果如图 5.4 所示。

现在的数据统计都包括桌面 PC 端和移动终端两个体系的统计。

再如想了解求职招聘行业近年来的用户关注度,选择"行业指数"并设定检索时间区域,即可看到相关统计结果,如图 5.5 所示。

3. 百度行业报告

百度行业报告是其中最为强大的一个信息分析决策服务,由百度数据研究中心提供该服务,网址为 http://datamarket.baidu.com,它是百度于 2006 年推出的一项服务[1]。较前两种而言,它能够提供更为专业详细的统计报告,这些来源于互联网用户检索信息所反映出来的行业市场分析结果和前景预测,有助于企业准确地了解市场需求和进行企业决策,主页如图 5.6 所示。

---

① 除此以外,百度搜索引擎提供了很多面向企业的信息管理软件,主要集中于企业级非结构化信息检索和管理领域。最早的相关产品有 2000 年推出的百度网事通软件系统。2002 年百度在国内首次推出了企业竞争情报系统。竞争情报系统是一种典型地利用从互联网上检索收集来的信息,为企业分析竞争对手和市场行情提供相关统计数据和信息判断依据的软件系统。现在,网事通产品系列、企业竞争情报产品系列、数据库检索系统一起构成了百度企业软件的几大主要产品。

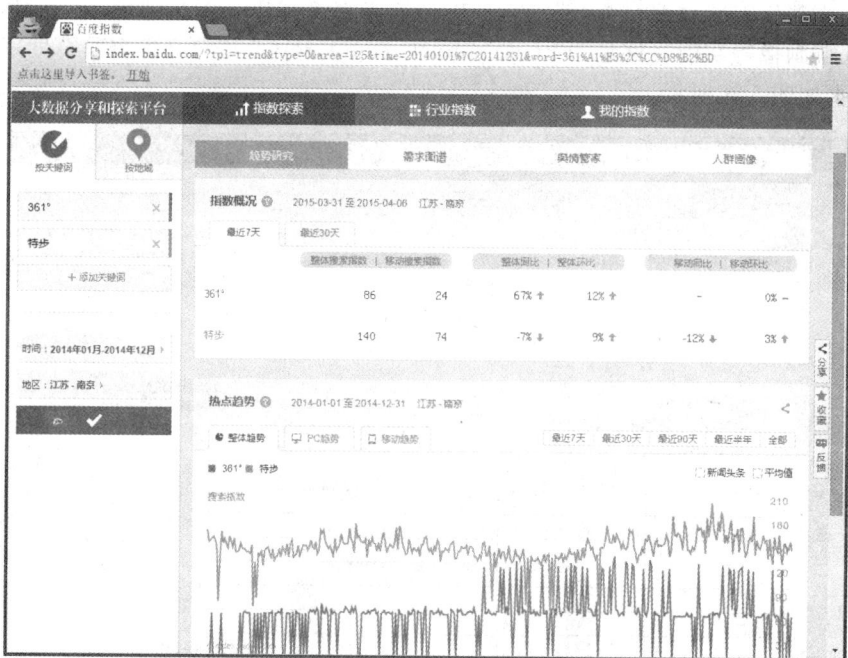

图 5.4　在百度指数中检索不同产品的相关数据统计结果（截取于 2015-4）

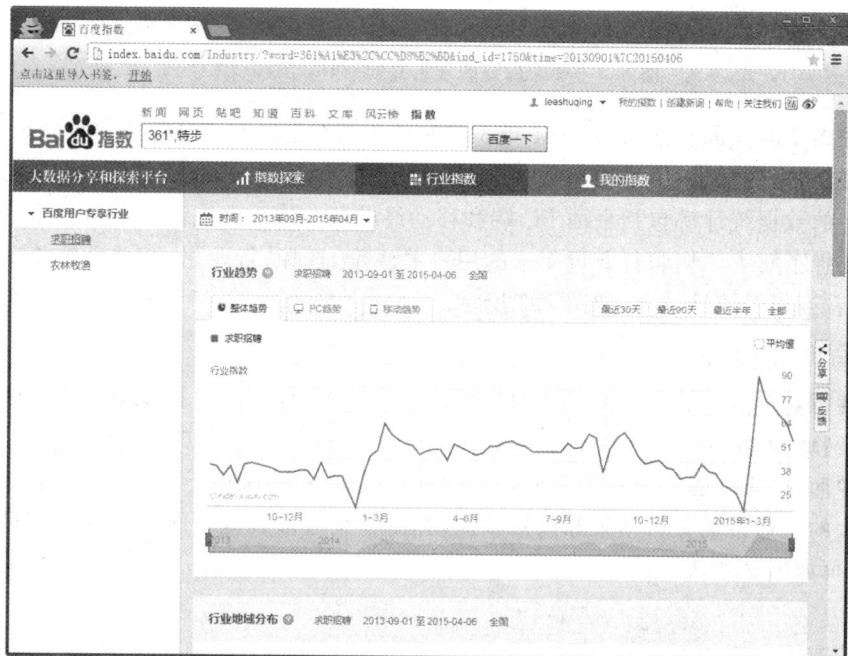

图 5.5　在百度指数中检索行业趋势（截取于 2015-4）

图 5.6　百度数据研究中心的主页界面(截取于 2018-2)

目前,百度对房地产、电子产品和汽车等主要行业领域分别做了行业报告,平均每半个月推出一期最新的行业报告研究,甚至还可以专门为一些企业定制相关的研究数据。其中很多报告都可以免费下载,如图 5.7 所示。

图 5.7　百度行业报告的下载页面(截取于 2015-4)

用户可以免费下载这些报告,但必须注册登录。所有的报告内容都显示为图表与文字结合的方式,易于阅读和查看,如图5.8所示。

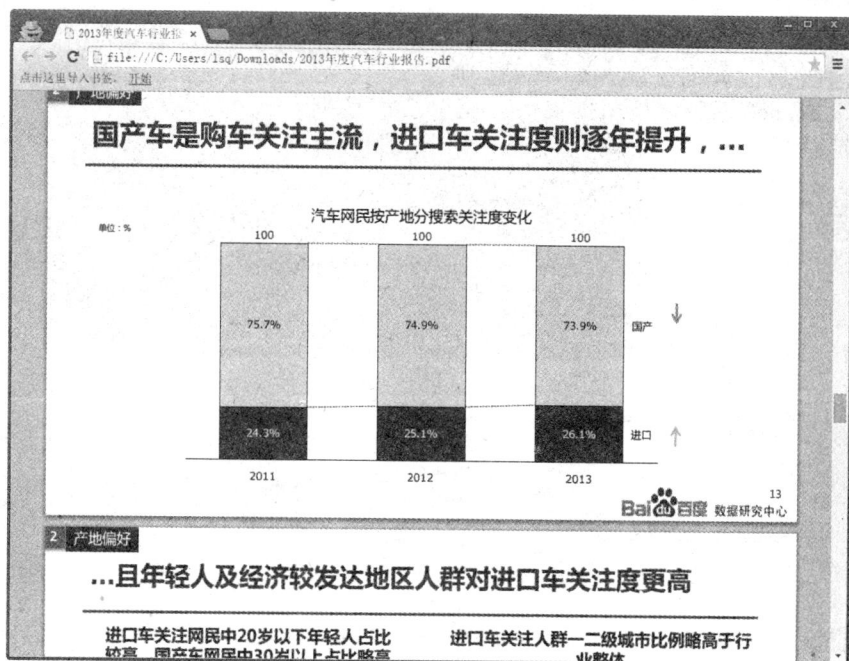

图 5.8   《百度数据研究中心——2013 年汽车行业研究报告》的内容截图(截取于 2015-4)

4. 百度司南

百度司南于 2009 年开始提供服务,它也是利用搜索引擎用户搜索行为分析的数据结果来提供相关信息决策支持服务。主要的特点一个是基于大数据分析方法,另一个是侧重营销决策支持,目标是帮助广告主在网络上找到更多、更合适的潜在用户。不过,该服务为收费服务。网址为 http://sinan.baidu.com,主页如图 5.9 所示。

具体功能包括:人群定义——系统推荐与自定义人群手段结合,司南锁定目标人群,对其网络搜索、浏览、属性行为数据进行分析;兴趣洞察——帮助企业了解指定消费者的具体兴趣点,为优化营销决策提供依据;搜索行为——记录并分析指定消费者的搜索行为,以助企业从搜索行为深入分析消费者隐含的主动意图,优化关键词策略;人口属性——包含年龄、性别、职业和学历等,挖掘比较不同指定消费者之间的人口特征差异,制定有针对性的营销方案;地域分布——分析指定消费者人群的地域分布,细化到市级,可依据不同的消费者偏好和媒体资源进行有差别的营销活动;媒体偏好分析——分析制定消费者人群对媒体类别、媒体站点的访问偏好性,从而优化线上营销的媒体选择,提升广告效果。

比如想了解"冰与火之歌"品牌的相关情况,可以在百度司南中检索,相关结果如图 5.10 所示。

其中,它提供了较为详细的品牌趋势、品牌份额、品牌认知和品牌发展指数等统计指标,同时还可以对人群进行分析,诸如人群兴趣点、搜索行为、人口属性、地域分布、媒体分析等。

图 5.9　百度司南的主页界面（截取于 2015-4）

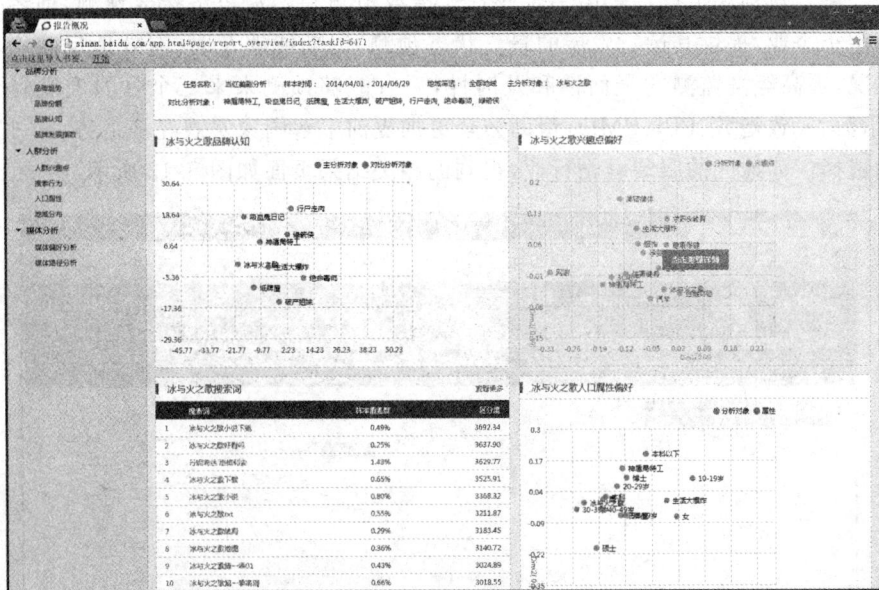

图 5.10　在百度司南查看相关品牌关键词的分析报告（截取于 2015-4）

5. 百度预测

该服务于 2014 年开始提供服务，也是基于大数据分析的服务内容，侧重于利用现有用户搜索行为来预测未来的动向，具体领域包括经济指数预测、疾病预测、城市预测、景点预测和金融预测等。网址为 http://trends.baidu.com，主页如图 5.11 所示。

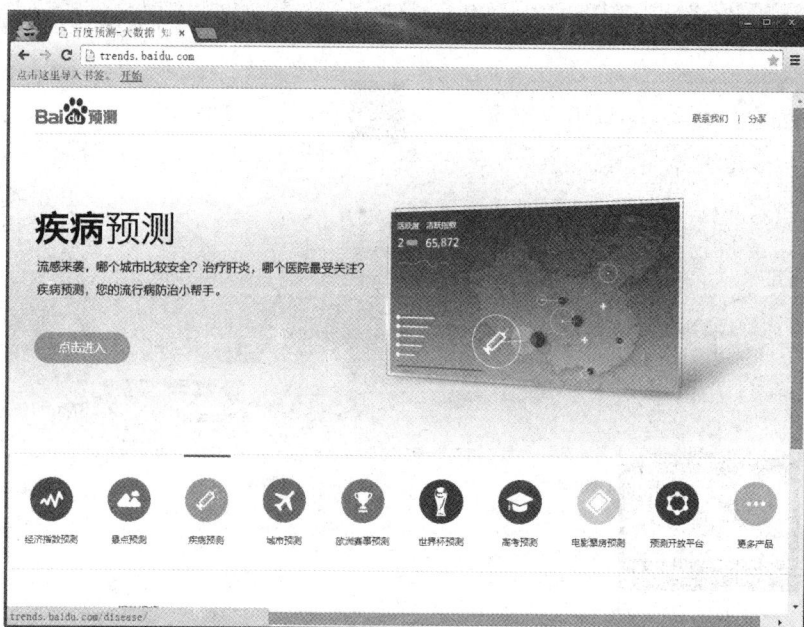

图 5.11   百度预测的主页界面（截取于 2015-4）

如经济指数预测可以提供中小企业景气指数预测和宏观经济指数预测，前者主要面向中国中小企业，提供其运行发展的景气状态预测，以期能够及时、有效地反映中小企业运行状况，提高经济监测的全面性和及时性，后者能够预测未来三个月的宏观经济指数（先行指数、一致指数、PPI、PMI），帮助公众更加提前了解国家宏观经济走势。

如选择江苏地区的服装鞋帽行业，得到的相关结果页面如图 5.12 所示。

图 5.12   在百度预测中查看江苏地区服装鞋帽行业中小企业景气预测结果的页面（截取于 2015-4）

5.2 Google 的信息分析决策功能

1. Google 趋势

Google 趋势集成了热榜检索和趋势检索两个主要功能,功能与百度搜索风云榜和百度指数类似,也利用用户的检索关键词信息,将某一专门领域内的相关内容,按照民众关注度的高低排列而成。网址为 http://www.google.com/trends,主页如图 5.13 所示。

图 5.13 Google 热榜的主页界面(截取于 2015-4)

它提供了年度热词检索、趋势检索和 YouTube 趋势检索等功能,其中还进一步按照搜索、人物和运动员等指标进行了细分。但值得注意的是,由于 Google 退出了中国市场,所以中国国内信息的检索内容非常少,但是它所能提供的其他国家和全球总体情况检索非常有价值,如 2014 年全球总体热词检索结果如图 5.14 所示。

它甚至可以查看不到一小时前的实时热词检索,如查看香港地区最近一小时内的关注热点,如图 5.15 所示。

同时,它的探索(Explore)栏目还能进一步对用户自己输入的多个关键词做对比分析,并从地区、时间、类目和搜索类型等方面来限定数据显示范围。该服务是于 2006 年推出的一项服务,它能根据用户检索关键词的次数,按照时间次序将其排列成按线性比例绘制的搜索量图表,具有良好的可视化效果。通过此类信息的分析,用户可以了解检索内容随时间变化的趋势,也就是相关检索关键词所反映的关注度变化趋势。它有两个特点:一是引入时间维度,这也是 Google 趋势最有价值的一个特点,使得用户可以按照时间序列进行分析;二是允许用户输入多个关键词,以此来观察它们在一段时间内的相对关注度程度。

图 5.14　在 Google 热榜中检索 2014 年全球总体热词的结果页面（截取于 2015-4）

图 5.15　在 Google 热榜中检索 2014 年全球实时热词的结果页面（截取于 2015-4）

如检索美国地区在 2014 年汽车保险品牌 Geico 和 StateFarm 的关注度对比情况,结果如图 5.16 所示。

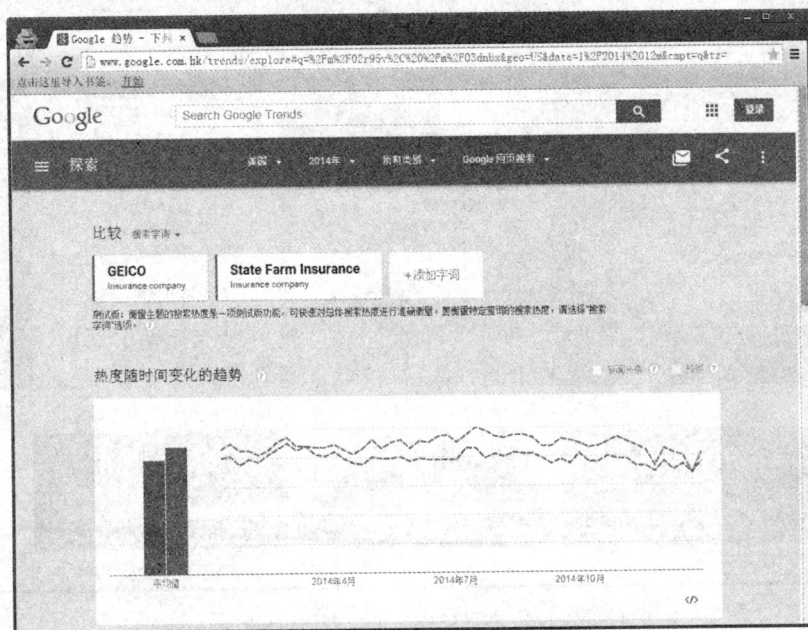

图 5.16　在 Google 热榜中检索自定义关键词相关的对比结果页面(截取于 2015-4)

2. 其他相关服务

利用这些信息分析功能可以实现一些很有价值的应用,如 Google 在 2008 年推出的利用互联网用户在搜索引擎中检索关键词信息统计信息得到的流感趋势搜索引擎(Flu Trends),它甚至比传统的流感监测系统还要快两周得到趋势预报结果,网址为 http://www.google.org/flutrends。

Google 甚至还在一些重要时期专门针对重要事件推出相应的预测服务,如利用互联网用户的搜索结果来预测美国大选等。

5.3　其他搜索引擎的信息分析决策功能

其他一些搜索引擎也有类似的信息分析决策功能,下面针对国内几款做简要说明。

微软必应搜索引擎提供了"必应网典",该服务基于原先的必应搜索,整合了必应"知识库"技术,将用户搜索的关键词通过各种榜单排名给出趋势介绍和热点说明,网址为 http://www.bing.com/knows,主页如图 5.17 所示。

如搜狗搜索引擎,它也提供了一个很好的实验室网站,公开了各种用户搜索行为数据资源,大部分数据可以免费使用,网址为 http://www.sogou.com/labs。利用这些数据,我们可以从中发现更多的有价值内容。数据资源网站页面如图 5.18 所示。

图 5.17　Google 流行趋势的主页界面（截取于 2015-4）

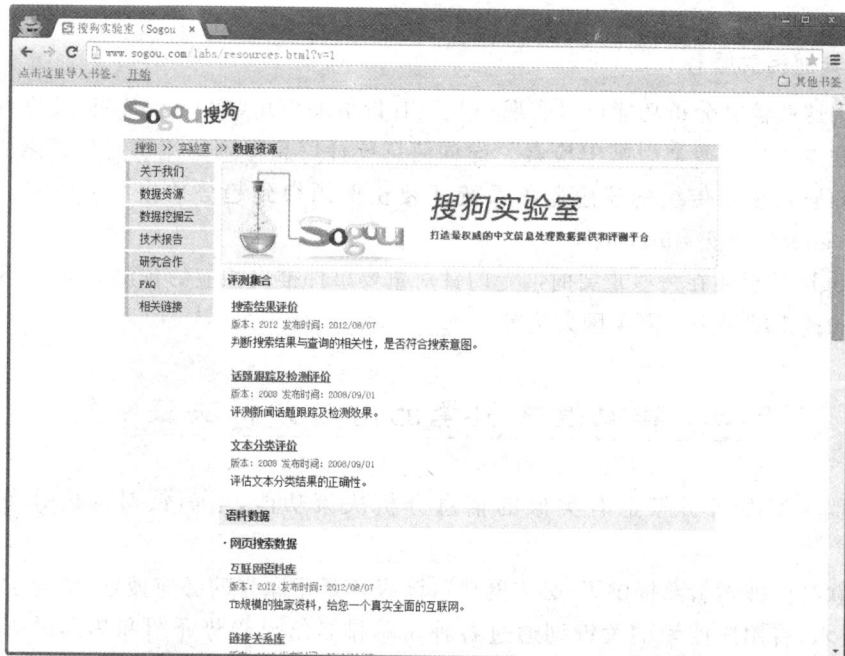

图 5.18　搜狗搜索引擎实验室网站提供的数据资源页面（截取于 2015-4）

　　再如中国搜索，它也提供了按照新闻、词条和图片等类别统计的热词分析，如图 5.19 所示。

图 5.19　中国搜索提供的"热搜"结果页面(截取于 2015-4)

5.4　练 习 题 5

1. 利用搜索引擎的信息分析功能,了解我国茶叶和咖啡的主要关注地区和趋势信息。

2. 百度指数中提供了两种用于分析网络主题关注度的指数,请分别说明概念及其含义。

3. 如何通过百度来推广企业的网站? 举例说明。

4. 对比分析 Google 和百度在企业决策支持方面的不同。

5. 列举一或两个教材未提及的搜索引擎的企业决策支持功能。

6. 百度司南在决策分析上有哪些优点?

7. 结合自己的理解,说明什么是搜索引擎的信息分析与决策功能。

8. 利用搜索引擎的热词排行功能,查找网民关注化妆品品牌的 TOP 10。

9. 上机实践练习:运用百度指数,分析你所关心的两种商品的趋势研究、需求图谱、舆情管家和人群画像。

10. 百度指数中的指数概况和热点趋势分别是指什么?

11. 上机实践练习:搜索江苏、北京和上海网民的人物关注度排序和小说关注度排序。

第6章 经济管理类网络图书资源的检索

图书是一种最为常见的文献资源,也是获取相关学科和领域知识的有效工具。随着计算机技术的快速发展,大量电子图书逐渐面世,而且很多传统的纸质图书也越来越多地被电子化处理。这种电子图书的优点就在于不论是检索、获取和阅读都较传统纸质图书更为方便,因此逐渐成为人们主要的学习资源之一。本章主要介绍通过互联网来获取常见电子图书的方法和互联网上主要的电子图书站点,并对经济管理类相关电子图书的检索做专门的介绍。

从总体来看,图书资源有很多种,常见的类型有书目资源、图书全文资源、文摘资源和书评资源等。本章分别予以介绍。

6.1 经济管理类网络书目检索

书目是图书目录的简称。一般而言,用户都会觉得图书内容很重要,而图书书目似乎意义不大。事实并非如此。首先,书目可以引导用户读书学习,如果读者准备了解某一学科专业方面的知识,在正式阅读相关图书资料之前,就有必要通过书目来检索需要阅读哪些图书,哪些图书需要先读,哪些图书可以后读,甚至还能了解哪些图书是这个方向最为重要和经典的图书,这些显然有助于后续的阅读和学习。其次,有些书目本身编撰十分优秀,兼有很高的学术价值和参考价值,通过阅读这样的书目,读者甚至可以了解某一时期某一学术领域的概貌,尤其对于古文献更是如此[①]。对于网络电子书目而言,大多数的功能还是以引导用户读书学习为主。

从内容上看,广义的书目种类非常多,不仅包括一般的图书目录,还包括期刊目录、地图目录、专利目录和标准目录等内容。从获取途径来看,网络电子书目可以从四个主要途径来获取,分别为图书馆书目系统、出版社网站的网络书目、网络书目数据库和搜索引擎。本节按照这几个方面分别介绍。

---

① 人民网提供了一个经典书目的介绍网页,即"关于书的书"经典书目,有兴趣的读者可以参考一下,网址为 http://www.people.com.cn/GB/14738/14755/21669/1934312.html。

6.1.1 图书馆书目系统

6.1.1.1 基本使用方法

我国图书馆有两大类：一类是教育系统的各类面向学生教师的图书馆，如高校图书馆；另一类是文化系统的各类面向社会的公共图书馆，如各个地区和城市的图书馆。这些图书馆除了能够提供传统的图书借阅查询服务外，多数都已在互联网上开始提供相关的网络电子书目检索服务。这种图书馆网络书目检索系统通常也被称为"联机公共访问目录"(Online Public Access Catalog，OPAC)和"联机目录"(On-line Catalog)等。

我们举个例子，在南京财经大学图书馆网络书目检索系统中，我们想检索《中国公共管理案例》这本图书的书目信息。打开书目检索系统主页，网址为 http://opac.njue.edu.cn，或者打开该学校的图书馆主页，网址为 http://lib.njue.edu.cn，也能找到书目检索入口。直接在搜索框中输入书名"中国公共管理案例"，即可看到相关检索结果，如图 6.1 所示。

图 6.1　在南京财经大学图书馆书目检索系统中检索"中国公共管理案例"的书目信息(截取于 2015-4)

进一步单击即可查看具体的书目信息。需要说明两个问题：

一是不同的图书馆往往在网址命名方法和检索界面上都有很大的差异，因此在使用前要先了解一下相关内容。对于网址而言，使用搜索引擎是最为方便的方法，直接检索相关图书馆主页即可找到书目检索的入口。一般来说，各大高校图书馆网址多为"lib"或者

"library"①开头，如南京财经大学图书馆网址为"http：//lib.njue.edu.cn"，南京大学图书馆网址为"http：//lib.nju.edu.cn"，等等。如果是公共图书馆，它们的网址差异较大，需要使用搜索引擎来获取。对于检索界面而言，不同系统的差异更大，如南京图书馆检索界面不仅选项众多，而且功能复杂，能够提供诸如多字段检索、多库检索和通用命令语言检索等功能，界面如图 6.2 所示。

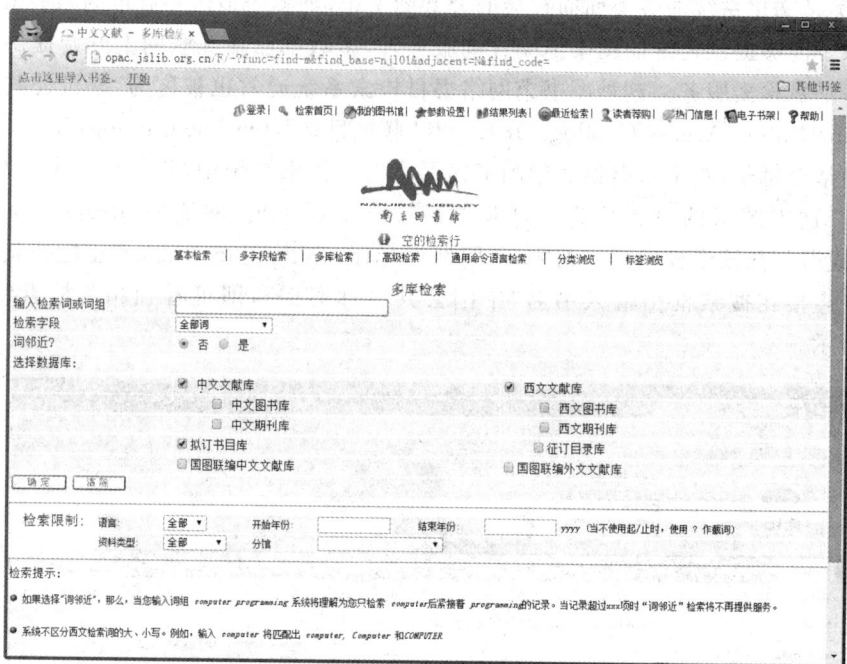

图 6.2　南京财经大学图书馆书目检索系统的主页界面（截取于 2015-4）

二是很多图书馆书目检索的界面往往较为专业，对于新用户而言，使用不是很方便，特别对于检索方法的掌握和对相关提示概念含义的理解可能需要读者进行查阅专门的帮助或者听取相关的使用讲座才能更好地掌握。值得说明的是，江苏南京地区的很多高校目前使用的书目检索系统都为江苏汇文软件公司的 LIBSYS 系统②，南京财经大学、南京大学和东南大学等都使用该系统。因此本书选取该系统为例，结合南京财经大学图书馆书目检索系统来说明一些书目检索基本方法。

如检索北京大学出版社出版的 Scott Besley（斯科特·贝斯利）所著《金融学原理》书目信息，可以选择"多字段"检索，题目即书名，输入"金融学原理"，出版社为"北京大学出版社"，责任者即作者，输入"Scott Besley"，如图 6.3 所示。

如果你对该书的情况不是十分了解，建议不要设置太多的字段值，否则可能因为部分字段值有误或者表示方法不一致而检索不到，此时最好使用较少的字段，结合信息浏览的方式来确认所需图书，或者使用"在结果中检索"来进一步精确结果内容。

---

① "lib"意为"library（图书馆）"之义。

② 江苏汇文软件公司的网址为 http://www.libsys.com.cn，站点有关于相关软件使用方法的介绍。

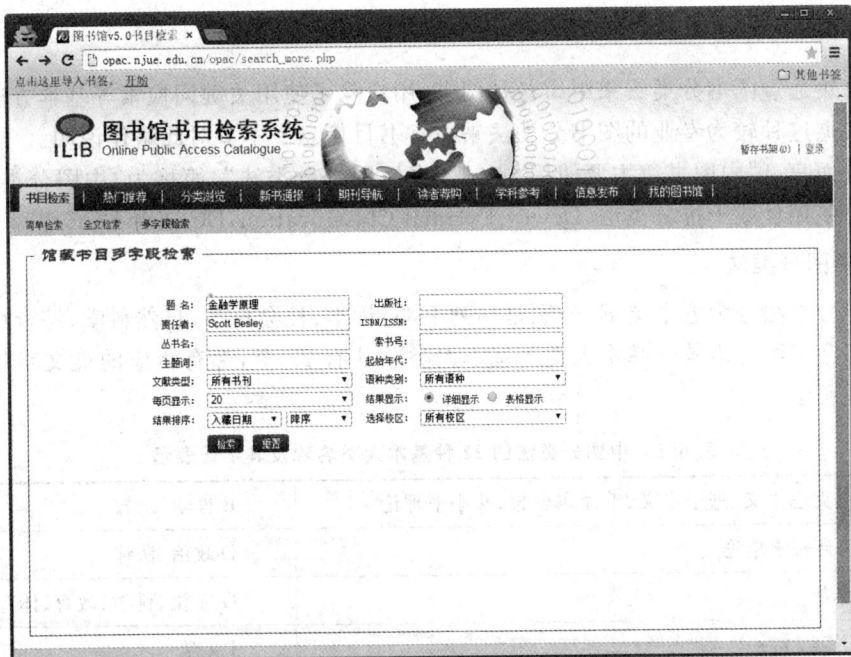

图 6.3　南京财经大学图书馆书目检索系统的多字段检索（截取于 2015-4）

再如想检索关于介绍关于史玉柱管理或者营销能力方面的书籍，由于书目和内容都无法确定，建议使用"全文检索"，输入"史玉柱 AND（管理 OR 营销）"，注意布尔检索的格式和用法，不像搜索引擎，不同的检索系统都有自己的格式规定，如图 6.4 所示。

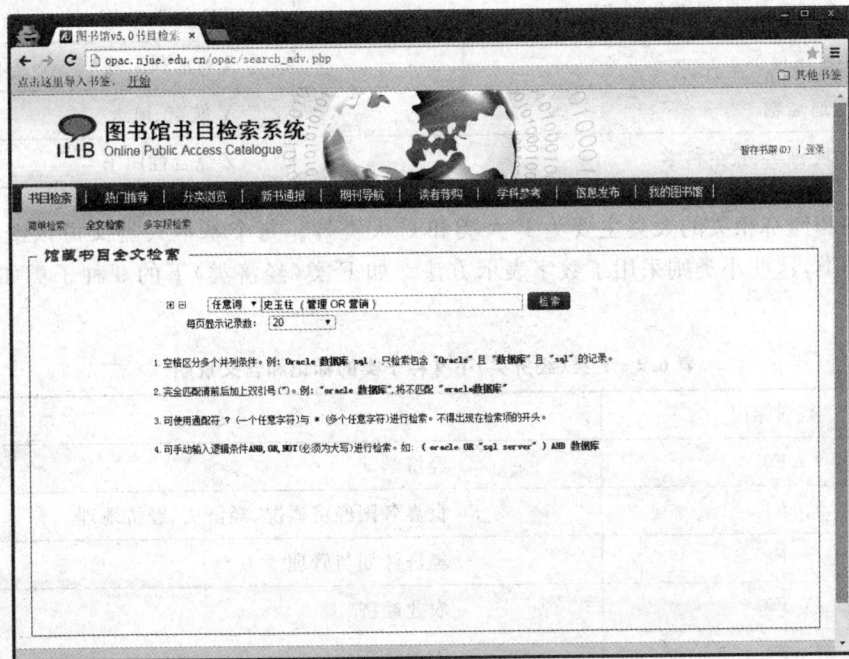

图 6.4　南京财经大学图书馆书目检索系统的全文检索（截取于 2015-4）

6.1.1.2　关于图书分类法

图书馆通过图书分类法来组织各种图书，用户除了使用关键词检索等基本方法外，还要经常根据这种较为专业的图书分类法来检索书目信息。本节对此略作说明。

一般而言，国内图书馆主要使用"中国图书馆图书分类法"，简称为"中图分类法"，而国外主要使用杜威十进分类法（Dewey Decimal Classification，DC 或者 DDC）。

1. 中图分类法

中图分类法分为五个类部，分别是马列毛邓、哲学、社会科学、自然科学、综合性图书，每个类部又可细分为若干基本大类。基本大类总共有 22 个，都有相应的英文字母表示，如表 6.1 所示。

表 6.1　中图分类法的 22 种基本大类名称及其字母表示

A 马克思主义、列宁主义、毛泽东思想、邓小平理论	B 哲学、宗教
C 社会科学总论	D 政治、法律
F 经济	G 文化、科学、教育、体育
H 语言、文字	I 文学
J 艺术	K 历史、地理
N 自然科学总论	O 数理科学和化学
Q 生物科学	R 医药、卫生
S 农业科学	T-TN 工业技术
TP 自动化技术、计算机技术	TQ 化学工业
TU 建筑科学	TV 水利工程
U 交通运输	V 航空、航天
X 环境科学、安全科学	Z 综合性图书

其中和经济相关的大类主要为 F 大类和 C 大类等。每个基本大类又可以继续细分为很多小类，这些小类则采用了数字表示方法。如 F 类（经济类）下的 9 种子类如表 6.2 所示。

表 6.2　F 类（经济类）下 9 种子类的标记和含义说明

类别标记	含　义
F0	经济学
F1	世界各国经济概况、经济史、经济地理
F2	经济计划与管理
F3	农业经济
F4	工业经济

续表

类别标记	含　义
F5	交通运输经济
F6	邮电经济
F7	贸易经济
F8	财政、金融

其中,每个类别还可继续细分,如F2类(经济计划与管理类)下部分内容如下。

F2 经济计划与管理

　F20 国民经济管理

　　F201 经济预测

　　F202 经济决策

　　F203 生产行业管理

　　　F203.9 工商行政管理

　　F204 科学技术管理

　　F205 资源、环境和生态管理

　　F206 能源管理

　　F207 生产布局和区域经济管理

　　F208 经济信息管理

　F21 经济计划

　　F210 国民经济计划原理

　　F211 国民经济计划体系

　　F213 各种专门计划

　　　F213.1 综合生产计划

例如在中国国家图书馆根据中图分类法来检索审计类相关书目信息,相应的中图分类号为F239。中国国家图书馆书目目录系统的网址为http://opac.nlc.gov.cn,选择"中图分类号"字段并在关键词搜索框中输入"F239",结果如图6.5所示。

2. 杜威十进分类法

杜威十进分类法是由美国麦尔威·杜威(Melvil Dewey)于19世纪发明的一种图书分类法,是世界上现行图书分类法中流行最广的一部分类法,美国近95%的公共图书馆都采用此类分类法。该分类法根据17世纪英国思想家培根关于人类知识体系的分类,将所有的知识分为理性(哲学)、想象(文艺)和记忆(历史)三大部分,并细分为10个大类。每个大类都使用三位数字表示,其中经济管理类图书往往归入数字开头为"3"的大类,即"社会科学"大类,如表6.3所示。

图 6.5 利用中图分类法在中国国家图书馆馆藏目录中检索书目信息（截取于 2015-4）

表 6.3 杜威十进分类法的 10 个大类数字标记及其含义

数字标记	含　义	数字标记	含　义
000	总论	500	自然科学和数学
100	哲学	600	技术（应用科学）
200	宗教	700	艺术、美术和装饰艺术
300	社会科学	800	文学
400	语言	900	地理、历史及辅助学科

　　每个大类的下级子类仍然采用三位数字形式，其中后两位数字为"0"的分类号表示一级子类，最后一位数字为"0"的分类号表示二级子类，三位数字皆不为"0"的表示三级子类。如 300 类（社会科学类）下部分内容如下。

300-社会科学

　　300 社会科学总论

　　　　301 社会学 & 人类学

　　　　302 社会互动

　　　　303 社会程序

　　　　304 影响社会行为的因素

　　　　305 社会团体

　　　　306 文化及制度

　　　　　307 社群

　310 统计学

　　　　　314 欧洲普通统计学

　　　　　315 亚洲普通统计学

　　　　　316 非洲普通统计学

　　　　　317 北美洲普通统计学

　　　　　318 南美洲普通统计学

　　　　　319 其他地区普通统计学

　320 政治学

　　　　　321 政治体制及国家

　　　　　322 州的群组关系

如在美国哈佛大学图书馆 Hollis 联机目录中检索关于宏观经济学的相关书目信息，相应的杜威十进分类号为"339"。美国哈佛大学图书馆网址为：http://lib.harvard.edu，在主页单击选择 HOLLIS Classic，设置 Search Type 为 Dewey call number，在 Search For 搜索框输入"339"即可，如图 6.6 所示。

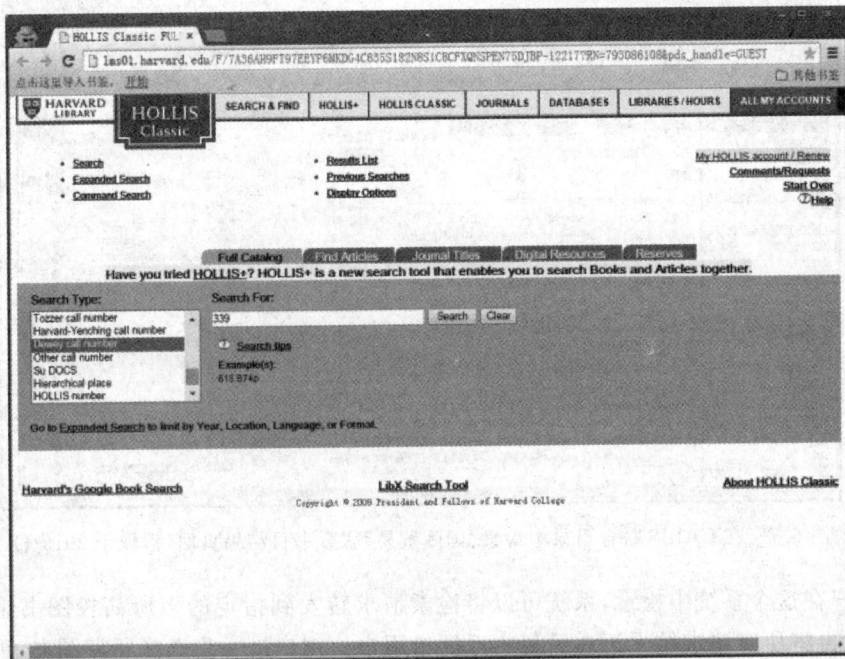

图 6.6　利用杜威十进分类法在美国哈佛大学图书馆 Hollis 联机目录中检索书目信息（截取于 2015-4）

6.1.1.3　联合目录

联合目录（Union Catalogue）也被称为"联机联合目录"（On-line Union Catalog，OLUC），顾名思义，它是一种将多个图书馆或者文献机构的书目信息资源整合在一个统一的检索界面中，用户通过联合目录可以一站式①地访问包括书目在内的所有文献相关信息。下面介绍几个常用的联合目录。

1. CALIS 联合目录公共检索系统

它是中国高等教育文献保障系统（China Academic Library & Information System，CALIS）的服务之一，网址为 http://opac.calis.edu.cn。CALIS 是中国高等教育文献保障系统的简称，它是我国高等教育"211 工程"三个公共服务体系之一，1998 年建立，管理中心设在北京大学，下设文理、工程、农学、医学四个全国文献信息服务中心。它通过集中统一引进和共建一系列国内外文献数据库，使得参与图书馆可以利用该系统进行文献共享和信息共享。因此，它的联合目录查询功能覆盖面更广。

如检索关于"国际贸易"的相关书目信息，直接在"题名"字段搜索框中输入"国际贸易"，即可看到检索结果，如图 6.7 所示。

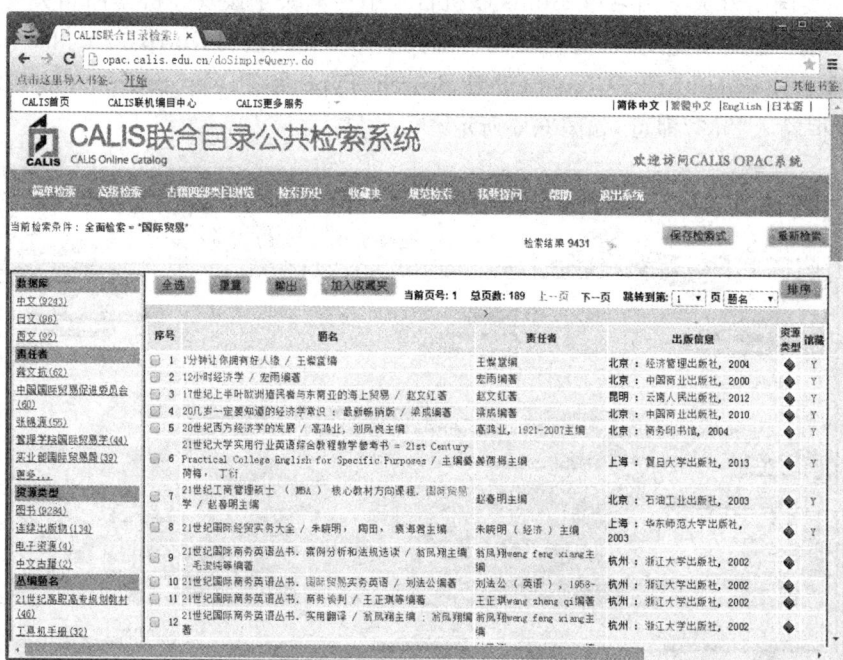

图 6.7　在 CALIS 联合目录中检索"国际贸易"联合书目结果页面（截取于 2015-4）

用户在这个系统中检索，系统可以将检索请求转发到指定的多所高校图书馆进行书目检索，再将所有请求结果汇总后集中返回给用户。用户进一步选择所需图书，可以打开相应的详细书目馆藏信息，还能看到具体的收藏图书馆列表，甚至可以和已经开通馆际互借服务的图书馆进行馆际图书互借服务，如图 6.8 所示。

---

①　所谓一站式，英文名称为 One-Stop，意即用户只需在一个系统中进行访问即可完成所有的相关内容服务，通常这类系统都具有资源整合和多平台信息共享的特点。

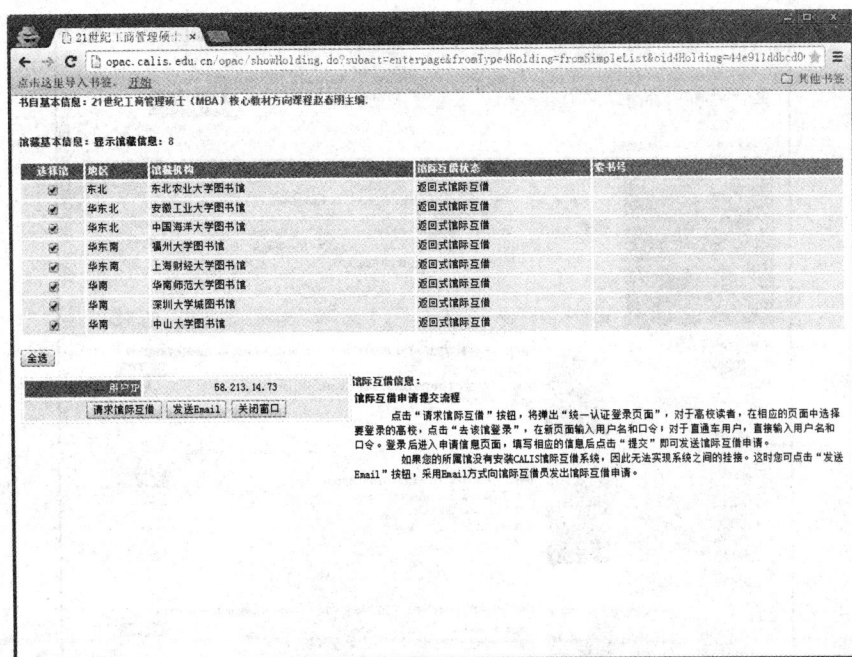

图 6.8 在 CALIS 联合目录中查看详细联合书目信息页面(截取于 2015-4)

2. 学知搜索

该系统为 CALIS 项目专门开发的联合书目搜索引擎,网址为 http://www.yidu.edu.cn。在检索资源类型上,不仅包括图书,还包括期刊和论文等其他文献形式。在内容上,它较为完整地给出了各种限定显示范围、精简检索结果等实用工具,而且还能提供词义解释和相关检索推荐,同时它也提供了相关图书文献的文献传递功能。

如检索客户管理方面的相关文献资源,输入关键词检索后,继续点选"精简检索结果"下面的图书类型,相关结果如图 6.9 所示。

6.1.2 图书网站的网络书目

图书网站有两种,一种是图书出版社的网站;另一种是专门销售图书的网站。它们都会发布很多图书目录信息。虽然发布此类书目信息的目的是为了吸引广大读者来阅读购买,但是这些信息及时性较强,而且包括很多关于此类书籍较为完整的相关信息内容,所以也是一种重要的网络书目检索资源。

图书质量的高低往往与出版社有着密切的关系,在某一学科领域往往都有几所最为著名的出版社。对于经济管理学科而言,诸如中国财政经济出版社、经济科学出版社等都是比较优秀的出版社。通常这些出版社也都有相应的网站。

有些出版社还提供了书目等资源的下载服务。如经济科学出版社,网址为 http://www.esp.com.cn,其中就有出版图书相关资源的下载页面,如图 6.10 所示。

图 6.9　在学知搜索中查看详细检索书目信息页面（截取于 2015-4）

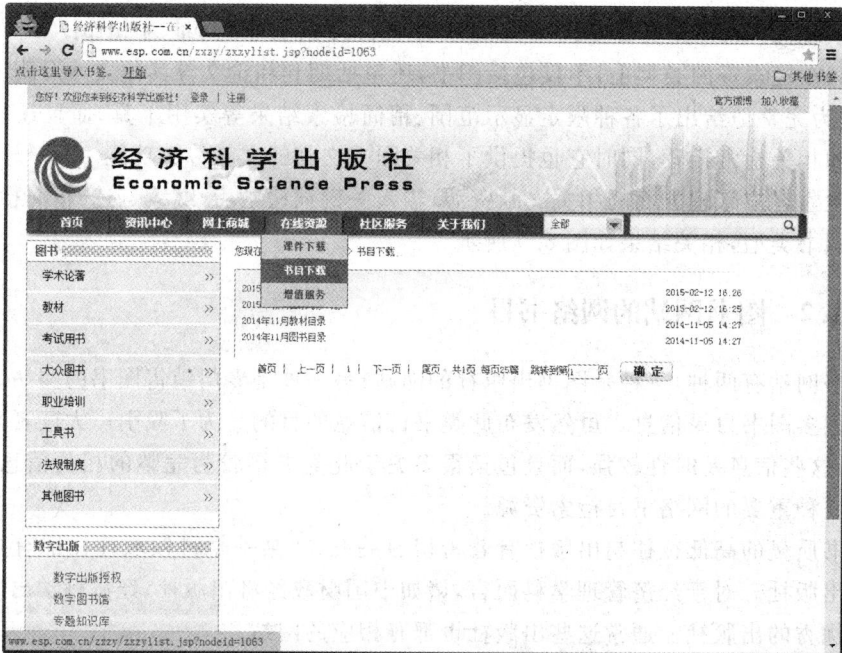

图 6.10　经济科学出版社网站的书目下载页面（截取于 2015-4）

要想更好更全面地检索到书目资源,利用图书销售网站才是一个有效的途径。其实在线图书销售是出现较早的互联网电子商务形式之一,如国外著名的 Amazon[①] 和国内的"中文当当"[②]等。这些著名的图书销售网站都采用 BtoC 的服务方式,用户直接与网站进行购买交易。除此以外,随着 CtoC 网站的快速发展,诸如 eBay[③] 和淘宝[④]等也开始提供大量的图书在线销售功能。由于图书销售的需要,这些网站往往都提供了较为全面和易于访问的书目信息。需要说明两点:一是由于网站主要面向一般的 Web 用户,所以这些书目信息的检索方式往往不采用非常专业的方式,而多为关键词检索或者简单的分类目录;二是这些网站的功能并不局限于图书销售,因此在检索前需要选择图书检索范围。

如在 Amazon 网站检索关于财务会计方面的书目信息,在主页搜索类型中选择"Books(书)",在关键词搜索框中输入 financial accounting,值得注意的是,此时用户选择命中结果的排序方式,如按照"Avg. Customer Review(平均顾客评价等级)"来排序可以更为快速地获取最受广大读者认可的相关图书,结果如图 6.11 所示。

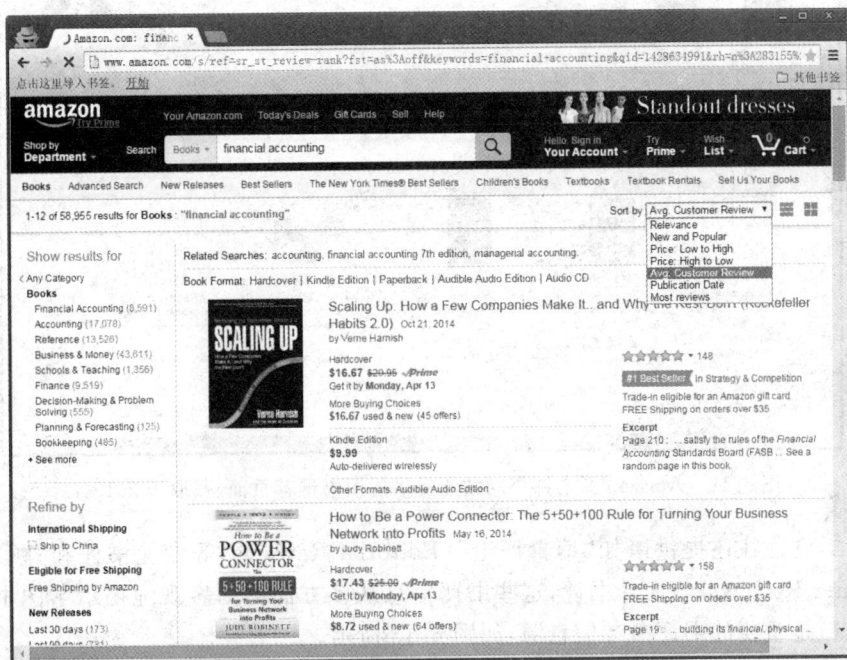

图 6.11 在 Amazon 图书销售网站中检索 financial accounting 的书目结果页面(截取于 2015-4)

同时,用户还可以根据页面左边的 Refine By(精炼结果)进一步限定结果内容,包括诸如 International Shipping(是否海外送货)、New Releases(新书)、Author(作者)、Book

---

① Amazon 的网址为 http://www.amazon.com。它的中文网站为卓越亚马逊,网址为 http://www.amazon.cn。

② 中文当当的网址为 http://www.dangdang.com。

③ eBay 的网址为 http://www.ebay.com。它原先的中文网站为易趣网,2006 年 12 月被 Tom 控股,网址为http://www.eachnet.com。

④ 淘宝的网址为 http://www.taobao.com。

Format(图书装帧形式)、Book Language(图书语言)等限定字段,甚至可以直接选择用户评价星级来得到该级别的对应图书结果。

利用 Amazon 等图书销售网站检索书目的优势有很多,也使之明显区别于传统的图书馆书目检索系统:第一,它往往可以提供一些根据顾客购买信息统计生成的相关图书推荐内容,如"买了这些书的顾客同时也购买"(Customers Who Bought This Item Also Bought),而这些信息则很难在传统的图书馆书目系统中获取到,但它的推荐效果却非常好,毕竟这些信息来自于用户的购买行为,非常客观,如图 6.12 所示。

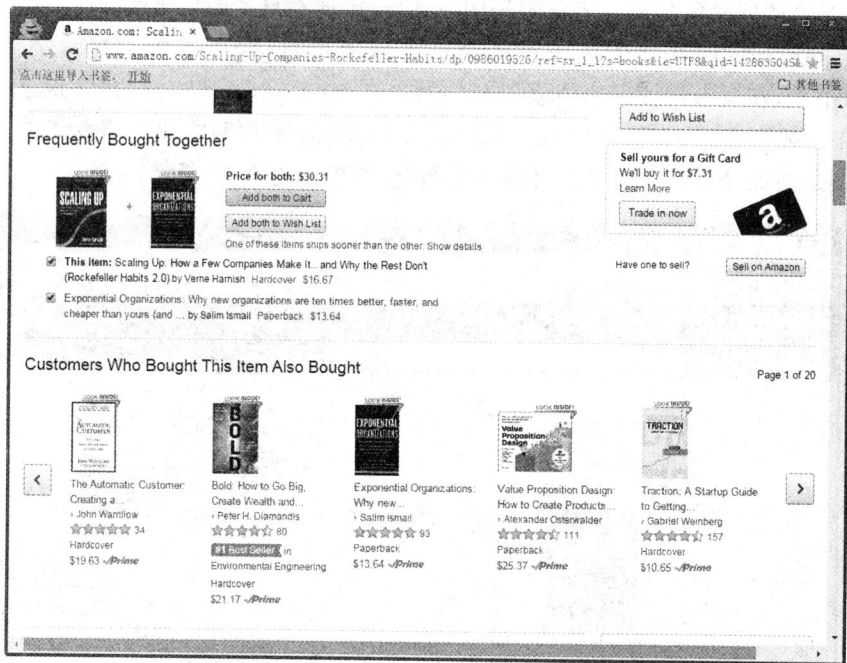

图 6.12　Amazon 图书销售网站所提供的图书推荐页面(截取于 2015-4)

第二,它往往还提供诸如"编辑评论"(Editorial Reviews)等专业书评和"顾客评论"(Customer Reviews)等大众书评,这些书评信息从多方面更为客观地揭示了图书基本内容和特点,是重要的书评参考信息源,如图 6.13 所示。

Amazon 图书销售站点还有一个特点,那就是个性化推荐服务。如果用户上次访问该站点,浏览或者查看了经济类的相关图书,则下次再次访问就会发现主页上自动显示一些经济类相关的推荐图书。

再如在中文当当网检索电子工业出版社出版的有关广告的相关书目信息。在中文当当的主页中选择"高级搜索",在"书名"搜索框中输入"广告",在"出版社"中输入"电子工业",如图 6.14 所示。

这样的检索也可以使用分类目录来进行,如在主页选择"图书"栏目,在页面左边的分类目录中定位"管理",继续在打开的页面中层层选择"市场/营销"→"广告",如图 6.15 所示。

同时,该网站还可以提供很多图书的详细目录,并且提供诸如"试读"或者"书摘与插图"等部分图书的在线全文浏览功能,如图 6.16 所示。

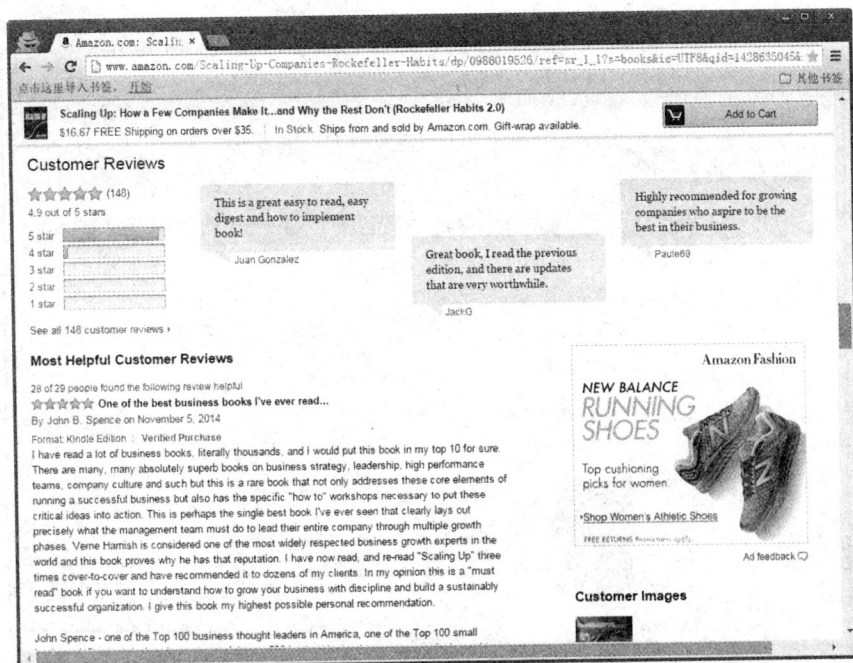

图 6.13　Amazon 图书销售网站所提供的用户评价页面（截取于 2015-4）

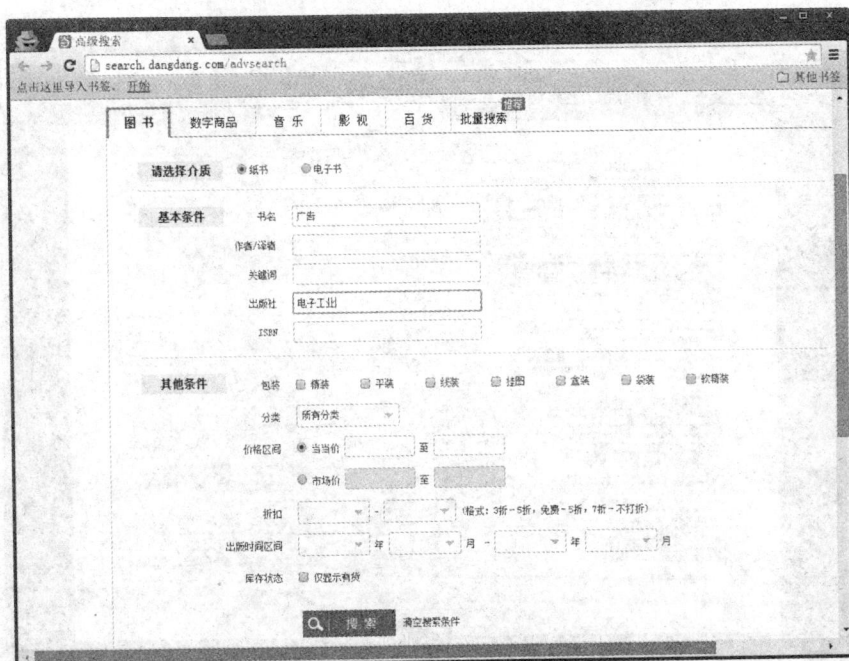

图 6.14　利用中文当当的"高级搜索"来检索书目信息（截取于 2015-4）

图 6.15　利用中文当当的分类目录来检索书目信息（截取于 2015-4）

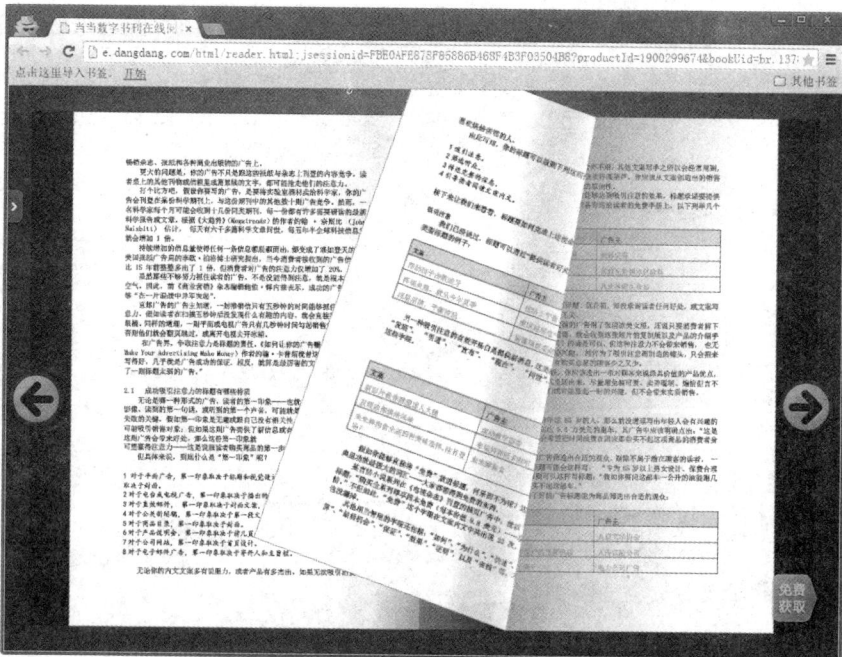

图 6.16　中文当当提供的在线动态试读功能（截取于 2015-4）

6.1.3 网络书目数据库

书目检索是一种由来已久的常见信息检索服务,甚至于在计算机网络技术出现之前,人们就已经发明了很多专门的书目检索方法,如各种书目工具书。随着计算机技术的出现,电子版本的书目数据库也随之出现,在很大程度上替代了传统的工具书。到了网络时代,大多数著名的书目数据库也陆续推出了基于互联网的访问方式。这些以提供专业书目检索为主的网络数据库,构成了一种非常重要的优质书目检索资源。

先介绍几本我国著名的传统书目工具书文献。

如《全国总书目》,它是于 1949 年开始逐年编撰的国内唯一一种年鉴型书目工具书,几乎涵盖了我国境内出版的各类公开文献资料。同时,该书每年还出版一套数据查询光盘,该光盘可收录当年图书书目数据十余万条。

《全国新书目》创刊于 1951 年 8 月,是一种书目检索类期刊工具书,该刊为半月刊,全面介绍当月的新书出版信息。

《中国国家书目》从 1985 年起先主要以手工方式逐年编制,从 1990 年 9 月开始使用计算机来编制,每月两期,该书目不但收录我国内地出版的文献,而且还收录了我国台湾、香港、澳门出版的文献和中国与其他国家共同出版的文献。

通常这些书目工具书的网络信息检索系统都是一些付费服务,如中国国家图书馆提供的各种类型书目数据库的检索功能,网址为 http://olcc.nlc.gov.cn/proserv-sjkjs.html,页面如图 6.17 所示。

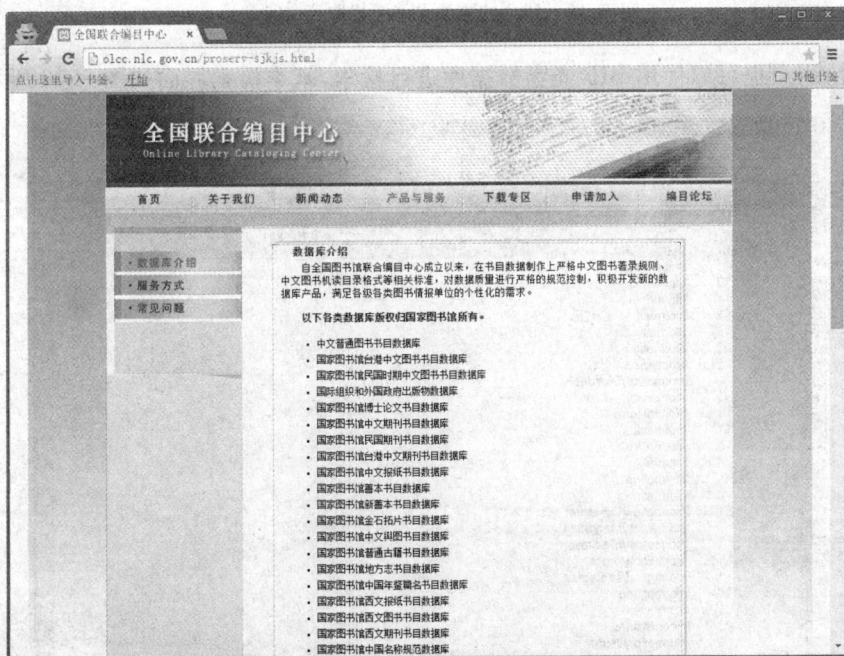

图 6.17 中国国家图书馆中各种类型的书目数据库(截取于 2015-4)

对于国外的书目而言，著名的美国鲍克(Bowker)公司的 BIP(Books in Print)数据库则是一个重要的书目数据库，该公司成立于 1872 年，是美国及澳大利亚的 ISBN 机构，因此该数据库收录了全球 43 个国家大部分在版图书的详细书目数据。网址为 http://www.booksinprint.com，主页如图 6.18 所示。

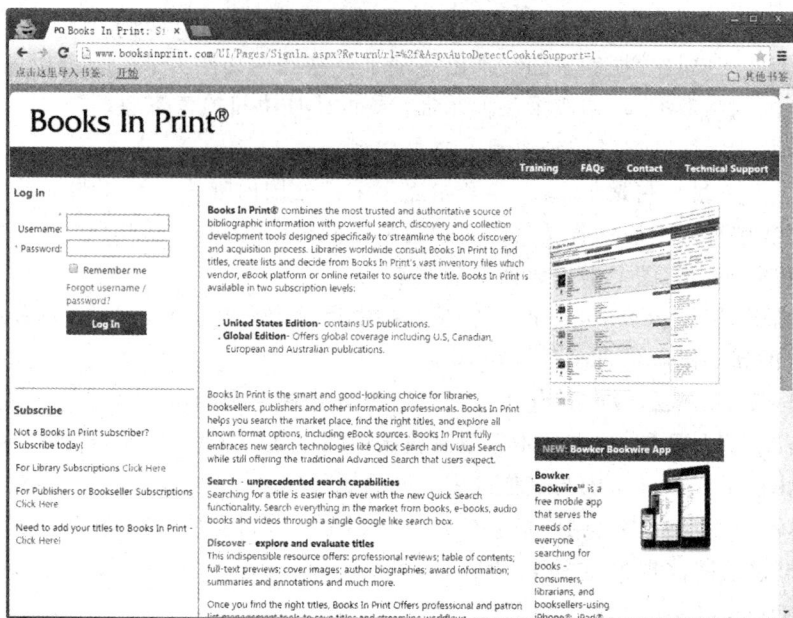

图 6.18　BIP 的主页界面（截取于 2015-4）

同时，用户也可以使用 BIP 光盘数据库进行检索，基本检索界面如图 6.19 所示。

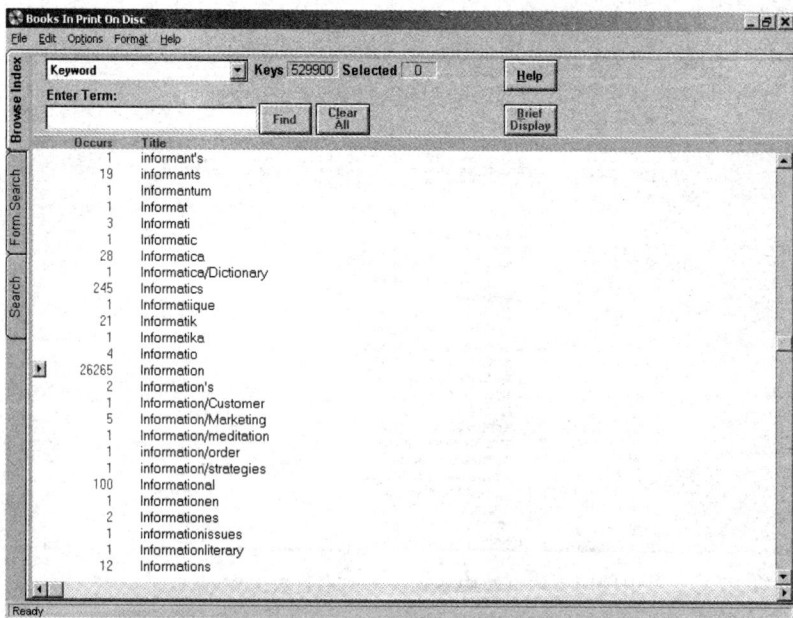

图 6.19　在 BIP 光盘数据检索系统中检索 Information 的结果界面（截取于 2012-5）

除此以外,BIP 光盘数据检索系统还能提供利用多字段组合进行的"表单检索"
(Form Search),如图 6.20 所示。

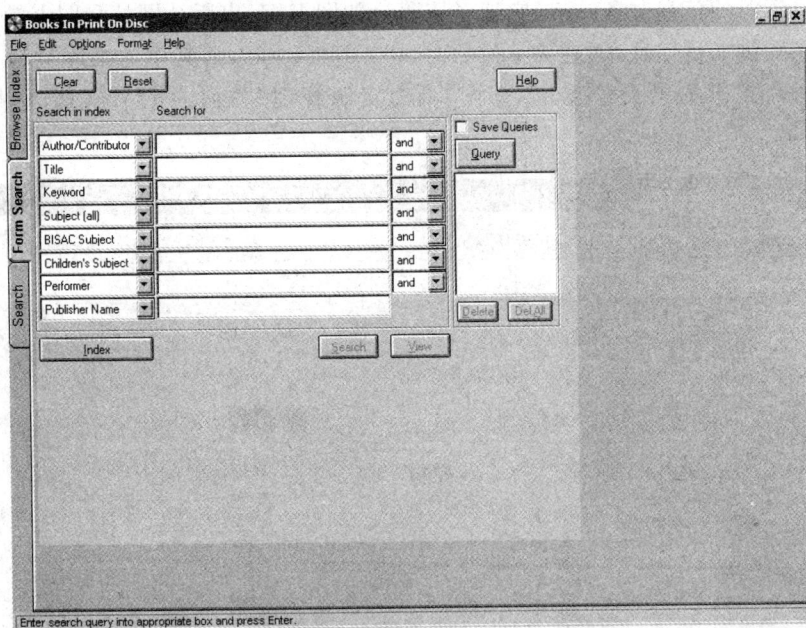

图 6.20　在 BIP 光盘数据查询系统中的表单查询界面(截取于 2012-5)

其中功能最为强大的就是自定义检索 Search,可以自由地构造检索表达式,如
图 6.21 所示。

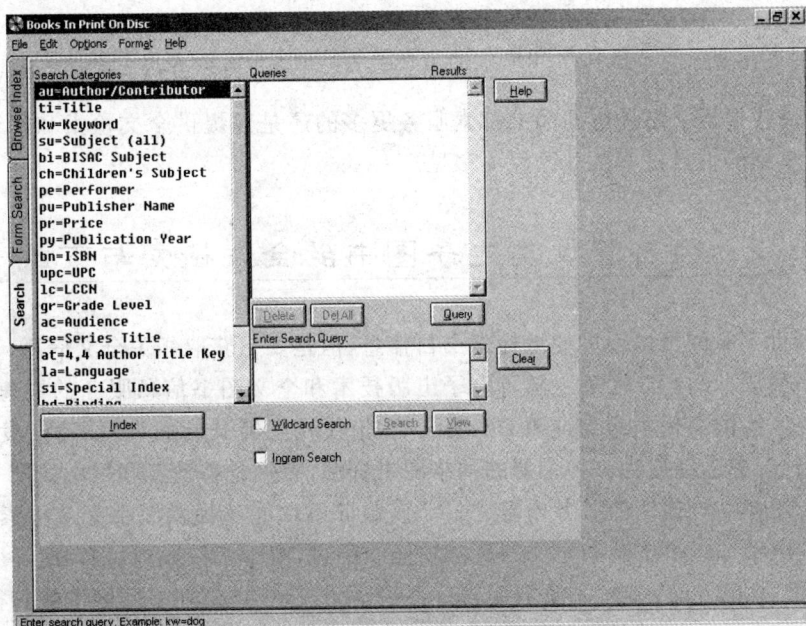

图 6.21　在 BIP 光盘数据查询系统中的自定义查询界面(截取于 2012-5)

利用搜索引擎也能够访问的书目信息既有来自于对互联网网页信息资源的检索结果，也有搜索引擎自身维护的专门书目服务。如新浪搜索引擎的"新浪有书"就是一个可以提供书目资源的信息服务站点，它通过采集诸如图书馆、出版社网站和图书销售网站等电子资源来提供书目信息，网址为 http://book.sina.com.cn，其中的书库栏目允许用户直接检索所需图书的书目信息，如查询"人力资源管理"方面的图书信息，结果页面如图 6.22 所示。

图 6.22　在"新浪有书"中检索"人力资源管理"的书目信息（截取于 2015-4）

不过，现代搜索引擎提供的图书检索服务更多的还是以提供全文检索和阅读服务为主要内容，单纯的书目检索服务已经不多见。

6.2　经济管理类电子图书的全文检索与下载

虽然借助互联网可以很方便地检索书目信息，但是要想获取相关全文信息，直接通过上述那些书目服务却难以实现。随着电子出版技术和全文图书信息服务的快速发展，基于全文的互联网图书检索系统早在 20 世纪 90 年代就已经开始面世，并逐渐发展壮大。到今天，这种服务已经成为一种主要的网络图书资源，特别是移动互联网中的图书阅读更是成为今天用户广泛使用的服务内容之一。该服务不仅能够提供图书全文检索功能，而且还可以提供诸如图书下载和全文阅读等功能。不过，由于版权原因，很多此类服务都是收费服务，尤其是对于专业图书资源而言。不过，用户依然可以在互联网上找到很多免费的试读入口。

6.2.1 全文电子图书数据库

这一类的图书数据库通常也被称为"数字图书馆",又被称为"电子图书馆""虚拟图书馆"或者"网络图书馆"等,都特指一种数字化图书信息系统,利用该系统把物理上分散于不同载体、不同地理位置的图书信息资源进行统一集中管理,并通过网络互相连接,实现信息共享和实时访问。显然较传统的图书馆而言,数字图书馆的优势更大,但是它所面临的主要困难在于如何制作电子图书。特别对于那些传统的纸质图书,必须通过光学字符识别(Optical Character Recognition,OCR)技术将其转换为电子图书。因此,一般必须借助这些专门的电子图书浏览器才能阅读。这也是所有全文图书数据库的一个特点,通常都需要一种特定的阅读器(有时也被称为电子图书浏览器),才能正确查看电子图书的全文信息。由于版权问题,不同厂商的电子图书浏览器一般都只能查看自己生产的电子图书而无法阅读其他公司的电子图书。

6.2.1.1 中文全文图书数据库

超星数字图书馆是一个著名的中文全文图书数据库,它成立于 1994 年,是国内较早从事该领域的公司之一,现在除了能够提供图书全文阅读功能外,还能提供学习视频和其他相关资料的信息服务内容。其中超星读书的网址为 http://book.chaoxing.com,目前收入中文图书全文 430 多万种。用户可以按照图书分类和关键词检索两种方式检索图书,如按照图书分类检索贸易经济方面的相关图书信息,结果页面如图 6.23 所示。

图 6.23　在超星读书中检索"贸易经济"类目下的图书(截取于 2015-4)

　　它提供了两种阅读方式：第一种是直接单击"网页阅读"，即可在打开的网页中在线阅读，页面如图 6.24 所示。

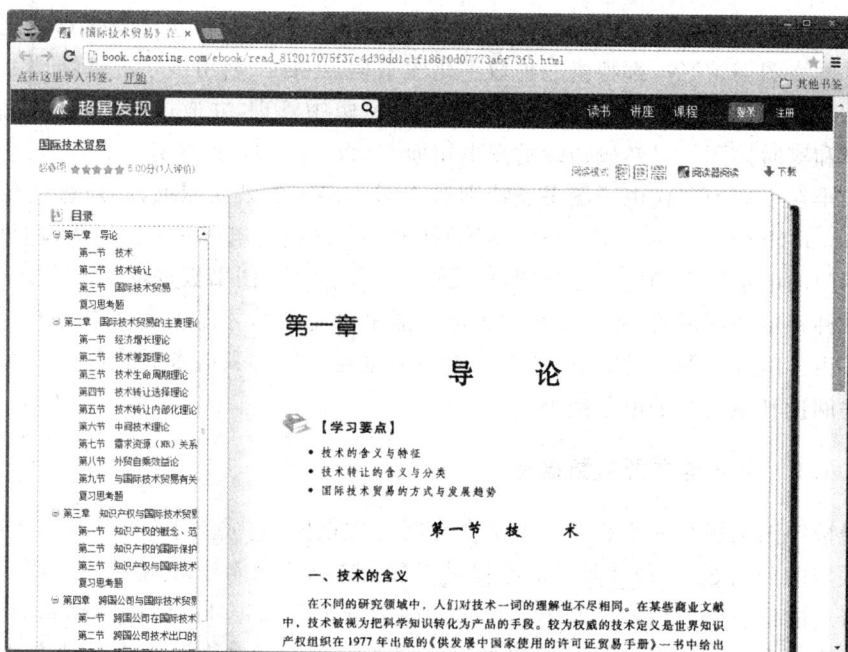

图 6.24　在超星读书网站中直接在线阅读（截取于 2015-4）

　　这种方式功能比较简单，无法对其内容进行选取和复制等操作。

　　第二种是单击"阅览器阅读"，即可利用超星阅读器软件来阅读全文。此时，用户计算机上需要事先安装超星阅读器，它可以直接在超星数字图书馆主页下载。

　　相比于在线阅读，阅读器的功能更为强大和全面，可以实现多种操作。比如由于超星是采用原文扫描的方式来录入图书信息，所以这些文字信息大都以图片格式存储，不能直接复制使用，而需要文字识别模块来获取文字信息。由于技术原因和部分图书的清晰度不足，所以可能会出现识别错误。

　　要想复制图书的文字内容，可以单击工具栏上"选择图像进行文字识别"，然后选择区域即可对其中的文字内容自动识别，从而实现进一步的文字复制等常见操作，如图 6.25 所示。

　　如果要想复制所需区域的图像内容，可以单击工具栏上"区域选择工具"，即可直接选择区域并在弹出菜单中选择"复制图像到剪贴板"，如图 6.26 所示。

　　不过，要想阅读全部内容，很多图书都必须拥有访问的权限，读者可以购买相关服务或者在一些购买此类服务的机构或者图书馆内部来访问。

　　另外，用户也可以在登录后直接下载电子图书全文，它的文件格式有两个版本，早期的版本是 PDG 格式，一页一个文件，现在的文件格式为 PDZ，为单一文件包。用户依然需要安装超星阅读器才能阅读。

　　超星图书馆还专门提供一个图书搜索引擎来方便用户检索更多超星电子图书，名称

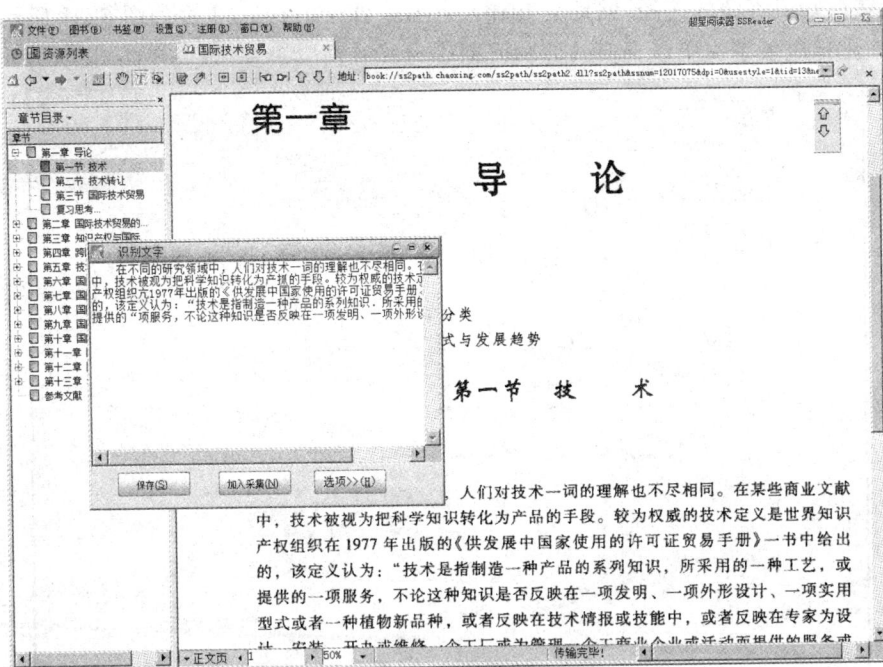

图 6.25　利用超星数字图书馆阅读器来进行文字识别（截取于 2015-4）

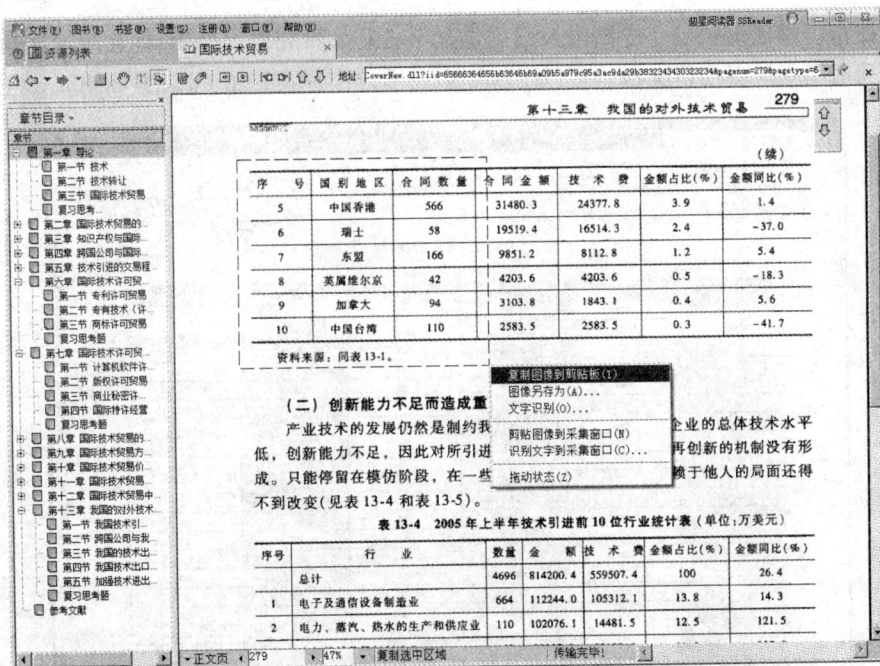

图 6.26　利用超星数字图书馆阅读器来复制所选区域的图像（截取于 2015-4）

为"读秀"，一站式检索实现了馆藏纸质图书、电子图书、学术文章等各种异构资源在同一平台的统一检索，通过文献传递服务，实现了为读者学习、研究、写论文、做课题提供学术资料和获取知识资源的途径,网址为 http://www.duxiu.com,主页如图 6.27 所示。

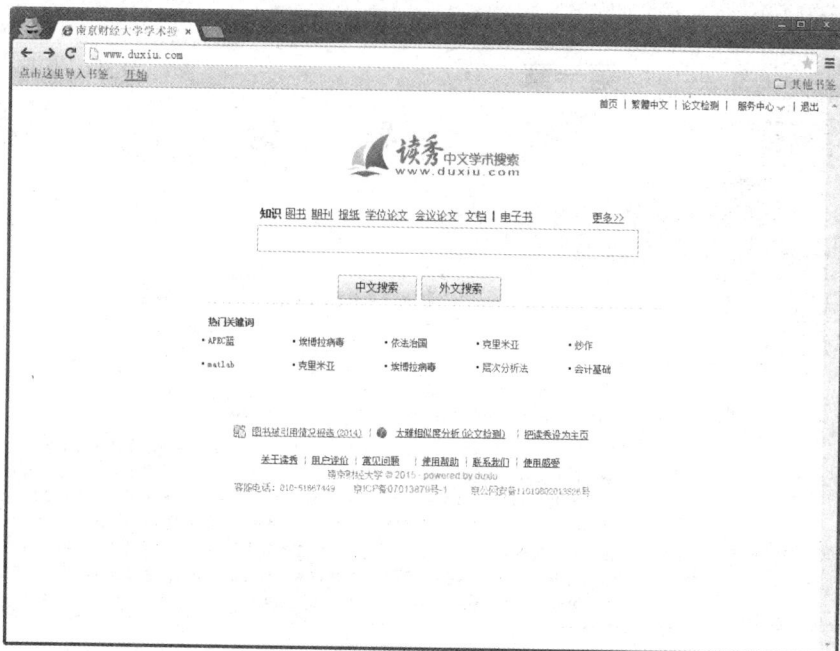

图 6.27　"读秀"图书搜索引擎的主页界面(截取于 2015-4)

该搜索引擎还提供了年度图书被引用情况报告和大雅相似度分析(即在线论文检测)工具。如利用图书被引用情况报告可以了解更多高质量作者及其相关图书,如图 6.28 所示。

图 6.28　年度图书被引用情况报告中"被引用图书最多的作者"(截取于 2015-4)

此外,提供中文全文图书资源的数据库公司还有很多,如书香高校、方正的 Apabi(阿帕比)电子图书和书生之家电子图书等,读者可以参照使用超星数据库的方法来使用。这些资源内容的使用方法都不完全一样,但是具有很多相似的特点:一是大部分全文图书资源检索功能基本都是免费,但都需要付费登录才能浏览;二是这些不同类型的全文图书都具有不一样的文件格式,因此都需要安装各自的阅读器才能阅读,显示效果也各不一样。值得说明的是,今年来,这些数字图书馆都开始提供移动平台的图书全文阅读服务,用户不仅可以在电脑桌面上下载阅读器,同时还可以在移动平台上下载移动 APP 实现更为方便地阅读。

6.2.1.2　外文全文图书数据库

Springer(斯普林格)是一家著名的全文外文图书数据库出版社,全称为 Springer-Verlag,该出版社历史悠久,过去是以出版纸质学术性出版物为主。它是最早将纸质期刊做成电子发行版的出版商,而且通过互联网发行。现在 Springer 可以提供包括理工类和经济类等 11 个主要类别的全文电子图书和全文电子期刊资源,但需要登录才能阅读全文。Springer 所提供的全文电子文献都为 PDF 格式,质量较高,通过 Adobe Reader 免费阅读器即可查看。

如在 Springer 数据库中检索科技研发(R&D)的相关全文电子图书资源,可以在主页搜索框中输入"R&D",结果页面如图 6.29 所示。

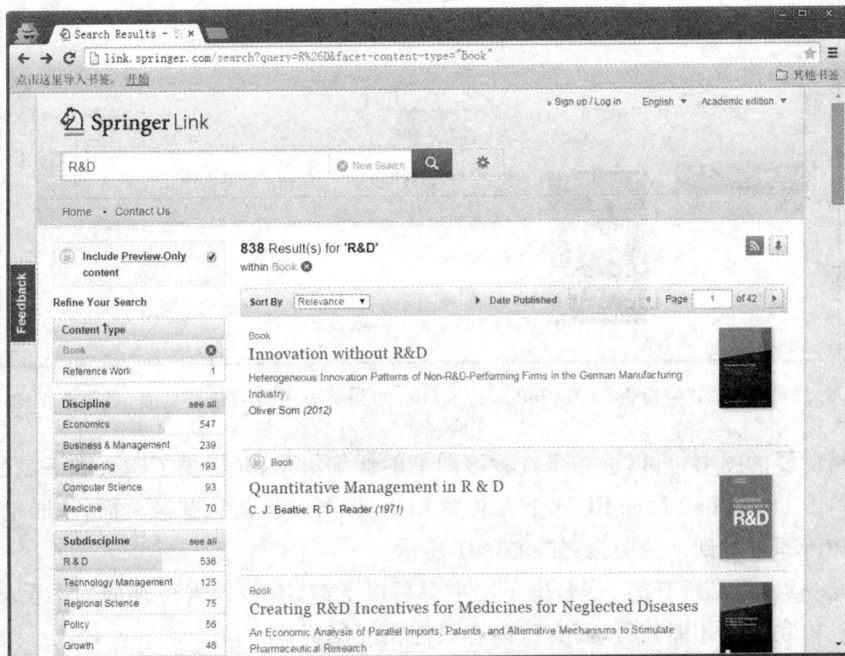

图 6.29　在 Springer 全文数据库中检索"R&D"的相关电子图书结果页面(截取于 2015-4)

需要说明两个问题:一是在 Springer 检索结果界面的左边选择列表中,用户可以继续按照诸如 Content　Type(内容类型)、Discipline(学科)、Subdiscipline(子学科)和

Language(语言)等条件进一步限定结果；二是由于不同的机构购买的资源品种不一样，所以并非所有的资源都能浏览全文，这可以通过查看命中结果记录上部是否有一个黄色的锁图表，如有表示 No Access(不可获取全文)。

互联网也有很多免费的学术图书资源下载站点。如美国学术出版社（National Academies Press，NAP)是美国国家科学院下属的学术出版机构，从 1992 年开始，开始制作电子图书，这些内容主要包括美国国家科学院、国家工程院，医学研究所和国家研究委员会的图书出版物和研究报告。电子图书采用 PDF 格式，其中相当部分图书允许网上免费阅读和下载。网址为 http://www.nap.edu。

用户既可以通过左边的类别目录来浏览图书，也可以通过关键词检索来获取图书。如检索 U.S. Industry status(美国产业状况)方面的图书，在检索结果中能够看到各个命中记录和相关图书的一些简要信息，如图 6.30 所示。

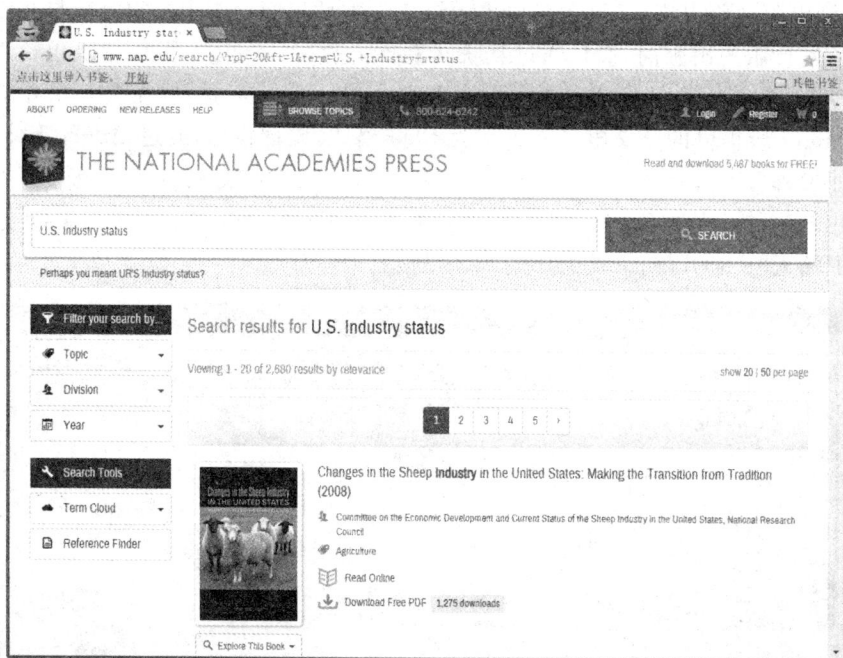

图 6.30　在 NAP 中检索 U.S. Industry status 的相关电子图书结果页面(截取于 2015-4)

选择所要的图书，可以进一步查看该图书的详细信息，并提供了购买和下载的相关链接。如单击 Download Free PDF(下载免费 PDF)即可弹出信息登录页面，注册也是免费。登录成功后即可看到下载链接，如图 6.31 所示。

补充一点，不是所有的 NAP 电子图书都可以下载，有些检索得到的图书需要进一步和相关机构联系后才能获得，而有些内容只能在线浏览。

另外，还有很多外文免费电子图书资源访问站点，如古腾堡项目（Project Gutenberg)，它倡导志愿者参与，致力于文本著作的电子化、归档以及发布，工程起始于 1971 年，是最早的数字图书馆，其中的大部分书籍都是公有领域书籍的原本，网址为 http://www.gutenberg.org，主页如图 6.32 所示。

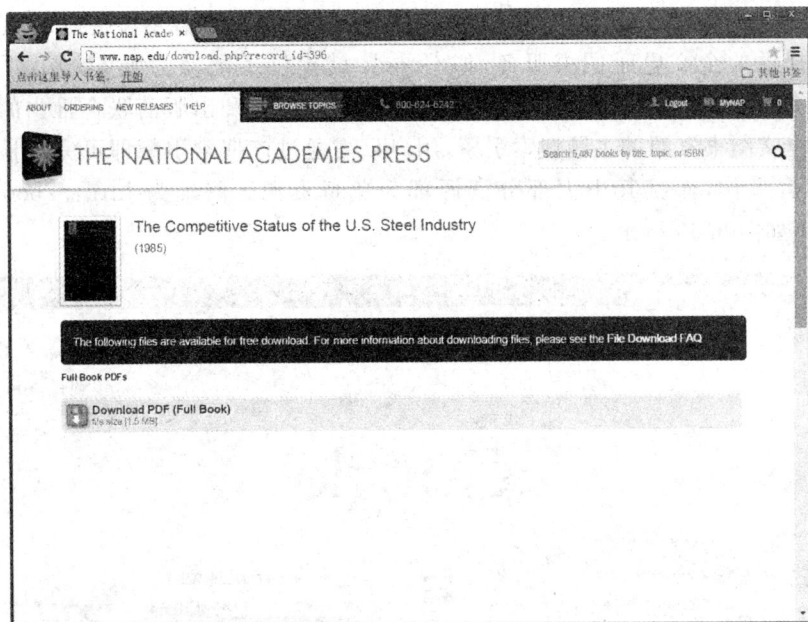

图 6.31 在 NAP 中下载电子图书的 PDF 文件(截取于 2015-4)

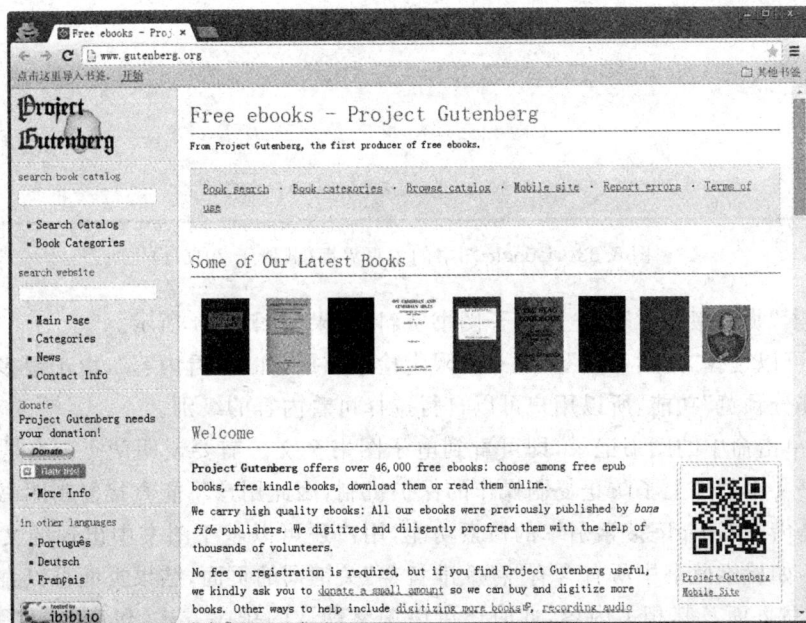

图 6.32 古腾堡项目的主页界面(截取于 2015-4)

6.2.2 利用搜索引擎获取全文电子图书

利用搜索引擎获取全文电子图书的方法有两个:一是利用搜索引擎直接检索相关电子图书全文,这显然需要读者较好地掌握互联网信息资源的检索方法,同时还要确认所要

查找的全文电子图书确实存在免费的互联网检索入口，这些内容不再赘述；二是利用搜索
引擎自身提供的全文电子图书服务，如 Google 就提供了类似的服务，名为"Google 图
书"，它是 Google 搜索引擎和各个达成合作协议的图书馆和出版商联合推出的一项专门
提供在线全文图书资源的主题搜索引擎，用户只需通过该搜索引擎即可完成检索和浏览
全文的所有操作，而且其中大部分资源都为免费资源。网址为 http://books.google
.com，主页如图 6.33 所示。

图 6.33　Google 图书的主页界面（截取于 2015-4）

如检索"货币银行学"的全文电子图书资料，结果如图 6.34 所示。

从中可以选择"搜索工具"并进一步限定检索结果，如"可看内容"，由于很多图书都只
提供了"部分预览"功能，所以用户可以自行选择可看内容的级别。

直接单击命中的图书记录，即可看到电子图书全文。需要说明两点：一是由于版权
原因，图书文本都加上了防止复制操作的保护机制，因此用户不能直接复制图书中的文字
内容；二是借助 Google 搜索引擎的检索功能，用户还可以基于图书中出现的文字来进行
全文检索，如检索此书中所有含有"存款准备金"关键词的页面，结果页面可以直接显示所
有命中图书页面及其相关内容，此时还可以调整默认的排序方式，包括"按相关程度"和
"按页码"两种方式，如图 6.35 所示。

同时，用户登录 Google 服务后还可以看到"我的书架"，从中可以看到更多自己喜欢
的相关图书和 Google 推荐的图书内容，如图 6.36 所示。

近年来，随着互联网用户自行分发和共享电子文档资源的需求不断增强，不少搜索引
擎也专门开辟新的文档检索服务，供互联网用户自由提交包含全文电子图书在内的电子
文档，如百度文库，网址为 http://wenku.baidu.com，从中用户可以获取到更多的全文图

图 6.34 在 Google 图书搜索引擎中检索"货币银行学"全文电子图书页面(截取于 2015-4)

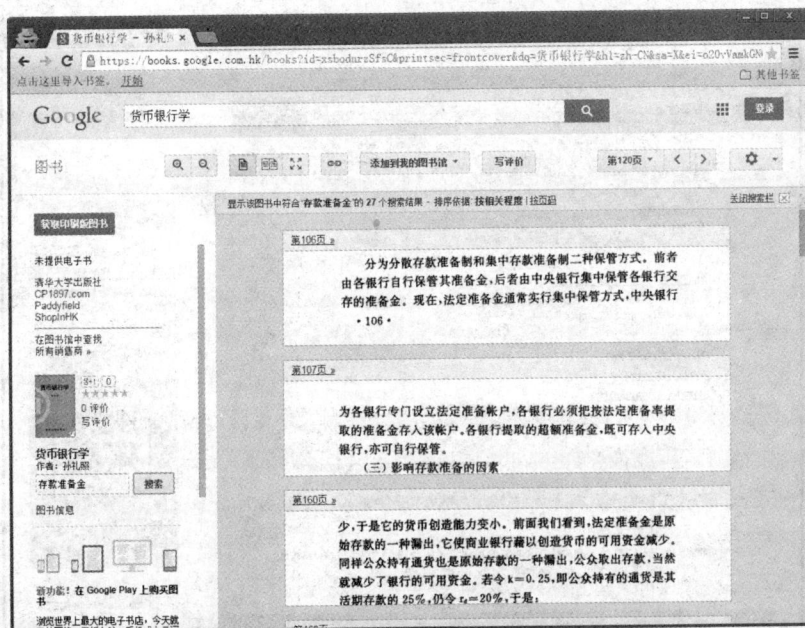

图 6.35 在 Google 图书搜索引擎中进行图书全文检索(截取于 2015-4)

书资源,不过这种服务平台往往也需要积分才能获取到一些高质量的文档资源。如检索"经济法"方面的 PDF 文档资源,在得到的结果页面中单击 PDF 文件格式类型,即可看到相关结果,如图 6.37 所示。

图 6.36　Google 图书搜索引擎提供的"我的书架"功能（截取于 2015-4）

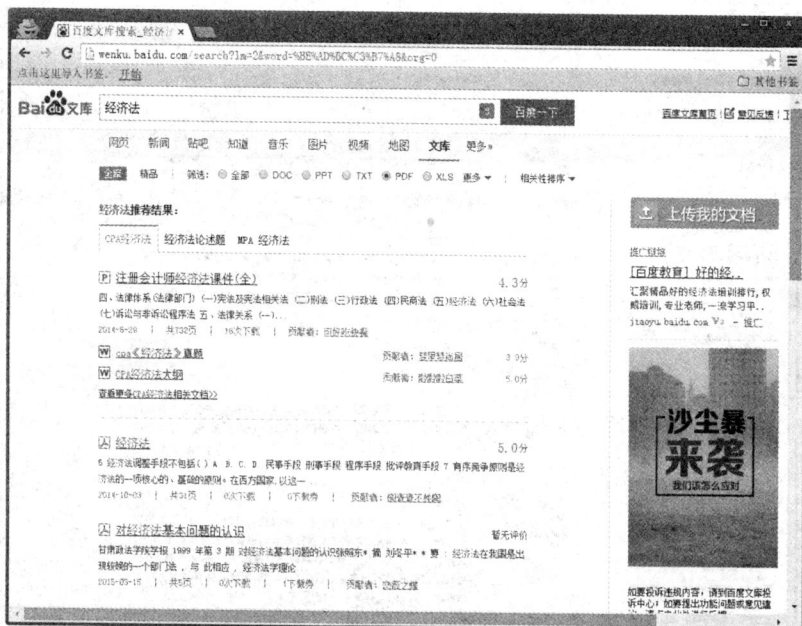

图 6.37　在百度文库中检索"经济法"PDF 文档的结果页面（截取于 2015-4）

6.2.3　图书阅读类移动 APP 的使用

近年来，随着移动阅读的不断发展，支持图书全文阅读的移动类 APP 产品逐渐得到了更多的关注。不同于桌面端和 Web 端图书阅读工具，移动端阅读 APP 通常更适合用户碎片化和场景化的即时阅读需求。

相关 APP 有掌阅 iReader、QQ 阅读、微信读书等，不少专业从事电子图书资源出版的出版社也提供了相应阅读 APP，如超星移动图书馆等，甚至一些从事图书销售服务的电商平台也提供了相应的阅读 APP，如京东阅读等。不同形式的阅读 APP 在界面功能和资源收藏方面都各不一样。Amazon 等公司还将阅读和硬件设备做了有趣的结合，推出了专门供移动阅读的 Kindle，类似的产品还有汉王、Nook 等，都主要以电子墨水屏作为显示载体，提供了更为舒适的阅读体验。这些不同的产品往往都会产生大量格式不一样的电子图书资源，有些格式还较为独特，只能在自己特定的阅读平台上才能使用，如 Amazon 的 Kindle 电子书格式为 mobi，为了方便用户在桌面电脑上阅读，Amazon 也推出了 KindlePreviewer 阅读器。

移动端阅读除了具有和传统桌面阅读类似的体验外，通常会考虑更多移动端自己的阅读特点。下面结合三款 APP 应用分别看相关的使用方法。

1. 超星移动图书馆

超星移动图书馆的主要功能需要和用户所在学校等单位机构进行绑定才能使用，用户使用自己所在单位图书馆的账号即可直接登录。此时，除了能实现对各种数字资源的访问外，还集成了馆藏资源查询、流通管理等传统图书馆服务功能。在数字资源访问方面，既可以实现在线实时阅读，也可以支持邮件文献传递、全国馆藏查询等实用功能，如图 6.38 所示。

图 6.38　超星移动图书馆主要界面功能（截取于 2018-2）

2. 京东阅读

京东阅读将京东提供的电商服务功能进行了有效的集成，阅读、购买甚至包括在线购物等功能都可以在其中得以完成。其中在阅读方面，增加了笔记编辑和夜晚模式等实用功能，还能支持书评交流、实时声音朗诵等功能，如图 6.39 所示。

3. 微信读书

微信读书是基于社交软件平台实现的阅读 APP，此类软件在用户交互方面形成了自

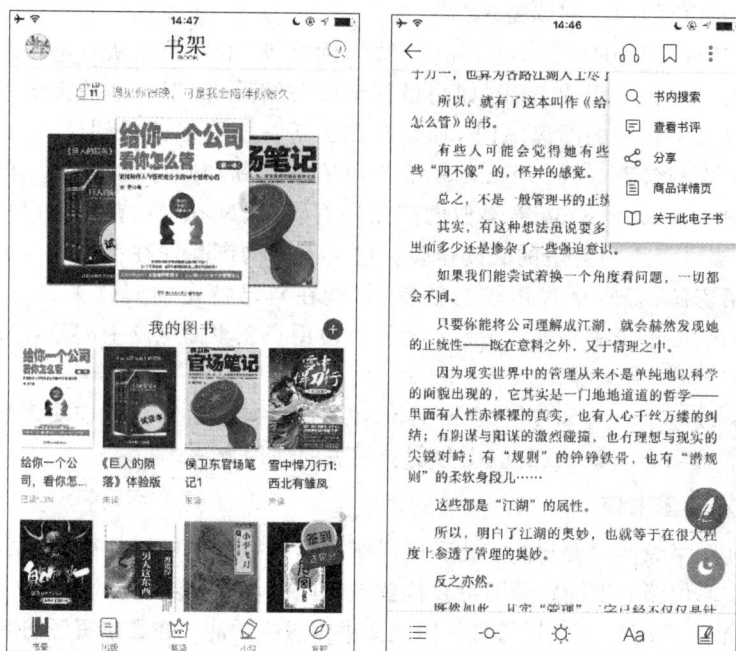

图 6.39　京东阅读主要界面功能（截取于 2018-2）

己的特点，具体包括读书排名、图书推荐、好友阅读推荐、想法交流等。在阅读方面，提供了完整的阅读功能和购买服务功能，同时允许用户在阅读期间进行实时画线强调、写想法、查询和分享等各种操作，如图 6.40 所示。

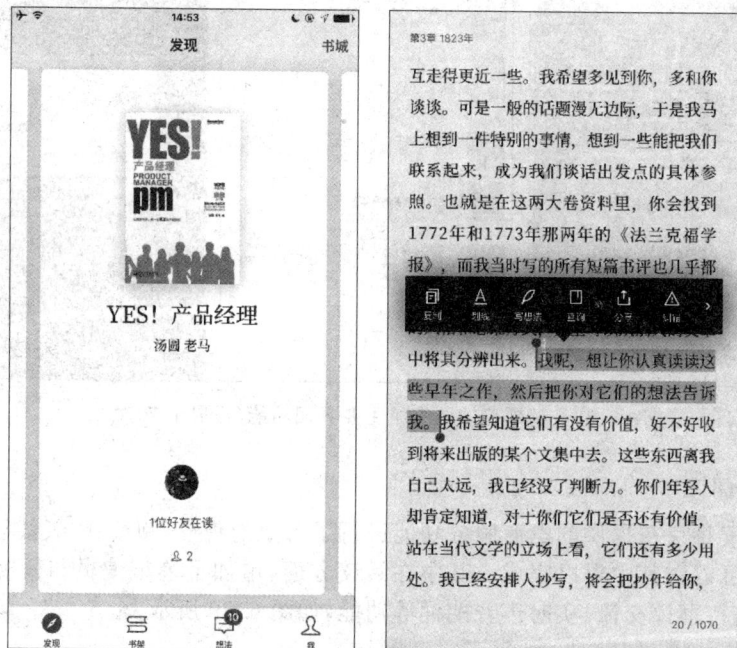

图 6.40　微信读书主要界面功能（截取于 2018-2）

6.3　练　习　题　6

1. 读者想购买福尔摩斯经典小说,在网上查到各种版本的图书,如果他想购买最为经典和广受认可的译本,该如何检索呢?

2. 了解自己所在学校的图书馆提供了哪些数字图书馆功能,可以下载中文电子图书全文吗?

3. 利用 Web 搜索引擎可以检索到点子图书吗? 如何获取全文?

4. 列举可以检索到外文电子图书的常见数据库。

5. 我国采用的常见图书分类法有哪些?

6. 说明图书书目检索与全文检索的主要区别。

7. 上机实践练习:利用自己所在学校图书馆的图书检索平台,练习图书资源检索,以图书馆的书目检索系统为例检索本专业图书一册,并学会分类浏览功能(如检索 1919 年以前的中国经济发展情况的图书)。阅读其中的一个检索结果,并说明检索结果给出了图书的哪些信息。

8. 《中国图书馆图书分类法》(简称《中图法》)是我国常用的分类法,要检索文学方面的图书,需要在(　　)类目下查找。

    A. S 类目　　　　　　B. Q 类目　　　　　　C. T 类目　　　　　　D. I 类目

9. 《中国图书馆图书分类法》将图书分成(　　　)。

    A. 5 大部分 22 个大类　　　　　　　　B. 5 大部分 26 个大类

    C. 6 大部分 22 个大类　　　　　　　　D. 6 大部分 26 个大类

10. 如果在图书馆馆藏目录中使用中图分类号来检索图书,(　　　)检索词的检索结果最少。

    A. F8 *　　　　　　B. F83 *　　　　　　C. F830 *　　　　　　D. F *

11. 介绍网络电子书目的获取途径。

12. 已知《中图法》分类号 F49 表示"信息产业经济(总论)",使用该分类号检索出图书馆收藏的有关信息经济方面的图书,并分析分类号和书名图书两种检索途径的区别。

13. 简述网络网页分类与传统图书分类的区别。

第 7 章　经济管理类网络学术论文资源的检索

相对于图书而言,学术论文是一种更为重要的学术研究资源。虽然内容可能没有图书更为成熟和全面,但它的主要特点在于时效性强,便于读者及时地了解和跟踪相关学科的前沿问题。按照发行的途径不同,学术论文可以分为期刊论文、会议论文和学位论文等形式。随着计算机技术的快速发展,今天的大部分论文都有相应的电子版本。本章主要介绍互联网上各种电子论文资源及其相关检索和使用方法,同时还重点介绍参考文献和引文索引的检索方法,并说明一些常见的专业管理工具,最后介绍利用这些论文资源来进行学术研究的一般过程和基本方法。

7.1　经济管理类网络电子学术论文的检索方法

在介绍电子论文检索之前,有必要先对学术论文的基本形式和术语做个介绍。一般而言,论文由以下一些主要成分组成,这些也都是常见的检索字段:

- 标题(Title):最为直接地反映论文内容,但长度有限。
- 主题(Subject):借助人工标引得到的反映论文主要内容的关键词语或者短句。
- 作者(Author):论文的撰写人。如果是多个作者,其中的主要作者通常也是第一作者称为通信作者(Corresponding Author),而其他的作者则称为合作者(Co-author)。
- 机构(Affiliation):作者的所在单位。一个作者通常只有一个所在机构,如果有多个所在机构,很多检索系统只能检索第一个所在机构。如果是多名作者,则需要给出每位作者的所在机构信息。
- 摘要(Abstract):简明扼要地介绍论文主要研究内容和相关结论,一般长度为三百字左右。
- 关键词(Keyword):一般是由作者本人给出的几个最能反映论文主要内容和特点的词语。
- 分类号(Classical Code):论文所在分类目录中的类别号。
- 正文(Text):论文的主体,一般由引言(Introduction)、相关研究介绍(Related Work)、研究方法(Method)、结论(Result)、总结(Conclusion)和致谢

（Acknowledgment）等部分组成。

- 参考文献（Reference）：作者所提供的写作本篇论文所参考或者引用的相关论文，通常在内容上与所写论文的相关性很大。

这些组成部分在总体上可以分为两大类：一类是反映论文内容的内在成分，如分类号、主题词和摘要等；另一类是并不直接反映论文内容的相关信息，被称为外在成分，如标题、作者、代码和引文等。需要说明的是，标题也属于外部成分，因为在非专业性论文中，单纯阅读标题常常无法得知具体文章主题内容。这些都是论文检索时的重要字段。不过一般情况下，最常使用的检索字段有主题、关键词和作者等字段。

这里补充一个问题，对于外文作者信息和机构信息，还存在更为复杂的缩略写法。如作者名称，外文作者名称通常名（First Name）在前，姓（Last Name，Surname）在后，但在文献中并非总是如此，有的写法也会将姓放于前面。而且对于名常常采用缩略写法，如 Dagobert Soergel，可能的写法就有 D Soergel、D. Soergel 和 Soergel D 等。同时对于机构信息而言，情况更为复杂。不仅存在着表述方式的差异，还存在着缩略词的使用，甚至对于部分常见单词也会只写一部分，如 University 写为 Univ 等。比如，南京财经大学的英文名称 Nanjing University of Finance & Economics 就可能有 Nanjing University of Finance & Economics NJUFE、Nanjing University of Finance & Economics NJUE、Nanjing Univ of Finance & Economics 和 Nanjing Inst of Finance & Economics 等。这些都是在检索时需要注意的问题，遇到检索不到的时候，也要考虑有无写法差异带来的漏检可能。

7.1.1 电子学术论文的数据库检索

本节主要介绍利用专业网络数据库来进行三种常见的电子学术论文的检索方法，分别是期刊论文检索、会议论文检索和学位论文检索。一般而言，这些专业的数据库通常都需要登录付费才能使用全文浏览和下载功能。

7.1.1.1 期刊论文检索

从广义上讲只要是定期出版的一种刊物，都可以称为期刊，这一点可以从它的英文名称"Periodical"看出来。因此对于期刊论文而言，它就多了一些特殊的组成成分，对于非期刊论文则不存在此类信息，如：

- 刊名（Journal）：论文所在发表期刊的名称。
- ISSN（International Standard Serial Number）：国际标准连续出版物编号，一般一种正式期刊会有一个 ISSN。
- CN（China）：国内统一刊号，也被称为中国连续出版物编号，即在中国出版发行的各种期刊所特有的统一刊号，如《经济研究》的 CN 号为 11-1081/F，其中 11 表示地区，1081 表示序号，F 表示中图分类号中的经济类。
- 年（Year）：论文所在期刊的发表年代。
- 卷（Volume）：是指从此刊物创刊年开始按年度逐年累加的顺序号。如于 1985 年创刊的《管理世界》期刊在 2015 年的所有期刊都为 31 卷。

- 期（Period）：论文所在期刊在发表年的顺序号，一般月刊的期号就是月号，但对于双月刊和旬刊则期号和月号不再对应。

目前国内外有很多著名的期刊电子论文检索数据库，既有一些诸如 EI（The Engineering Index，工程索引）等只能检索期刊论文目录信息的数据库，也有很多可以提供期刊论文全文下载服务的数据库，如 CNKI（Chinese National Knowledge Infrastructure，中国国家知识基础设施）等。

下面结合两个著名的全文期刊数据库介绍期刊论文的基本检索方法。

如查询张维迎在研究中国经济方面的相关期刊论文。国内有很多著名的期刊全文数据库，比如 CNKI（网址为 http://www.cnki.net）、维普（网址为 http://www.cqvip.com）和万方（网址为 http://www.wanfangdata.com.cn）等。本节使用 CNKI 数据库来演示检索。CNKI 的主页如图 7.1 所示。

图 7.1　CNKI 的主页界面（截取于 2018-2）

单击"期刊"链接即可打开电子期刊论文的检索界面。在"检索条件"中选择"作者"，在相应的搜索框中输入"张维迎"，选择"逻辑"中的加号增加新的检索字段"主题"，输入"中国经济"，其他条件可以根据自己的需要自行选择，本例选中"匹配"方式为"精确"，以防止 CNKI 自动对检索关键词进行分词而造成误检。需要注意的是，期刊论文作者有可能会重名，而且有些期刊因为质量不高，所刊登的论文多为对张维迎相关论文或者图书的部分摘录内容，因此还需增加更多的字段来限制记录范围并提高检索质量。如在本例中继续在"检索项"中增加"单位"为"北京大学光华管理学院"，并选择"来源类别"为"核心期刊",检索结果①。在结果页面中,用户还可以通过左栏的"文献分类目录"和"期刊"等条件来进一步限定结果,同时还允许按照"主题排序""发表时间""被引"和"下载"四个指标来自定义排序结果次序,界面如图 7.2 所示。

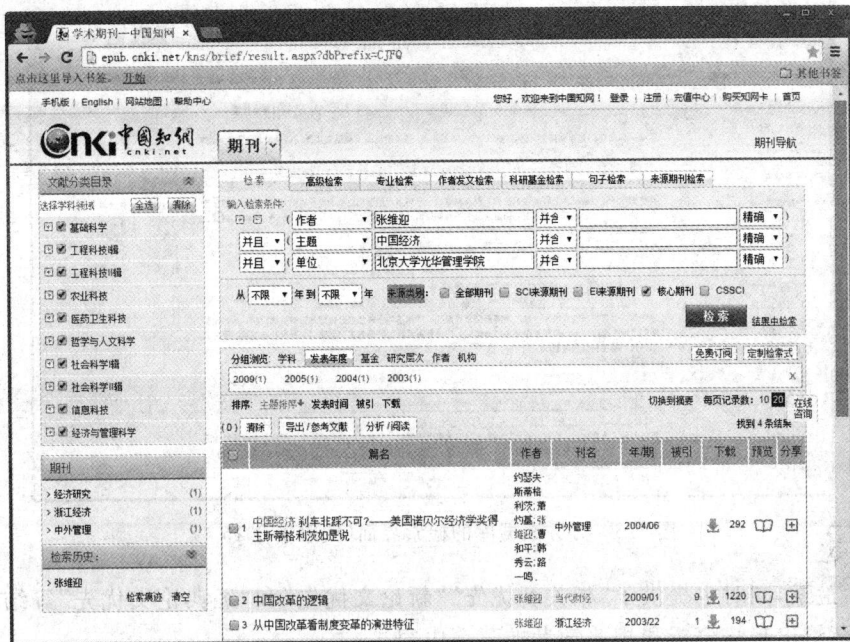

图 7.2　在 CNKI 中检索张维迎在研究中国经济方面的相关期刊论文结果页面(截取于 2015-4)

同时,结果界面中同时还提供了"相似文献""同行关注文献"和"相关作者文献"等内容,方便读者进一步获取相关论文的途径。

CNKI 提供了两种下载文件格式,一种为标准 PDF 格式,用户可以使用 Adobe Reader 阅读器来阅读;另一种是 CAJ 格式,此时需要安装 CNKI 网站提供的 CAJViewer 阅读器。文件内容复制和文字识别功能和各种诸如超星阅读器的工具使用方法类似,读者可参阅前文说明,在此不再赘述。

由于不同的电子期刊论文数据库格式不一样,同时所收录的论文范围也有差异,而且在提供的检索功能和结果显示界面上更各具特色,充分了解它们的特点有助于更为有效地获取所需信息。如万方数据库,它提供了另一种风格的检索界面,如图 7.3 所示。

其中,用户可以直接在指定的字段搜索框中输入检索条件,并且可以在检索结果中进

---

① 经济管理类相关核心中文期刊主要包括以下几种:中国社会科学、经济研究、管理世界、世界经济、经济学(季刊)、数量经济技术经济研究、金融研究、中国工业经济、财贸经济、中国农村经济、农业经济问题、南开管理评论、中国行政管理、会计研究、经济学动态、南开经济研究、财政研究、国际经济评论、国际金融研究、统计研究、经济科学、世界经济文汇、中国人口资源环境、科学学与科学技术管理、公共管理学报、审计研究、科研管理、地理研究、农业技术经济、中国人口科学、中国软科学、中国图书馆学报、财经研究、当代经济研究、国际贸易问题、经济社会体制比较、经济学家、当代经济科学、经济评论、中国经济问题、上海经济研究、世界经济研究、经济地理、经济理论与经济管理、产业经济研究、保险研究、税务研究、人口与发展、人文地理、旅游学刊、数理统计与管理、统计与信息论坛、改革、中国会计评论、公共行政评论、管理工程学报、管理科学、软科学、外国经济与管理、国外理论动态、中国农村观察。

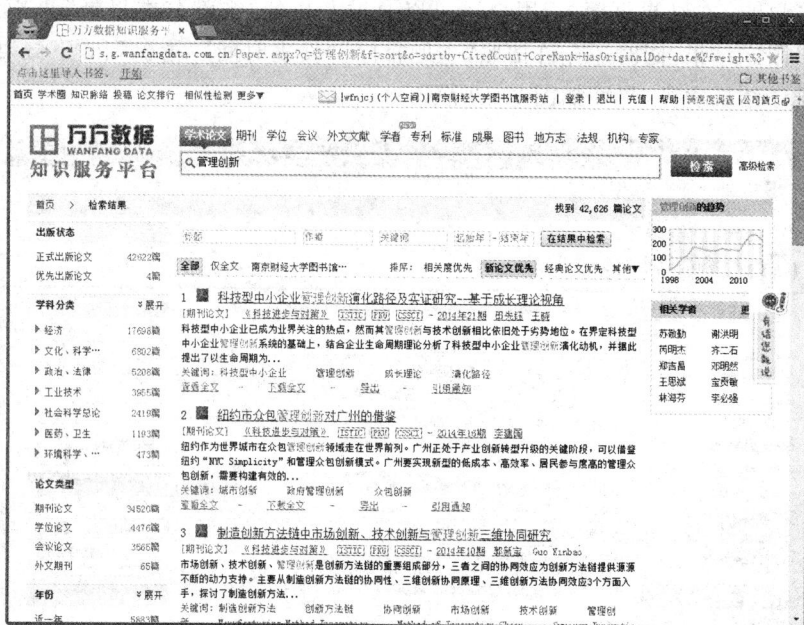

图 7.3　万方数据库的检索界面（截取于 2015-4）

一步继续检索，同时也提供了"相关度优先""新论文优先"和"经典论文优先"等结果排序方式，甚至给出趋势分析和相关学者推荐等内容。

再如维普，它的检索功能也很全面，也是 Google 学术搜索最大的中文资源合作者，甚至在检索界面也整合了其他学术搜索引擎的文献检索服务，如图 7.4 所示。

图 7.4　维普数据库的其他学术搜索引擎文献检索服务（截取于 2015-4）

另外,诸如中国人民大学复印报刊资料数据库也可以检索电子期刊论文,它是印刷版《复印报刊资料》的电子版,它将全国各种核心期刊的部分高质量论文单独抽取出来,按照学科方向整理编排以方便不同学科的研究学者检索和使用。它既有全文数据库,也有专门的目录数据库,所涉及的学科主要包括经济管理、政治、法律等文科内容。

值得关注的是,该数据库还提供了一个年度学术评价排行榜,它根据学科专业的转载量可以对期刊、院校等给出一个较为客观的排名参考指标,如可以按照学科对国内高校进行排名,这对于了解国内不同高校不同专业的具体科研实力有较好的参考价值,如2014年工商管理学科专业的高校排名结果如图7.5所示。

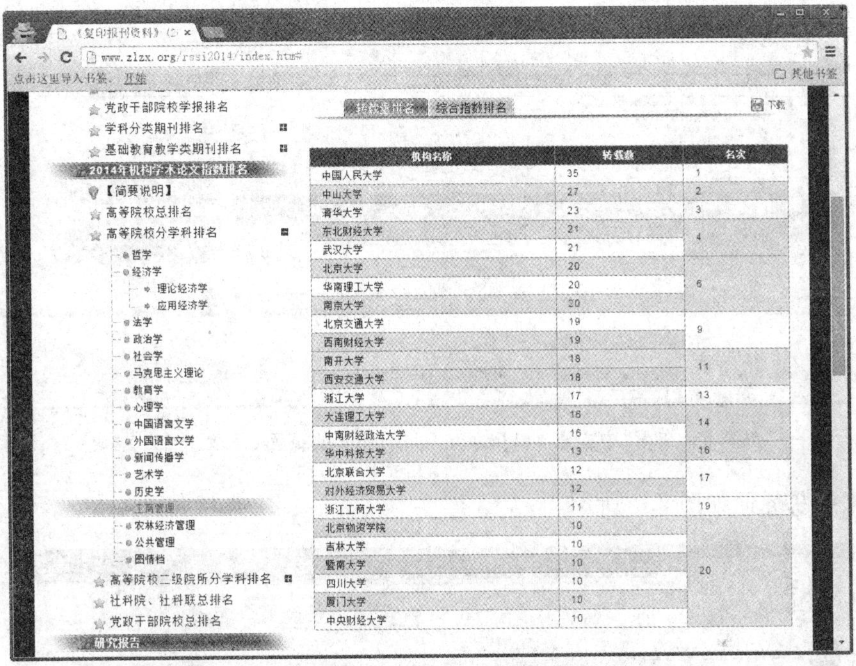

图7.5 中国人民大学复印报刊资料数据库的2014年工商管理学科专业高校排名结果(截取于2015-4)

对于外文电子期刊论文,有两种主要检索方式。

一是利用论文索引目录,它们并不提供全文,但是可以得到论文的关键说明。如工程索引数据库(EI)、英国科学文摘数据库(INSPEC)和美国化学文摘数据库(CA)等,它们大都是纸质文献检索工具书的网络数据库版本。

工程索引创刊于1884年,是世界上最早的工程文摘来源,是美国工程信息公司(Engineering Information Incorporation)出版的著名工程技术类综合性检索工具,收录文献几乎涉及工程技术的各个领域,但是现在也逐渐包含了越来越多的经济管理类相关文献的索引内容,其中约22%是会议文献,90%的文献语种为英文。从1992年开始收录中国期刊,1998年在清华大学图书馆建立了EI中国镜像站点。

它的电子数据库名称为EI Compendex Plus,该数据库以逐年生产光盘的方式来提供服务。它的网络版本名称是Engineering Village2,内容除包括EI Compendex Plus外,还包含各种其他网站的相关资源、多种期刊与会议论文的文摘、最新科技进展通报等,网址为 http://www.engineeringvillage.com。如检索标题中含有 public administration（公共管理）的文献，检索界面如图 7.6 所示。

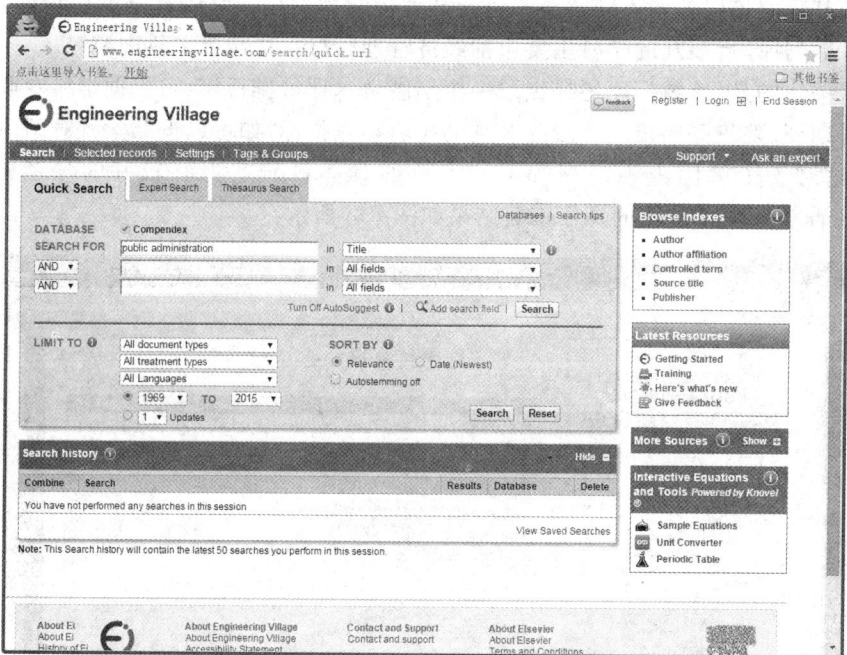

图 7.6　在 EI 中检索 public administration 的页面（截取于 2015-4）

检索结果界面如图 7.7 所示。

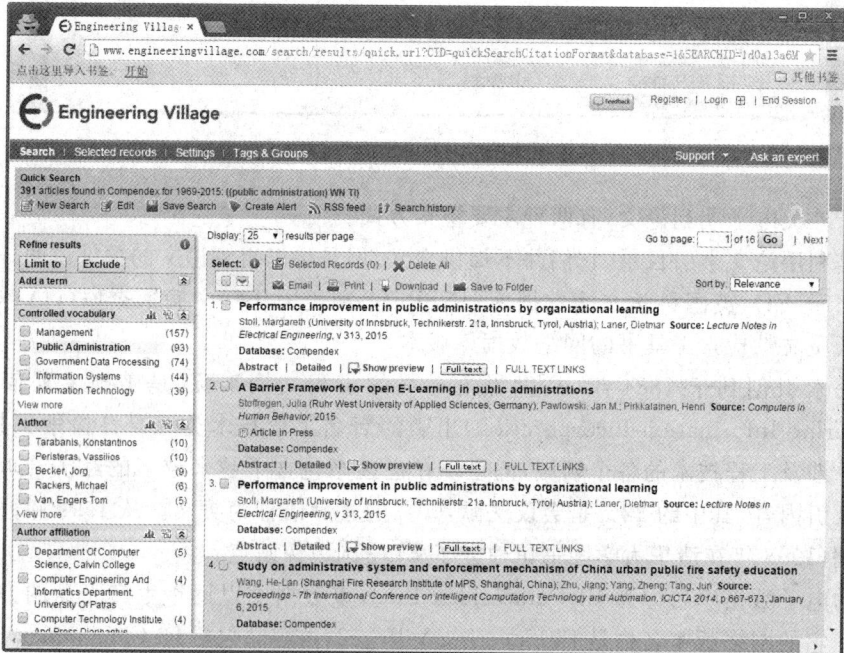

图 7.7　在 EI 中检索 public administration 的相关论文结果页面（截取于 2015-4）

用户可以继续通过选择左边的 Refine Results(精炼结果)来限定结果内容,如通过 Controlled Vocabulary(受控词表①)、Author(作者)等字段。进一步单击 Abstract 和 Detailed 还可以获取更为详细的文献信息内容,如图 7.8 所示。

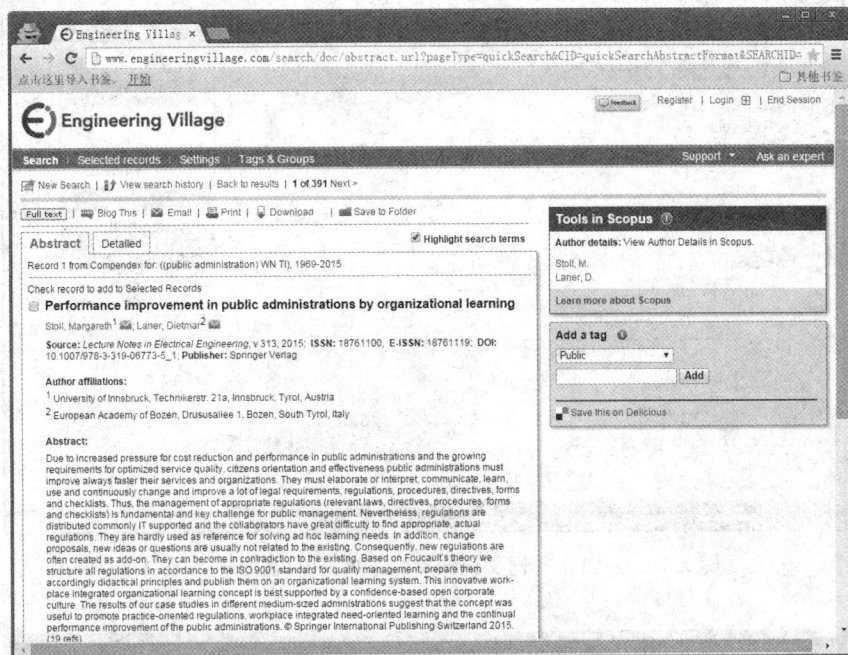

图 7.8　在 EI 中查看详细结果信息(截取于 2015-4)

另外,EI 通过与 Springer 数据库联合提供相应的全文下载服务。EI 还提供了基于受控词表实现的同义词检索,用户可以检索与当前词语相关的其他有效词语,这对于选取更为准确的检索关键词而言十分有用,尤其在用户对相关学科不太了解的情况下。检索 public administration 的同义词结果如图 7.9 所示。

另一种是专门的期刊论文全文数据库,如爱思唯尔(Elsevier)数据库,它收录的文献最早可以追溯到 1823 年,其中 80%以上的期刊被 SCI、EI 等国际知名检索刊物收录。网址为 http://www.sciencedirect.com。如检索关于市场营销方面的外文论文资料,直接在“全部字段”(All fields)搜索框中输入“marketing”,即可得到命中结果,如图 7.10 所示。

和 Springer 一样,结果页面的左边显示了很多按照 Year(年份)、Publication title(期刊/图书名称)、Topic(主题)和 Content Type(内容类型)进一步限定结果的选项。同时,每篇命中记录都有一个 PDF 图标来表明是否可以全文下载。如单击其中一篇可以全文浏览的论文标题即可打开网页版本的全文阅读界面,其中对参考文献标记全部提供了链

---

① 受控词表由一系列精心选择的词汇和短语组成,它要求采用预先确定且经过权威认定的术语,而这些术语是由词表的设计者原先选定。相比之下,自然语言词表并没有施加此类限制。所以,使用受控词表的词语检索可以获得更为准确的结果。

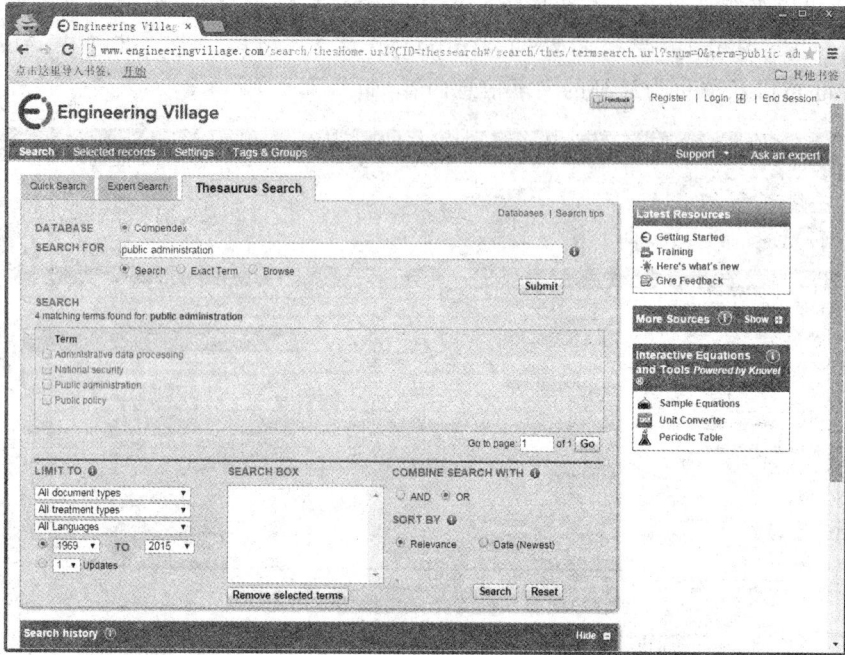

图 7.9　在 EI 进行同义词检索的结果页面（截取于 2015-4）

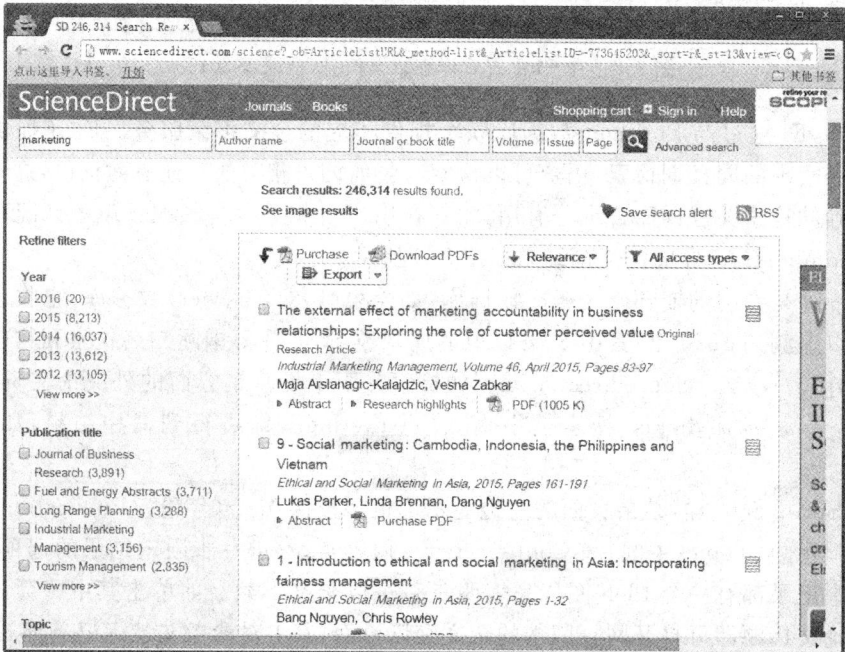

图 7.10　在 Elsevier 中检索 marketing 的相关论文结果页面（截取于 2015-4）

接以便于用户查看其他相关文献,界面如图 7.11 所示。

另外,Elsevier 还提供了参考文献直接导出的工具,单击页面上部的 Export(导出)即可直接导出当前文献的参考文献格式,如图 7.12 所示。

图 7.11　在 Elsevier 中查看文献全文信息(截取于 2015-4)

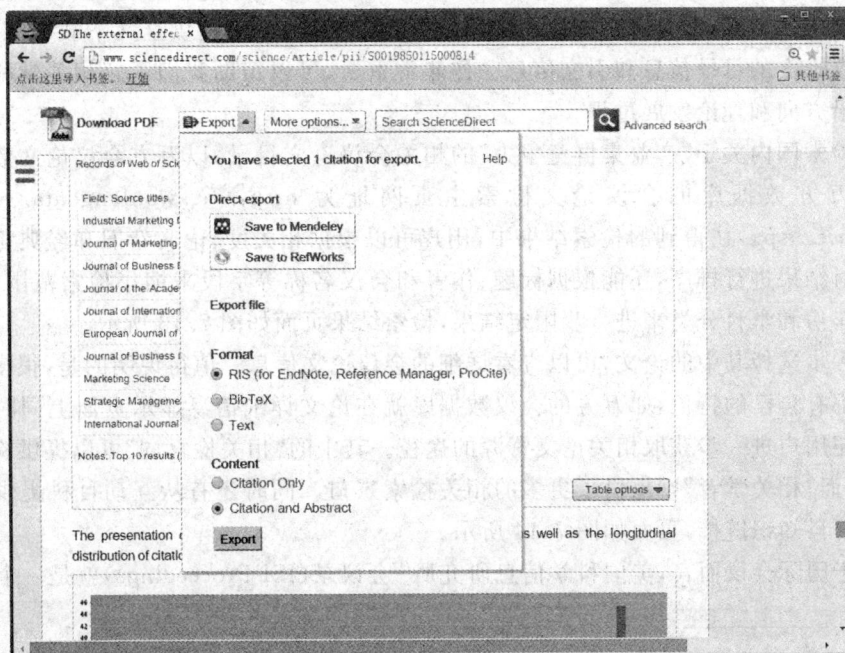

图 7.12　在 Elsevier 中导出当前文献的参考文献格式(截取于 2015-4)

导出文件可以直接添加进参考文献管理工具后使用，后文 7.2.1 节对此专门说明。

7.1.1.2　会议论文检索

世界各国的学会、协会、研究机构等学术团体，为加强同行之间的信息交流，每年都定期或不定期地召开学术会议。据美国科学情报所(ISI)统计，全球每年召开的学术会议约1 万个，正式发行的各种专业会议文献约 5000 多种。因此，学术会议成了科技工作者进行科学技术交流的重要渠道。

会议论文是指在各种国内外学术会议上正式发表的论文、产生的记录以及发言、评述、总结等材料。许多学科中的新发现、新进展、新成就以及提出的新研究课题和新设想，往往以会议论文的形式作首次发布。因此会议文献大多属一次文献，往往通过会议录(Proceeding)的形式来出版发行。和期刊论文不一样，会议论文通常多为学者研究的阶段性成果和结论，而且通常没有期刊论文严格的评审环节，所以出版周期更短，时效性更强。在文献情报源中，会议文献的重要性和利用率仅次于期刊。所以从总体上看，会议论文的学术严谨性和完整性不如期刊论文，不过对于一些不同学科专业的顶级国际会议而言，相关会议论文资源仍然是极为重要的高质量文献。因此，这也是读者在检索前需要了解的。

补充一下，国外会议的称呼有多种形式，如 Conference(会议)、Congress(代表大会)、Convention(大会)、Symposium(专业讨论会)、Colloquium(学术讨论会)、Seminar(研究讨论会)、Workshop(专题讨论会)等。

类似于图书和期刊论文，现在的会议论文几乎都提供了通过互联网来访问的电子版本。本节主要介绍相关的检索方法。需要说明一点，现有的很多网络学术会议论文数据库都为索引数据库，即只有诸如标题和摘要等目录信息，而不提供全文下载功能。不过，利用会议论文的目录信息和引文信息一样非常重要，可以帮助我们了解相关学科和研究点的前沿方向和理论发展过程。

如检索国内关于"产业集群竞争力"的相关会议论文目录，以万方会议论文数据库来检索。万方数据库的会议论文检索主页网址为 http://c.wanfangdata.com.cn/conference.aspx，在得到的检索结果中，用户可以根据相关度、论文新旧和经典论文优先等指标对结果进行排序，还能根据标题、作者和会议名称等字段来缩小检索范围，同时可以根据年份和学科分类来进一步限定结果，检索结果页面如图 7.13 所示。

进一步选择其中的论文，可以查看详细的会议论文信息。值得说明的是，很多这样的数据库都有自己的特色，如万方的会议数据库就在论文详细信息显示页面上同时提供了很多方便用户进一步获取相关论文资源的途径。其中的"相关检索词"可以提供检索扩检的功能，而"相关学者"则提供了更多的相关检索入口。同时还有从互动百科提供的相关词条等百科知识链接，页面如图 7.14 所示。

对于国际会议而言，美国科学信息研究所[①]会议录(ISI Proceedings)就是一个著名的

[①]　美国科学信息研究所的英文简称为 ISI，意为 Institute for Scientific Information，由尤金·加菲尔德(Eugene Garfield)在 1958 年创办。

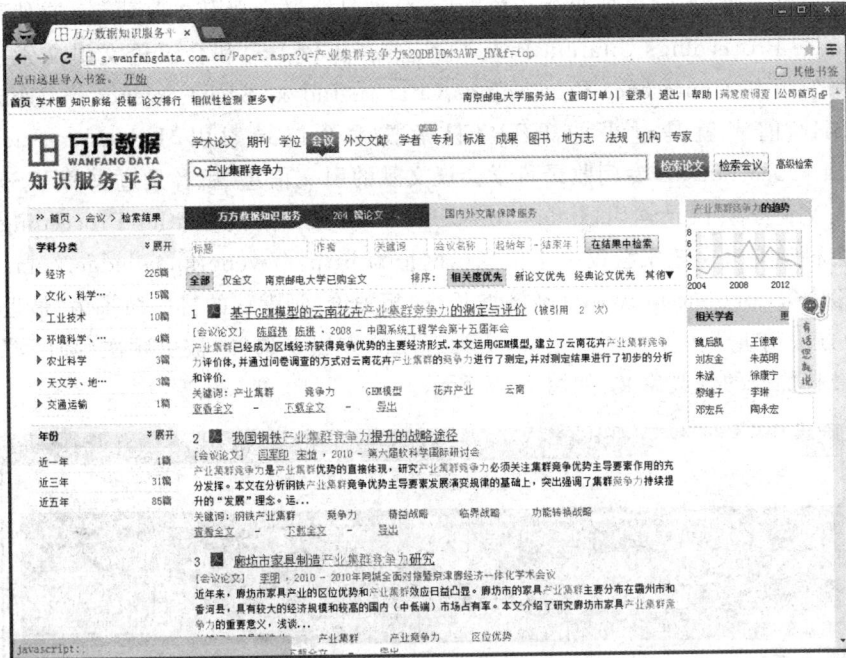

图 7.13　在万方会议数据库中检索"产业集群竞争力"的相关会议论文结果页面（截取于 2015-4）

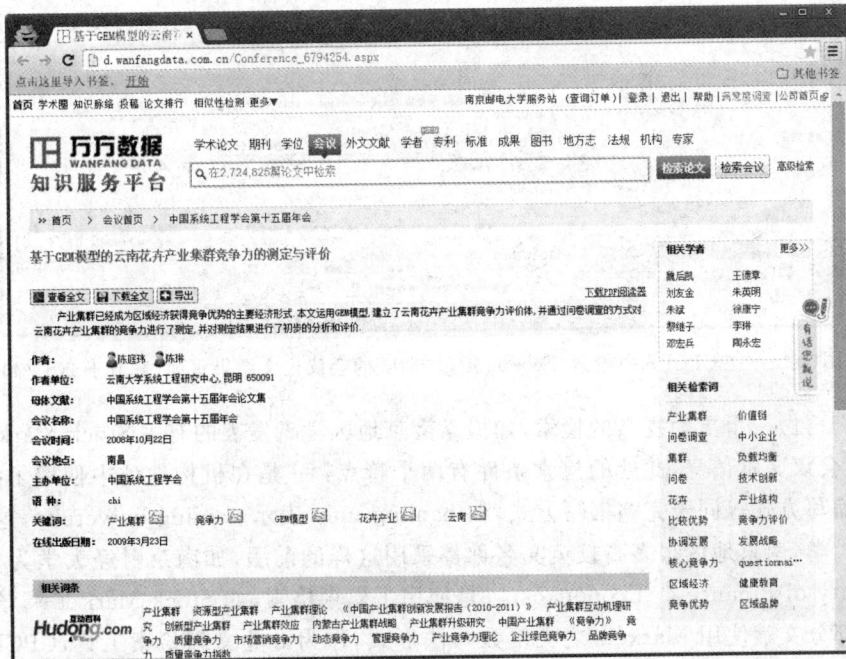

图 7.14　在万方会议数据库中查看会议论文详细信息（截取于 2015-4）

国际科技会议录索引，它包括两个子数据库，分别是会议论文引文索引——自然科学版本（Conference Proceedings Citation Index—Science，CPCI-S）和会议论文引文索引——社会人文科学版本（Conference Proceedings Citation Index- Social Science & Humanities，CPCI-SSH），前者就是过去的 ISTP（科学技术会议录索引，Index to Scientific & Technical Proceedings），专门收录科学会议文献的引文信息，后者是过去的 ISSHP（社会科学及人文科学会议录索引（Index to Social Science & Humanities Proceedings），专门收录社会科学与人文艺术会议引文信息。网址为 http://webofknowledge.com。

如检索"Economic growth"（经济增长）的相关论文，默认的排序结果为"最近添加"排列，这种方法侧重于关注最新的论文，更为有用的方法是选择"被引频次（降序）"，从中可以看出最有价值的经典论文，如图 7.15 所示。

图 7.15　在 CPCI-S 中检索"Economic growth"的会议论文结果页面（截取于 2015-4）

我们再做一个更为复杂的检索，如检索南京地区学者发表的有关 Stock Market（股票市场）的会议文献信息，此处的检索条件有两个特点：一是在机构地址中使用了缩写，采用标准缩写方式等同于完整书写方式，如 nanjing univ 表示 nanjing univercity，这不并专指南京大学，南京地区很多高校英文名称都采用这样的前缀，如南京财经大学为 Nanjing University of Finance & Economics；二是使用了模糊检索，如 Stock Market∗，该方法可以解决部分文献使用 Markets 之类复数写法形式，作为专业文献检索工具，CPCI-S 支持词语内部的部分匹配功能。检索界面如图 7.16 所示。

检索结果如图 7.17 所示。

最后，补充一个内容，要想了解各种国内外学术会议的举办时间与地方，可以查看"中国学术会议在线"，它由教育部科技发展中心创办，网址为 http://www.meeting.edu.cn,

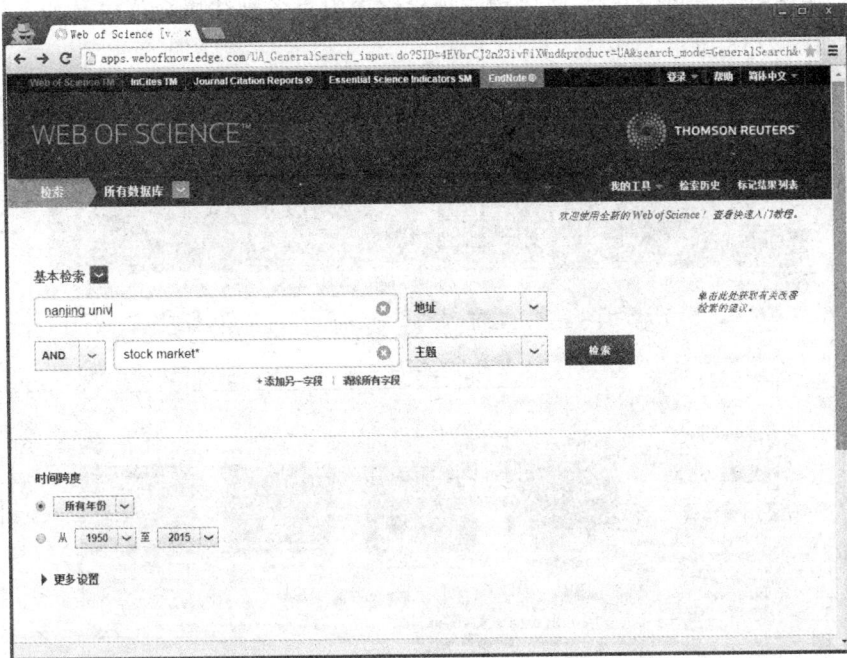

图 7.16　在 CPCI-S 中使用缩略写法和模糊匹配来检索（截取于 2015-4）

图 7.17　在 CPCI-S 中检索南京地区学者发表的有关 Stock Market 的论文结果页面（截取于 2015-4）

从中可以按照时间、地点和学科等关键词来检索国内外各种往届会议信息和会议信息预报，主页如图 7.18 所示。

图 7.18   中国学术会议在线的主页界面（截取于 2015-4）

例如检索北京市地区关于区域经济的相关会议预告信息，检索界面如图 7.19 所示。

图 7.19   在中国学术会议在线中检索北京市关于区域经济的相关会议结果页面（截取于 2015-4）

　　强调一个问题，地区信息如果是城市，必须加上"市"，否则无法匹配。在检索时，如果效果不好，可以考虑减少条件或者使用其他写法重新检索。

7.1.1.3　学位论文检索

　　学位论文也是一种重要的论文资源。它是指为了获得所修学位，按要求被授予学位的人所撰写的论文，一般分为学士论文、硕士论文、博士论文三种。常见的学位论文数据库通常只能检索硕士论文和博士论文。

　　如 CNKI 就提供了"博硕士学位论文"全文数据库，用户可以在 CNKI 的主页上选择"博硕"即可打开检索界面。如检索徐从才教授指导的南京财经大学 2009 学年以后的相关硕士学位论文，在检索界面中设置"学位授予单位"为"南京财经大学"，选择"逻辑"中的"＋"增加字段"导师"为"徐从才"，并设置起始时间为"2009"，结果界面如图 7.20 所示。

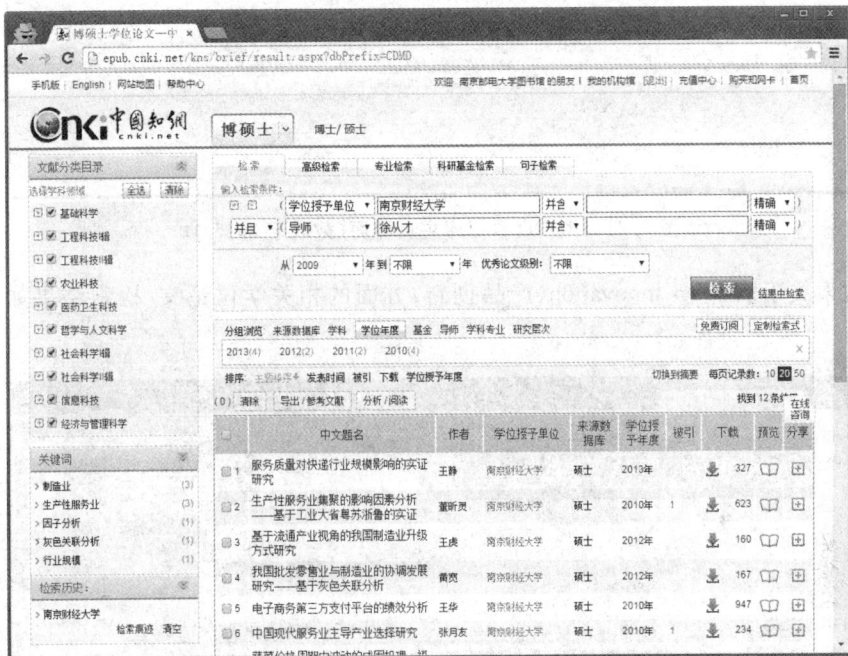

图 7.20　CNKI 博硕士学位论文数据库的检索结果页面（截取于 2015-4）

　　需要说明一点，该学位论文电子文件也是 caj 格式，需要使用 CNKI 的 CAJViewer 来查看。

　　对于国外学位论文而言，ProQuest 数字论文（ProQuest Digital Dissertations，PQDD）是目前世界上独一无二的最具权威性的博士、硕士学位论文检索数据库，它是由美国 ProQuest 公司开发的，涵盖了从 1861 年获得通过的全世界第一篇美国博士论文到现在来自美国、加拿大和欧洲等 1000 多所大学的博硕士论文，每周更新一次数据，该数据库有完全版和两个分册版本即 A 辑和 B 辑，其中 A 辑主要是人文社科版，而 B 辑主要是科学与工程版。国内高校一般通过 CALIS 镜像站来访问其资源，网址为 http：//proquest.calis.edu.cn，主页如图 7.21 所示。

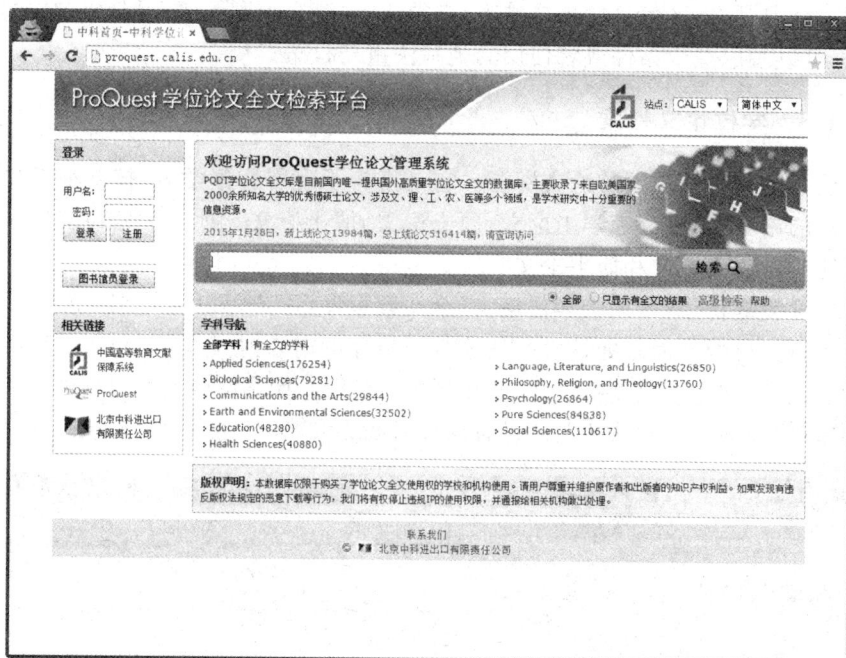

图 7.21   PQDD 数据库主页界面（截取于 2015-4）

如检索关于 product innovation（产品创新）方面的相关学位论文，检索结果如图 7.22 所示。

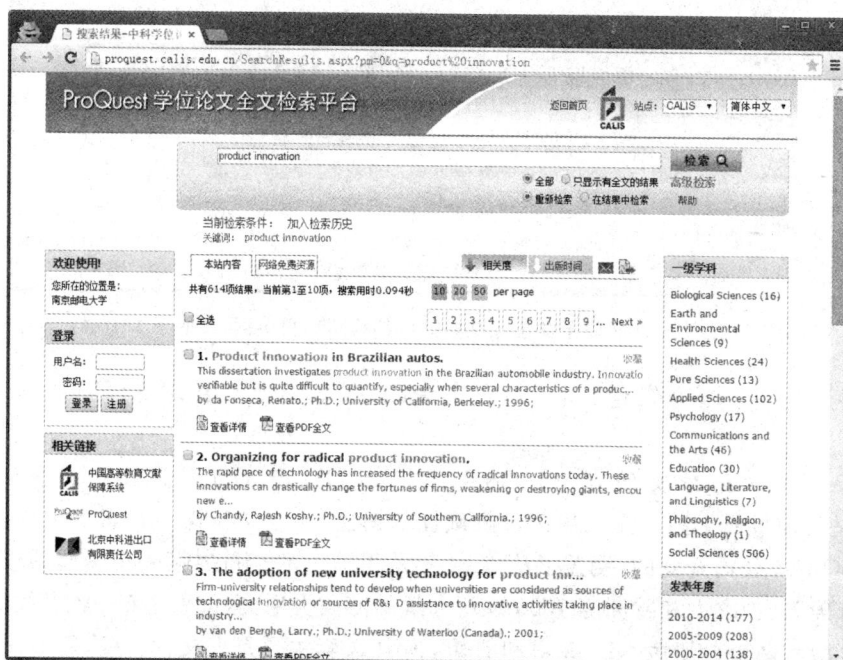

图 7.22   在 PQDD 数据库中检索 product innovation 的结果页面（截取于 2015-4）

用户可以按照"一级学科""发表年度"和"学位"等字段来进一步限定结果内容。相关论文都为 PDF 格式,可以直接下载打开查看。同时,该网站还提供了网络免费资源的相关检索结果。

对于中国台湾地区,我们还可以检索其地方的学位论文数据库,如中国台湾的华艺期刊学位论文系列数据库,它同时收录了科学论文库和人社论文库两个学位论文数据库,内容主要为台湾重要大学的博硕士论文,网址为 http://www.airitilibrary.cn,主页如图 7.23 所示。

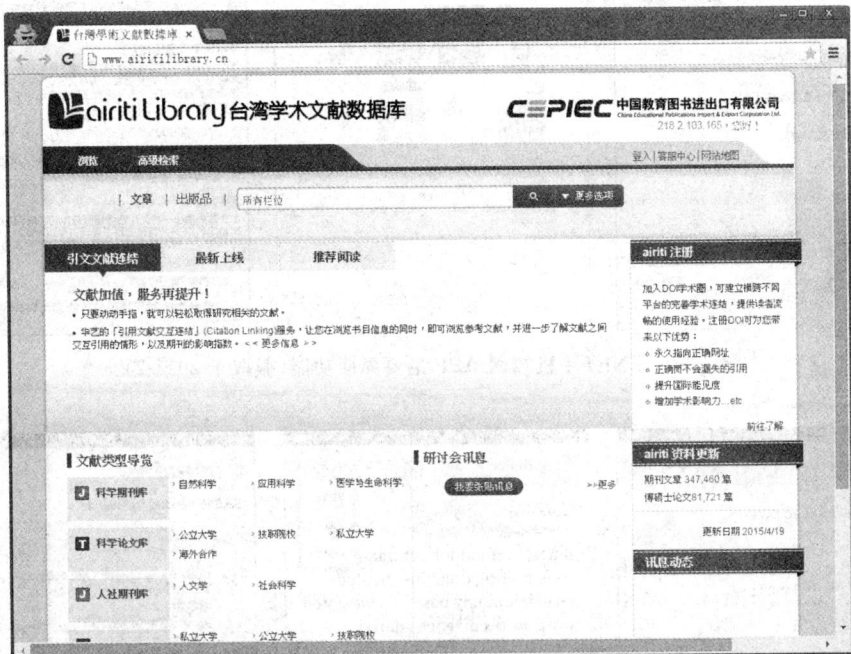

图 7.23　中国台湾华艺期刊学位论文数据库的主页界面(截取于 2015-4)

7.1.1.4　学术论文移动 APP 检索

由于学术论文资源涉及大量文献使用版权,用户通常是通过单位集体订购的方式来使用,因此这些学术论文的移动 APP 在使用上大都需要个人用户登录付费才能获取全文信息,下面介绍两个常见相关移动 APP 及其检索功能:

(1) 手机知网(CNKI APP):主要提供快讯推荐、期刊查询、热点推送、学术文献资源搜索和个人书架管理功能,同时允许用户在同一 WiFi 环境下直接从桌面上传文件实现手机阅读,支持文件格式有 PDF、CAJ 和 EPUB 等格式。同时,CNKI 还支持移动浏览器端的窄屏显示方式,其主要界面功能如图 7.24 所示。

(2) Springer APP:主要提供文献检索和个人文献管理功能,其中在文献检索环节,对于采取开放获取(OA)方式的文献可以实现在线实时阅读。主体风格和使用方法都类似于 Web 端,功能相对较为简单,如图 7.25 所示。

图 7.24　CNKI 手机知网 APP 主要界面功能（截取于 2018-2）

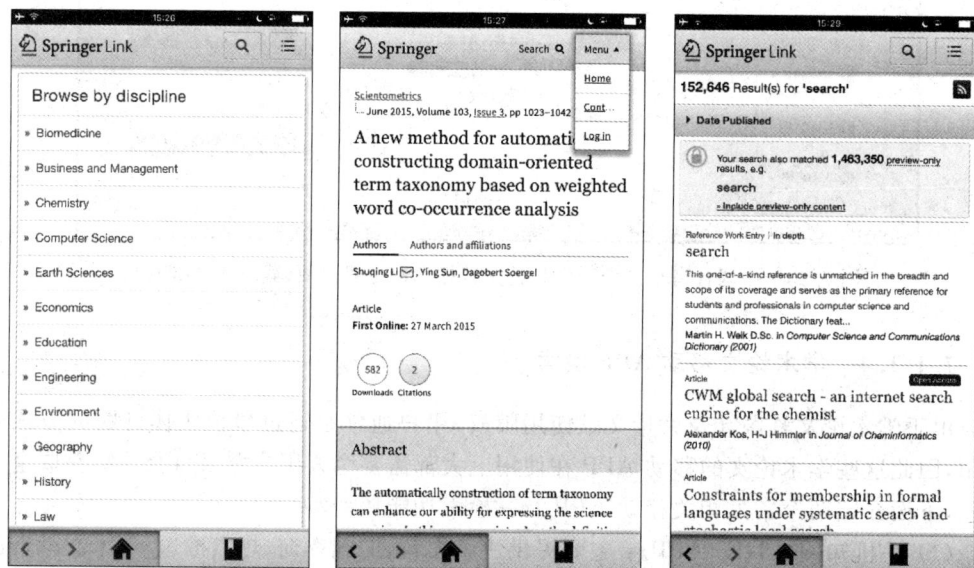

图 7.25　Springer APP 主要界面功能（截取于 2018-2）

7.1.2　搜索引擎的电子论文检索

搜索引擎通常也提供了电子论文的检索和全文下载功能，和专业数据库不一样，这里免费的资源居多。所以，合理地掌握利用搜索引擎获取免费电子论文的方法，对于学习者而言是至关重要的。这些电子论文主要来源于期刊论文、会议论文和部分学位论文，也有一些研究报告和技术报告等，在质量和版式上可能没有专业数据库出版的那样优秀，然而仍然是值得好好利用的资源。

7.1.2.1　Google 学术搜索

Google 学术搜索是一个著名的电子论文全文检索系统，网址为：http://scholar.google.com，主页上有一句"站在巨人的肩膀上[①]"，形象地说明了学术研究活动需要充分建立在对已有学科知识的获取和了解基础之上，这也是学术搜索的创办初衷。不同于专业电子文献数据库，Google 学术搜索主要提供一些没有正式出版的电子论文，如同行审评论文（Peer－reviewed paper）、前言（Preliminary）、预订本（Preprint）、摘要（Abstract）、会议文献（Conference paper）和改写本（Adaptation）等，即便如此，这些论文的价值仍然很高，很多和最终的正式出版版本差别并不明显。Google 学术搜索的主页界面如图 7.26 所示。

图 7.26　Google 学术搜索引擎的主页界面（截取于 2015-4）

如检索关于 monetary theory（货币理论）的相关论文，结果如图 7.27 所示。

从结果网页中，我们可以看到命中论文的简单信息。如果要下载全文，方法比较多，下面分别给予介绍。在介绍以前，必须强调一点，对于所有的下载链接，直接单击通常只能打开文件，要想下载全文，应该右击下载链接，在弹出菜单中选择"目标另存为"即可。

- 单击命中文件的标题链接。不过实践证明，通常只有那些以"［PDF］"开头的文件才能直接下载，对于其他类型的链接往往只能打开含有该文件的站点。
- 单击命中文件标题链接后面的下载链接，如图 7.27 所示的"falltoprey.com 中的［PDF］"之类。但是，并非所有的文件都有这样的下载链接。
- 可以单击命中文件记录下方诸如"所有 8 个版本"之类的超链，即可打开更多的关

---

①　该句来自艾萨克·牛顿（Isaac Newton）的名言"如果我看得更远，那是因为我站在巨人的肩膀上（If I have seen further, it is by standing on the shoulders of giants）"。

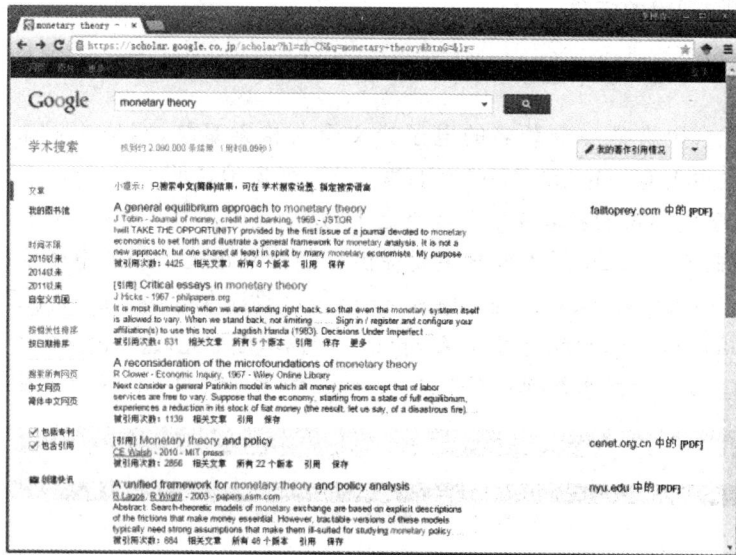

图 7.27   在 Google 学术搜索引擎中检索 monetary theory 的结果页面（截取于 2015-4）

于此文件的下载站点和网页。该项功能主要是检索当前文档的其他替代版本。如单击图 7.27 第二条记录的"所有 5 个版本"即可打开更多当前文档的下载链接结果页面，如图 7.28 所示。

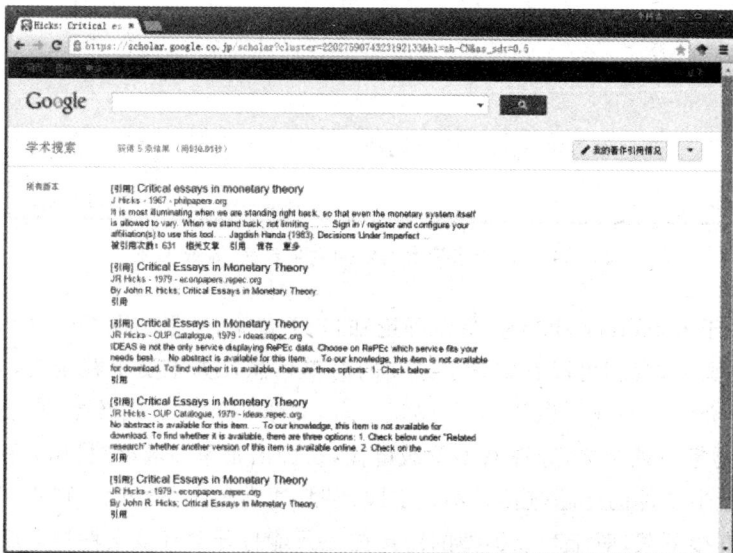

图 7.28   在 Google 学术搜索中检索命中论文的更多下载站点和页面（截取于 2015-4）

- 如果用户使用 Google 的新版 Chrome 浏览器，可以安装"Google 学术搜索按钮"，安装好即可在浏览器地址栏的后面有个蓝色的向上箭头按钮。此时选中所需文献的标题信息，单击该按钮即可看到更多有效的下载链接，如图 7.29 所示。

不过需要强调一点，并非所有的论文都可以下载，事实上，那些最新的论文或者是一

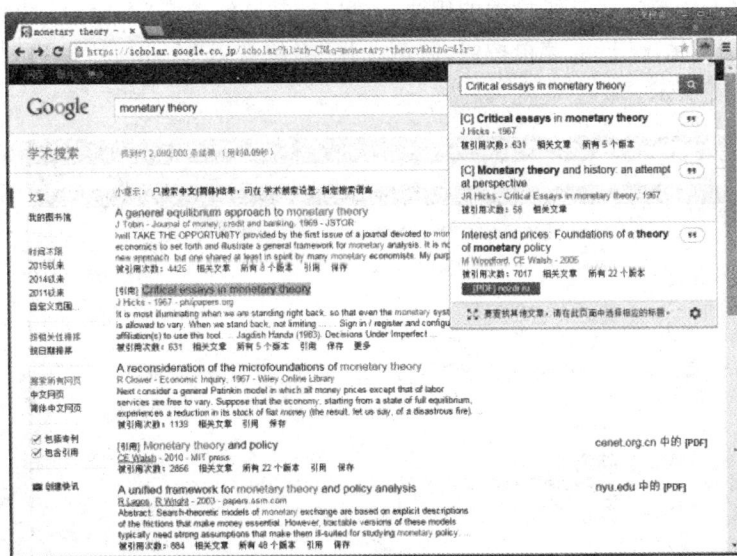

图 7.29　在 Google 学术搜索中使用"学术搜索按钮"获取更多下载链接（截取于 2015-4）

些著名专业数据库的特有论文往往不能免费下载。

作为专业的学术论文搜索引擎，Google 学术搜索还能提供更为有效的字段检索功能。如检索鲍莫尔（Baumol）在 20 世纪 90 年代发表的关于信息经济学方面的各种文献资料，要求标题含有 information 词语，此时可以在 Google 学术搜索的搜索框中输入字段检索 information economy author：Baumol intitle：information，中文版本的 Google 学术搜索甚至可以支持中文的字段查询，如"information economy 作者：Baumol intitle：information"效果一样。同时，选择时间"自定义范围"设定起始年代为 1990 与终止年代2000，如图 7.30 所示。

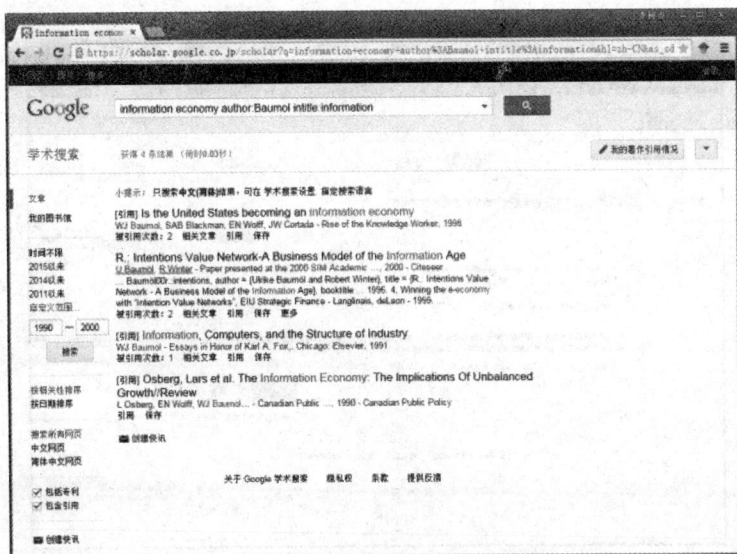

图 7.30　在 Google 学术搜索中使用字段检索功能（截取于 2015-4）

如果用户不了解这些字段检索的用法，也可以在"高级搜索"中设置，方法是单击右上角"我的著作引用情况"后的菜单按钮，即可选择"高级搜索"。此时也能得到相同的检索结果，如图7.31所示。

图7.31   在Google学术搜索中使用"高级检索"功能（截取于2015-4）

Google学术搜索除了能够提供这些学术论文检索功能外，还具有一些特殊检索功能，如在检索论文信息的同时，还给出指定图书馆的收藏信息，以便读者直接借阅，此项功能为"图书馆联合检索"。使用方法说明如下。

首先在Google学术搜索的"学术搜索设置"中设置"图书馆链接"，如直接输入Nanjing，单击"查找"按钮即可看到目前与Google达成协议的南京地区图书馆名称，此时可以选择希望访问的图书馆名称，单击"保存"按钮后即可生效。设置页面如图7.32所示。

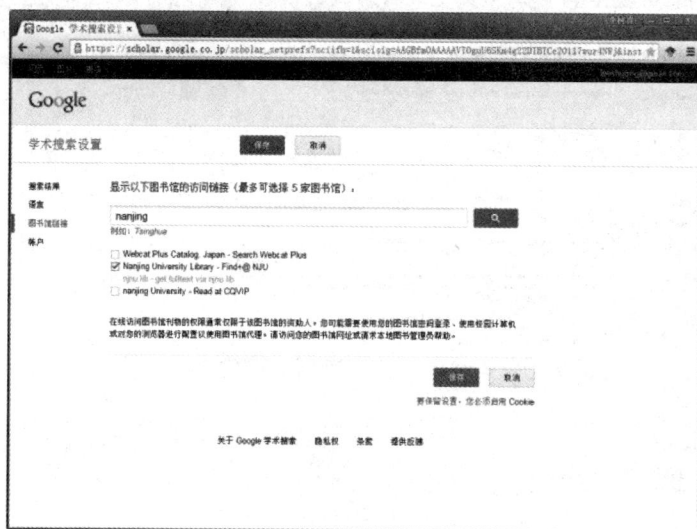

图7.32   在Google学术搜索中设置图书馆链接（截取于2015-4）

其次,此时检索任何相关文献信息,都可以看到相关的图书馆链接。如图 7.33 所示检索"博弈论"时显示的指定图书馆链接页面。

图 7.33　在 Google 学术搜索中检索包含图书馆链接的文档结果(截取于 2015-4)

进一步单击某图书馆的链接即可打开相应的馆藏页面目录,如单击 Find＋@ NJU后打开的南京大学图书馆馆藏信息页面。

同时,在登录 Google 学术搜索引擎后,用户还可以使用到更多的资源,如"我的图书馆",从中可以看到自己发表过的论文结果页面,甚至单击自己的名称,还可以看到Google 学术提供的学者介绍页面,如图 7.34 所示。

另外,Google 学术搜索引擎的"统计指标"栏目还给出了很多不同语言不同学科著名期刊的排名信息,从中用户可以更为准确地了解相关学科最为重要的期刊及其相关文献。英文 International Business(国际商业)类别下的期刊及其排名信息如图 7.35 所示。

7.1.2.2　其他国外专业学术搜索引擎

互联网上还有很多专业的学术论文搜索引擎,这些搜索引擎中的很多成员都由一些著名出版集团或者技术公司开发,因此拥有大量的资源,并且还提供了很多免费论文资源。它们不仅可以检索各种期刊论文和会议论文资源,还可以检索各个学者主页站点上的文献资源、预印本[①]、专利文献和机构典藏(Institutional Repository[②])文献等。

如 BASE,它是德国比菲尔德(Bielefeld)大学图书馆开发的一个多学科的学术搜索引

---

① 预印本(Preprint)是指尚未在正式刊物上发表的学者研究成果,通过预印本的交流,可以方便专业同行专家互相了解研究进展,因此这些资料往往具有观点较为新颖、可靠性较高的特点,是一种重要的学术资源。

② 机构典藏(Institutional Repository)是开放获取(Open Access,OA)运动中的一个重要内容,它是指由高校等机构提供一个平台,允许自己机构的成员将自己个人或者所在机构的相关研究成果提交到该典藏库,并在一定范围内自由传播使用。这项运动的主要目的之一就是想改变现在单一由学术期刊或者会议来认定存储学术研究成果的局面。通常这些机构典藏所拥有的文献多为免费共享资源。

图 7.34　Google 学术搜索中的学者介绍页面（截取于 2015-4）

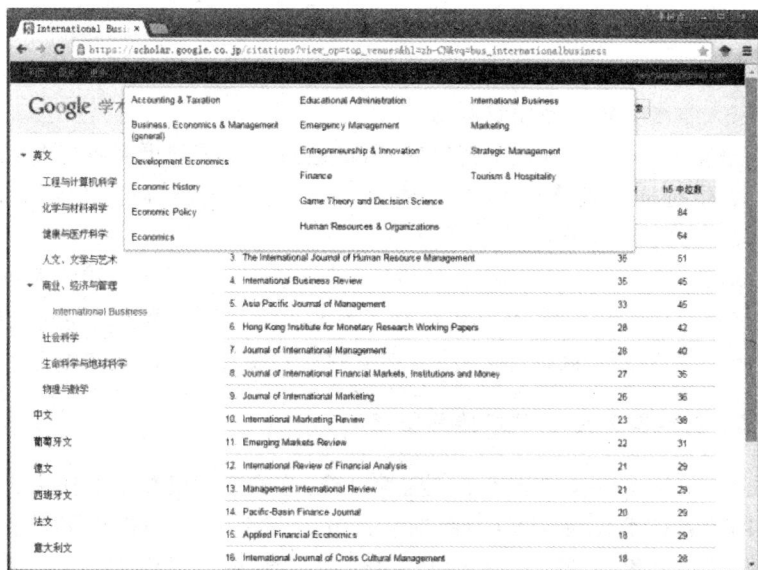

图 7.35　Google 学术搜索中的学科期刊排名信息（截取于 2015-4）

擎，提供对全球异构学术资源的集成检索服务。它整合了德国比菲尔德大学图书馆的图书馆目录和大约 160 个开放资源（超过 200 万个文档）的数据。网址为 http://www.base-search.net。默认为德文，可以更改为中文界面，主页如图 7.36 所示。

如检索 The simple analytics of developing resources from resources 文献信息，可以直接在搜索框中输入该论文名称，默认为在文献全文中模糊匹配，结果如图 7.37 所示。

用户还可以按照右栏中的选项对结果进一步检索，每个选项单击后都可以打开一个

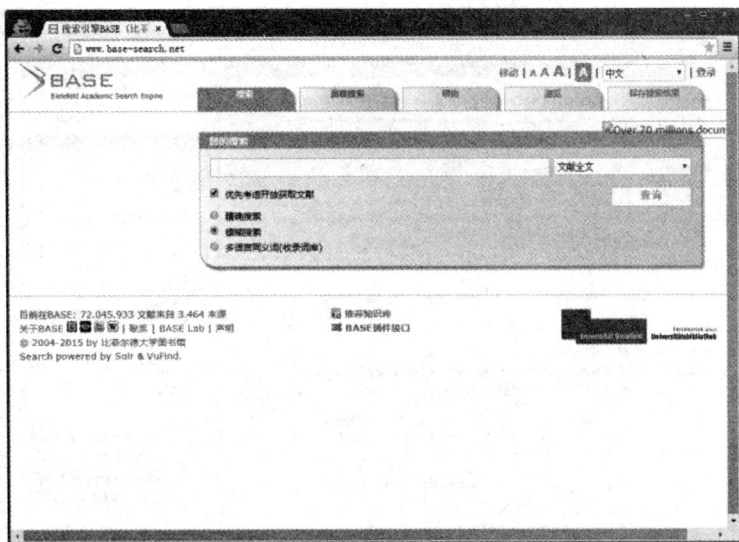

图 7.36 比菲尔德学术搜索引擎的主页界面(截取于 2015-4)

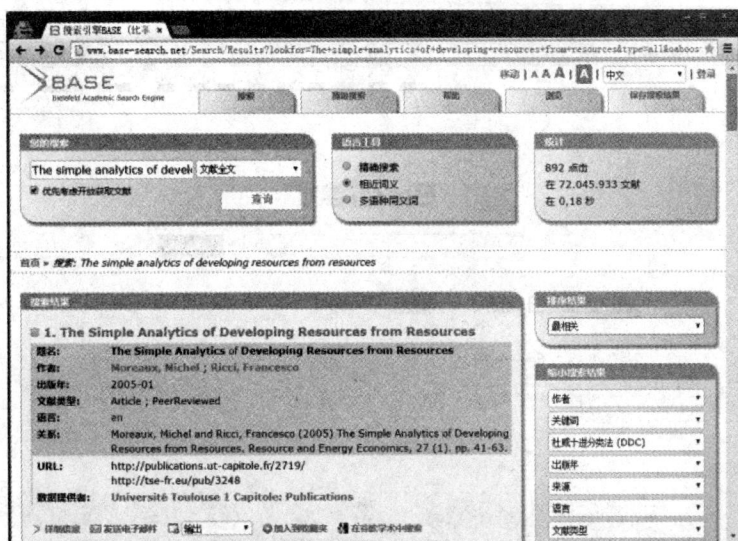

图 7.37 在比菲尔德学术搜索引擎中检索的结果页面(截取于 2015-4)

非常详细的下拉列表,选择"文献类型"页面如图 7.38 所示。

7.1.2.3 其他国内专业学术搜索引擎

百度学术搜索是国内百度公司提供的海量中英文学术资源搜索平台,2014 年 6 月初上线,涵盖了各类学术期刊和会议论文,同时还允许用户通过时间筛选、标题、关键字、摘要、作者、出版物、文献类型、被引用次数等细化指标提高检索的精准性。主页界面如图 7.39 所示。

类似于 Google 学术,百度学术也可以实现完整的学术论文检索功能,相关检索功能

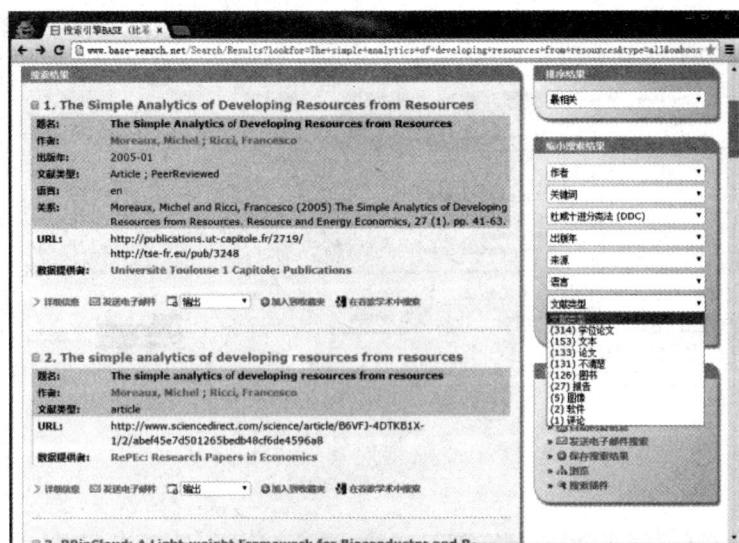

图 7.38   在比菲尔德学术搜索引擎中缩小搜索结果（截取于 2015-4）

图 7.39   百度学术主页界面（截取于 2018-2）

不再赘述。下面主要介绍其中比较独特的使用功能。

在文献检索期间，用户可以选择按照"相关性""被引频次""发表时间"三个维度分别排序。对于每个排序结果，都提供了较为方便的二次检索入口，如图 7.40 所示。

其中，用户可以选择"英文"链接只打开英文文献资源，单击相关作者和期刊可以打开对这些作者、期刊的重新检索结果界面；单击"来源"可以打开相关文献数据库的当前文献展示界面；单击每个文献结果下面的标签，还可以显示相关标签关键词的研究趋势并进行可视化对比分析。

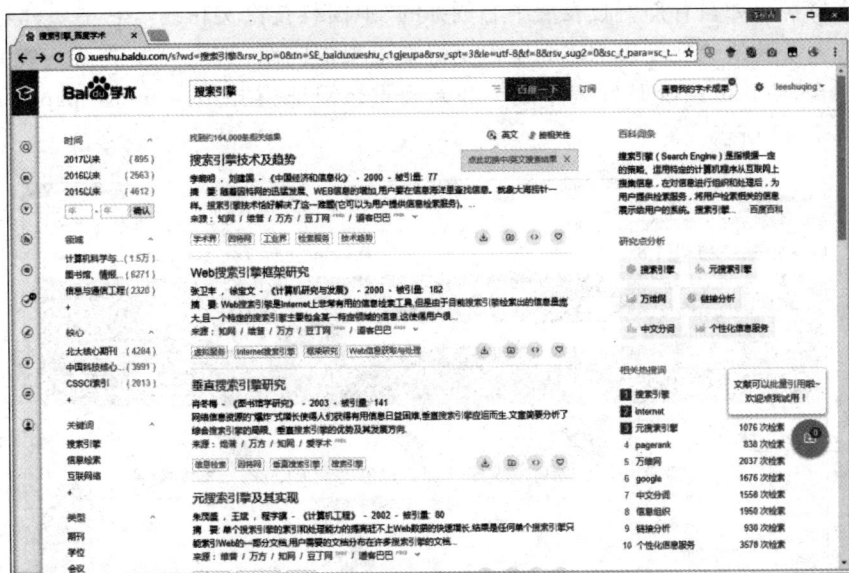

图 7.40　百度学术的文献检索结果界面(截取于 2018-2)

对于检索到的文献而言,百度学术可以提供较为完善的集成资源获取服务,如图 7.41 所示。

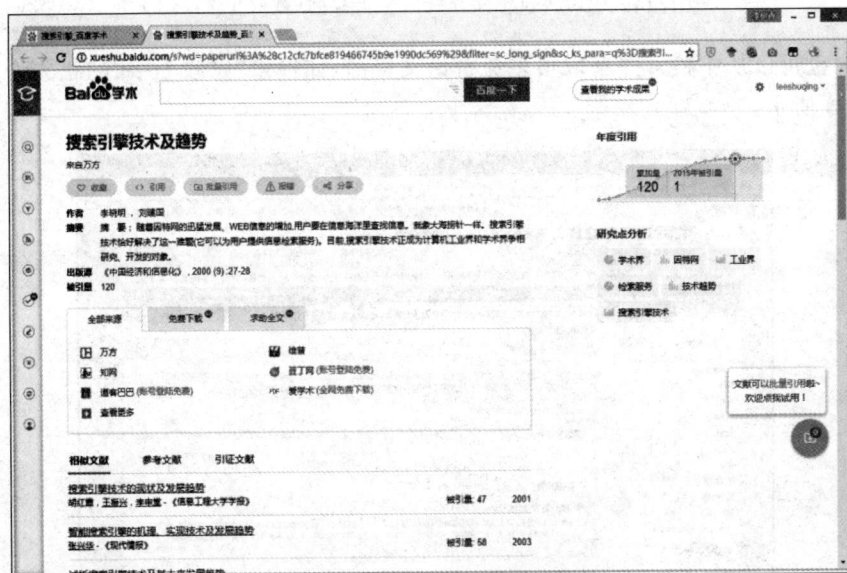

图 7.41　在百度学术中下载学术文献(截取于 2018-2)

如果具有访问相关文献数据库的内网环境或者具有相关文献数据库的登录账号,即可直接打开相应文献数据库下载文献。同时,百度学术还提供了免费下载功能,必要时还允许通过"求助全文"来通过该平台索取相关文献。

国内也有很多专门提供网络投稿服务和预印本服务的站点,也可以提供一些专业的免费论文资源。如教育部科技发展中心创办的"中国科技论文在线"，它主要针对很多科研人员普遍反映的论文发表困难和学术交流渠道窄的问题，给他们提供了一个快捷的在线交流平台，使其可以及时发表新成果和新观点。网址为 http://www.paper.edu.cn，主页如图 7.42 所示。

图 7.42　中国科技论文在线的主页界面（截取于 2018-2）

用户也可以从中检索并获取很多免费论文资源，如检索"财政赤字"的相关论文，结果如图 7.43 所示。

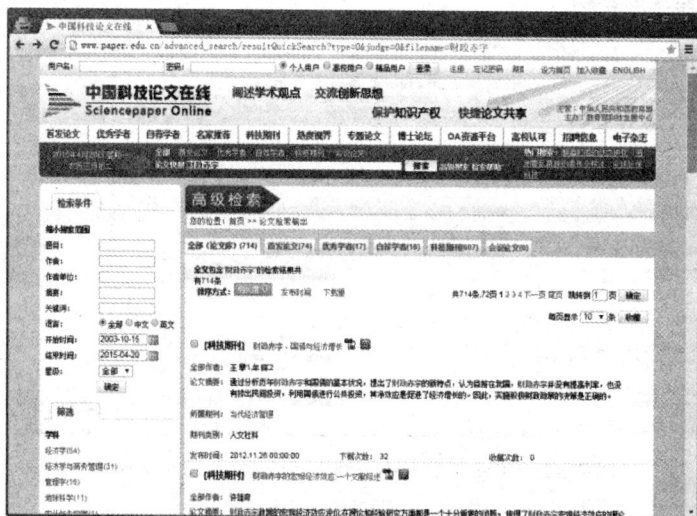

图 7.43　在中国科技论文在线中检索"财政赤字"的结果页面（截取于 2015-4）

单击其中的每篇文档记录后的 PDF 文件图标即可下载论文。用户可以按照题目、作者等字段来缩小检索范围，还可以按照"首发论文"和"优秀学者"等条件来筛选论文。

2004 年 3 月 15 日开通的"中国预印本服务系统"是一个以提供预印本文献资源服务为主的学术交流平台,该系统由中国科学技术信息研究所与国家科技图书文献中心联合建设,包括国内预印本服务和国外预印本门户两个子系统。网址为 http://prep.istic.ac.cn,主页如图 7.44 所示。

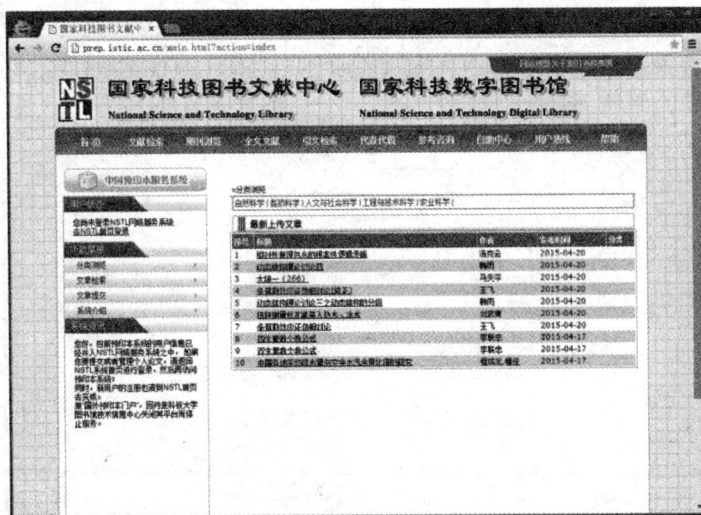

图 7.44　中国预印本服务系统的主页界面(截取于 2015-4)

中国图书进出口公司也提供一个方便快捷的查阅国外各类期刊文献的综合网络平台"中图链接服务(cnpiec LINK service,cnpLINKer)"在线数据库检索系统,目前主要提供约 3600 种国外期刊的目次和文摘的检索、电子全文链接及期刊国内馆藏检索功能,并与国外出版社保持数据内容的一致性和最新性。网址为 http://cnplinker.cnpeak.com,主页如图 7.45 所示。

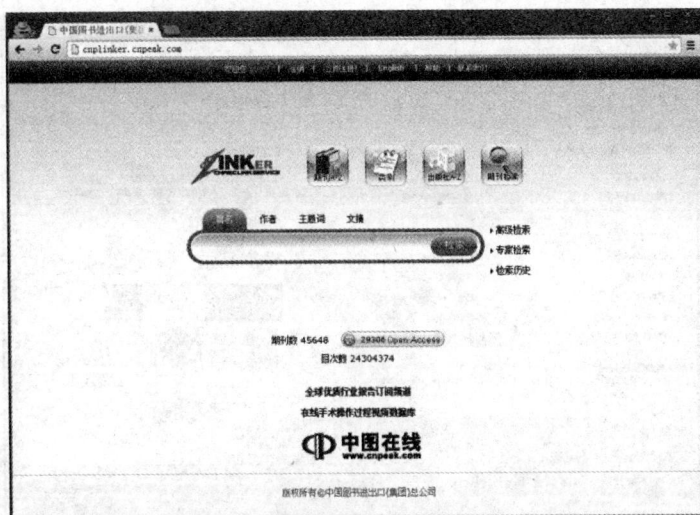

图 7.45　中图链接服务的主页界面(截取于 2015-4)

　　用户既可以通过关键词直接检索，也可以通过期刊名称和类别直接定位相关期刊并查看其详细期刊文献内容，不过很多资源都需要登录付费才能使用。如检索"经济"——"合作经济"类目下的期刊 *Annals of Public & Cooperative Economics*，其收录文献结果页面如图 7.46 所示。

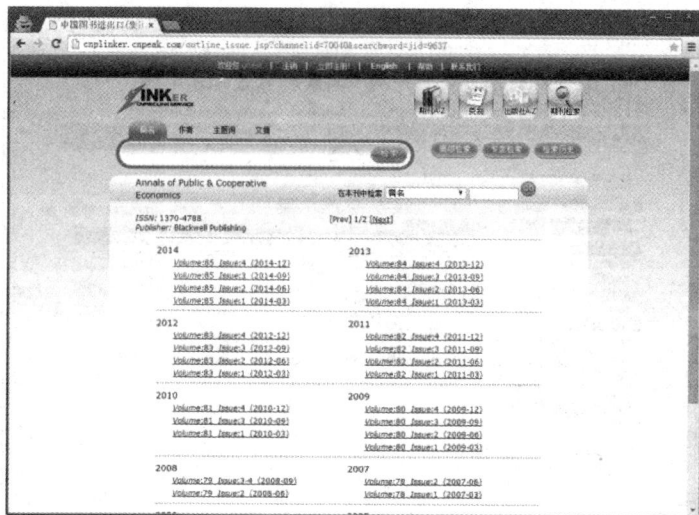

图 7.46　在中图链接服务中检索特定期刊收录的文献信息（截取于 2015-4）

　　最后介绍一个近年来比较受人关注的开放存取（Open Access）运动，该运动倡导用户可以通过互联网免费阅读、下载、复制、传播、打印和检索论文全文，或者对论文进行任何合法的使用，而不会受到经济、法律和技术方面的任何限制，当然前提是应该保证作者拥有保护其作品完整性的权利。由中国教育图书进出口公司创办的 Socolar 就是一个基于开放存取的一站式资源查询服务平台，网址为 http://www.socolar.com，主页如图 7.47 所示。

图 7.47　Socolar 的主页界面（截取于 2015-4）

如检索"电子商务"的相关资源,结果如图 7.48 所示。

图 7.48　在 Socolar 中检索"电子商务"的结果页面(截取于 2015-4)

通常在单击"Full Text(全文)"后会提示输入图形验证码,即可允许用户在线浏览文献内容。

补充说明,互联网上还有一类专门从事非正式论文文献服务的资源站点,如百度文库、道客巴巴和豆丁网等。其中,百度文库于 2009 年 11 月开始服务,到 2014 年 4 月,文库文档数量已突破一亿,目前存储的资源总数已经高达 1.9 亿,包括视频、学术论文等各种类型。主页如图 7.49 所示。

图 7.49　百度文库的主页界面(截取于 2018-2)

它的检索文献内容多为由互联网大众自行生成上传的文档,在内容上良莠不齐,但也是学习和研究中极有意义的参考资源。

从图 7.50 可以看出，用户可以进一步筛选不同的文档格式类型，还可以按照相关性、最多下载、最新上传、高评分等指标来对结果排序。

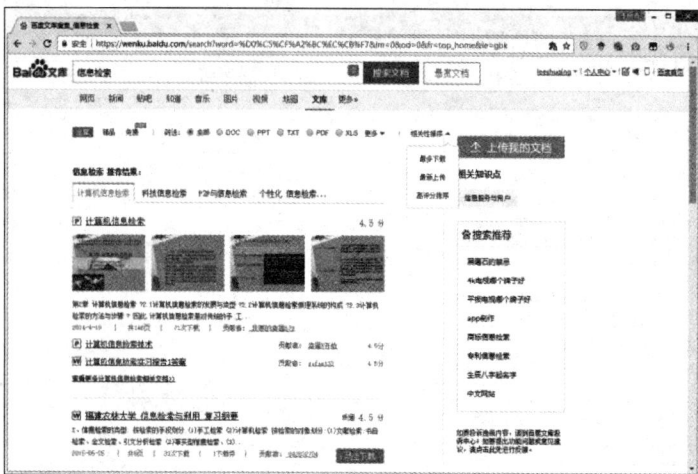

图 7.50　百度文库的"信息检索"检索结果界面（截取于 2018-2）

需要说明的是，这些文档服务一般都是收费的，有些单位可以采取机构整体购买的方式，为单位人员提供单位内免费下载的便利服务，如百度文库提供的百度教育云平台服务，如图 7.51 所示。

图 7.51　百度文库提供的百度教育云平台服务（截取于 2018-2）

7.1.3　经济管理类主题数据库论文检索

不同学科专业往往都有一些较为著名的特色全文数据库，除了这些通用型电子学术论文检索系统外，还有很多经济管理类主题数据库的论文检索系统，专门提供面向经济管理领域的重要学术文献资源服务，尤其是期刊论文文献资源。

ABI/INFOM(商业管理全文期刊数据库)收录了有关财会、银行、商业、金融、国际贸易、保险等主题的三千多种商业期刊,其中全文期刊近2500种,涉及这些行业的市场、企业案例分析、公司新闻和分析、国际贸易与投资、经济状况和预测等方面,其中全文刊超过50%。收录时间最长的期刊始于1986年。包含的子库有: ABI Archive Complete(回溯期刊数据库),ABI Trade and Industry(行业与贸易信息数据库),ABI Dateline(北美信息数据库),ABI Global / Asia Business / European Business 等。ARL(学术研究图书馆全文期刊数据库):涉及社会科学、人文、商业与经济等学科,收录期刊3168种,其中全文期刊2229种,可检索1971年以来的文摘和1986年以来的全文。截至目前,ARL中已经收录了2400余种全文出版物。用户可以通过 ProQuest Information and Learning 网站来获取相关信息资源,网址为 http://search.proquest.com,主页界面如图7.52所示。

图7.52　商业管理全文期刊数据库(ABI/INFOM)的主页界面(截取于2015-4)

美国经济学会经济学全文数据库(Econlit with Full Text)是由 EBSCO[①] 公司与美国经济学会(American Economics Association,AEA)共同制作,包含了美国经济学会经济学文献所有内容,还收录了多种全文期刊。该经济学全文数据库涉及广泛,涵盖了公共经济学、计量经济学、经济预测、环境经济学、政府规划、劳工经济学、货币理论、货币市场、区域性经济及都市经济等相关领域。同时,AEA还负责出版三份重要经济类学术期刊,分别是《经济文献杂志》(*Journal of Economic Literature*)、《经济学展望》(*Journal of Economic Perspective*)和《美国经济评论》(*American Economic Review*)。登录后可以看

---

① EBSCO 的全称为"Elton B. Stephens. Company",是以创始人命名而成立的大型文献服务公司,总部在美国,提供期刊、文献订购及出版等服务,内容主要包括两个全文数据库,分别是 Academic Search Premier 和 Business Source Premier。

到包括"EBSCO 学术检索大全"（全学科及商管财经学科）、"Business Searching Interface logoEBSCO 商管财经类非刊资源（行业报告,产业报告等）统一检索平台"和"EBSCO 经济学全文期刊数据库"（Econlit with Full Text）在内的多个检索子系统。网址为 http://search.ebscohost.com,主页如图 7.53 所示。

选择"EBSCO 经济学全文期刊数据库",如检索 Economic growth（经济增长）的相关论文,结果界面如图 7.54 所示。

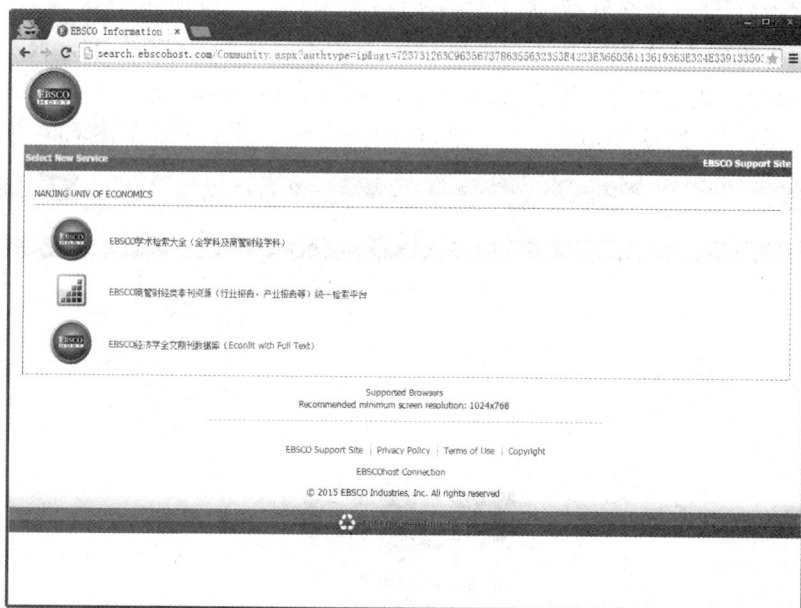

图 7.53　美国经济学会经济学全文数据库的主页界面（截取于 2015-4）

图 7.54　在美国经济学会全文数据库中检索 Economic growth 的结果界面（截取于 2015-4）

用户还可以通过"精确搜索结果"提供的功能,选择合适的论文类型,如"全文"(Full Text)、"学术(同行评议)期刊"Scholarly(Peer Reviewed)Journals[①]和"图像快速查看"(Image Quick View)。

7.2　利用引文信息获取相关学术研究资源的基本方法

学术研究需要研究者了解和获取相关研究领域的主要文献资源,传统的方式主要利用导师介绍和推荐阅读等参考资源。但是,对于一些较为新颖的研究方向,尤其是当一些研究者很难找到参考资源的研究方向的时候,就需要研究者自己掌握一些获取相关文献资源的获取方法,当然在这些资源中,论文资源是最为重要的一块内容。其中,基于引文分析的方法就是一种极为有效的论文资源获取方法,本节主要结合参考文献和引文索引的使用对此进行介绍。

7.2.1　参考文献查询与管理

参考文献,顾名思义,就是一篇诸如论文等文献所引用的文献目录,通常附在文献的末尾。规范的参考文献格式比较严格:

第一,文献中必须注明哪些地方引用了哪一篇参考文献,如:

"社会上普遍存在的规范内化现象表明它在人类演化的历史进程中可能具有非常重要的适应性价值。Gintis(2003)认为,内化规范可以提高个体的适应性。"[②]

其中的"Gintis(2003)"就是一个参考文献的标注点[③]。

第二,相应的参考文献内容格式也非常严格,要给出详细的说明,如文献作者、篇名、出处和页面等信息。上述"Gintis(2003)"的参考文献内容为:

"Gintis, Herbert, 2003, 'The Hitchhiker's Guide to Altruism: Gene-culture Coevolution and the Internalization of Norms',Journal of Theoretical Biology,Vol.220, pp.407—418."

此处,我们对这种格式和要求并不在意,但是必须明白参考文献的作用,它反映了文献作者在写作此篇文献时所使用的相关学术资源,这些资源对本篇文献的内容提供了很多基础性的帮助,也和文献的主旨和研究内容具有很大的关联性。因此,如果看到了一篇非常满意的文献,并想对相关文献进行进一步的了解,获取该文献的参考文献就是一种有效的研究方法。而且,这些参考文献的内容十分详细,我们完全可以使用诸如Google学术搜索等电子论文获取方法来获取相关的文献。

---

① Scholarly Journal 是指学术型期刊,Peer Reviewed Journal 是指同行评议期刊,两者意义基本相同,但是在严格意义上说,同行评议期刊要求更高,一般只有经过同行专家评议通过的论文才有可能被发表。详细说明请参见美国康奈尔大学(Cornell University)图书馆的"Distinguishing Scholarly Journals from Other Periodicals"说明页面,网址为http://www.library.cornell.edu/olinuris/ref/research/skill20.html。

② 韦倩.增强惩罚能力的若干社会机制与群体合作秩序的维持[J].经济研究,2009,(10):133-143.

③ 不同的期刊和学术会议都有自己的参考文献格式要求,此为《经济研究》杂志的参考文献标注格式。

　　随着研究的深入，我们会得到很多的参考文献，而且这些参考文献的主题也会具有很大的差别。如果不能很好地对其进行统一管理，我们就难以在写作论文期间和研究期间快速找到和选取相应的参考文献资源。

　　目前，有很多专业的参考文献管理工具可以帮助我们完成这个工作，如 EndNote 和 RefWorks 等。本节主要结合 EndNote 来谈论。EndNote 是由美国汤姆逊（Thomson）公司下属的 Thomson ResearchSoft 开发，它主要提供一种个人文献书目管理、文献管理和题录管理的功能，用于帮助用户建立和管理个人的参考文献资料，并可以在撰写文稿的同时，实现即时插入参考文献并同步生成规范的、符合出版要求的文后参考文献。官方站点的网址为 http://www.endnote.com，主页如图 7.55 所示。

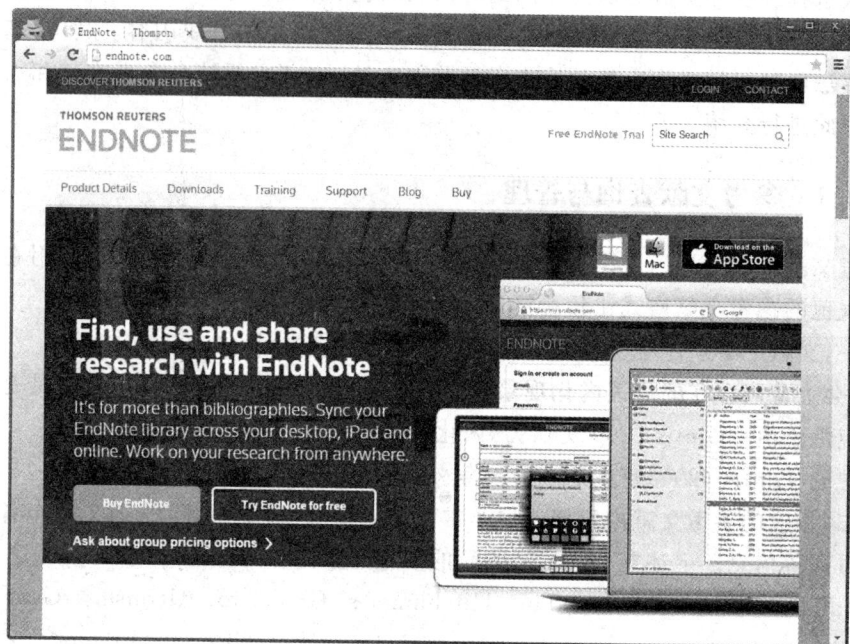

图 7.55　EndNote 的主页界面（截取于 2015-4）

　　它是一项付费服务，但也提供了一个为期一个月的试用版本。下面按照一个完整的操作流程介绍结合 Google 学术搜索和 EndNote 的基本使用方法和技巧。

　　一是打开 EndNote，在欢迎界面上选择"创建一个新的 EndNote 库"（Create a new EndNote library），以后可以在此库中存放指定的参考文献目录信息。所以，用户可以根据需要建立多个不同的 EndNote 库，分别存放不同主题的参考文献目录信息，程序界面如图 7.56 所示。

　　二是在 Google 学术搜索中设置 EndNote 作为默认的文献管理软件，在"学术搜索设置"页面中将"文献管理软件"设置为"EndNote"，选择"保存设置"，页面如图 7.57 所示。

　　三是在 Google 学术搜索检索所需的文献资源时，会发现每条文献记录的下边都有"更多"的链接，单击后会出现诸如"导入 EndNote"这样的超链接，如图 7.58 所示。

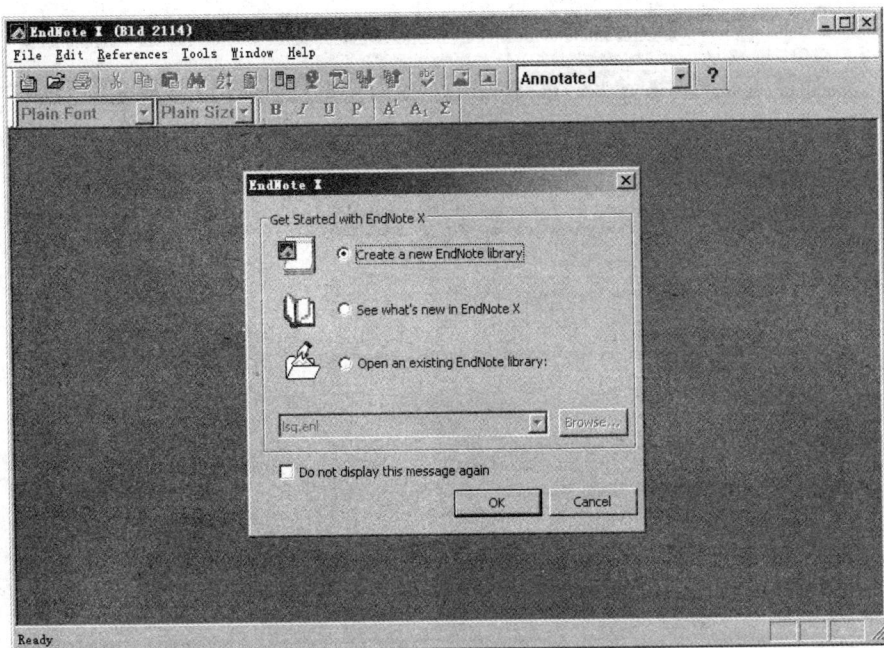

图 7.56　在 EndNote 程序的欢迎界面中创建新的 EndNote 库（截取于 2015-4）

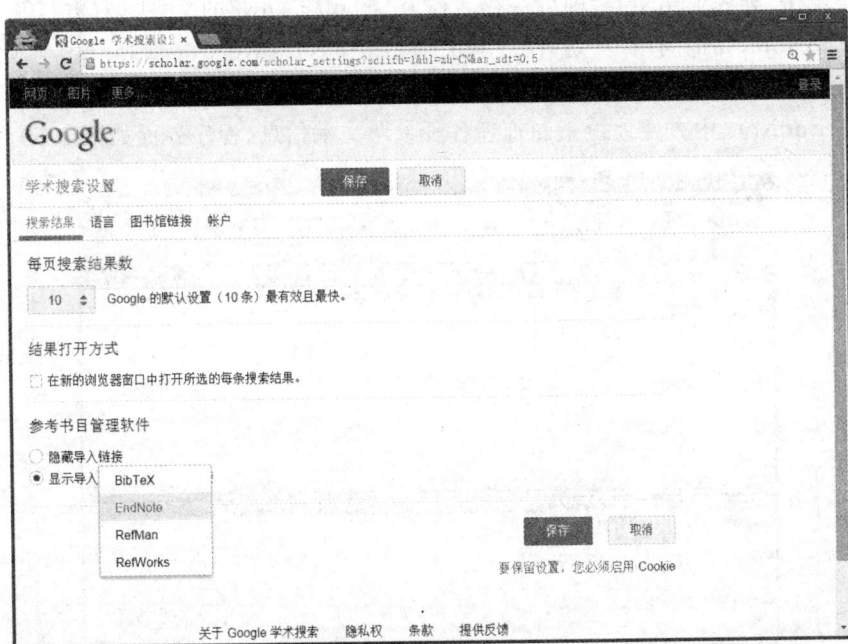

图 7.57　在 Google 学术搜索中设置 EndNote 作为默认的文献管理软件（截取于 2015-4）

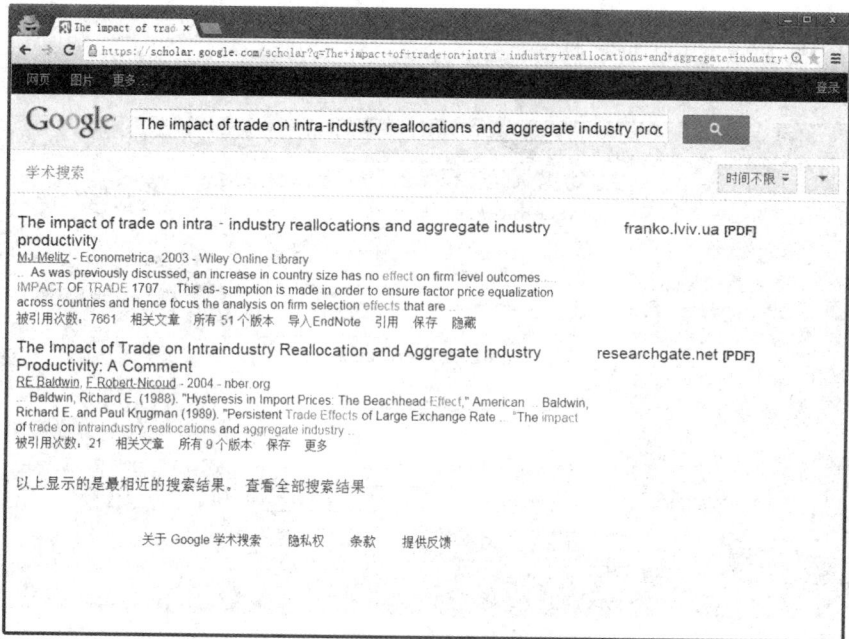

图 7.58　显示"导入 EndNote"的 Google 学术搜索检索结果页面（截取于 2015-4）

　　直接单击"导入 EndNote"即可保存名称为"scholar. enw"的文件。双击打开此文件，会启动 EndNote，并询问用户"选择要引用的库"（Select a Reference Library），此时选择第一步时创建的 EndNote 库，即可将此文献的参考文献信息导入到此库中。随后，用户就可以在 EndNote 中方便地检索和管理各种参考文献信息，程序界面如图 7.59 所示。

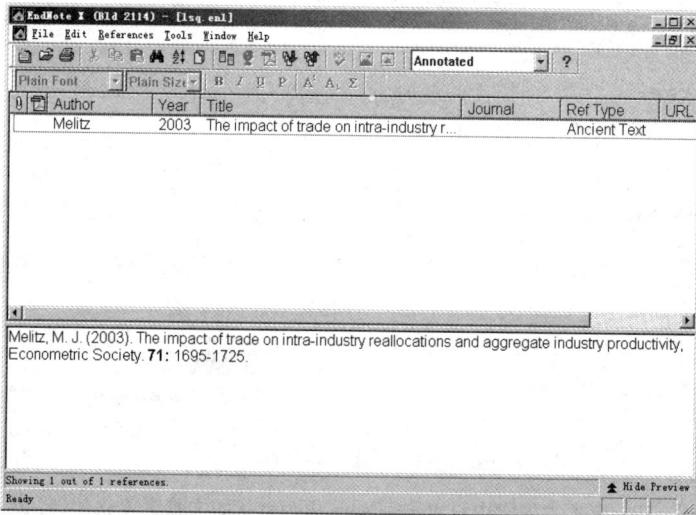

图 7.59　在 EndNote 程序中查看参考文献的详细信息（截取于 2015-4）

　　四是可以在写作论文期间利用 EndNote 辅助参考文献的插入和格式排版。如在 Office Word 中，定位到需要插入参考文献的位置处，单击 EndNote 工具栏中的"查找引文"(Find Citations)，会启动 EndNote 并询问用户"选择要引用的库"(Select a Reference Library)，选择含有所需参考文献信息的库后，即可打开 EndNote 的检索界面，此时可以根据关键词进行全字段检索，检索到所需参考文献后，单击 Insert 按钮即可完成插入操作，如图 7.60 所示。

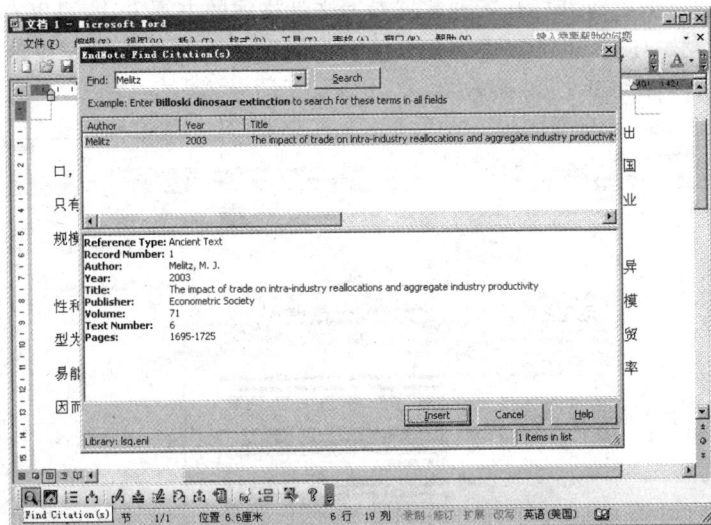

图 7.60　在 Office Word 文档中插入查询到的 EndNote 参考文献信息（截取于 2015-4）

默认的参考文献格式可能不符合要求，可以单击 EndNote 工具栏中的"格式化目录"(Format Bibliography)，此时可以打开"EndNote 格式化目录"(EndNote Format Bibliography)设置界面，选择所需的输出格式即可，如选择常见的 Numbered（数字序号）格式，即可自动插入"[1]"标注并且在文后插入相应的参考文献信息，如图 7.61 所示。

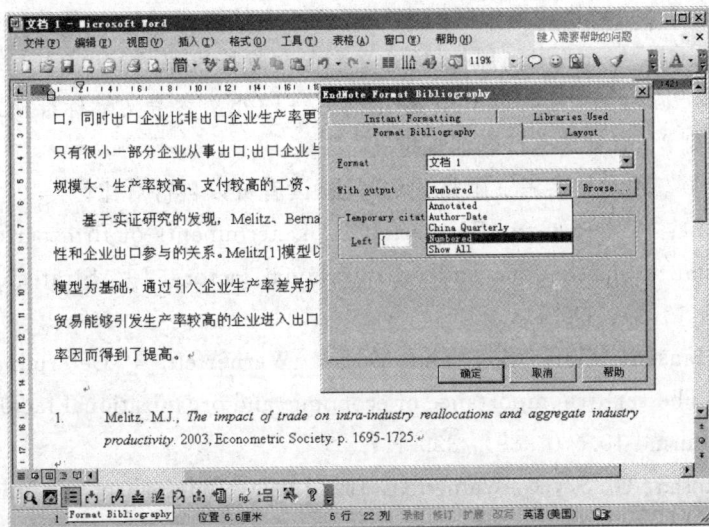

图 7.61　在 Office Word 文档中对 EndNote 插入的参考文献进行格式排版（截取于 2015-4）

除了使用这些专业参考文献管理工具外，很多学术搜索引擎和数据库也提供了参考文献的管理方式。如 Google 学术搜索引擎，它就可以提供参考文献的格式导出这种实用功能。如检索文献"Determinants of firm performance：The relative importance of economic and organizational factors"，对于命中的每条记录，都可以在下方看到一个空心双引号的链接，单击后即可打开三种常见参考文献格式的书写方法，可以右击所需条目选择"复制"即可粘贴使用，也可以进一步单击下方的链接将其导入成专业参考文献管理工具的特定格式，界面如图 7.62 所示。

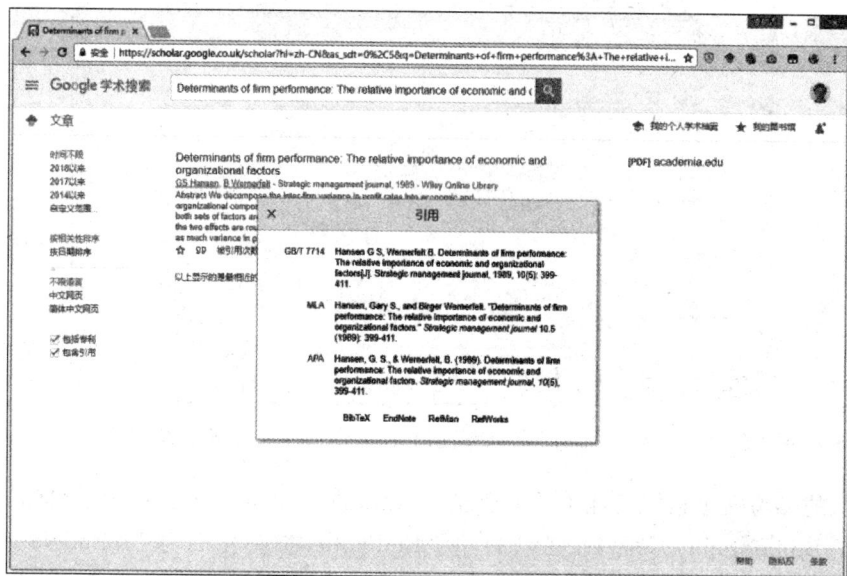

图 7.62　在 Google 学术搜索引擎中选择参考文献的导出格式（截取于 2018-2）

其中，"GB/T 7714"格式为中国国家标准参考文献格式，MLA 是美国现代语言协会（Modern Language Association）制定的外文参考文献标准格式[1]，APA 是美国心理学会（American Psychological Association）制定的另一种外文参考文献标准格式，由《美国心理协会刊物准则》一书对其进行详细规定[2]。

下面展示了三种常见参考文献格式的写法，读者可以自行对比。

GB/T 7714：Hansen G S，Wernerfelt B. Determinants of firm performance：The relative importance of economic and organizational factors［J］. Strategic management journal，1989，10(5)：399-411.

MLA：Hansen，Gary S.，and Birger Wernerfelt. "Determinants of firm performance：The relative importance of economic and organizational factors." Strategic management journal 10.5 (1989)：399-411.

APA：Hansen，G. S.，& Wernerfelt，B. (1989). Determinants of firm performance：

---

①　MLA 的官方标准说明网站网址为 http：//www. mla. org/style。

②　APA 的官方标准说明网站网址为 http：//www. apastyle. org。

The relative importance of economic and organizational factors. Strategic management journal，10(5)，399-411.

同时，国内的万方数据库也可以提供更适合国内文献的参考文献格式管理功能。在每条检索到的文献记录结果页面中，标题下方都有一个"导出"的按钮链接，单击后即可将当前文献导出，而且还能管理多个保存的参考文献资源，界面如图 7.63 所示。

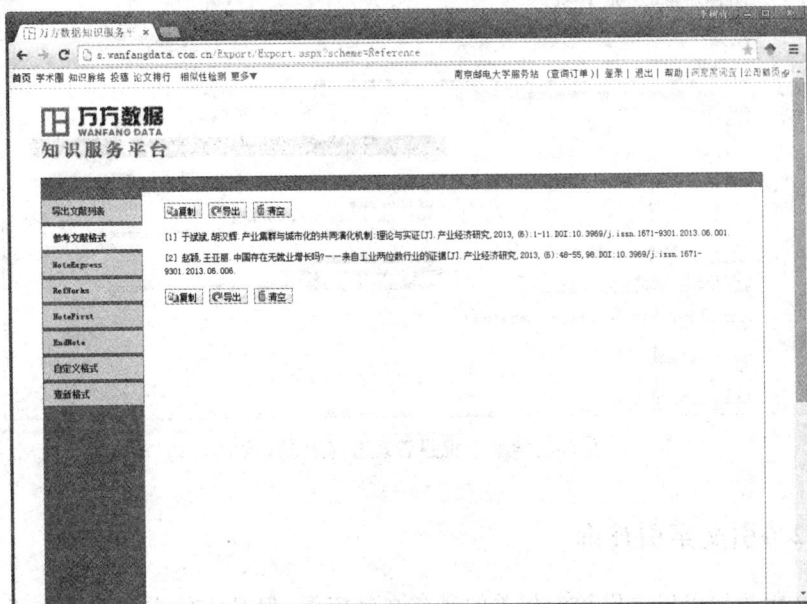

图 7.63　在万方数据库中管理导出的参考文献（截取于 2015-4）

百度学术也提供了类似的参考文献导出功能，单击每条检索论文结果中的"引用"链接，即可看到多种参考文献的下载功能，如图 7.64 所示。

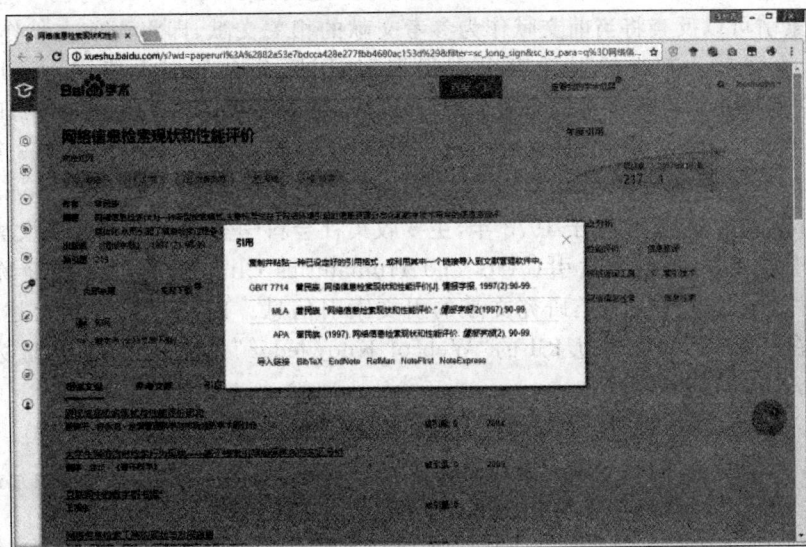

图 7.64　在百度学术中导出参考文献（截取于 2018-2）

其中的"批量下载"功能更为实用，它可以多次将不同文献的参考文献逐条加入参考文献集中管理界面，并允许用户集中进行格式处理，更为方便，如图 7.65 所示。

图 7.65　在百度学术中批量管理参考文献（截取于 2018-2）

7.2.2　引文索引查询

参考文献虽然可以提供较为相关的研究文献资源，但是它的主要缺点在于这些文献的发表时间总是早于引用该参考文献的文献，因此研究内容的新颖度总是不高。如果能够得到时间更近的相关文献，则对于研究者而言意义更大。借鉴参考文献的思想，在我们看到一篇很好的文献时，如果可以找到将此文献作为参考文献的其他文献，则这些文献具有我们所设想的特点，即内容相关和时间更近等。这就是引文索引的来历。

引文索引可以反查将当前文献作为参考文献的相关文献，即将当前文献作为被引用文献的其他文献。专业的引文索引有很多，如国际著名的三大索引：SCI、SSCI 和 AHCI。它们都是由美国科学信息研究所（Institute for Scientific Information，ISI）[1]创办出版。其中 SCI 是科学引文索引（Science Citation Index）的简称，创办于 1963 年，主要收集自然科学类研究文献的引文索引信息[2]，SSCI 是社会科学引文索引（Social Science Citation Index）的简称，创办于 1973 年，主要收集社会科学类研究文献的引文索引信息，而 AHCI 是艺术人文英文索引（Arts and Humanities Citation Index）的简称，创办于 1978 年，主要收集艺术人文类研究文献的引文索引信息。1997 年，ISI 将上述三种引文索引整合在一起，都可以通过 ISI 的"Web of Knowledge"站点来访问，网址为 http://www.webofknowledge.com。

---

[1]　该机构是由美国著名的情报学家和科学计量学家尤金·加菲尔德（Eugene Garfield）于 1958 年创办的，而这些引文索引也是由尤金·加菲尔德首次利用计算机辅助编制而成。

[2]　SCI（科学引文索引）、EI（工程索引）、ISTP（科技会议录索引）是世界著名的三大科技文献查询系统，是国际公认的进行科学统计与科学评价的主要检索工具，其中以 SCI 最为重要。

需要说明一点,这些引文索引收录的本身并非期刊全文,只是某些高质量期刊的论文目录及其引文索引信息,因此我们通常把被收录论文所在的期刊称之为源期刊。不在这些来源期刊上的论文将无法进入这些引文索引。而且,这些源期刊质量也各不一样,一般人们按照一种被称为"影响因子"(Impact Factor,IF)的指标来评价,一般而言,该值越高则期刊质量越高。

同时,对于中文文献而言,国内也有两个著名的引文索引,它们分别是 CSSCI 和 CSCD[①]。其中,CSSCI 是中文社会科学引文索引(Chinese Social Science Citation Index)的简称,它由南京大学于 1997 年开始研制,主要收集中文社会科学类研究文献的引文索引信息,网址为 http://www.cssci.com.cn,主页如图 7.66 所示。

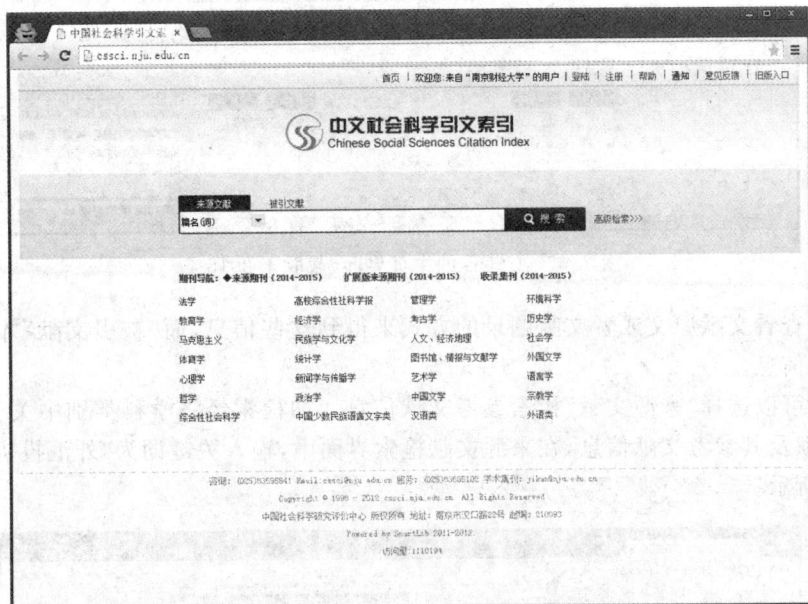

图 7.66　CSSCI 的主页界面(截取于 2015-4)

CSCD 是中国科学引文数据库(Chinese Science Citation Database)的简称,由中国科学院文献情报中心于 1989 年开始研制。用户可以从中国科学文献服务系统网站来访问,网址为 http://sciencechina.cn,它主要收录中文自然科学类研究文献的引文索引信息,主页如图 7.67 所示。

需要说明的是,这些专业的引文索引一般都是付费服务。如果要使用免费引文资源,学术搜索引擎的引文信息是个非常好的选择。

下面结合 CSSCI 和 SCI 两个专业引文数据库和搜索引擎引文服务来对引文索引的使用方法做一详细介绍。

在 CSSCI 的主页界面上主要提供了"来源文献"和"被引文献"两个检索入口。其中的"来源文献"是指检索一篇文献的参考文献信息,这个功能并非引文索引,事实上用户也

---

① 　正如 SCI 等引文索引一样,CSSCI、CSCD 和中文核心期刊所收录的中文期刊也多为国内的高质量期刊,因此它们所收录的期刊构成了国内三大常见核心期刊来源。

图 7.67　CSCD 的主页界面（截取于 2015-4）

可以使用查看文献原文或者文献题录的方式来得到这些信息，而"被引文献"才用于检索引文索引信息。

我们可以选择"来源文献"检索参考文献信息。如检索经济学科类别中关于"外汇投机"的文献及其参考文献信息，在来源文献检索界面中，输入关键词为"外汇投机"，结果如图 7.68 所示。

图 7.68　在 CSSCI 中检索"外汇投机"的结果页面（截取于 2015-4）

CSSCI 也提供了按照"类型""学科""期刊"和"年代"的精炼选项,其中还可以进一步查看文献的详细信息,甚至通过 CNKI 数据库链接来获取原文。打开文献的详细信息显示页面如图 7.69 所示。

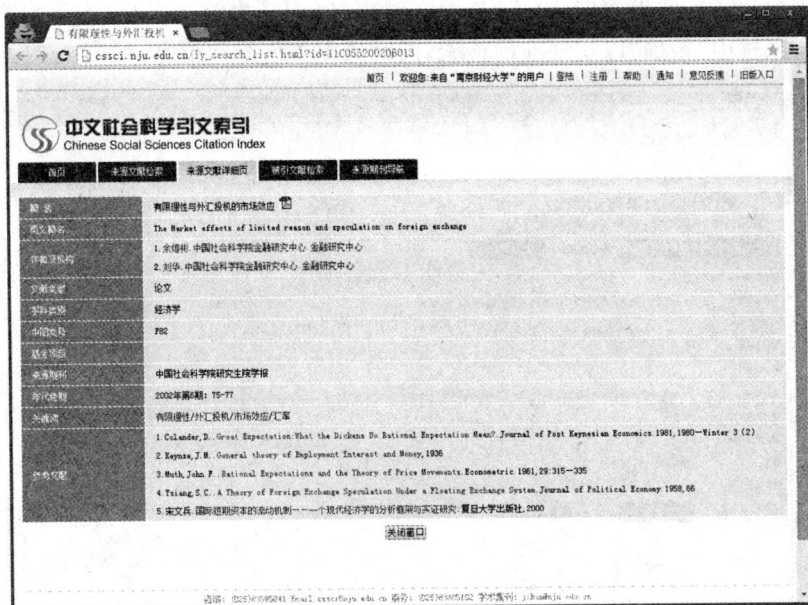

图 7.69 在 CSSCI 来源文献中查看文献详细信息(截取于 2015-4)

其中"参考文献"栏目中给出了当前文献完整的参考文献信息,直接单击即可查看详细内容,如图 7.70 所示。

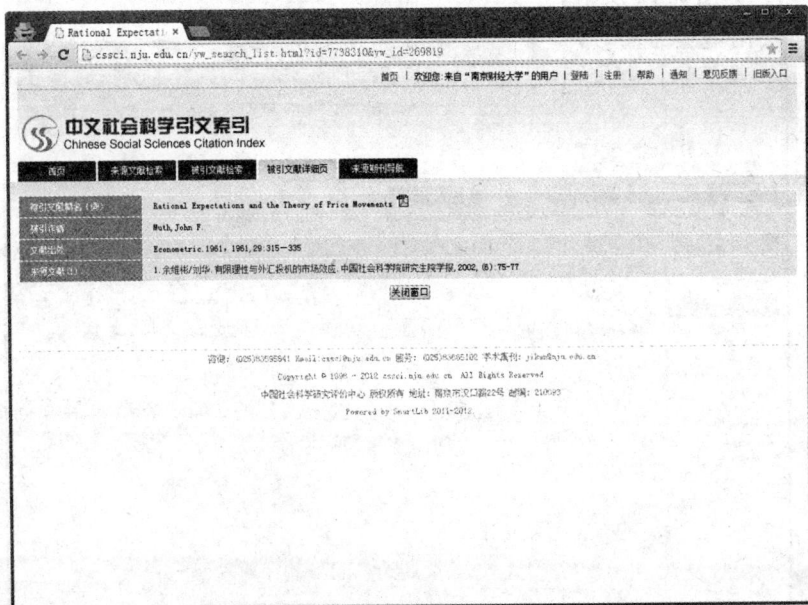

图 7.70 在 CSSCI 来源文献中查看文献详细信息(截取于 2015-4)

从中可以看出刚才的文献此时成了当前文献的来源文献。

引文索引最有价值的部分是可以选择"被引文献"检索引文索引信息。如检索"一个关于企业所有权安排的规范性分析框架及其理论含义"一文在 2013 年和 2014 年的被引情况，在被引文献检索界面中，设置"被引文献篇名（词）"为该文名称，由于对文献名称十分清楚，所以选中"精确"以实现准确检索，同时选中年份时间信息，如图 7.71 所示。

图 7.71　CSSCI 被引文献的检索界面（截取于 2015-4）

检索结果如图 7.72 所示。

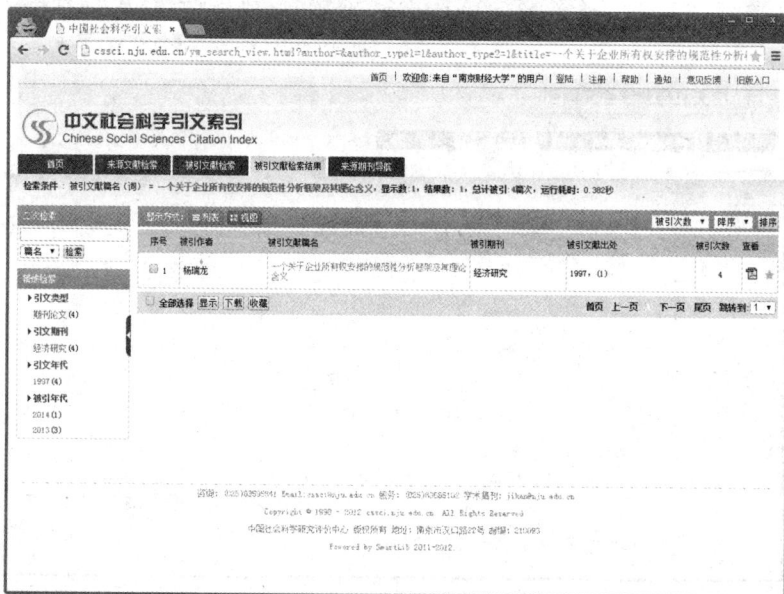

图 7.72　CSSCI 被引文献的检索结果界面（截取于 2015-4）

进一步单击文献条目,即可看到所有在指定年份引用该文献的其他来源文献,如图 7.73 所示。

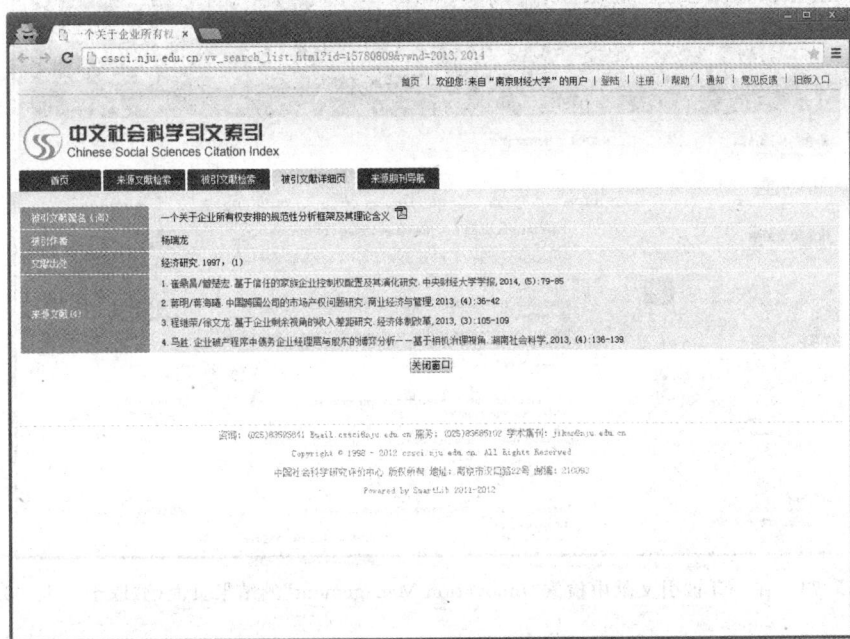

图 7.73 在 CSSCI 被引文献中查看文献被引用的详细信息(截取于 2015-4)

从这些引文中,我们继续得到所要研究课题的更多更新的相关文献,显然是一种有效的研究资源获取方法。同时,引文索引也给我们提供了一种判断学科影响力和学术研究质量的方法,即对科学生产力的评估方法,如根据被引数量等指标来判断等,这种评估指标体系显然要比传统的发文量等更为客观和有说服力。

对于 SCI 来说,获取来源文献和被引文献的方法不太一样,SCI 将这两个检索放在了一个界面中,如检索"Innovation Management"(创新管理)方面的文献,并按照"被引频次"(降序),此时高被引的文献被列在前面,并显示具体的被引频次,如图 7.74 所示。

单击其中一篇高被引文献,即可看到右边的"引文网络"提供了诸如"762 被引频次"和"72 引用的参考文献"之类的信息,分别是被引信息和参考文献情况,如图 7.75 所示。

进一步单击引文网络中的数值,即可看到详细的文献记录,如图 7.76 所示。

单击"创建引文报告"还能生成图例化的趋势图,说明被引情况的年度演化趋势,如图 7.77 所示。

"查看引证关系图"还能进一步看到更为丰富的引文演化路径,如选择"前向引证关系(施引文献)",意义是指查看引用当前文献的其他文献,并选中"1 层",意思是指引文关系都只做一级扩展,如选择二级,则对于被引文献而言,就是指不仅检索引用当前文献的其他文献,还要检索引用那些其他文献的更多文献,设置页面如图 7.78 所示。

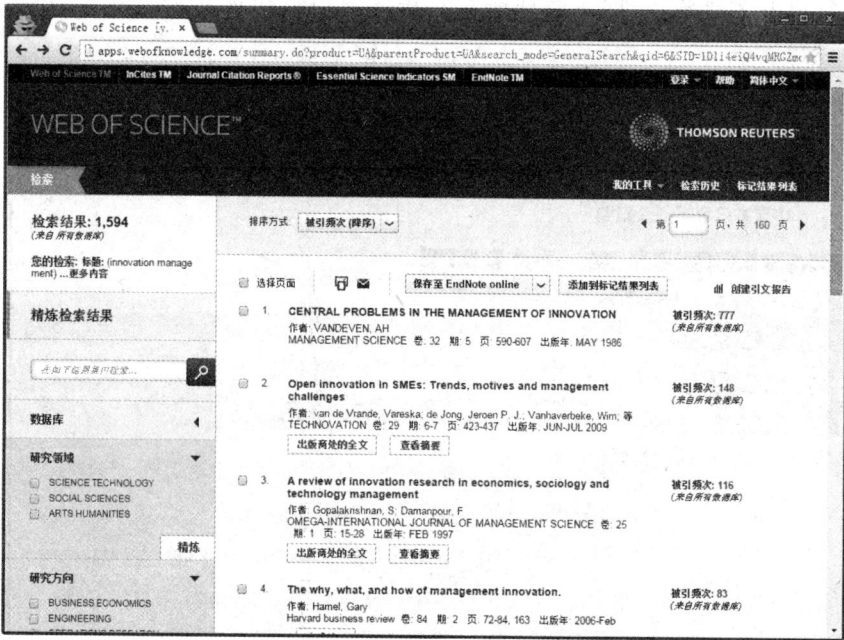

图 7.74　在 SCI 被引文献中检索"Innovation Management"的结果页面（截取于 2015-4）

图 7.75　在 SCI 被引文献中查看文献的详细记录（截取于 2015-4）

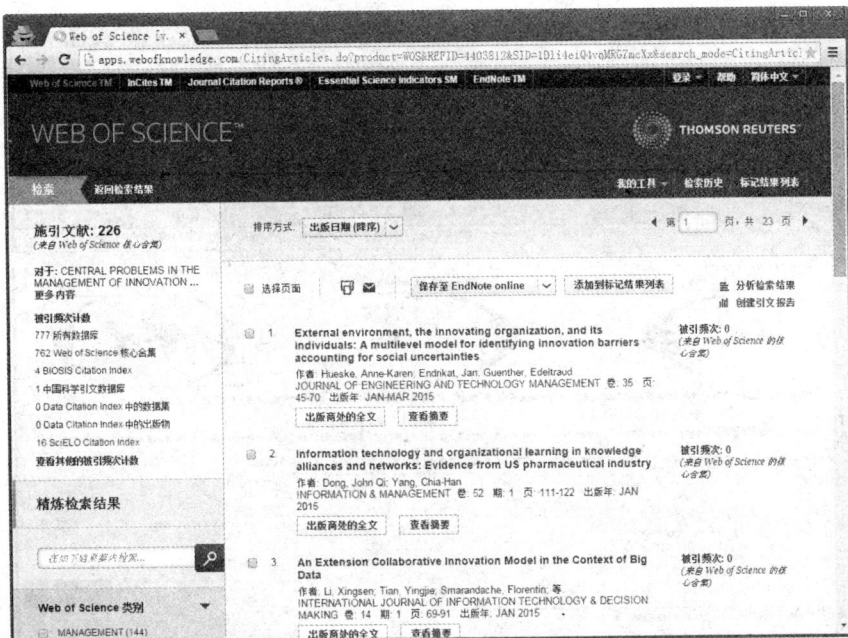

图 7.76 在 SCI 被引文献中查看文献的被引情况(截取于 2015-4)

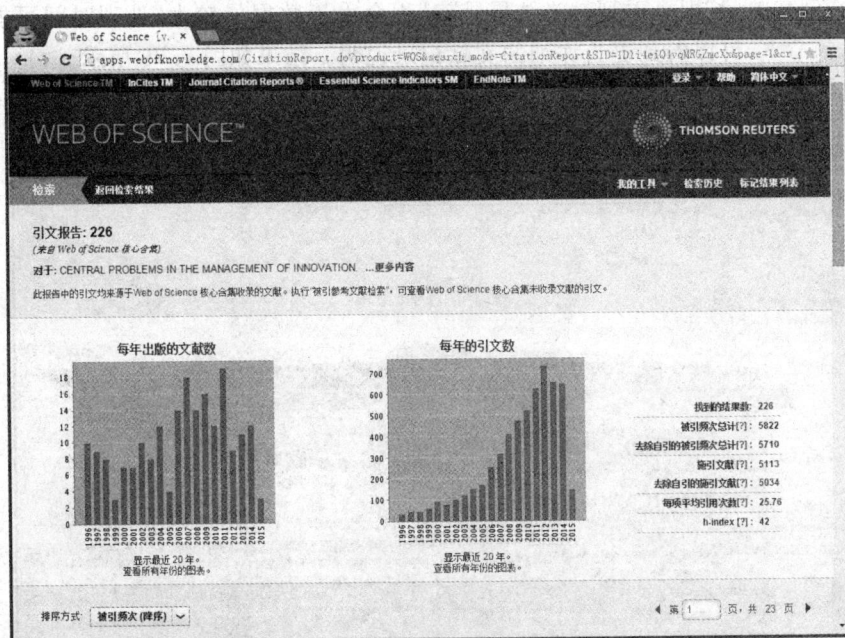

图 7.77 在 SCI 被引文献中查看文献的引文报告(截取于 2015-4)

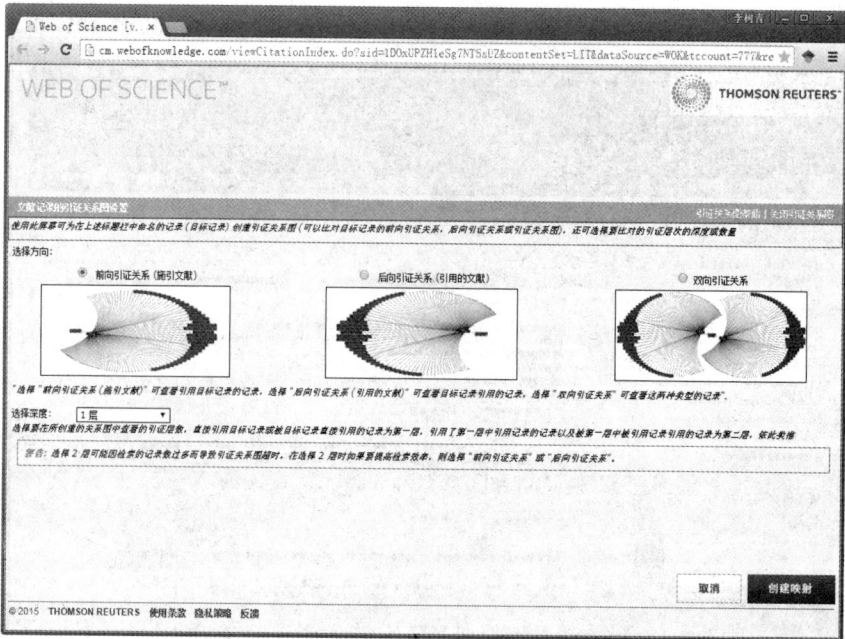

图 7.78　在 SCI 被引文献中设置"查看引证关系图"（截取于 2015-4）

单击"创建映射"即可看到最终结果，该过程会由于数据量较大，处理时间可能较长。单击具体的节点，可以看到更为详细的文献记录说明。结果如图 7.79 所示。

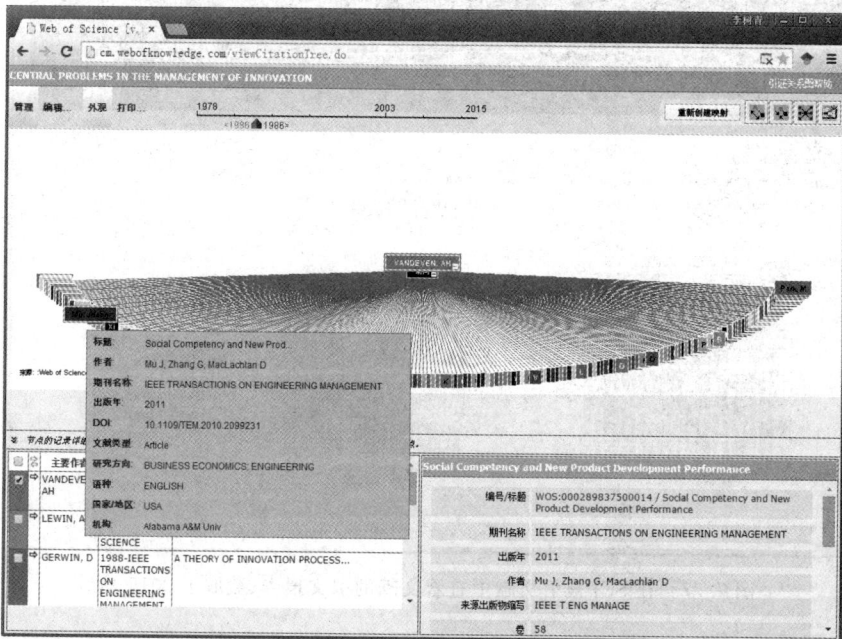

图 7.79　在 SCI 被引文献中查看"引证关系图"的结果页面（截取于 2015-4）

有些专业电子文献数据库虽然不专门提供引文索引服务，但是它们所提供的引文分析功能也非常有价值,如 CNKI 的文献引文信息就非常易于使用。它提供的"引证文献"就是引文信息,即将当前文献作为参考文献的其他文献,同时,它提供的"二级参考文献"还能查询引证文献的引证文献,而"同被引文献"则反映了与本文同时被作为参考文献引用的文献,这些文献在内容都与当前文献密切相关,可以共同作为进一步研究的基础,引文网络则提供了图例化的展示结果,相关页面如图 7.80 所示。

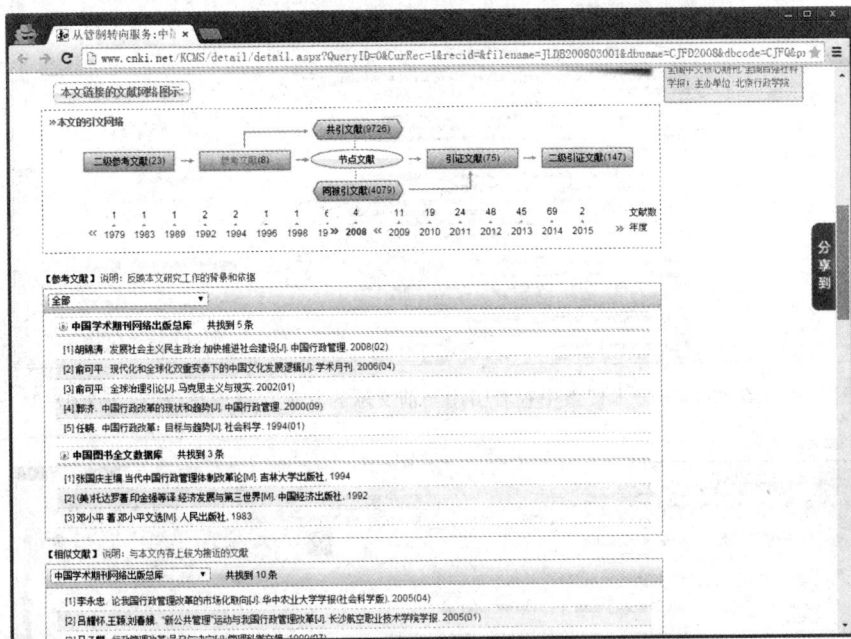

图 7.80　在 CNKI 数据库中查看引文网络(截取于 2015-4)

不过,上述方法都存在一个共同的问题,那就是需要登录和付费才能使用。其实,现代搜索引擎也提供了这种引文索引的检索方法,而且相当多的服务都是免费的,如 Google 学术搜索和 Citeseer 等。

如在 Google 学术搜索检索文献的时候,单击文献记录时,即使不能获取全文,很多网站也都提供了当前文献的参考文献资源。对于引文信息,则可以查看结果网页上的引文索引信息,如图 7.81 所示。

其中的"被引用次数"就表明了对应文献的被引次数,进一步单击该超链,还能获取这些引用当前文献的其他文献结果,如单击第一条记录下面的"被引用次数:7008",打开的页面如图 7.82 所示。

网页上部的"The economics of organization:The transaction cost approach"表明当前网页的文献结果都引用了这篇文献,并且复选"在引用文章中搜索"可以进一步在结果文献中筛选所需记录。

利用 CiteSeer 学术搜索引擎也能免费使用引文索引信息。CiteSeer 最早是由美国新泽西州普林斯顿 NEC 研究院于 1997 年创办的,它是第一个利用搜索引擎爬虫来自动获取互联网上的免费论文资源,并且利用自动引文索引(Autonomous Citation Indexing,

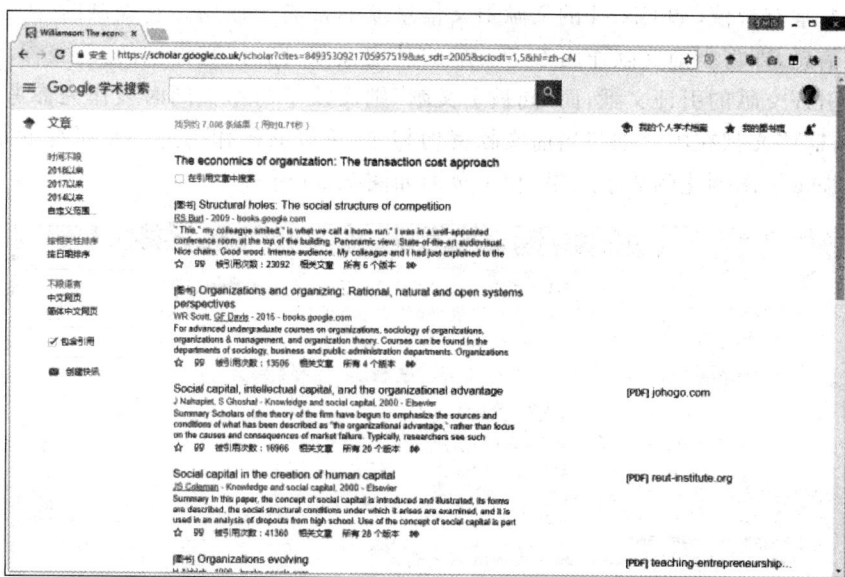

图 7.81   在 Google 学术搜索中查看引用当前文献的其他文献信息（截取于 2018-2）

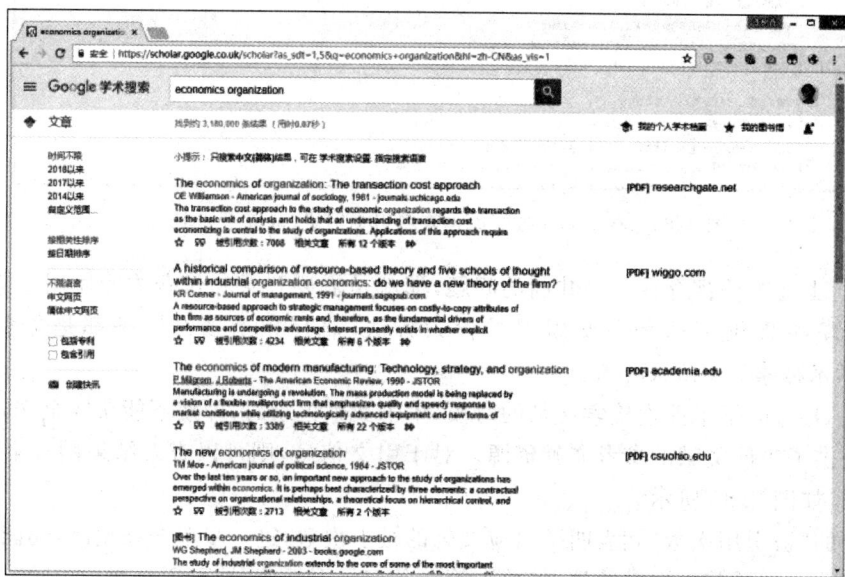

图 7.82   在 Google 学术搜索中查看文献的被引用次数（截取于 2018-2）

ACI)技术提供了引文索引的服务功能。2003 年 CiteSeer 交予美国宾夕法尼亚州大学信息科学和技术学院管理。从功能上看，CiteSeer 是一个著名的学术论文数据库，同时提供了引文索引信息，并且还可以通过引文链接的检索方式来检索文献。

同时，CiteSeer 的特色还在于这些收录论文资源多为免费资源，因为这些内容都是通过搜索引擎从互联网上获取的，它主要获取 PostScript 或 PDF 格式的论文，然后运用"新西兰数字图书馆工程"(the New Zealand Digital Library Project)中的 PreScript 程序进行文本转换得到最终的文字信息。网址为 http：//citeseerx. ist. psu. edu。主页如图 7.83 所示。

图 7.83　CiteSeer 学术搜索引擎的主页界面（截取于 2015-4）

如检索论文"China's outward direct investment：expanding worldwide"的相关论文引文情况，并选中"Include Citations"，结果如图 7.84 所示。

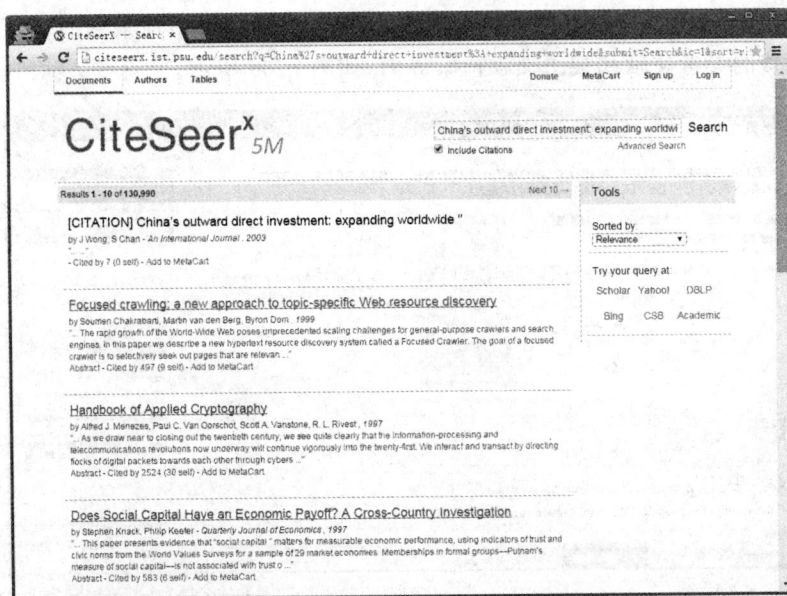

图 7.84　在 CiteSeer 学术搜索引擎中查看论文的检索结果页面（截取于 2015-4）

其中第一条记录就是该文的引文信息，下面的"Cited by 7（0 self）"说明该文被引 7 次，其中相同作者其他文章的自我引用为 0 次。单击该信息，即可看到详细的引用文献信息，如图 7.85 所示。

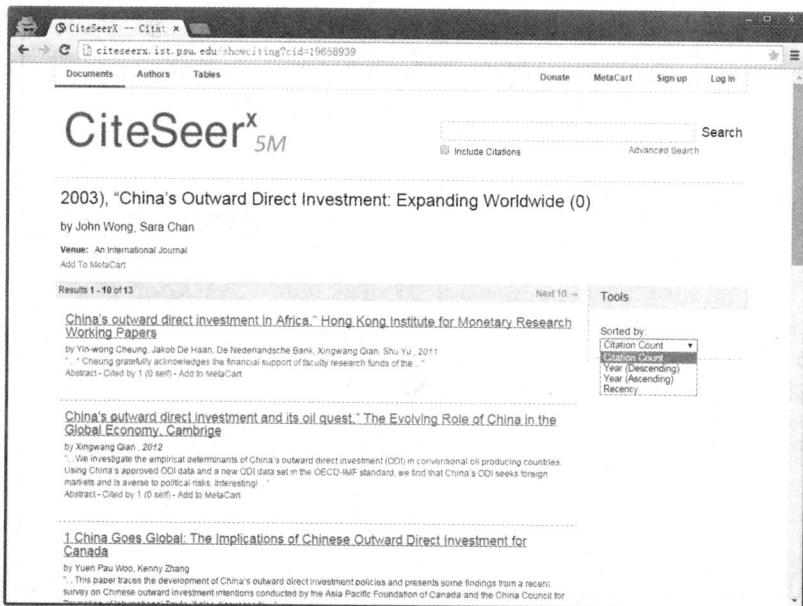

图 7.85 在 CiteSeer 学术搜索引擎中查看论文的引文信息结果页面（截取于 2015-4）

此时依然可以按照多种指标对结果进行排序，如"Citation Count"（被引次数）等。

最后，一些出版机构网站往往也会提供一些免费的参考文献和被引文献检索界面，如 Wiley 在线图书馆，网址为 http://onlinelibrary.wiley.com，其中检索到的每篇收录文献都提供了免费的参考文献和被引文献检索界面，如图 7.86 所示。

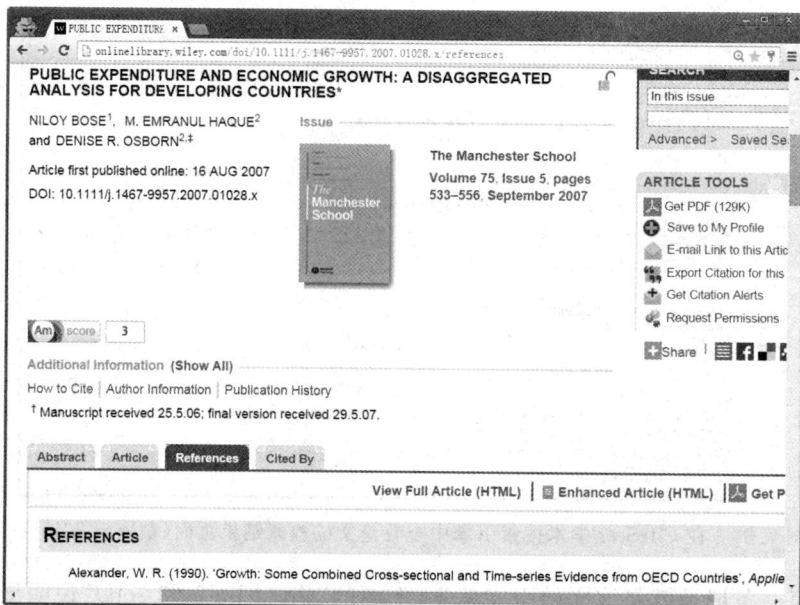

图 7.86 在 Wiley 在线图书馆中查看论文的参考文献和被引文献（截取于 2015-4）

7.2.3 结合参考文献和引文索引获取相关学术研究资源的基本方法

利用文献的参考文献资源和引文索引资源,我们可以掌握一种基本的获取相关学术研究资源的方法,这也是进行学术研究的基础。

前文已经讲过,利用参考文献主要用于获取以前的相关研究文献,而被引文献主要用于获取后续的相关研究文献,这样一来一去,我们就可以较为完整地获取到所研究内容的所有相关文献内容。但是,在这中间仍然存在很多需要注意的地方。下面结合一个学术研究案例来介绍一下相关细节。

1. 选题

首先,要对研究方向进行选题,这个非常重要,可以说,差之毫厘,谬以千里。专业些说,这就叫分析课题,主要要对该课题的新颖性、可行性和学术价值等各方面做出评价,甚至可以利用专门的科技查新服务来帮助选题。

当然,学者凭借自己的了解和相关的研究方法也可以找到研究点,也可以使用一些工具站点来帮助判断。如万方数据库就提供了"万方数据知识服务平台知识脉络",网址为 http://trend.wanfangdata.com.cn。如检索财政支出方面的研究趋势,单击"知识脉络检索",结果如图 7.87 所示。

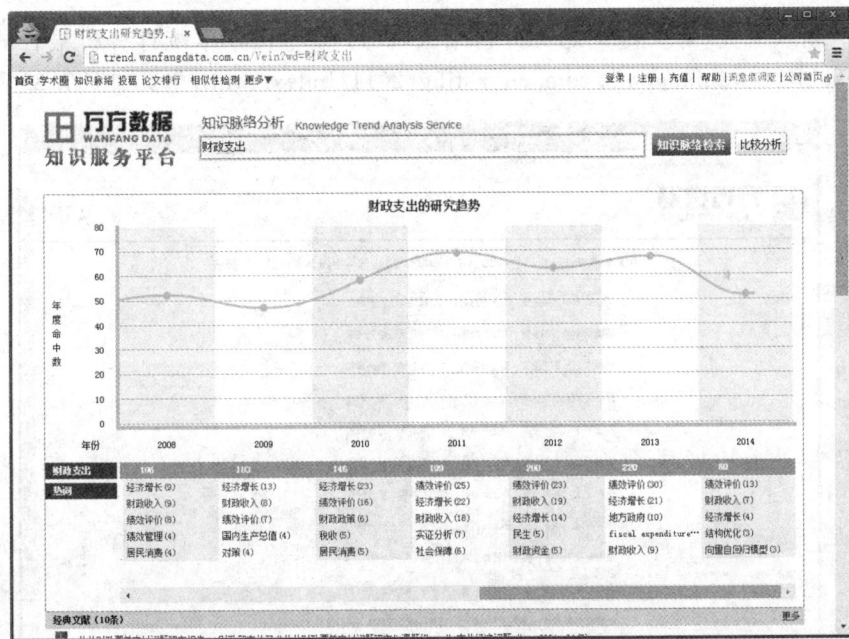

图 7.87 在万方知识脉络中查看"财政支出"的结果页面(截取于 2015-4)

它甚至还可以对比分析,如检索关键词为"财政支出,财政政策,货币政策",请注意逗号使用英文半角逗号,单击"比较分析"按钮,结果如图 7.88 所示。

同时,万方主页提供的"学术统计分析"也是一种有效的工具,它按照年度给出了中国学术统计分析报告,以学科专业分类,每个类目下给出"高关注度""高上升趋势""高下降

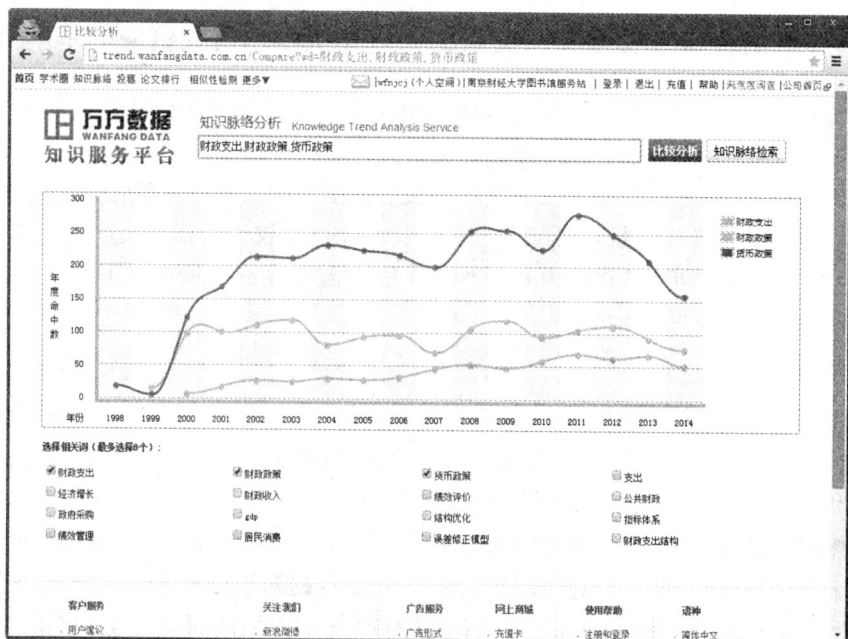

图 7.88　在万方知识脉络中查看"财政支出，财政政策，货币政策"的比较分析结果（截取于 2015-4）

趋势"和"新兴研究"等关键词趋势分析结果，2011 年中国学术统计分析报告的网址为 http://subject.wanfangdata.com.cn/xstjbg/2011/Index.html，主页如图 7.89 所示。

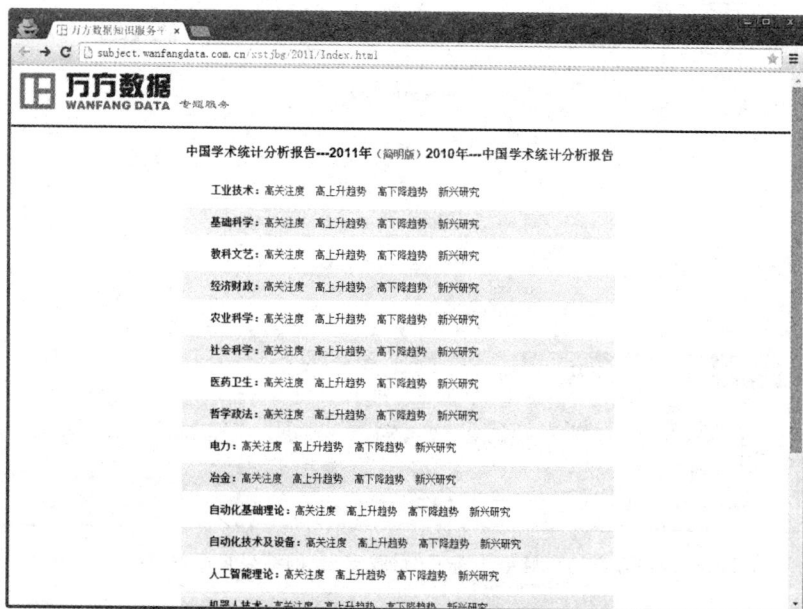

图 7.89　2011 年中国学术统计分析报告的结果页面（截取于 2015-4）

其中经济财政类的高关注度检索结果如图 7.90 所示。

万方提供的最为丰富的知识服务平台网址为 http://subject.wanfangdata.com.cn，

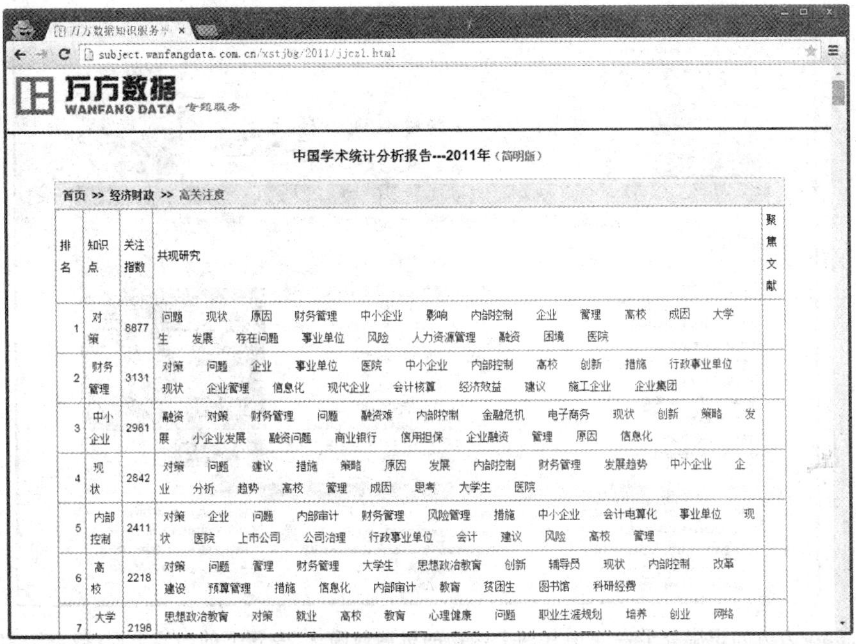

图 7.90　在 2011 年中国学术统计分析报告中查看经济财政类的"高关注度"结果页面（截取于 2015-4）

它将万方收集的所有文献资源，按照各个常见学科研究领域进行了组织和整理，提供一个非常友好的浏览入口，如"经济与法律"专题下的内容如图 7.91 所示。

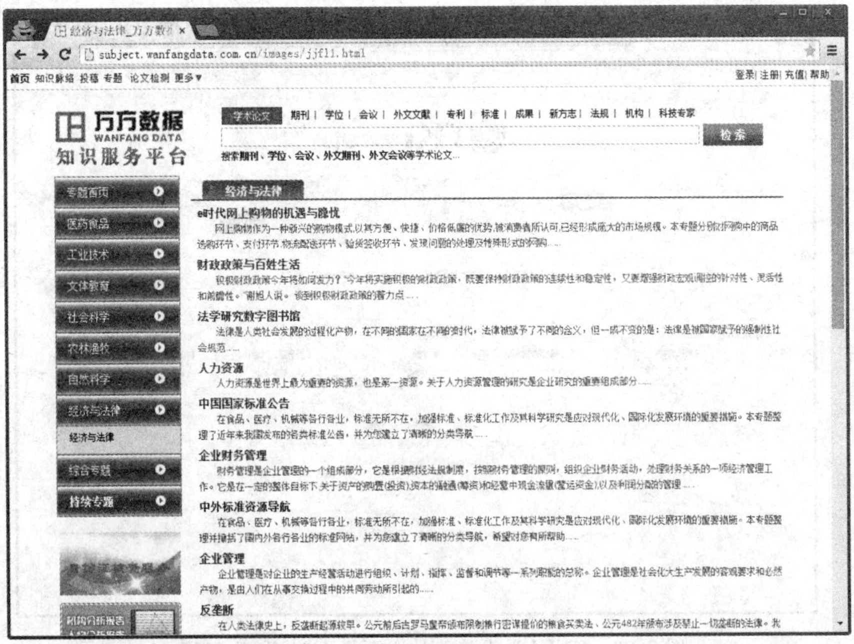

图 7.91　万方知识服务平台"经济与法律"专题下的内容页面（截取于 2015-4）

进一步单击"e 时代网上购物的机遇与隐忧"专题，打开的页面如图 7.92 所示。

图 7.92   万方知识服务平台"e 时代网上购物的机遇与隐忧"专题下的内容页面（截取于 2015-4）

　　单击其中的每个栏目内容将会打开一个具体的万方文献记录页面。这些内容都可以帮助学者更好地了解选题的方向和内容。

　　CNKI 的学术趋势效果与此很相似，网址为 http://trend.cnki.net，主页如图 7.93 所示。

图 7.93   CNKI 学术趋势的主页界面（截取于 2015-4）

　　如检索"关系营销"的学术趋势，如图 7.94 所示。

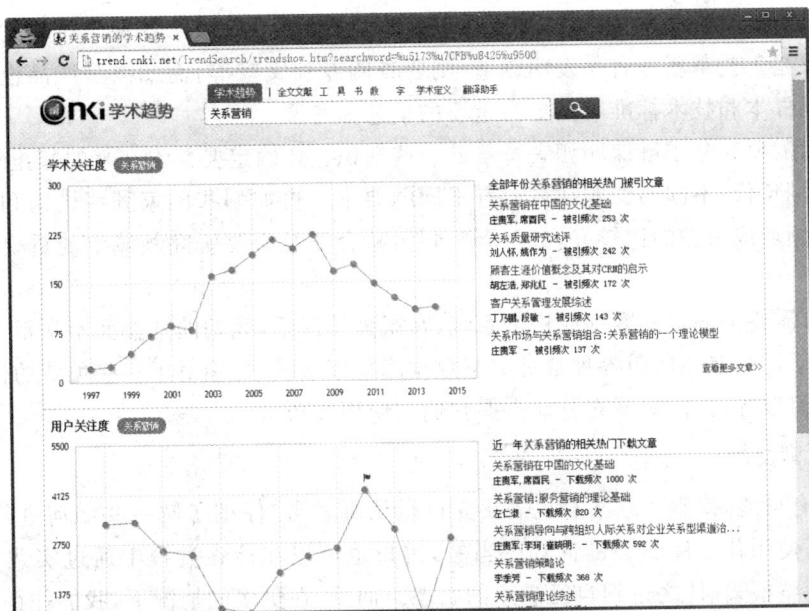

图 7.94 在 CNKI 学术趋势中查看"关系营销"的结果页面(截取于 2015-4)

同时,CNKI 的知识元数据库也可以给出选题概念的具体解释,帮助学者辨析概念的具体含义,网址为 http://define.cnki.net,如检索"消费倾向"的概念,结果页面如图 7.95 所示。

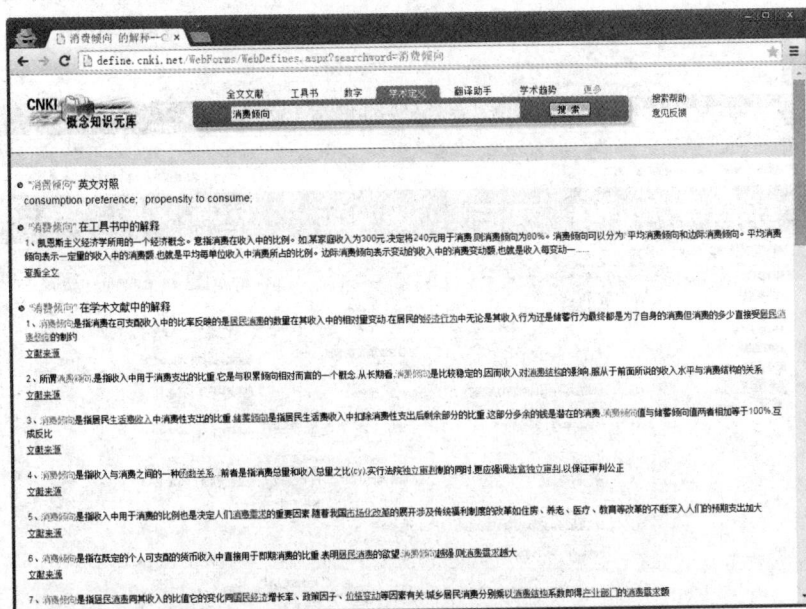

图 7.95 在 CNKI 知识元数据库中查看"消费倾向"的结果页面(截取于 2015-4)

2. 检索文献前的准备

首先,需要确定所要检索的文献类型,事实上,不同的选题都有不同的要求,如属于尖端技术，则应侧重查阅科技报告，如果属于理论研究，则可以使用各种会议论文和期刊论文等，如果是工艺革新或者是发明创造，则要查阅专利文献等，而如果是产品设计或者研发，则产品样本和技术标准则是更为重要的信息参考源。

其次，需要充分了解课题相关背景的一些知识。如确定要检索文献的起止年代，即是所谓的回溯年代，不同的课题往往会有不同的要求。再如哪些国家哪些机构和研究者在哪些研究领域成果做的比较好，甚至哪些刊物和会议是所要研究领域中的重要文献信息源等等。

最后，需要了解文献数据库检索系统，在很多情况下，我们的选择面不是很大，所以我们必须灵活地掌握和使用各种常见文献数据库检索系统，特别对于一些免费的信息源，如学术搜索引擎等，我们应该充分地掌握它们的使用技巧。

3. 检索文献

如果有可能，检索文献本身也需要先进行认真思考，仔细了解一些如何进行，该检索哪些文献，使用什么样的关键词等。当然，用户也可以在检索过程中通过实践来观察结果，不断调整检索，使之达到自己满意的状态。而且，在更多的情况下，我们往往不止检索一次，在整个科研活动中，我们要始终不断地进行各种信息资源的检索和获取工作。此时可以发现，现代互联网确实能够给我们提供非常大的便利。

其中，使用引文方法来获取相关研究文献的方法就显得比较常见和实用。

最后强调一下，CNKI的科研助手也提供了很多在科研论文撰写方面的建议和参考资源，网址为 http://elib.cnki.net/grid2008/Library/assistant/assistant.aspx，界面如图 7.96 所示。

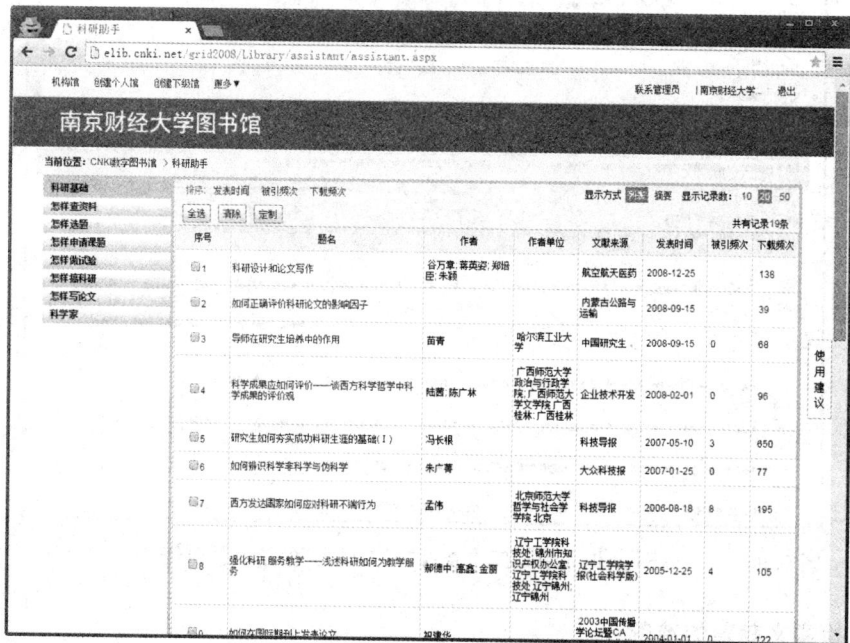

图 7.96　CNKI科研助手的页面（截取于 2015-4）

7.3 练 习 题 7

1. CNKI 含义是什么？英文全称是什么？举例说明 CNKI 系列数据库的主要种类（不少于 5 例）。

2. 解释 CNKI 的学术关注指数、用户关注指数及其含义区别。

3. 知网节是 CNKI 中重要的组成部分，请分别解释引证文献链接、共引文献链接、二级参考文献、二级引证文献。

4. 下载安装 CNKI E-study。试用其中的检索、笔记素材、生成开题报告以及论文中的插入引文功能，并结合截图演示说明具体功能及其特点。

5. 如何通过 Web 搜索引擎来获取电子学术论文？

6. 上机实践练习：检索钱伟长在清华大学或上海大学工作期间发表的论文。

7. 国际连续出版物编号是（　　）。

    A. ISSN   B. OCLC   C. ISBN   D. CSSCI

8. 通过追溯检索获得的相关文献与原文献相比在发表时间上（　　）。

    A. 早   B. 晚   C. 相同   D. 不确定

9. 期刊论文记录中的"文献出处"字段是指（　　）。

    A. 论文的作者   B. 论文作者的工作单位

    C. 刊载论文的期刊名称及年卷期   D. 收录论文的数据库

10. 利用文献末尾所附参考文献进行检索的方法是（　　）。

    A. 倒查法   B. 顺查法   C. 引文追溯法   D. 抽查法

11. 如何检索出自己所在学院教师的论文被引用情况，并说明论文被引用数据的意义。

12. 简述论文的一些共性的属性特征以及学位论文区别于另两类论文的属性特征。

13. 列举国内外著名的引文索引，说明为什么引文检索在学术文献检索中具有非常大的意义。

14. 论述 CNKI 的期刊导航功能和学位授予单位导航功能以及这两个功能的实际作用。

15. 在数据库检索中，如果检索结果量比较少，可能是什么原因？如何实现扩检？

16. 简述期刊文献在科学研究中的主要作用。

17. CNKI 的文件下载提供哪两种文件格式？这两种文件的扩展名是什么？这两种类型的文件分别使用什么阅读软件可以阅读？

18. 在 CNKI 的篇名字段中检索"近视眼的手术治疗"方面的文献，用户输入的检索式是"近视眼的手术治疗"，得到的检索结果很少，这个检索式有什么问题？如何得到更多的检索结果？

19. 分析下面检索式的逻辑结构：

（分类号＝R778.11＊题名＝术＋PRK＋准分子＋激光）＋题名＝LASIK＋LASEK

20. 以下检索练习请写出具体检索过程和要求的检索结果。

- 《企业微博营销效果和粉丝数量的短期互动模型》的作者和发表期刊是什么？
- 《企业微博营销效果和粉丝数量的短期互动模型》这篇文献的参考文献和引证文献数量各有多少篇？写出其中一篇参考文献的篇名、作者和引证文献的篇名、作者。
- 检索近5年的关于"互联网经济"的文献，并写出检索途径和检索结果（文献篇数）。
- 检索出本专业的学位论文一篇、会议论文一篇，记录它们的相关属性。写出检索途径和检索结果的信息：篇名、作者、导师、学位授予单位或会议名称、举办地点。

根据以上检索题，分析不同信息源的检索项和所显示的信息属性的不同。

第8章 经济管理类其他网络文献资源的检索

从类型上看,文献信息资源中除了图书和期刊以外,其他都属于特种文献,如会议文献、学位论文、专利文献、科技报告、标准文献等。这些特种文献在科研和企业生产过程中,往往具有重要的参考价值,充分地利用这些文献资源可以更好地帮助企业提高科技研发实力和科技竞争力。本章主要对专利、科技报告和标准文献这三种类型的网络信息检索资源及其使用方法做详细说明。

8.1 网络专利文献的检索

专利(Patent)是一种特殊的科技文献,也是世界上最大的科技技术信息源,据世界知识产权组织统计,在世界科技信息总量中,专利数量的比重可以占到90%以上,而且许多发明只能够在专利文献中才能找到。中国的专利数量也相当惊人,中国的发明专利申请总量已经从2003年的40000件增长到2013年的629612件,超过美国20多万件,中国在2013年的发明专利申请量就超过60万件,已成为全球专利产出总量最多的国家,其中华为技术有限公司、阿里巴巴、联想集团等企业在海外专利申请量位居前列,已经进入世界前五位。2014年5月,《中国专利全文数据库》共计收录专利982多万条。

从字面上理解,专利是指专有的利益和权利,该词来源于拉丁语(Litterae patentes),意为公开的信件或公共文献,它是指中世纪君主用来颁布某种特权的证明,后来指英国国王亲自签署的独占权利证书。对于一项专利,专利申请人需要首先向国家审批机构提供专利申请,在经审核后,专利人可以在规定时间内享有该专利的专有权,即非专利权人要想使用他人的专利技术,必须依法征得专利权人的同意或许可。当然,专利权人需要定时缴纳年费来维持专利的保护状态。企业使用专利更多的还是为了获得技术资料和制定商业计划,保护公司的研发成果。

我国目前有三种类型的专利,分别为发明专利、实用新型专利和外观设计专利。所谓发明专利主要面向产品、方法或者其改进所提出的新技术方案;实用新型专利和发明专利类似,但是只对有一定形状或结构的新产品进行保护,更注重实用性,其技术水平相对要低一些,通常可以称之为"小发明";外观设计专利主要面向产品的形状、图案、色彩或其结合所形成的设计,较主要保护技术思想的前两种专利而言,该种专利主要保护美术思想。

由于专利具有很大的科技信息价值，因此专利信息成为一种重要的电子文献信息资源。我们可以从专利主管机构、专利数据库和搜索引擎等途径来获取专利信息。

具体的检索途径有专利主管机构、专利数据库和搜索引擎中的专利信息检索服务等。

8.1.1   从专利主管机构检索

我国主管专利的机构是国家知识产权局，因此可以通过该站点提供的专利检索界面来访问，网址为 http://www.sipo.gov.cn/zljsfl，页面如图 8.1 所示。

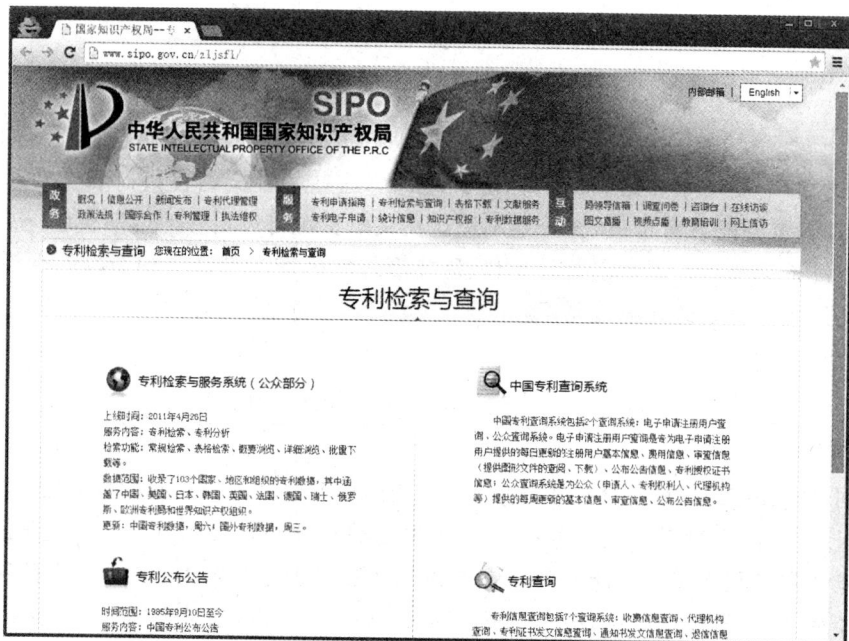

图 8.1   国家知识产权局的专利检索主页（截取于 2015-4）

用户可以根据专利号、专利名称和发明人等字段来检索。如检索关于"统计方法"的相关专利信息，此时可以在名称字段中输入"统计方法"，即可得到相关的所有专利检索结果，如图 8.2 所示。

进一步单击所需专利，即可打开专利摘要信息页面，如图 8.3 所示。

同时，进一步单击"全文图像"还可以直接查看专利申请文献的扫描件，如图 8.4 所示。

需要说明的是，国家知识产权局直属的中国专利信息中心也提供了专利信息的网络检索服务，它的网址为 http://www.cnpat.com.cn，主页如图 8.5 所示。

8.1.2   专利数据库检索

很多专利数据库都能提供专利全文信息的下载服务。如 CNKI 的"中国专利全文数据库"。在主页中选择其中的"学术文献总库"，再选择"中国专利全文数据库"，即可打开检索界面。

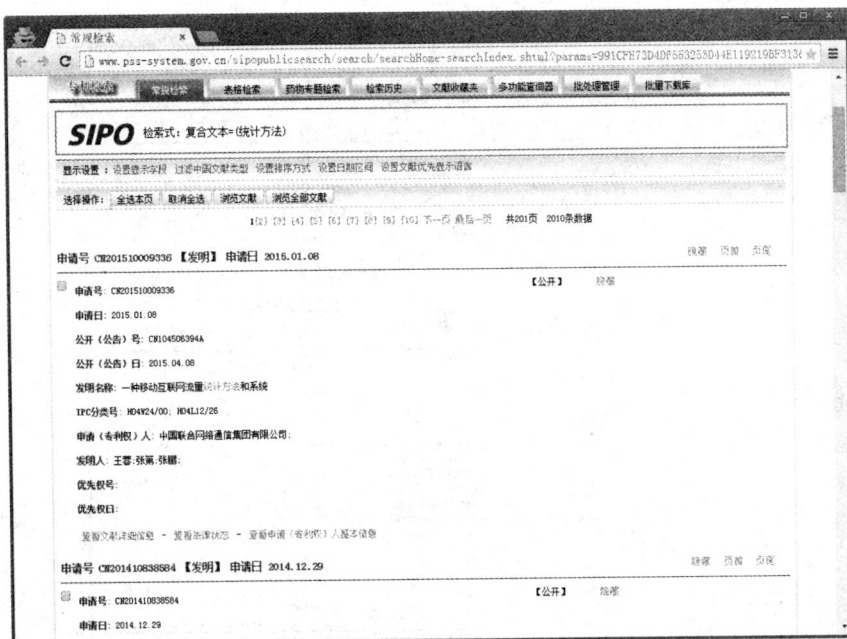

图 8.2　在国家知识产权局专利检索页面中检索"统计方法"的结果页面（截取于 2015-4）

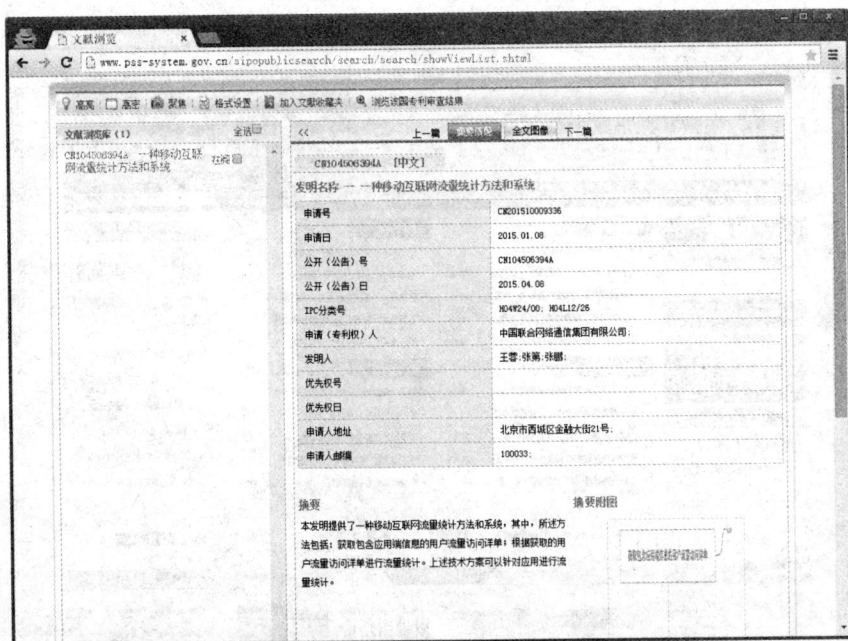

图 8.3　在国家知识产权局专利检索页面中查看专利摘要信息页面（截取于 2015-4）

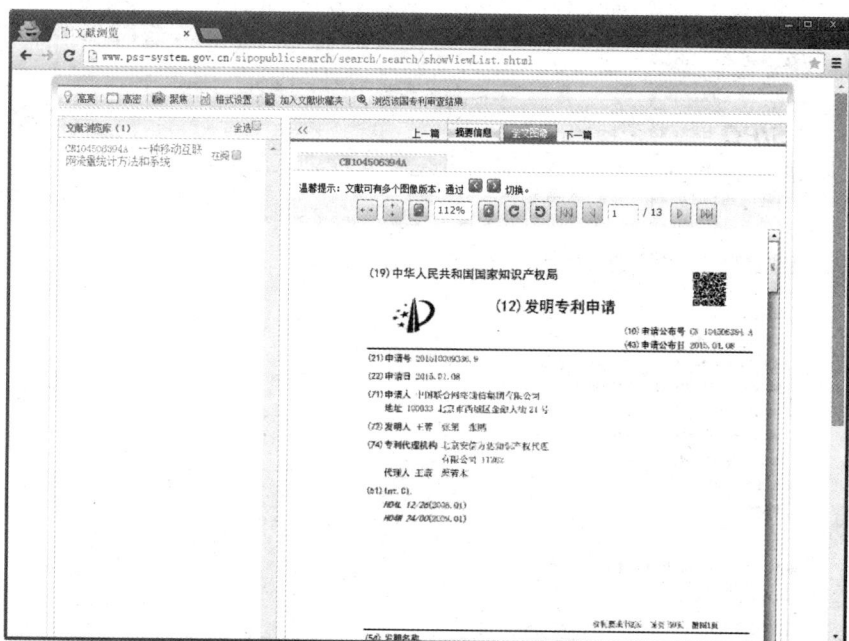

图 8.4   在国家知识产权局专利检索页面中查看专利全文图像页面（截取于 2015-4）

图 8.5   中国专利信息中心的主页界面（截取于 2015-4）

如检索关于"物流管理"的相关专利全文信息，可以在"检索词"中输入"物流管理"，即可得到全部的检索结果。可以看出，用户也可以通过"发明专利""外观设计"和"实用新型"标签来选择不同类型的专利，如图 8.6 所示。

图 8.6　在 CNKI 中国专利全文数据库中检索"物流管理"的结果页面(截取于 2015-4)

进一步选择所需专利,可以查看详细的专利文献信息,如图 8.7 所示。

图 8.7　在 CNKI 中国专利全文数据库中检索的专利详细信息(截取于 2015-4)

用户可以从中下载全文,格式为 CAJ 格式,还可以进一步查看"专利产出状态分析" "本领域科技成果与标准"和"发明人发表文献"等来获取更多相关信息。

对于国外专利而言,美国商务部下属的美国专利及商标局(United States Patent and Trademark Office,USPTO)也是一个提供专利保护、商品商标注册和知识产权证明的机构。美国是世界上最早实行专利制度的国家之一,它收录的专利信息数量非常丰富,而且基本都是免费专利信息。网址为 http://www.uspto.gov,主页如图 8.8 所示。

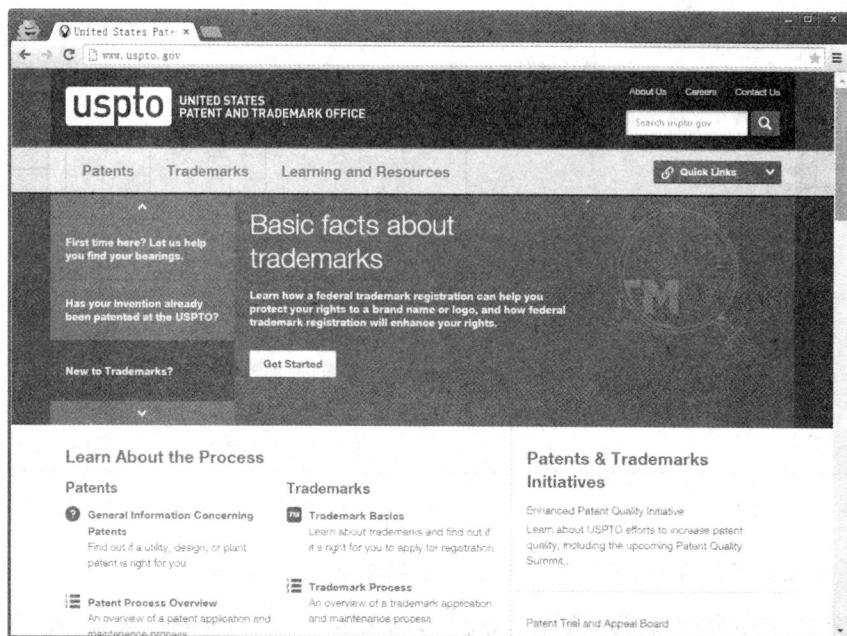

图 8.8   美国专利及商标局的主页界面(截取于 2015-4)

单击 Patents(专利)栏目,选择其中的 PatFT(Patents Full Text,专利全文),即可打开检索界面。它同时还提供了 APPFT(Application Full Text,专利应用全文)的检索服务。如检索电话(phone)的相关专利信息,检索界面如图 8.9 所示。

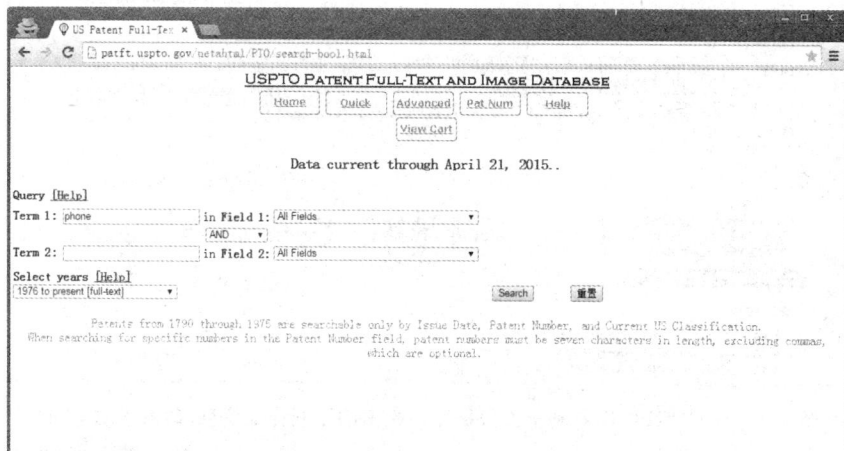

图 8.9   在美国专利及商标局数据库中检索 phone 的界面(截取于 2015-4)

检索结果如图 8.10 所示。

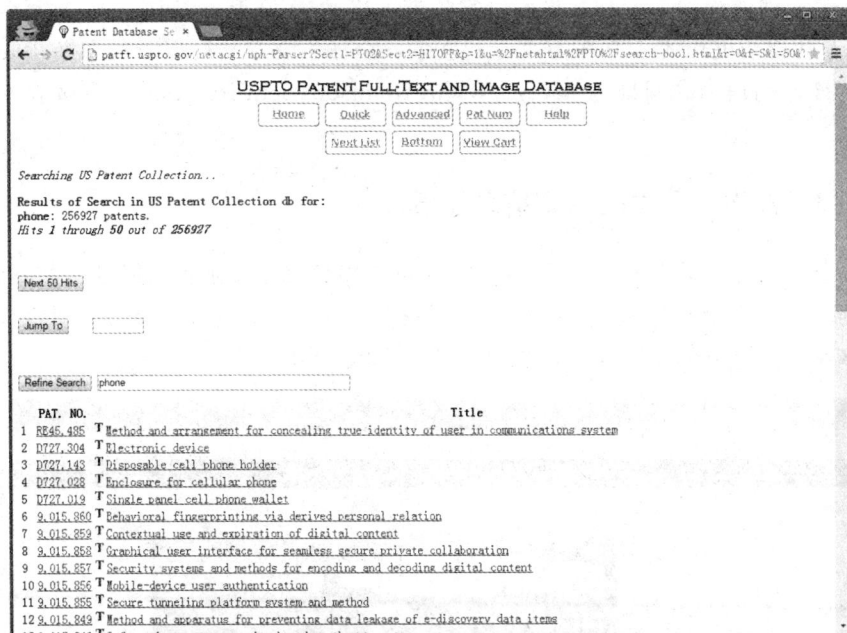

图 8.10 在美国专利及商标局数据库中检索 phone 的结果页面(截取于 2015-4)

进一步选择所需的专利结果,即可看到详细的专利说明信息,如图 8.11 所示。

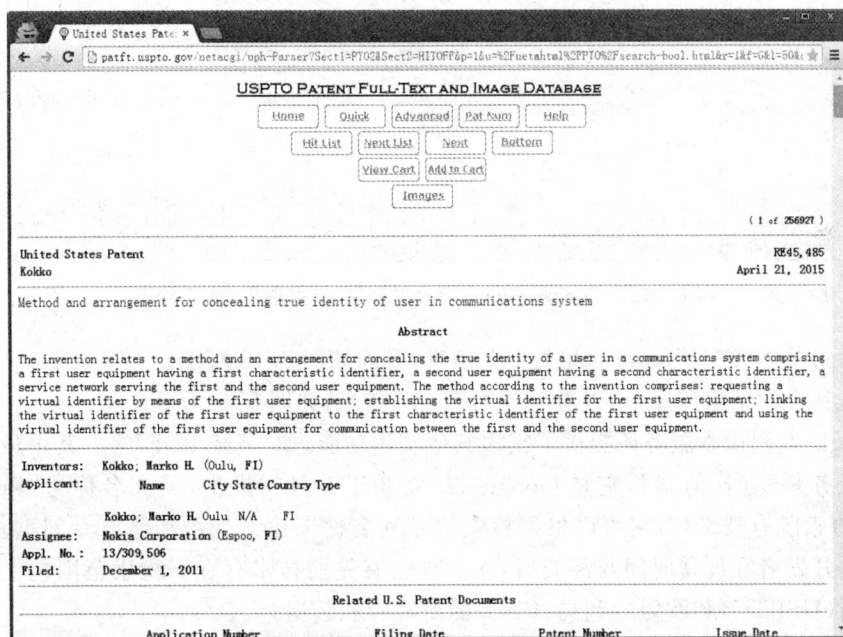

图 8.11 在美国专利及商标局数据库中查看专利的结果页面(截取于 2015-4)

另外，德温特国际专利索引数据库（Derwent World Patents Index，DWPI）也是一个全球收录最全面的深加工专利数据库。它收录了超过 2170 万条专利记录，每年会添加来自 47 个专利授予机构的 150 多万个专利文献。全球主要专利局以及福布斯 100 强公司都在使用该专利信息。网址为 http：//www.thomsonscientific.com.cn。该服务为收费服务。

8.1.3 搜索引擎中的专利信息检索

搜索引擎也可以提供专利信息的检索，而且多以免费方式来提供服务。如 Google 在 2006 也推出了专利查询服务，提供多达 700 万份自 1790 年以来的所有美国专利，网址为 http：//www.google.com/patents，主页如图 8.12 所示。

图 8.12　Google 专利检索的主页界面（截取于 2015-4）

如检索关于"汽车"（car）的相关专利信息，界面如图 8.13 所示。

单击其中的结果记录，可以看到详细的专利信息，如图 8.14 所示。

Google 专利检索服务还提供了很多其他实用功能，如"下载 PDF"等。其中最有价值的一个服务是"查找前案"，它是 Google 在 2012 年 8 月初推出，英文名称为"Prior Art Finder（检索既有技术）"，它可以根据检索的专利名称来检索是否和已有专利重复，从而避免专利开发者在耗费时间与经费后，才发现已有先前技术存在。检索范围包括美国专利商标局（USPTO）和欧盟专利局（EPO）的所有专利数据。

如对上述检索结果中 Computerized car wash controller system 专利进行前案检索，结果页面如图 8.15 所示。

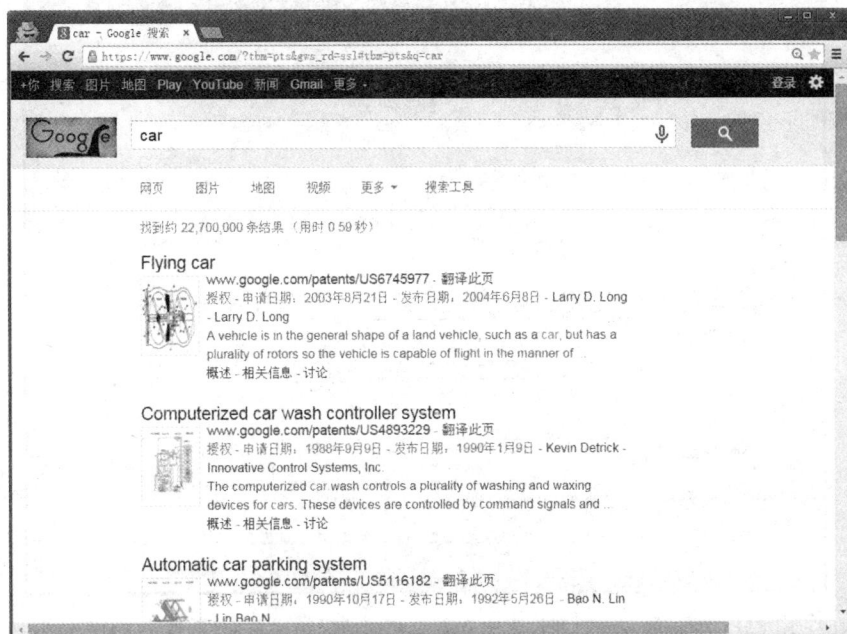

图 8.13　在 Google 专利检索中检索 car 的结果界面（截取于 2015-4）

图 8.14　在 Google 专利检索中查看专利详细信息的页面（截取于 2015-4）

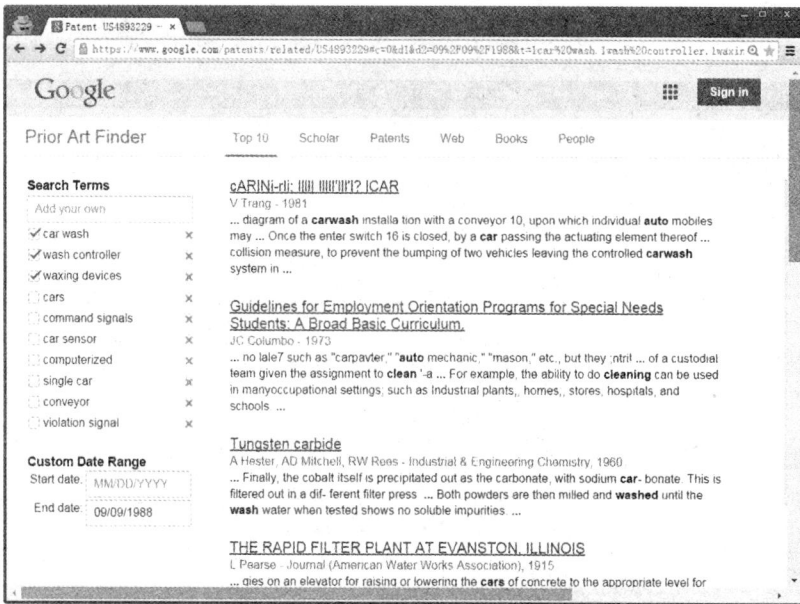

图 8.15　在 Google 专利检索中查看专利的前案结果页面（截取于 2015-4）

其中给出了 Google 通过 Google 学术、网页搜索和图书检索等途径检索到的各种可能的在该专利之前的相关技术内容，同时在左栏中还具体给出了相关技术方向，如 car wash、wash controller 和 waxing devices 等，甚至包括时间范围的设定。用户可以根据自己的选择，查阅这些信息内容来判断专利的新颖性。

除了 Google 专利搜索外，还有一些专门从事专利文献信息检索的垂直搜索引擎，如 soopat，网址为 http://www.soopat.com，主页如图 8.16 所示。

图 8.16　soopat 专利检索的主页界面（截取于 2015-4）

　　soopat 不仅支持关键词检索,而且还允许使用国际专利分类号(IPC)这个专利主题目录来检索,界面如图 8.17 所示。

图 8.17　soopat 专利检索提供的国际专利分类号检索界面(截取于 2015-4)

　　相比一般的搜索引擎专利检索服务,soopat 提供的专利检索结果页面更为具体和实用,甚至包括搜索结果统计和数据导出等功能,界面如图 8.18 所示。

图 8.18　soopat 专利检索的结果页面(截取于 2015-4)

佰腾专利检索系统也提供了免费的检索入口，界面访问方便，网址为 http://so.baiten.cn，主页如图 8.19 所示。

图 8.19　佰腾专利检索的主页界面（截取于 2015-4）

佰腾还提供了"热门创意"等有趣的专利介绍，内容都是与用户日常生活相关的趣味实用发明介绍，主页如图 8.20 所示。

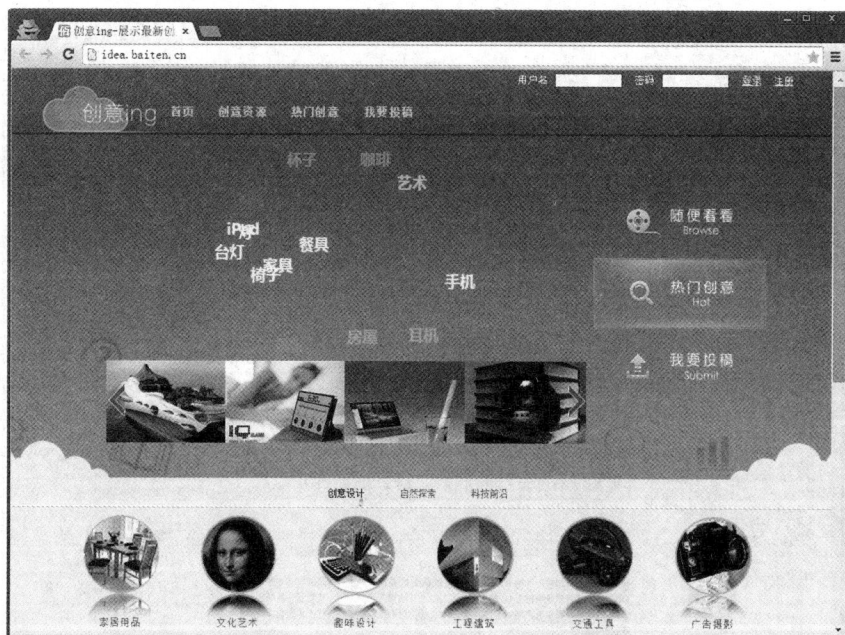

图 8.20　佰腾专利检索的"热门创意"界面（截取于 2015-4）

另外,patentics专利检索系统也很有特色,最大特点是具有智能语义检索功能,可按照给出的任何中英文文本(包括词语、段落、句子、文章,甚至仅仅是一个专利公开号),即可根据文本内容包含的语义在全球专利数据库中找到与之相关的专利,并按照相关度排序,大大地提高了检索的质量和检索效率。patentics检索方式也可以跟传统的布尔检索式结合使用,以获得更精准的检索结果。网址为 http://www.patentics.com,主页如图8.21所示。

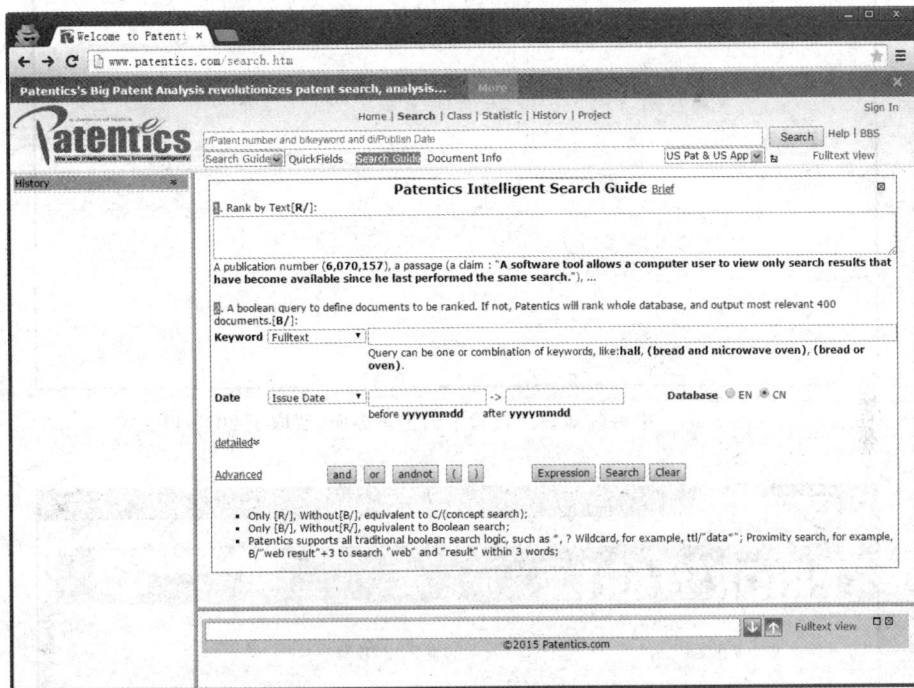

图 8.21 patentics专利检索的主页界面(截取于 2015-4)

除此以外,还有中科院的知识产权检索系统,网址为 http://www.caship.ac.cn/search,主页如图8.22所示。

要想检索世界各国范围内的专利文献,还可以使用priorsmart,该网站是一个多国家专利检索的汇总网站,收录了大部分发明专利较多的国家专利检索入口信息,网址为 http://www.priorsmart.com,主页如图8.23所示。

另外,专利云(patentcloud)检索网也提供了包含中国内地、中国台湾、美国、韩国、日本、欧洲的专利信息,累计几千万篇专利,支持简体中文、繁体中文、英文等多种语言版本,可以提供专利家族信息、引证信息等,保存 PDF 格式全文等功能。网址为 https://www.patentcloud.com,主页如图8.24所示。

专利家族指一件专利在不同国家申请的集合,相关技术可用于了解特定公司产品市场的潜在布局,patentcloud对专利也都提供了专利家族的检索功能,如图8.25所示。

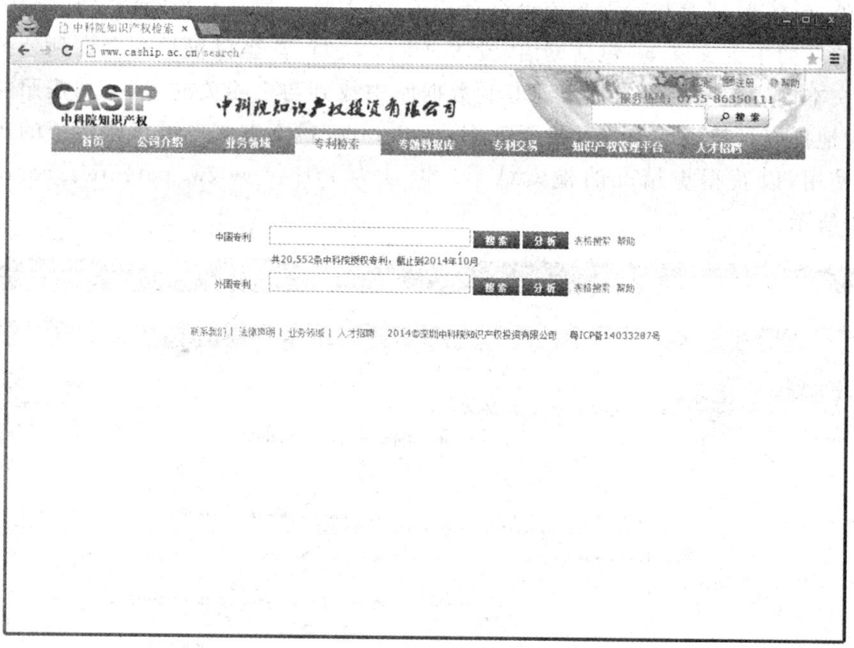

图 8.22　中科院知识产权检索的主页界面（截取于 2015-4）

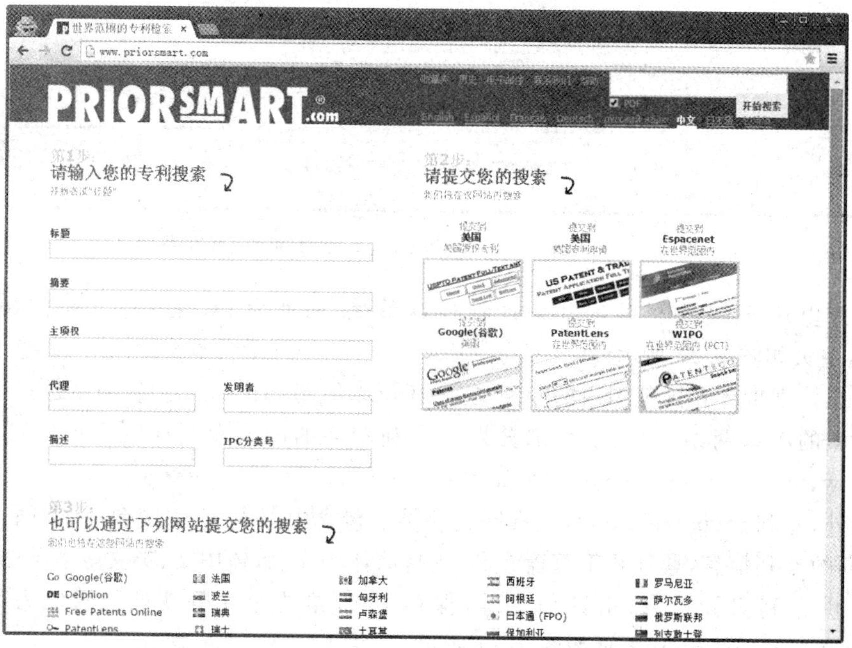

图 8.23　priorsmart 专利检索的主页界面（截取于 2015-4）

图 8.24 patentcloud 专利检索的主页界面（截取于 2015-4）

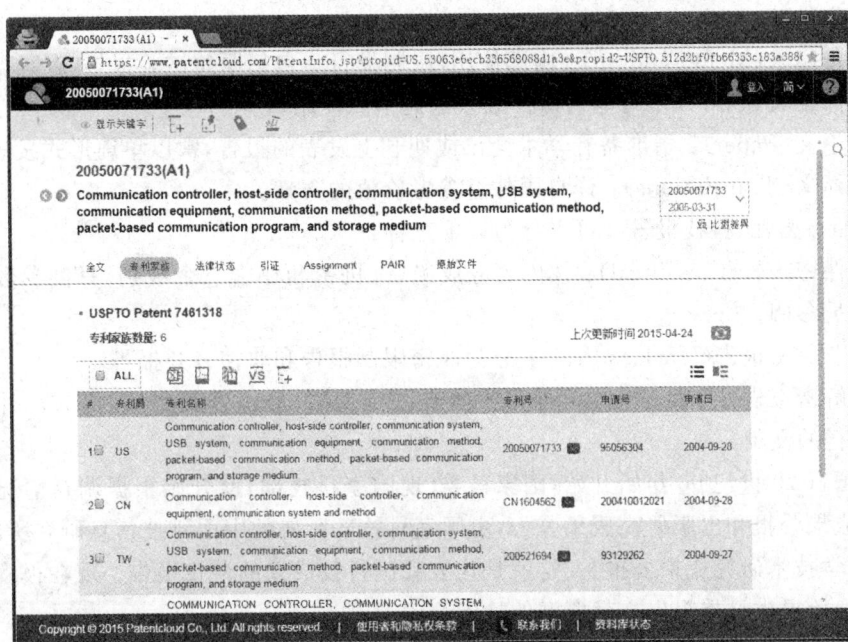

图 8.25 在 patentcloud 专利检索中查看专利家族信息（截取于 2015-4）

8.2　网络科技报告检索

科技报告是报道研究工作和开发调查工作的成果或进展情况的一种文献类型。它主要在第二次世界大战期间和战后迅速发展起来,其中美国政府部门出版的科技报告数量最大、品种最多、报告的收集、加工整理和报道工作做得较好,是我们获得科技报告的主要信息源。

科技报告传播研究成果的速度较快,而且注重详细记录科研进展的全过程。大多数科技报告都与政府的研究活动、国防及尖端科学技术领域有关,具有一定的保密度。其撰写者或提出者,主要是政府部门、军队系统的科研机构和一部分由军队、政府部门与之签订合同或给予津贴的私人公司、大学等。科技报告所报道的内容一般必须经过有关主管部门的审查与鉴定,因此具有较好的成熟性、可靠性和新颖性,是一种非常重要的学术信息资源,情报价值很大。在我国,科技报告主要是以科技成果公报或科技成果研究报告的形式进行传播交流。

具体的出版形式有以下几种:

- 报告(Report):一般公开出版,内容较详尽,是科研成果的技术总结。
- 札记(Notes):内容不太完善,是编写报告的素材,也是科技人员编写的专业技术文件。
- 备忘录(Memorandum):内部使用,限制发行。包括原始试验报告,有数据及一些保密文献等,只供行业内部少数人沟通信息使用。
- 论文(Paper):指准备在学术会议或期刊上发表的报告,常以单篇形式发表。
- 译文(Translations):译自国外有参考价值的文献。

按照保密性,科技报告又可以分为以下三种:

- 保密报告(Classifical):按内容分成绝密、机密和秘密三个级别,只供少数有关人员参阅。
- 非保密报告(Unclassifical):分为非密限制报告和非密公开报告。
- 解密报告(Declassfical):保密报告经一定期限,经审查解密后,成为对外公开发行的文献。

我国自 20 世纪 60 年始开始,国家科委(现国家科技部)就开始根据调查情况定期发布科技成果公报和出版研究成果公告,由国家科技部所属的中国科技信息研究所出版,名称为《科学技术研究成果公报》。这就是代表我国科技成果的科技报告。现在很多网络数据库也开始提供科技报告文献资源的检索服务。

8.2.1　国内网络科技报告的检索

万方数据库的中国科技成果数据库(China Scientific & Technological Achievements Database,CSTAD)是国内较好的一个科技报告数据库,不仅可以用于成果查新和技术转让,还可以为技术咨询、服务提供信息源,为技术改造、新产品开发以及革新工艺提供重要的依据。它的数据来源于各省、市、部委的奖励成果、计划成果、鉴定成果,收录的内容包括国内的科技成果及国家级科技计划奖励、计划、鉴定项目,范围有新技术、新产品、新工艺、新材料、新设计,涉及自然科学的各个学科领域。其中,全文下载服务为付费服务。

网址为 http://c.wanfangdata.com.cn/Cstad.aspx,主页如图 8.26 所示。

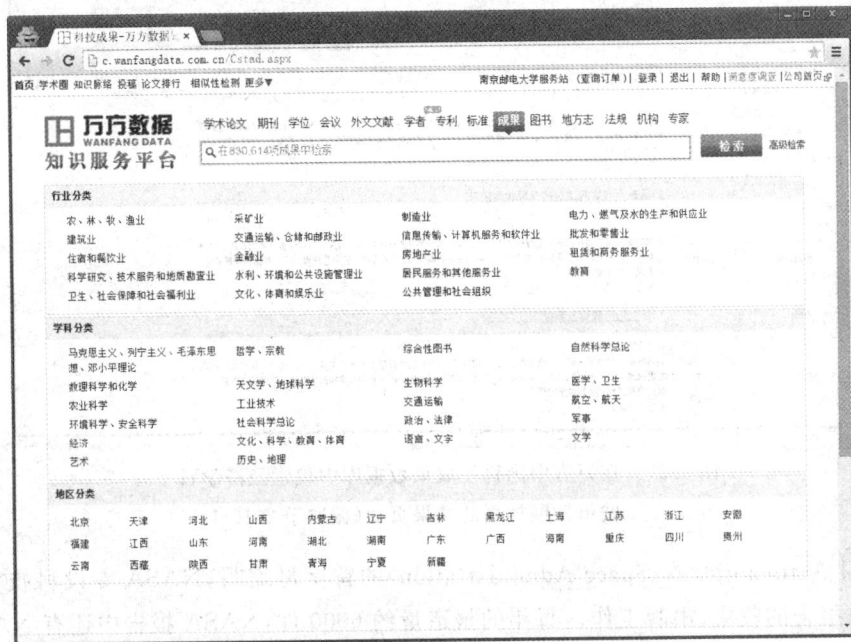

图 8.26 万方中国科技成果数据库的主页界面(截取于 2015-4)

除关键词检索外,它还提供了包括"行业分类""学科分类"和"地区分类"的类别检索方式。如检索"经济"学科下的"城市发展规划"方面的相关科技报告,检索结果如图 8.27 所示。

8.2.2 国外网络科技报告的检索

世界上著名的科技报告是美国的四大报告,分别是美国政府的 PB(Office of Publication Board)报告、军事系统的 AD(ASTIA Documents)报告、国家宇航局的 NASA(National Aeronautics and Space Administration)报告和能源部的 DOE(U.S. Department of Energy)报告。

在第二次世界大战后,美国从德、日、意战败国获得了大批战时的科技资料,其中有战时技术档案、战败国的专利、标准和技术刊物等。为了系统地整理并利用这些资料,美国政府于 1945 年 6 月成立美国商务部出版局来负责整理和公布这些资料。PB 报告内容偏重民用工程,如土木建筑、城市规划、环境保护等。AD 报告是原美国武装部队技术情报局收集、整理和出版的国防部所属的军事研究机构与合同单位的科技报告,其含义为入藏文献(Accessioned Document)登记号。NASA 报告的名称来源于美国国家航空宇航局

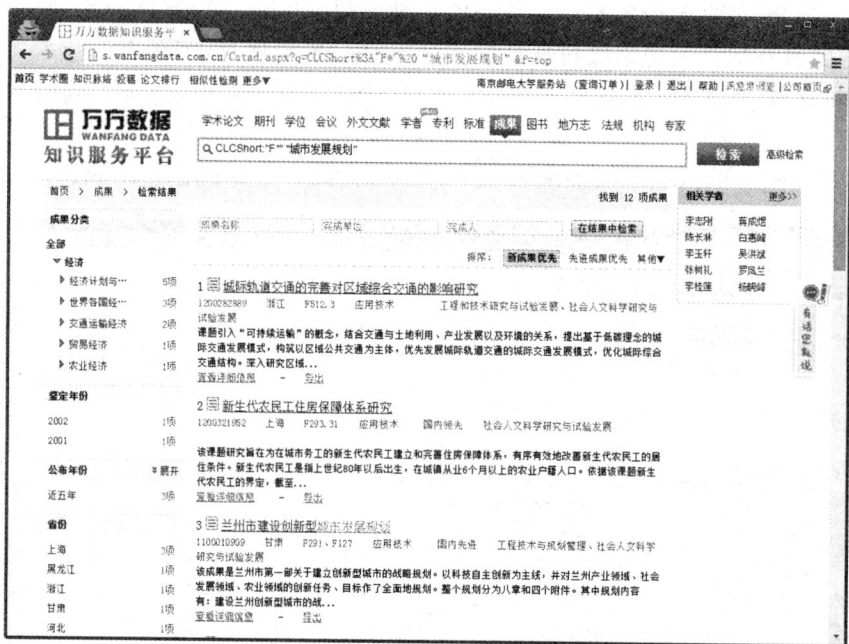

图 8.27   在万方中国科技成果数据库中检索经济学科下
城市发展规划的结果页面（截取于 2015-4）

(National Aeronautics & Space Administration)的首字母缩写，NASA 专设科技信息处从事科技报告的收集、出版工作。每年的报道量约 6000 件，NASA 报告中还有 NASA 的专利文献、学位论文和专著，也有外国的文献和译文。内容侧重在航空、空间科学技术领域，同时广泛涉及许多基础学科。DOE 报告名称来源于美国能源部（Department of Energy)的首字母缩写。其文献主要来自能源部所属的技术中心、实验室、管理处及信息中心，另外也有一些国外的能源部门。DOE 报告的内容已由核能扩大到整个能源领域，核与非核文献约各占一半。

这些资源都可以从美国科技信息办公室（OSTI）网站提供的科技报告数据库进行访问，网址为 http://www.osti.gov，主页如图 8.28 所示。

如检索 nano(纳米)相关科技报告资源，检索界面如图 8.29 所示。从中可以获取到包括全文和引文信息在内的各种文献资源和数据资源。

另外，美国国家技术情报服务局（NTIS）数据库也提供了美国四大报告的检索功能，还包括美国农业部、教育部、环保局、健康与人类服务部、住房与城市部等的科技报告，同时也收录世界其他许多发达国家，如加拿大、俄罗斯、日本和欧洲各国以及一些国际组织的报告。网址 http://www.ntis.gov，检索界面在主页的下部，如图 8.30 所示。

如检索 treatment(治疗)方面的科技报告，结果如图 8.31 所示。

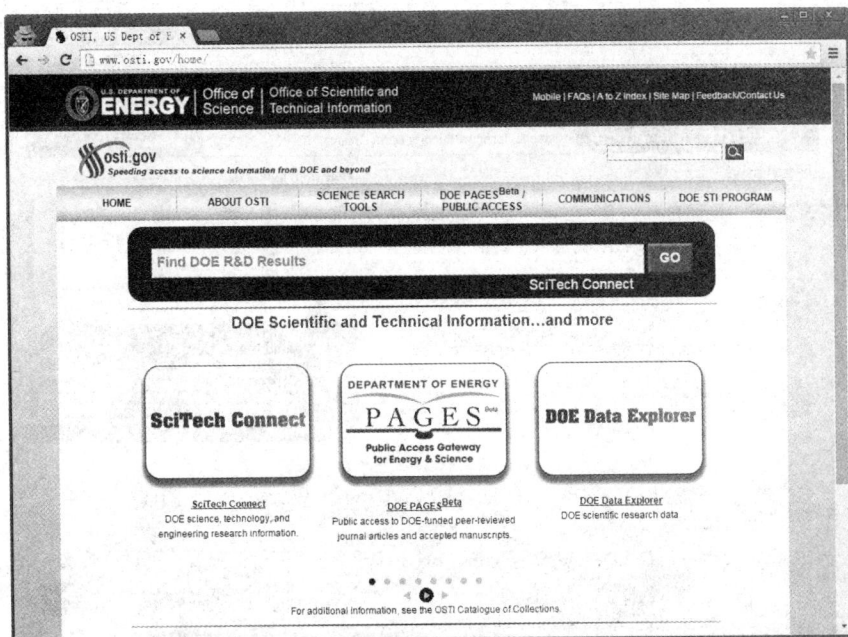

图 8.28 OSTI 科技报告数据库的统一检索页面(截取于 2015-4)

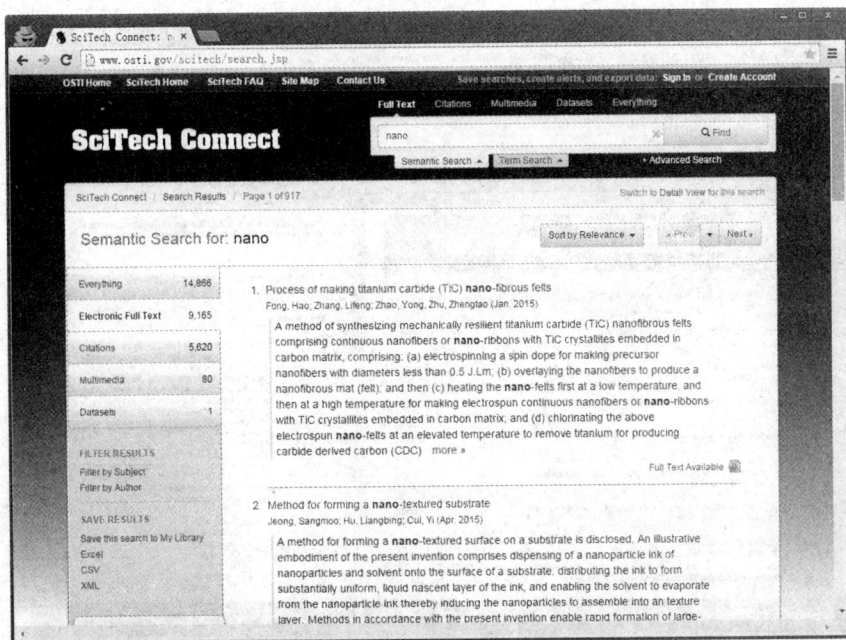

图 8.29 在 OSTI 科技报告数据库中检索 nano 的结果页面(截取于 2015-4)

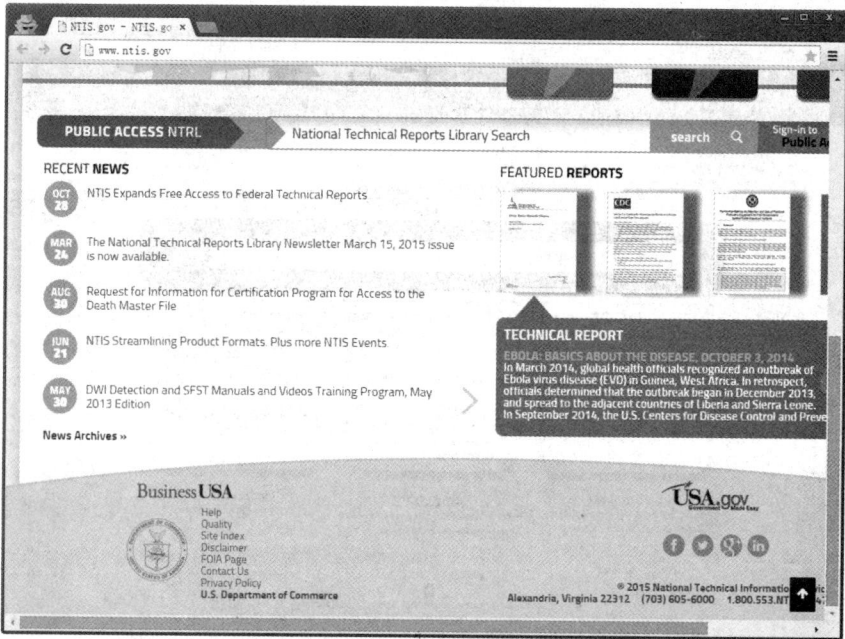

图 8.30　NTIS 科技报告数据库的检索页面（截取于 2015-4）

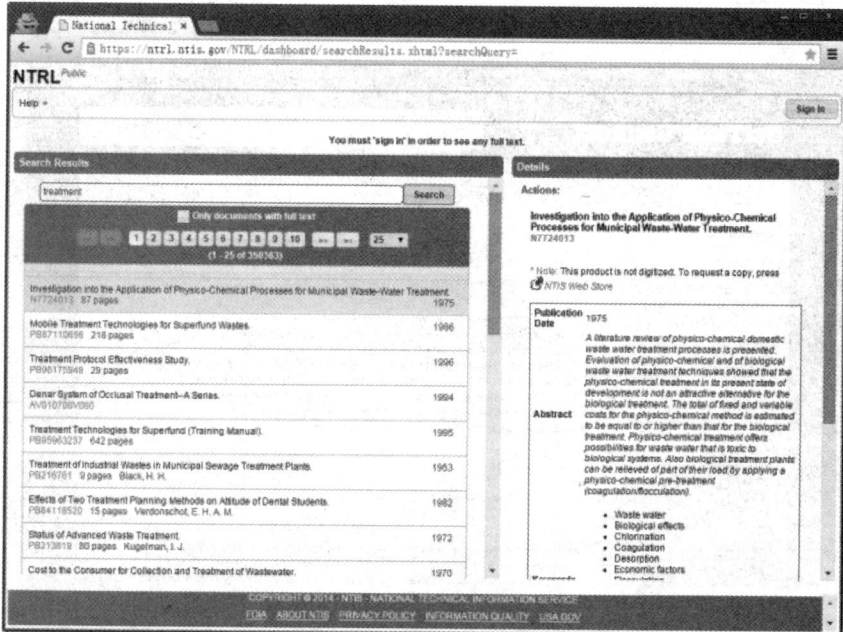

图 8.31　在 NTIS 科技报告数据库中检索 treatment 的结果页面（截取于 2015-4）

8.3　网络标准文献检索

有人说"三流企业卖苦力,二流企业卖产品,一流企业卖技术,超一流企业卖标准"。这句流行语十分贴切地描绘了当今市场竞争的企业生存状况,随着经济全球化步伐的不断加快,很多公司都依靠专利及标准两大利器,不断在扩大自己的市场份额,寻求价值的最大化。尤其对于比如我国企业而言,情况更为严峻。我们企业产品要进入国际市场,一般首先受到国际标准或国际上专门行业的标准的检验,所以了解各种标准文献有助于了解各国的经济政策、生产水平、资源情况和标准化水平,同时,标准文献也是现代化生产不可缺少的资料。

国际标准化是由所有国家的有关机构参与开展的标准化。国际标准化是在 19 世纪后期从计量单位、材料性能与试验方法和电工领域起步,20 世纪 50 年代后,由于世界大战的结束,国际标准化组织(ISO)的成立,使国际标准化随着社会科技进步与经济发展逐步发展起来,标准范围也从基础标准如术语标准、符号标准、试验方法标准逐步扩展到产品标准,从技术标准也延展到管理标准(如 ISO9000 标准)。1979 年关税贸易总协定东京回合谈判达成的《贸易技术壁垒协议》,又称《标准守则》,使国际标准化的权威性得到空前提高,采用国际标准成为各国标准化的基本方法与政策。通常所说的国际标准主要是指 ISO(国际标准组织,网址为 http://www.iso.org)、IEC(国际电工委员会,网址为 http://www.iec.ch)和 ITU(国际电信联盟,网址为 http://www.itu.int)推出的标准,同时还包括国际标准组织认可的其他国际组织制定的标准。

按照标准的适用范围可以将标准划分为:

- 国际标准:国际范围内适用的标准。如国际标准化组织、联合国粮农组织标准等。
- 区域标准:由某一地区若干个国家的全国性标准机构共同颁布的标准,并适合该特定区域的标准,如欧洲标准、泛美标准委员标准等。
- 国家标准:由各个国家的全国性标准机构颁布的标准。
- 专业标准:由各专业的全国性标准,如《文献著录总则》。
- 企业标准:由某一企业制定的、适于企业各部门使用的标准。

按照标准的性质又可以划分为:

- 基本标准:指那些具有广泛指导意义或作为统一依据的最基本的标准。它涉及定义、命名、符号、标志、计量单位、参数系列等方面。
- 产品标准:为某些产品的系列、形式、尺寸、性能、检验、维修乃至包装、运输、贮存等方面制定的各项标准。
- 方法标准:为一些通用的试验方法、检验方法、分析方法、抽样方法等制定的标准。
- 组织管理标准:如生产能力标准、资源消耗标准、组织方式标准等。

除以上类型标准外,还有技术标准,工作标准和管理标准等。

所以,广义的标准文献包括一切与标准化工作有关的文献,获取标准文献有助于了解各国的经济政策、生产水平、资源情况和标准化水平。

需要说明的是，标准文献在很多领域都有不同的命名方式，如"规范""规程"
"Standard"（标准）、"Specification"（规格、规范）、"Rules"（规则）、"Instruction"（指导）、
"Praction"（工艺）等。

由于各国情况不同，标准有效期也不同。以 ISO 为例，ISO 标准每 5 年复审一次，平
均标龄为 4.92 年。我国在《国家标准管理办法》中规定国家标准实施 5 年内要进行复审，
即国家标准有效期一般为 5 年。

8.3.1　国内网络标准文献的检索

要进行国内标准文献的检索，首先要了解国内标准的编号方式。我国国家标准及行
业标准的代号一律用两个汉语拼音大写字母表示，编号由标准代号（顺序号）和批准年代
组合而成。国家标准用 GB 表示，国家推荐的标准用 GB/T 表示，国家指导性标准用
GB/Z。行业标准用该行业主管部门名称的汉语拼音字母表示，机械行业标准用 JB 表示，
化工行业标准用 HG 表示，轻工行业标准用 QB 表示等，如 QB1007-90 是指轻工行业 1990
年颁布的第 1007 项标准。企业标准代号以 Q 为代表，以企业名称的代码为字母表示，在
Q 前冠以省市自治区的简称汉字，如京 Q/JB1-89 是北京机械工业局 1989 年颁布的企业
标准。

万方数据库提供了国内标准文献的检索入口，网址为 http://c.wanfangdata.com.
cn/Standard.aspx，它同时提供了关键词检索和标准类目检索两种方式，如检索"经济/文
化"类目下的"证券期货"相关标准，界面如图 8.32 所示。

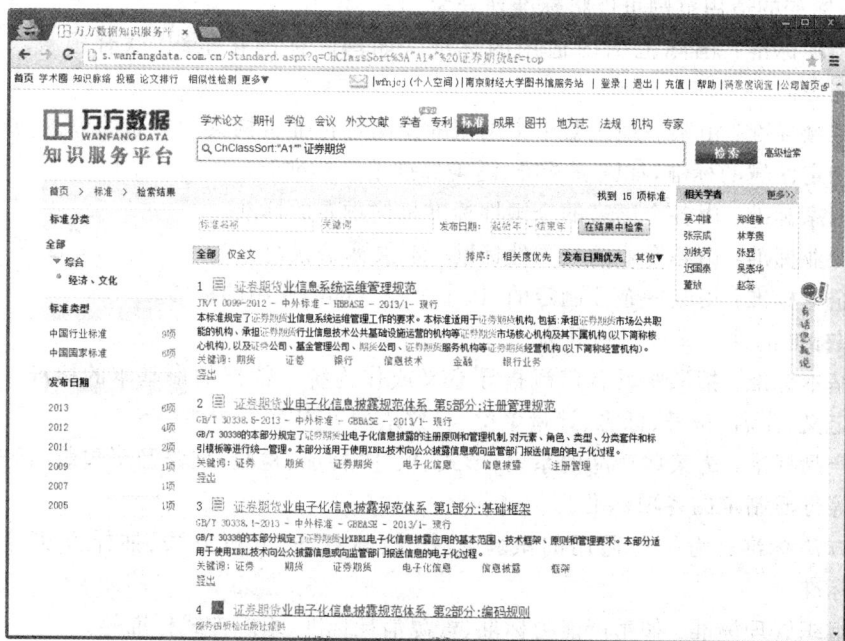

图 8.32　在万方标准数据库中检索"经济/文化"类目下"证券期货"的结果页面（截取于 2015-4）

中国国家标准化管理委员会官方网站也提供了国内标准信息的检索功能,网址为 http://www.sac.gov.cn/SACSearch/outlinetemplet/gjbzcx.jsp,检索界面如图 8.33 所示。

图 8.33　中国国家标准化管理委员会网站的标准文献检索界面(截取于 2015-4)

另外,中国标准服务网(网址为 http://www.cssn.net.cn)和通信标准与质量信息网 (网址为 http://www.ptsn.net.cn)都有标准检索服务。国家科技图书文献中心(网址为 http://www.nstl.gov.cn)也有相应的标准检索服务。

8.3.2　国际网络标准文献的检索

我们以 ISO 标准为例,首先说明国际标准编号的编排方法,ISO 标准号的基本形式 如"ISO+顺序号+年代号(制定或修订年份)"所示,如"ISO3347:1976"表示"1976 年颁 布的有关木材剪应力测定的标准"。其次,我们还需了解国际标准的分类通常采用《国际 标准分类法》(*International Classification for standards*,ICS),它分为 40 个大类(一级 类目),按等级分为三级,第一级由两位数字组成,第二级由三位数字组成,第三级由两位 数字组成,各级之间以"."隔开,如:

13 Environment. Health protection. Safety

　13.060 Water quality

　　13.060.20 Drinking Water

ISO 国际标准组织的标准文献检索网址为 https://www.iso.org/obp/ui,界面如 图 8.34 所示。

如选择 Standard(标准),使用默认英文文献,输入检索关键词 product management

（产品管理），即可得到相关标准结果，如图 8.35 所示。不过，要想看到标准文献全文，用户需要购买相应的使用权限。

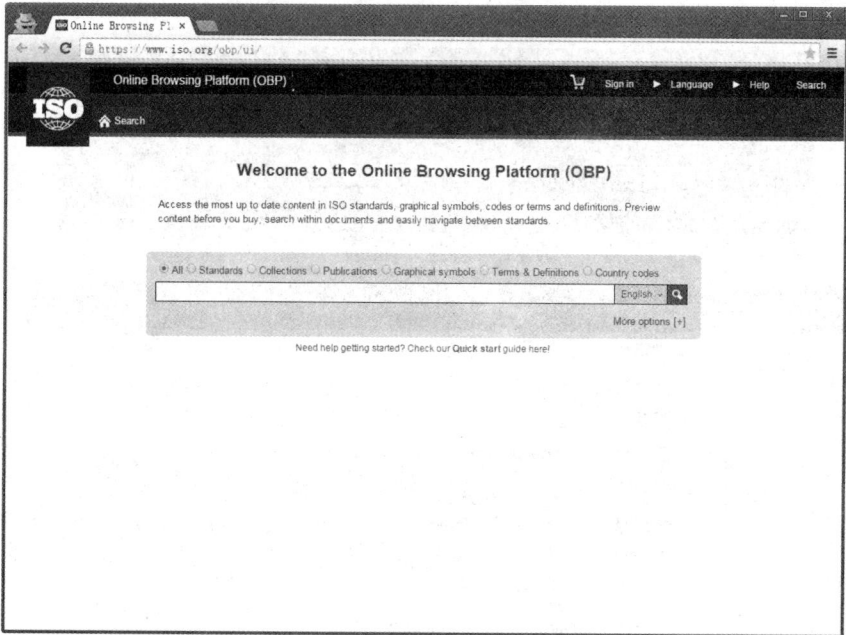

图 8.34　ISO 国际标准组织的标准文献检索界面（截取于 2015-4）

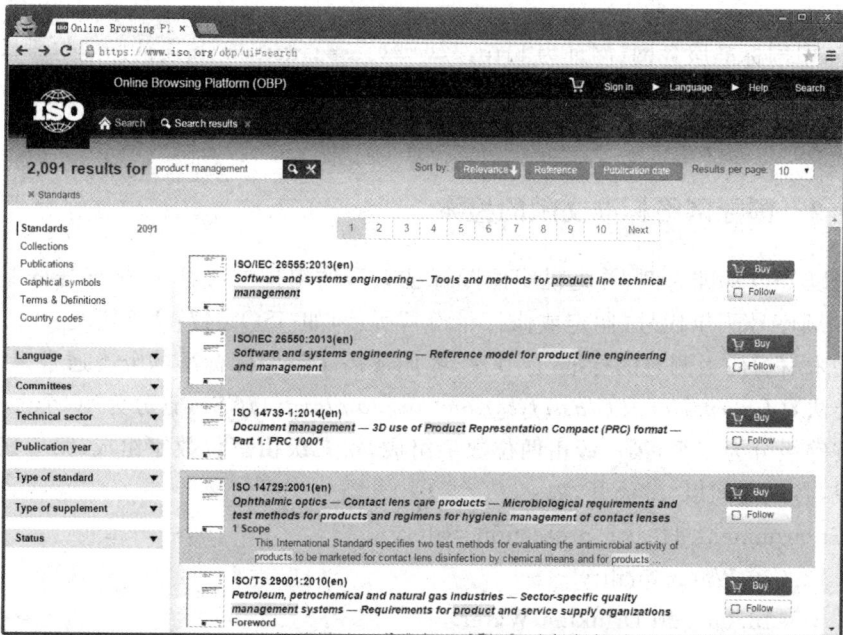

图 8.35　在 ISO 数据库中检索 industry management 相关标准结果页面（截取于 2015-4）

8.4 练习题8

1. 简述一个完整国际专利分类号的组成结构。

2. 我国专利有哪几种常见类型？

3. 举出至少2例能够检索到国内外科技报告的数据库。

4. ISO 标准号 ISO3347：1976 中的两个数字分别代表什么？

5. 美国的四大科技报告分别是指什么？

6. 上机实践练习：学习 CNKI 的专利检索和标准检索功能，专利有哪些检索项？标准有哪些检索项？分别用其中一个检索项练习专利和标准检索，并阅读其中一个检索结果，检索结果中给出了专利的哪些信息？

第9章 经济管理类网络信息资源的检索

随着经济的快速发展，人类社会无时无刻不在产生和使用大量的经济信息和管理信息，经济管理信息也成为客观经济过程的基本构成要素之一，它在人类生活和生产中的作用越来越重要。具体来看，对于现代商业企业而言，充分地获取和使用这些经济管理信息资源，有助于企业更好地了解市场和客户，进行正确和有效的决策判断，从而为企业发展提供重要支持。对于个人用户而言，每天的生活和工作几乎没有一件事情可以脱离经济这个话题，如买房租房、购物消费和旅游玩乐等，都需要我们利用各种经济管理信息资源来帮助我们更好地做出判断，得到最为满意的结果，节省不必要的开支。

从概念上讲，经济管理信息是反映经济管理活动实况和特征的各种消息、情报、资料、指令等的统称。不论是在宏观经济还是在微观经济活动中，都存在着大量经济信息和管理信息，人们通过其接收、传递和处理，反映和沟通各方面经济情况的变化，借以调控和管理生产，实现管理环节间的联系。

按照不同的分类标准，经济管理信息可以划分出各种不同的类型组合。按照人们在检索活动中信息需求类型的不同，我们可以把经济管理信息划分为新闻信息、生活信息、名录信息、专业术语信息、商贸信息、统计信息、金融信息和管理信息等。本章按照此种划分方法分别对其相关的信息检索方法进行说明。

9.1 新闻信息检索

1. Google 财经资讯搜索

网址为 http://news.google.com/news/section? topic＝b，它是 Google 新闻站点[①]的一个"财经"栏目，于 2002 年创办，提供了大量实时的财经新闻报道信息，更新周期可以达到几分钟。同时，该站点的新闻信息都由 Google 搜索引擎自动收集而来，其中中文信息汇集了来自中国内地超过 1000 多个中文新闻来源的新闻资源，并将相似的报道组合在一起。

Google 财经资讯的检索能力非常强大，用户除了可以使用一般的布尔检索功能外，

---

① Google 新闻的网址为 http://news.google.com。

还能根据日期、媒体和地点等字段来进行高级检索。打开方法是单击搜索文本框右边的"高级新闻搜索",该功能中最为特色的内容在于时间限定检索和地点限定检索。例如检索2015年4月1日到4月6日期间上海地区的房地产标题新闻,检索界面如图9.1所示。

图 9.1　Google 新闻服务中的高级检索功能(截取于 2015-4)

此时即可看到相关的检索结果,同时还可以继续调整位于搜索结果上部的字段检索,获取更多的内容,如图9.2所示。

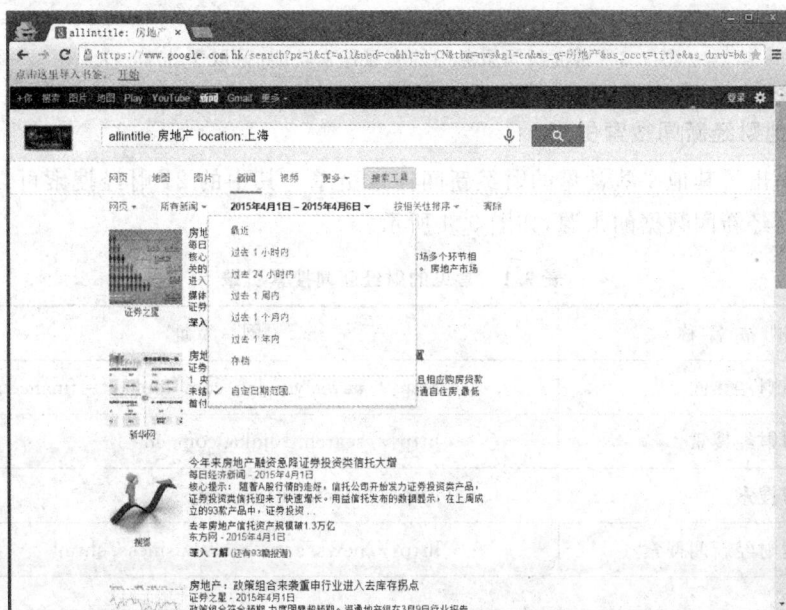

图 9.2　在 Google 新闻服务的检索结果页面中调整检索条件(截取于 2015-4)

2. 百度财经新闻

网址为 http://finance.baidu.com，它也是百度新闻站点[①]的一个"财经"栏目，于 2003 年 7 月开始创办。像 Google 资讯一样，百度新闻也是由搜索引擎自动计算收集每篇新闻，并根据被新闻网站转载和引用的次数，选择关注度最高的新闻，自动编辑而成，这相当于由每个新闻网站和报刊杂志的编辑记者一起参与投票来选举出所要的新闻内容。同时，百度新闻的更新周期也很短，为 5 分钟。它也提供了包括时间限定、地点限定等高级检索功能。如检索去年人民币汇率的相关新闻，设置界面如图 9.3 所示。

图 9.3　百度新闻服务中的高级检索功能（截取于 2015-4）

3. 其他财经新闻搜索引擎

表 9.1 出了其他一些常见的财经新闻搜索引擎。其中的 21 财经搜索可以允许用户精确选择财经新闻数据的来源，如图 9.4 所示。

表 9.1　常见的财经新闻搜索引擎

网 站 名 称	网　　　址
有道财经热闻	http://news.youdao.com/top? ct＝finance
问财财经搜索	http://search.10jqka.com.cn
中财搜索	http://so.cfi.cn/so.aspx
搜搜财经新闻搜索	http://news.soso.com/business.shtml

---

①　百度新闻的网址为 http://news.baidu.com。

续表

网 站 名 称	网　　址
中搜财经频道	http://finance.zhongsou.com
新华网新闻搜索	http://search.news.cn
国搜财经	http://finance.chinaso.com
21 财经搜索	http://www.21so.com
全景财经搜索	http://search.p5w.net

图 9.4　21 财经搜索中的高级检索功能（截取于 2015-4）

4. 媒体网站的新闻搜索引擎

如 CBS Interactive 是哥伦比亚广播集团，它是中国及世界范围内最大的垂直互动媒体公司。它提供了一个专门从事 Web 检索和新闻检索服务在内的搜索引擎，网址为 http://www.search.com，主页如图 9.5 所示。

它所提供的 Article Search 可以直接从该媒体新闻及其评论中进行检索，检索 dollar exchange 的相关结果如图 9.6 所示。

它甚至提供了专门的搜索工具 WebFerret，供用户安装使用。

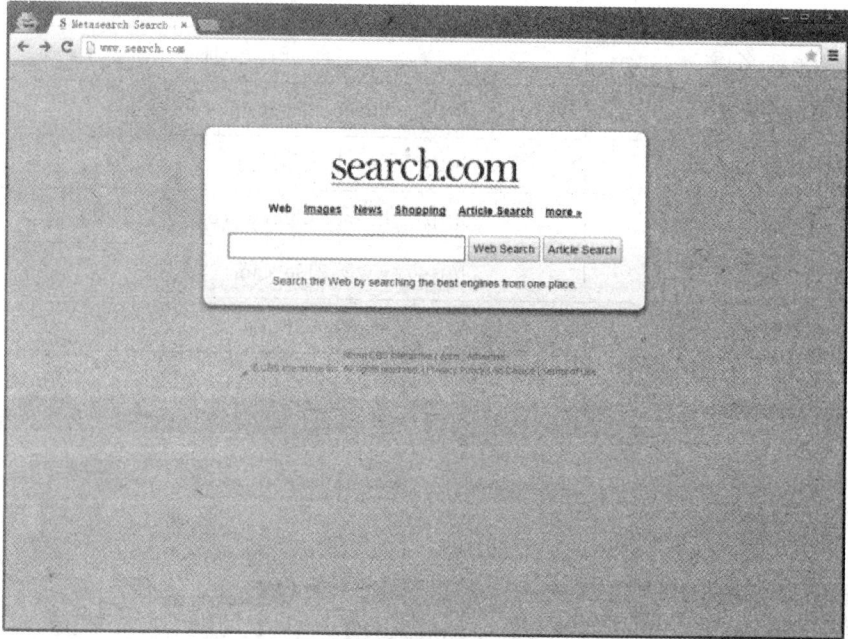

图 9.5　CBS Interactive 新闻搜索引擎的主页界面（截取于 2015-5）

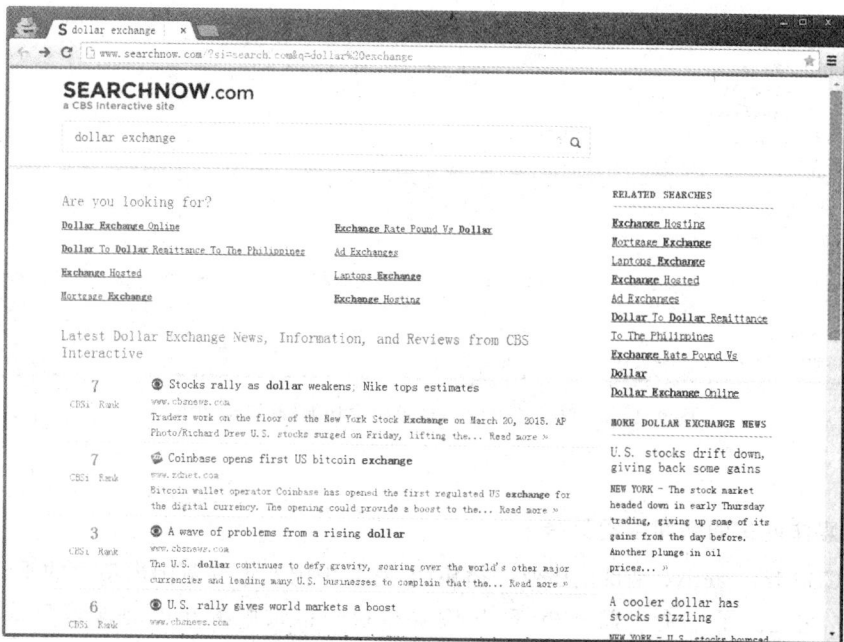

图 9.6　在 CBS Interactive 新闻搜索引擎中检索 dollar exchange 的结果页面（截取于 2015-5）

9.2　名录信息检索

　　名录信息是一种重要的经济管理信息资源,对于企业了解市场和客户都是极为重要的,尤其是对于市场营销工作而言,准确获取有效的企业名录信息是实现营销效益最大化的基础。

　　从总体来看,名录信息可以分为两类:一类是企业名录,另一类是产品名录。两类信息的内容并不一样,前者主要收录包括企业名称、地址和联系方式等企业基本情况信息,而后者主要收录包括产品名称、价格和特点等产品信息。但是,在实际使用中,两种区别不是很大,很多企业名录中都有相关企业的产品信息,反之亦然。对于信息检索而言,这两者的主要区别在于前者是以企业名称为检索入口,而后者则是以产品名称为检索入口。

9.2.1　企业名录信息检索

　　本节主要分为国内企业名录信息检索和国外企业名录信息检索两个部分。

　　传统的检索方式是利用一些企业名录参考工具书。相关图书有很多,不过它们的名称叫法并不统一,如"企业名录""企业黄页"和"企业基本概况"等。国内比较权威的一本资料是根据1995年第三次全国工业普查资料调查结果,按照行业由不同出版社出版的共计12卷本的《中华人民共和国工业企业基本概况》。今天,相关的图书不仅数量很多,而且种类也极为丰富,如有些企业名录只面向特定行业,具有很强的针对性。

　　要想获取最新的企业名录资源,更为合理的方式是使用网络信息资源。这些资源主要分为两大类:一类是由专业的出版机构或者权威部门出版的企业名录数据库,另一类是一些专门提供企业名录服务的站点信息。

　　中国企业、公司及产品数据库(Chinese Enterprises and Companies Database, CECDB)始建于1988年,由原国家科委支持、万方数据联合全国近百家信息机构共同开发,是一个比较著名的企业名录数据库,它每年进行一次100%的数据更新,迄今已经经过十多次的更新改版,现已收录96个行业的近20万家企业详细信息,成为了国际、国内了解中国企业信息的重要途径之一,用户已经遍及北美、西欧、东南亚等五十多个国家与地区,主要客户类型包括公司企业、信息机构、驻华商社和图书馆等。美国DIALOG联机系统也把它作为首选的中国经济信息数据库资源,收录进其系统向全球数百万用户提供联机查询服务。除了中文记录,CECDB还提供英文的中国企业名录数据。

　　CECDB的数据记录包含三十多个字段,对企业名录进行了全方位的描述。典型的数据记录如下。

【企 业 名】中国国际信托投资公司
【负 责 人】王军
【职　　务】董事长 秦晓
【职　　务】总经理

【地　　址】北京市朝阳区新源南路 6 号京城大厦

【邮　　编】100004

【电　　话】(010)64660088-8611,64663095

【传　　真】(010)64661186,64661105

【电报挂号】3319

【电　　传】210026 CITI CN

【成立日期】1979 年 10 月

【企业类型】经营性

【性质规模】国有

【职工人数】20000（人）

【注册资金】300000（万元）

【创 汇 额】50134（万美元）

【进出口权】有

【企业简介】中国国际信托投资公司既是采用先进技术的生产企业群体，又是筹资、融资的金融机构，同时也是经管国内外贸易的综合商社。现有 21 家国内外直属子公司。中信公司于 1982 年 9 月 17 日在国家工商行政管理局登记注册，具有法人资格。中信公司的子公司亦均是企业法人。1998 年名列中国进出口额最大 500 家企业第 46 位。

【分公司或办事处】

名称：中信兴业公司

名称：中信实业银行

名称：中信贸易公司

名称：中信技术公司

【经营项目】从事国内外投资业务，开展多种形式的经济合作；从事新技术开发、推广以及进行风险投资；从事国际、国内金融业务和对外担保业务，在国内外独资或合资开办银行、财务公司；在国内外发行和代理发行债券等各种有价证券；经营国内外租赁业务；承办外商在华投资安全等保险业务，经营国际保险及再保险业务；经营国际、国内贸易；开展国际工程承包、分包及劳务输出业务；经营房地产业务，开展旅游服务；为国内外客户提供信托服务、咨询服务和承办其他代理业务；办理中信公司董事会决定的其他业务产品和技术的进出口业务；经营进料加工和"三来一补"业务；经营对销贸易和转口贸易。

【关 键 词】工程承包；租赁业务；金融业务；劳务服务；投资业务

【英文关键词】Engineering contract Rental and leasing business Financial business Help supply service Investment business

用户可以通过万方提供的 CECDB 数据库检索服务对其进行访问。网址为 http://c.wanfangdata.com.cn/Institution.aspx,如图 9.7 所示。

比如检索江苏省地区大型商贸企业情况，可以在机构检索主页界面中搜索框直接输入"江苏 商贸 企业"，即可得到相关检索结果，如图 9.8 所示。

此时的效果并非十分理想，可以发现单纯使用一般检索方式并不能很好地限定地区和企业规模部分记录，甚至部分记录都不属于江苏省企业。因此，用户可以通过页面左边的"地区分类"和"机构类别"等字段以及检索框下面的"在结果中检索"来限定检索结果。

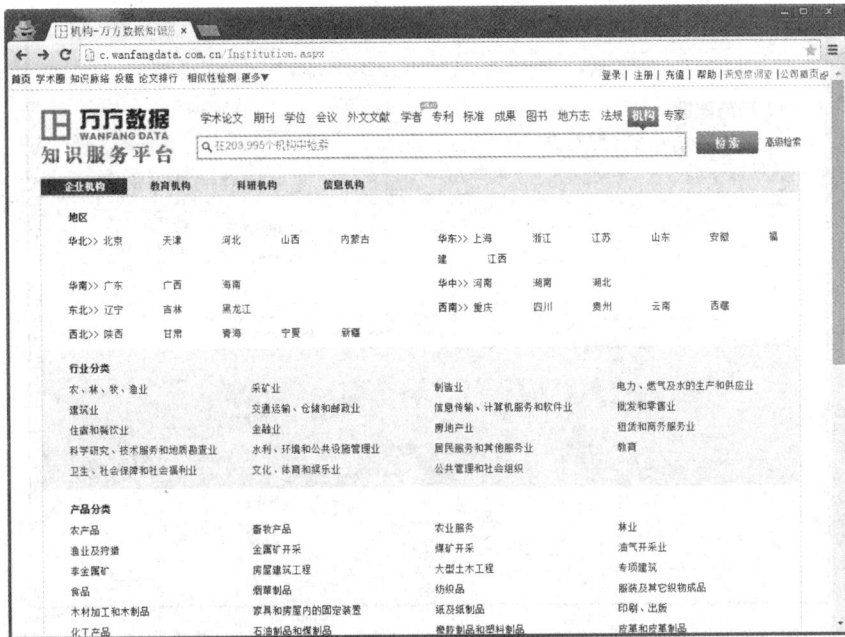

图 9.7　万方数据库的机构信息检索界面（截取于 2015-4）

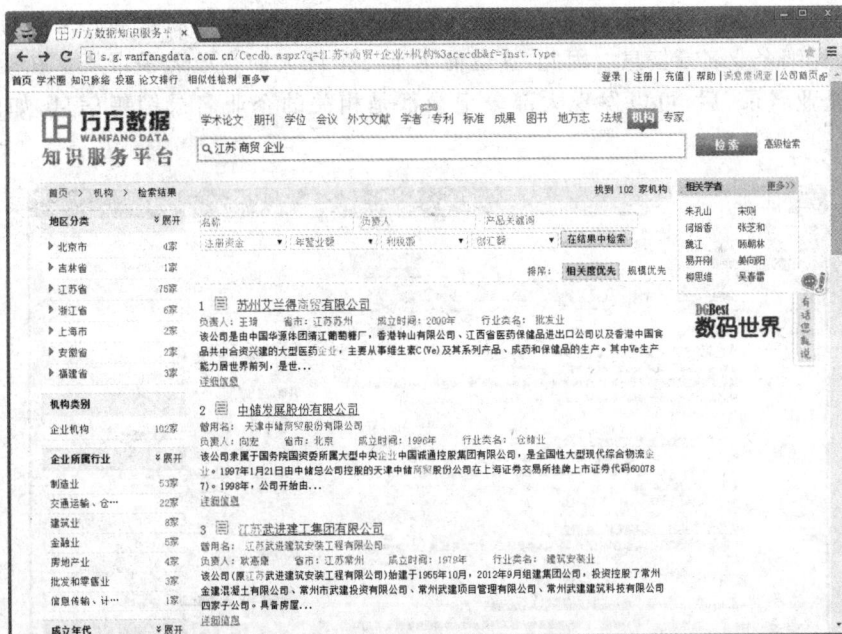

图 9.8　在万方机构数据库中检索"江苏 商贸 企业"的结果页面（截取于 2015-4）

进一步可以选择"地区分类"字段为"江苏省"，选择"机构类别"为"企业机构"，选择"注册资金"为"2000-5000 万"，即可得到最终的检索结果，如图 9.9 所示。

企业名录资源对于现代企业来说，已经成为一种重要的数据资源。上述专业数据库

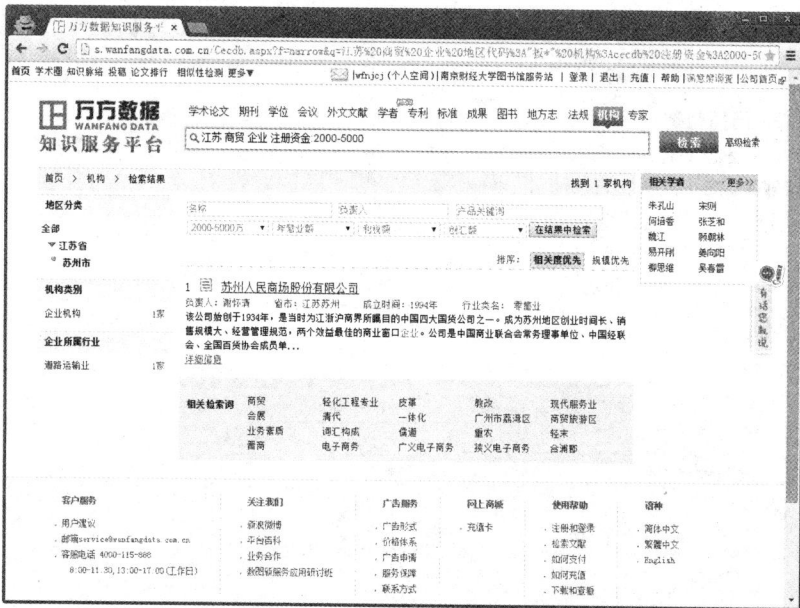

图 9.9　在万方机构数据库中通过多字段来限定检索结果（截取于 2015-4）

虽然资源质量较高，但是通常都为收费服务，而且所收录的内容可能并不能满足企业所具有的一些具体需求，如很多企业现在普遍需要诸如企业电子邮箱名录等和某些特定行业和地区的详细企业名录信息。因此，这也催生了一个巨大的企业名录市场。在搜索引擎中输入"企业名录"后，可以发现大部分记录都是相关的企业名录销售信息，如图 9.10 所示。

图 9.10　在百度中检索"企业名录"的结果页面（截取于 2015-4）

在这些企业名录提供商中,也有很多提供了免费的数据资源,并允许用户直接使用。如"易拜资讯",它主要提供企业信息服务和数据库营销服务,可根据行业、区域、注册时间、职位、企业类型、企业规模和经营状况等字段来查询企业名录信息,收录的企业数量约占全国总数的90%以上,日维护量为2万条,月新增企业数量8万家以上。网址为http://www.ebuywww.net.cn。单击"免费名录",即可打开"易拜资讯部分免费企业名录"页面,其中提供了大量的免费数据资源,如图9.11所示。

图9.11　易拜资讯提供的免费企业名录界面(截取于2015-4)

其中,该公司还提供了一些个性化的特色企业名录,如"自有研发机构企业公司名录""自有网站上网企业名录""2007年版世界500强名录""中国名牌/驰名商标企业"和"中国上市公司名录"等。用户将这些免费资源下载后,都可以直接打开检索、浏览和使用,如检索"北京"地区的相关企业名录信息,界面如图9.12所示。

国外企业名录有两层含义:一种是指主要收录国外企业的相关企业名录;另一种是指国外企业出版的企业名录,可以收录中国公司名录信息。

《邓氏电子商务指南》(*Dun's Electronic Business Directory*)就是一种著名的企业名录,它是由1841年成立的美国邓白氏公司推出的企业名录,该企业为世界著名的商业信息服务机构之一[①]。该数据库覆盖了全球超过7000万家企业的信息,数据库每天更新100万次以上,其中有60多万家中国企业信息,遍及全世界200多个国家,被国际著名《商业周刊》选出的全球1000家大企业中,超过九成都被收录其中。该公司于1994年进

---

① 凭借它的地位,邓白氏公司甚至提供了一种被称为"邓氏编码"(Duns Number),这个Duns字面意思是指"数据统一编码系统"(Data Universal Numbering System),它可以为每一个加入的企业分配一个全球唯一的9位数字编码,从而在国际电子商务中可以方便企业之间的信息交流,事实上,该编码已经成为国际认可的公司标准识别符号。

图 9.12　在易拜资讯免费企业名录检索程序中检索"北京"地区的相关企业名录信息（截取于 2015-4）

入中国，总部设在上海。

用户可以在 DIALOG 数据库中对其进行检索，具体的企业名录格式如下所示。

```
            DIALOG(R)File 515:D&B-Dun's Elec. Bus. Dir.(TM)
            (c) 2002 D&B. All rts. reserv.
            00062318 *
/CO, CO=    ABC GROCERY STORE
            COR HWYS 51 & 20
CY=, ST, ZP= DYERSBURG, TN 38024
                MAILING ADDRESS:
                RURAL ROUTE 1
                DYERSBURG, TN 38024
        TE= TELEPHONE: 901-555-1212
CX=, MC=, MN= COUNTY: DYER     MSA:4920 (Memphis, Tn - Ar -Ms)
        RG= REGION: SOUTH CENTRAL
       /DE BUSINESS: ret. Grocery
            PRIMARY SIC:
P2=, S2=, /DE  5411    GROCERY STORES, NSK
PC=, SC=, /DE  54110202    CONVENIENCE STORES, INDEPENDENT
            SECONDARY SIC(S):
    S2=, /DE   5421 MEAT AND FISH MARKETS
    SC=, /DE    54210200 MEAT MARKETS
            5451    DAIRY PRODUCTS STORES, NSK
            5431    FRUIT AND VEGETABLE MARKETS, NSK
```

```
        54319901 FRUIT STANDS OR MARKETS
        54319902 VEGETABLE STANDS OR MARKETS
    S2=, /DE _ 5541     GASOLINE SERVICE STATIONS
SC=, /DE     55419901 FILLING STATIONS, GASOLINE
EH= EMPLOYEES HERE:              3
    THIS IS:
SF=    A PROPRIETORSHIP
    A SINGLE LOCATION
    D-U-N-S NUMBER:          00-111-2223
```

用户也可以在互联网上检索，网址为 http://www.dunsregistered.com，主页如图 9.13 所示。

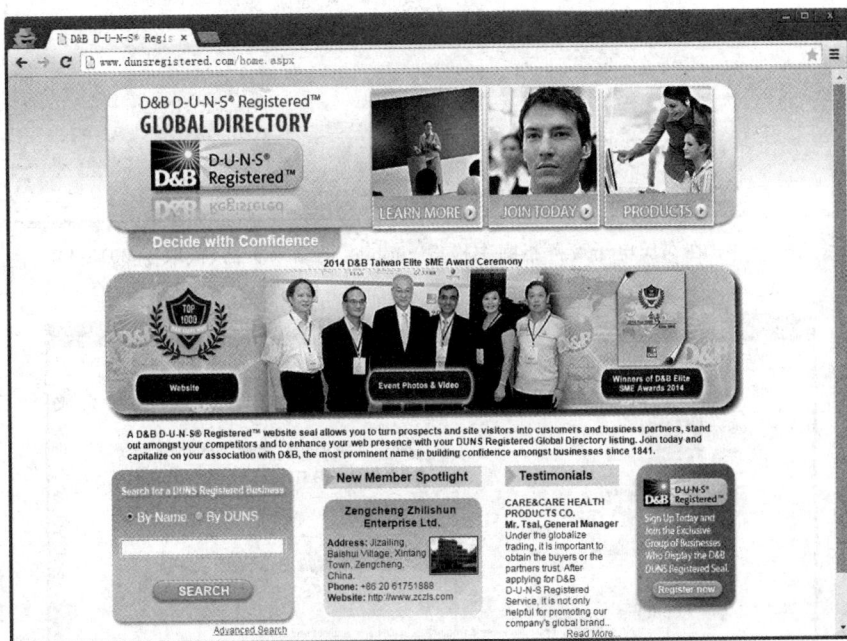

图 9.13 邓氏电子商务指南的主页界面（截取于 2015-4）

它的检索入口在页面左下部，可以按照名称和邓氏编码来检索。如检索"mobile"（移动）方面的相关企业名录信息，检索界面如图 9.14 所示。

显示的详细名录信息如图 9.15 所示。

康帕斯（Kompass）公司也是一家提供企业名录的数据厂商，于 1944 年在瑞士成立，现在总部设在法国。它拥有全球 230 万家企业的资料。该企业名录具有 38 种语言版本，在全球拥有多达 200 万家以上的长期客户。1997 年联合国贸易网点组织推荐康帕斯工商数据为世界贸易网点进行电子商务的一级认证基础工商信息。它的公司网址为 http://www.kompass.com，主页如图 9.16 所示。

用户可以在搜索框中输入所要检索的企业名称关键词，如检索"information service"（信息服务）方面的企业名录信息，结果如图 9.17 所示。

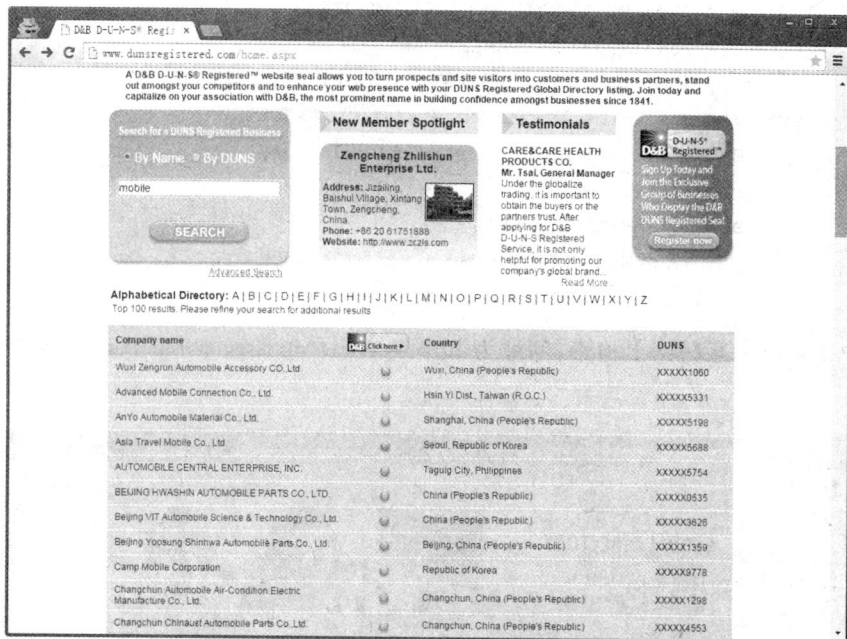

图 9.14　在邓氏电子商务指南中检索"mobile"的结果页面（截取于 2015-4）

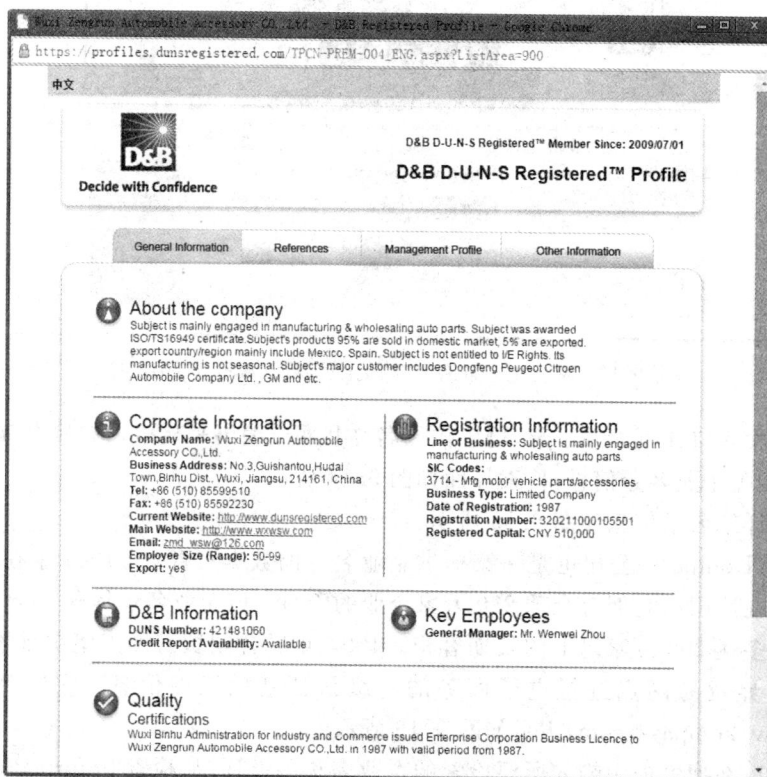

图 9.15　在邓氏电子商务指南中查看详细的企业名录信息（截取于 2015-4）

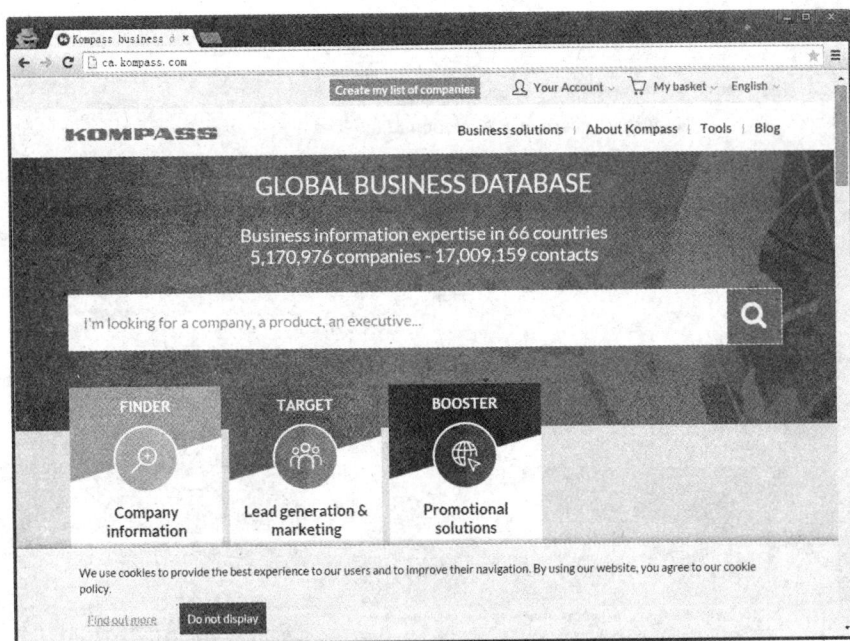

图 9.16　康帕斯的主页界面(截取于 2015-4)

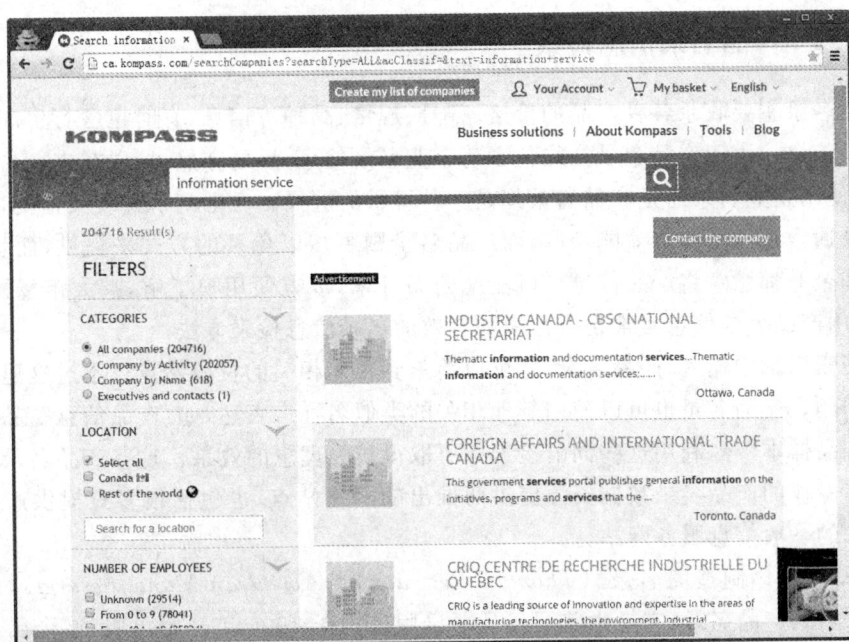

图 9.17　在康帕斯中检索"information service"的结果页面(截取于 2015-4)

在详细结果页面中,用户可以看到诸如经理人员的名单介绍信息,如图 9.18 所示。

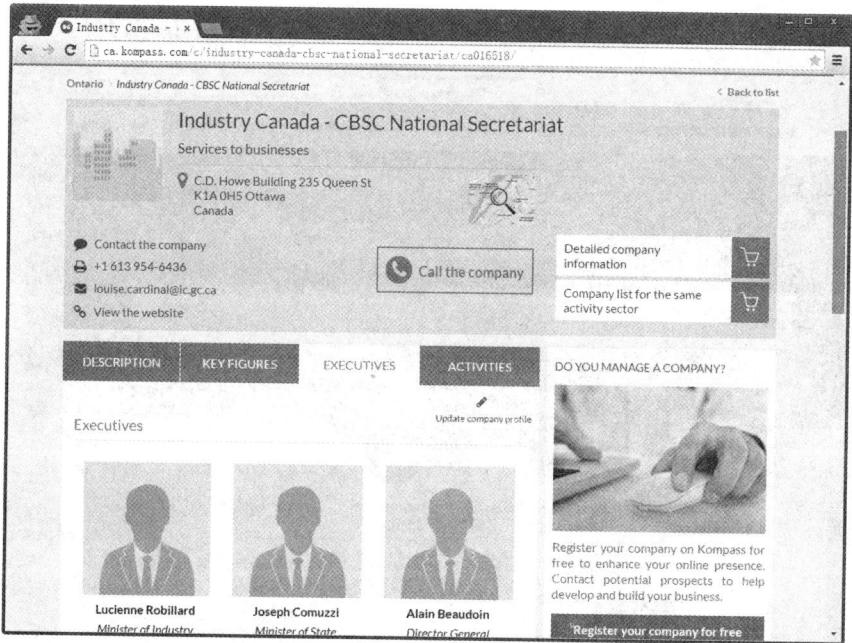

图 9.18　在康帕斯中查看详细的企业名录信息页面（截取于 2015-4）

9.2.2　产品名录信息检索

产品名录主要收录各种产品的价格、型号、规格、品种等信息，有时也含有生产企业的相关名录信息。由于产品名录往往包含着企业名录信息，反之亦然，所以在进行名录信息查询时，使用企业名录还是产品名录都是一种可行的选择。考虑到一种现实情况，那就是企业名录通常都需要收费才能获取，而产品名录则更多以免费的方式来提供，而且，大多数商家和企业都愿意将产品信息尽可能地公布开来，以方便用户了解，扩大市场影响度，所以，利用产品名录信息常常是一种极为有效的名录信息检索方法。

在搜索引擎中输入"产品名录"就可以检索到很多相关的资源站点。不过这里需要说明一个问题。产品名录也可以使用其他相关的类似名称来表达，如"产品信息""品牌""商标"和"产品样本"等，利用这些词语检索都可取得较为理想的效果。这些产品名录站点既包括很多专业的产品名录数据资源提供商推出的网络站点，也包括很多只提供产品名录信息服务的一般信息服务网站。

《托马斯美国制造商名录》(*Thomas' Register of American Manufacturers*)就是一本最为著名的产品名录，它是由美国托马斯出版公司于 1906 年开始出版，迄今已出版近百版，多达 33 卷。该公司主要为工业买家和工程师在其采购决策中提供产品、服务和供应商等信息资源服务，早期主要做纸质文献出版物，从 1995 年开始提供网站查询服务。该公司除了提供此产品名录外，还提供诸如《工业设备新闻》(*Industrial Equipment News*，*IEN*)国际出版物，它创办于 1933 年，主要为工业企业提供关于新产品、新服务和新技术的相关新闻信息报道。

　　《托马斯美国制造商名录》收录了近 15 万企业和 12 余万种产品的信息,是印刷版产品名录中篇幅最大的一种。主要内容包括三个部分:第一部分为"产品和服务"(Products and Services),它是全书的主体,按照主题介绍各个公司生产的产品和相关服务内容,同时在产品名称中还附有公司的相关信息,同时在后面还专门罗列了产品索引信息以方便用户查阅;第二部分为"公司简况"(Company Profiles),将公司各种常见信息,如地址、邮编、电话、电子信箱、分支公司、评估排名、董事、经理姓名和简要产品介绍等,按照字母顺序来编排;第三部分为"目录简况"(Catalog Profile),主要内容为产品样本目录,也按照字母顺序罗列了各厂商提供的产品规格、性能、图片和其他一些重要参数等。

　　早期的《托马斯美国制造商名录》还提供了光盘版。后来,它被收录进美国 DIALOG 系统,名称为《托马斯新工业产品数据库》(*Thomas New Industrial Products Database*),它是全文版电子月刊,按周更新记录,主要收录 1985 年以后的产品信息,现在用户可以通过该公司的站点来访问这些产品名录资源,公司网址为 http://www.thomasnet.com,主页界面如所图 9.19 所示。

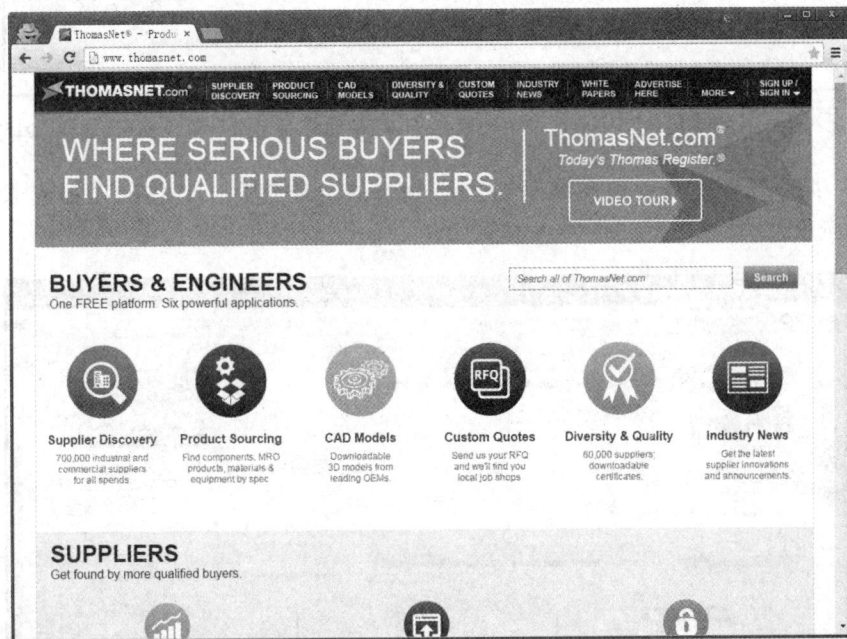

图 9.19　托马斯美国制造商名录的主页界面(截取于 2015-4)

　　它提供了"Supplier Discovery"(供应商)、"Product Sourcing"(产品)和"CAD Models"(产品 CAD 图例)三个主要的类别检索方法。如检索关于"software"(软件)的相关产品名录信息,可以直接在"产品"搜索页面中输入"software",结果如图 9.20 所示。

　　在页面的左边,它提供了大量限定字段允许用户进一步调整检索。其中,缩检功能中可以按照产品类别(Product Type)、供应商地址(Supplier Location)和资质(Certifications)等内容来限定结果,甚至可以和关键词结合在当前检索结果范围内进行再次检索(Search Within Products)。对于具体的命中记录,可以直接单击打开,能够看

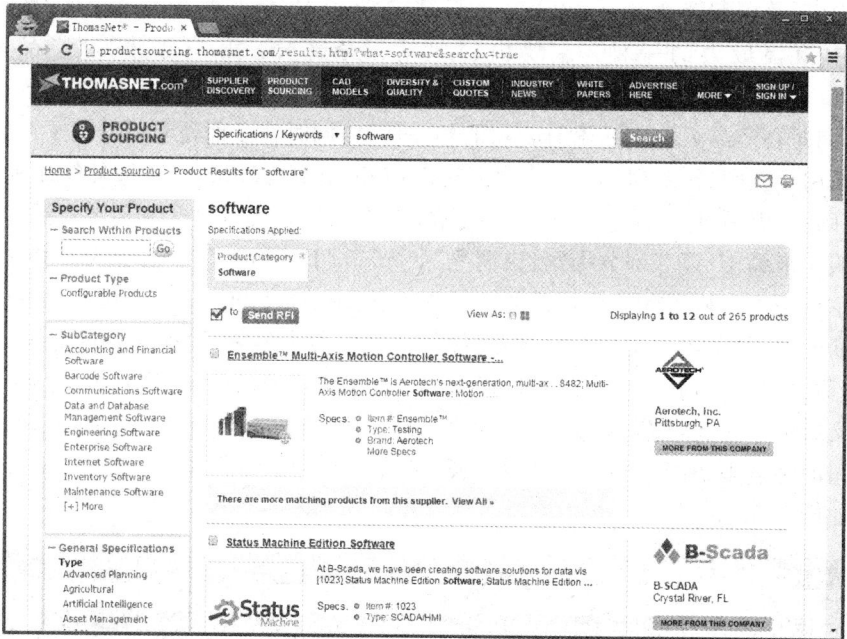

图 9.20 在托马斯美国制造商名录中检索"software"的产品名录结果页面（截取于 2015-4）

到企业提供的产品说明页面和托马斯自己收录的企业信息。具体的产品名录信息如图 9.21 所示。

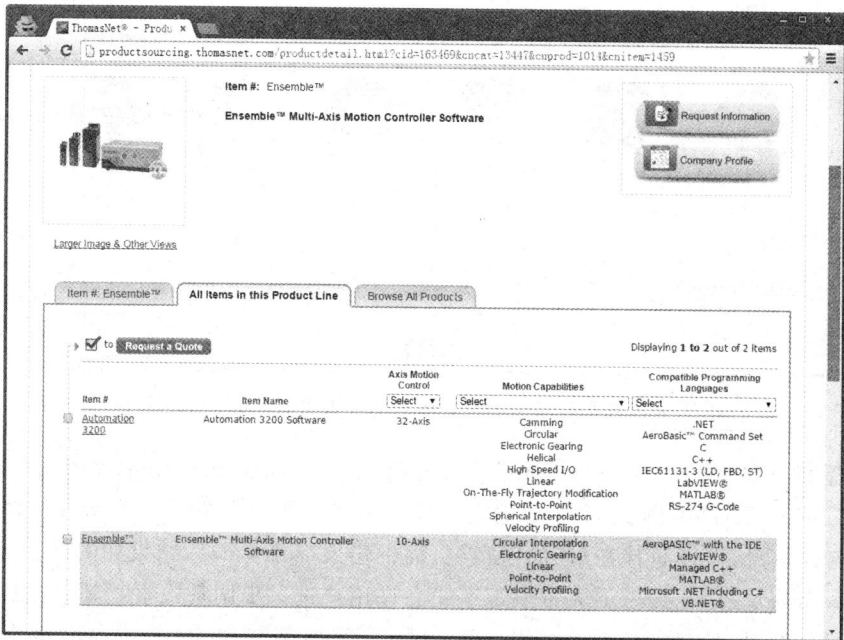

图 9.21 在托马斯美国制造商名录中查看产品名录的结果页面（截取于 2015-4）

同时，该站点还提供了比较有用的产品 CAD 图例检索。

除此以外，我们还可以使用商品、品牌和样本等数据库来检索产品名录信息。

如商标（Trademark）主要用于区别不同厂家生产的不同商品，通过一种鲜明的图案标记来表达商品的显著特征。随着商品经济的发展，中国企业对于商标的重视程度也越来越高，因此，各种关于商标信息的国内站点也逐渐增多。如中国国家工商行政管理总局商标局是我国商标管理的权威部门，它的官方网站"中国商标网"就提供了大量相关信息，如商标政策法规、驰名商标和商标信息检索等，网址为 http://sbj.saic.gov.cn。它还提供了免费的商标在线检索功能，用户可以单击主页上的"商标查询"进入检索界面，如图 9.22 所示。

图 9.22　中国商标网的商标查询界面（截取于 2015-4）

如检索"熊猫"的相关商标及其厂商信息，可以单击"商标综合查询"，在"商标名称"搜索框中输入"熊猫"，可以得到很多采用此商品的注册信息，结果如图 9.23 所示。

单击其中的每一个商标即可看到具体的商标信息，如图 9.24 所示。

还有一些商标检索服务网站也有商标检索功能，如中国商标专网，它主要提供国内商标的注册、检索和相关管理信息的发布等功能，网址为 http://www.cha-tm.com，主页如图 9.25 所示。

其中，该站点还提供了一个专门检索商品商标信息的程序，不仅支持电脑安装使用，还支持移动平台的使用。

对于国外的商标信息而言，如美国的产品商标注册要通过美国专利及商标局（United States Patent and Trademark Office，PTO）来进行，因此访问美国专利及商标局即可看到相关的商标信息。美国专利及商标局网址为 http://www.uspto.gov。在主页选择"商标"下面的"检索商标"（Search Trademark），即可打开商标电子检索系统（Trademark

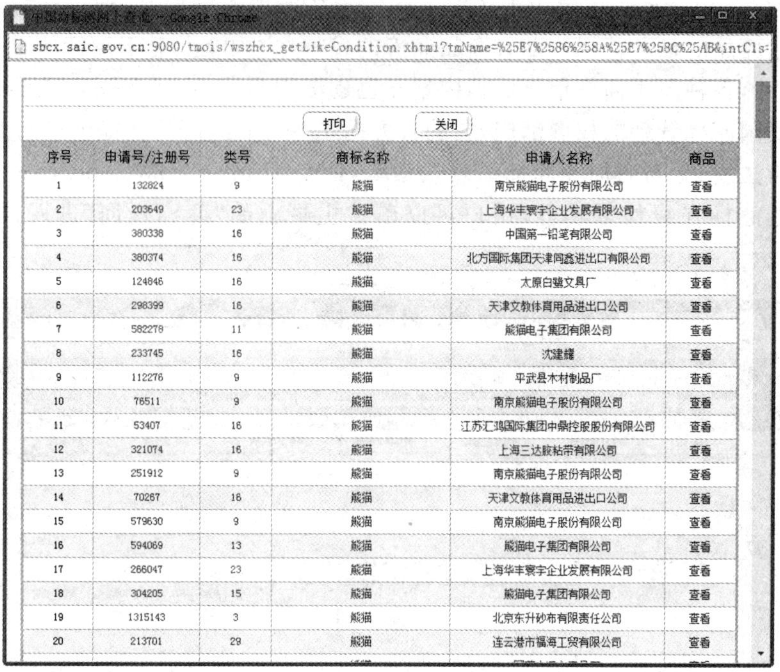

序号	申请号/注册号	类号	商标名称	申请人名称	商品
1	132824	9	熊猫	南京熊猫电子股份有限公司	查看
2	203649	23	熊猫	上海华丰寰宇企业发展有限公司	查看
3	380338	16	熊猫	中国第一铅笔有限公司	查看
4	380374	16	熊猫	北方国际集团天津同鑫进出口有限公司	查看
5	124846	16	熊猫	太原白鹭文具厂	查看
6	298399	16	熊猫	天津文教体育用品进出口公司	查看
7	582278	11	熊猫	熊猫电子集团有限公司	查看
8	233745	16	熊猫	沈建耀	查看
9	112276	9	熊猫	平武县木材制品厂	查看
10	76511	9	熊猫	南京熊猫电子股份有限公司	查看
11	53407	16	熊猫	江苏汇鸿国际集团中鼎控股股份有限公司	查看
12	321074	16	熊猫	上海三达胶粘带有限公司	查看
13	251912	9	熊猫	南京熊猫电子股份有限公司	查看
14	70267	16	熊猫	天津文教体育用品进出口公司	查看
15	579630	9	熊猫	南京熊猫电子股份有限公司	查看
16	594069	13	熊猫	熊猫电子集团有限公司	查看
17	266047	23	熊猫	上海华丰寰宇企业发展有限公司	查看
18	304205	15	熊猫	熊猫电子集团有限公司	查看
19	1315143	3	熊猫	北京东升砂布有限责任公司	查看
20	213701	29	熊猫	连云港市福海工贸有限公司	查看

图 9.23　在中国商标网中检索“熊猫”的商标结果页面（截取于 2015-4）

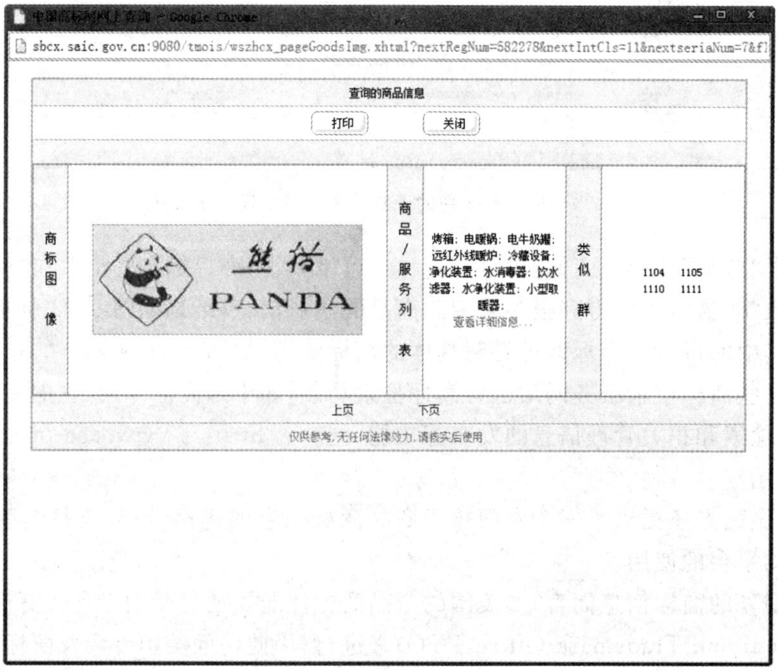

图 9.24　在中国商标网中查看商标的详细结果信息（截取于 2015-4）

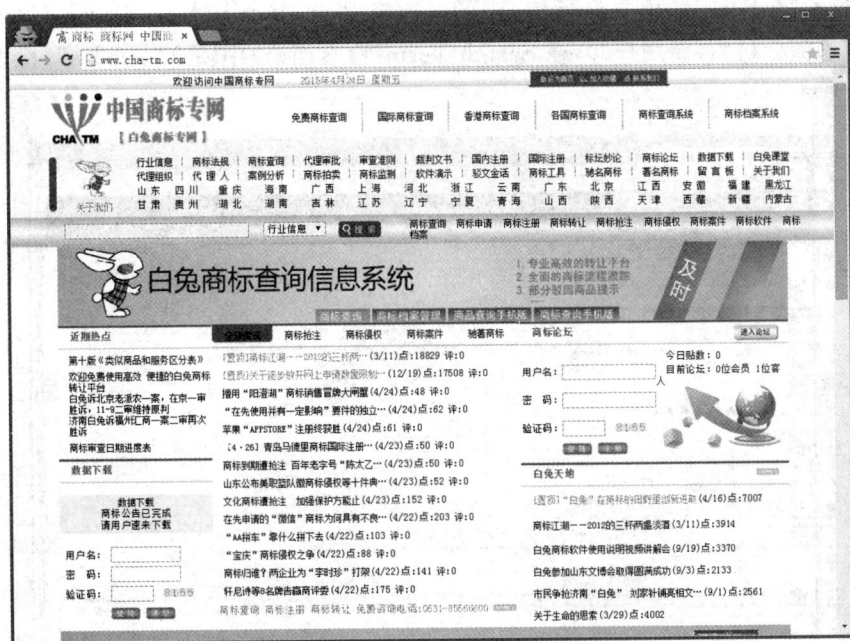

图 9.25　中国商标专网的主页界面(截取于 2015-4)

Electronic Search System，TESS)。用户可以通过多种方式进行检索，界面如图 9.26 所示。

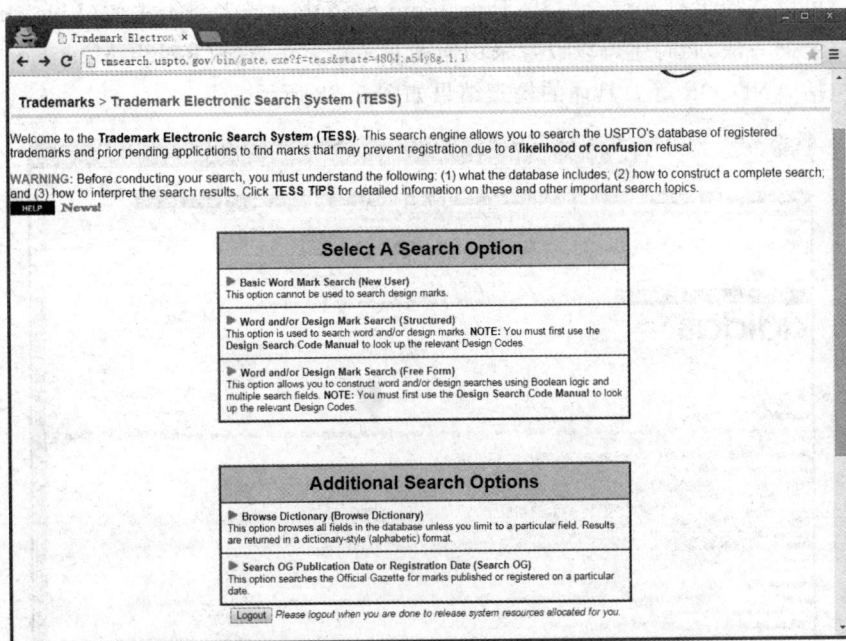

图 9.26　美国专利及商标局的商标检索页面(截取于 2015-4)

如检索"Adidas"的相关商标信息，可以选择 Basic Word Mark Search（New User）（基本词语商标检索(新用户)），在 Search Term(检索词语)中输入"Adidas"，检索界面如图 9.27 所示。

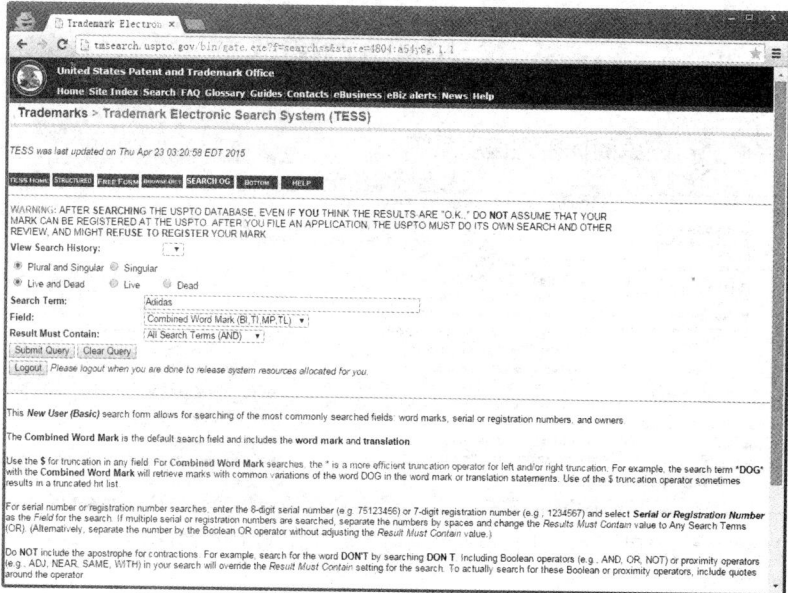

图 9.27　在美国专利及商标局的商标检索系统中检索"Adidas"的界面(截取于 2015-4)

用户可以选择单复数混合写法（Plural and Singular）或者是否失效（Live and Dead）来定义关键词写法，同时还可以设置采用何种布尔检索运算符（Result Must Contain），具体选择包括 AND、OR 等。具体的检索结果如图 9.28 所示。

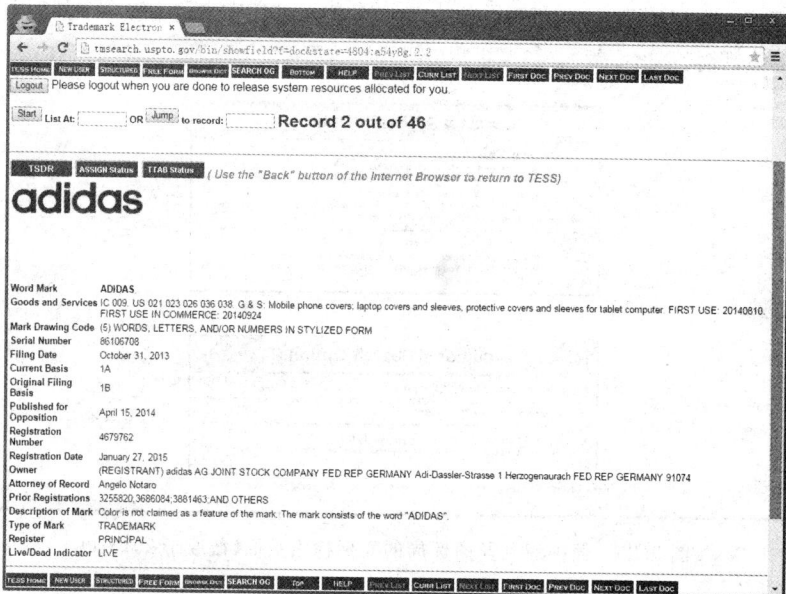

图 9.28　在美国专利及商标局的商标检索系统中查看商标的结果页面(截取于 2015-4)

品牌（Brand）和商标类似，但并不完全一样，它是指消费者对某个企业或者商品的全部印象的总和，据此可以识别某个产品或服务，并使之同其他产品和服务区别开来。一般来说，品牌的含义不如商标那么明确，有时指商标，有时也可以指产品制造商的企业名称。

和商标一样，品牌也是一种重要的产品名录资源。如"中国品牌网"，网址为 http://www.chinapp.com，主页如图 9.29 所示。

图 9.29　中国品牌网的主页界面（截取于 2015-4）

其中提供的"品牌大全"和"品牌排行"等栏目提供了大量品牌信息。

产品样本资源不同于一般的产品名录，多以产品实物、图片或者详细的参数信息来提供非常准确和全面的产品信息，因此是一种可靠完整的产品信息资源。其次，产品样本中所提供的产品外观图片，也能够反映生产厂家的工艺水平，所以，这些产品样本信息也是产品外观设计开发中的重要信息参考源。最后，有些产品样本的信息内容更为丰富，可以包含诸如产品的专利申请及获得情况、产品所达到的标准等级、产品的商标、产品获奖情况和产品的销售地等信息，因此是一种内容十分丰富的产品信息源。

由科技部西南信息中心重庆尚唯信息技术有限公司研制开发的全球产品样本数据库（Global Product Database，GPD），是一个大型产品样本数据库，它收录了丰富的产品样本数据，包括企业信息、企业产品目录、产品一般性说明书、产品标准图片、产品技术资料、产品 CAD 设计图、产品视频/音频资料等。收录范围涵盖了全球知名大型工业企业的产品样本，2014 年的样本总量已达 300 多万件，年新增数据量达到 50 万～80 万件。这些样本主要来自于欧美地区的大型知名企业，其中 70% 的产品样本包含高价值的技术文档，价值比较大。镜像站每季度更新，中心网站每周更新。网址为 http://gpd.sunwayinfo.com.cn，主页如图 9.30 所示。

图 9.30　尚唯全球产品样本数据库的主页界面（截取于 2015-4）

　　用户可以使用各种检索功能，如关键词检索、分类检索、高级检索、分类导航、学科导航和企业导航等。同时，在检索界面中，用户还可以选择包括文档、多媒体和 CAD 图纸等各种样本类型。如检索关于"轮胎"的相关样本信息，界面如图 9.31 所示。

图 9.31　在尚唯全球产品样本数据库中检索"轮胎"的相关结果页面（截取于 2015-4）

该数据库同时还提供企业名录,单击"企业导航"即可打开相应的企业搜索页面,如检索名称首字母为"B"的信息技术企业名录,结果如图9.32所示。

图9.32　在尚唯全球产品样本数据库中检索企业名录的结果页面(截取于2015-4)

9.2.3　院校和研究机构的检索

此类院校信息和研究机构信息是属于机构名录信息中的一种。对于学者和学生来说,这些信息是进行选择专业和研究方向的重要参考资源。

国内院校和研究机构的相关信息检索较为方便。如由教育部主管、教育部教育管理信息中心主办的"中国教育信息网",它涵盖了所有国内教育信息资源,包括教育机构信息和研究机构信息,构建了一个网上中国教育平台。网址为 http://www.chinaedu.edu.cn。它提供的"研招资讯""各地信息"和"学校大全"等栏目都有我国各类院校的说明和检索入口。中国教育与计算机科研网也收录了大量很有价值的信息,网址为 http://www.edu.cn。其中的"高校排名"和"留学院校信息"都是值得参考的重要权威数据源。教育部学位与研究生教育发展中心主办的"中国学位与研究生教育信息网"就公布有年度中国大学的学科排名信息,网址为 http://www.cdgdc.edu.cn。

随着近年来我国出国留学的人数增多,人们对国外院校和研究机构的关注程度也越来越大。因此,国内的教育主管部门往往会公布很多此类的相关信息,如教育部国际合作与交流司主管的教育部教育涉外监管信息网,它主要发布各类教育涉外活动监督与管理信息,其中主要以发布自费留学中介的相关信息为主,这些信息对于出国留学人员很有参考价值,网址为 http://www.jsj.edu.cn,主页如图9.33所示。

更为专业全面的可以查阅国外相关院校检索目录。《彼得森攻读研究生年度指南》

图 9.33　教育部教育涉外监管信息网的主页界面（截取于 2015-5）

（*Peterson's Annual Guides to Graduate Study*）是一部较为著名的机构名录，主要介绍美国和加拿大教育认证机构认可的各类高校和研究生院，包括专业情况、申请程序、学位授予和资助范围等。属于彼得森系列的还有《彼得森 MBA 专业指南》（*Peterson's Guide to MBA Programs*）、《专业和研究生学位索引》（*Index of Majors and Graduate Degrees*）和《研究生院名录》（*Directory of Graduates*）等。它的在线查询站点网址为 http://www.petersons.com，主页如图 9.34 所示。

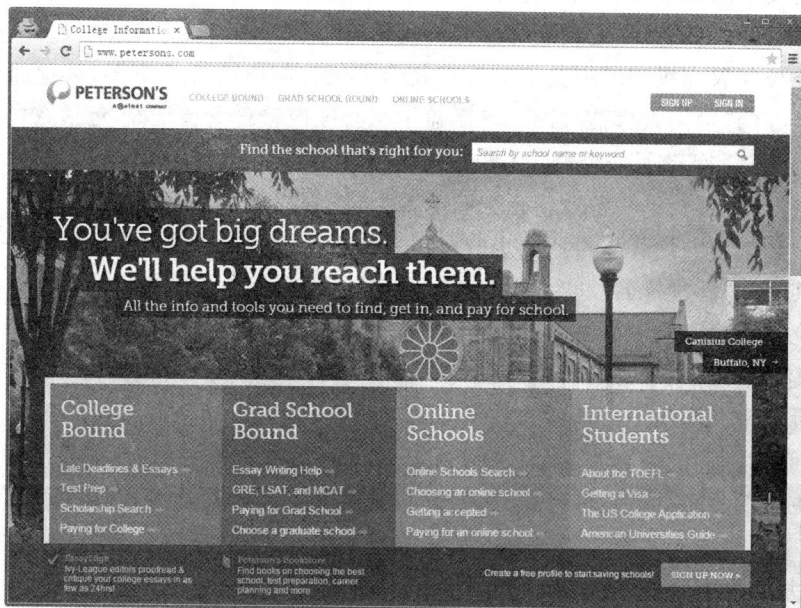

图 9.34　彼得森攻读研究生年度指南网站的主页界面（截取于 2015-5）

该页面主要分为"大学"(Colleges)和"研究生院"(Grad Schools)两个检索版块。如在大学检索版块中,系统允许用户按照学校类型、专业和与居住地的远近来选择高校,如检索经济类专业院校的结果页面如图9.35所示。

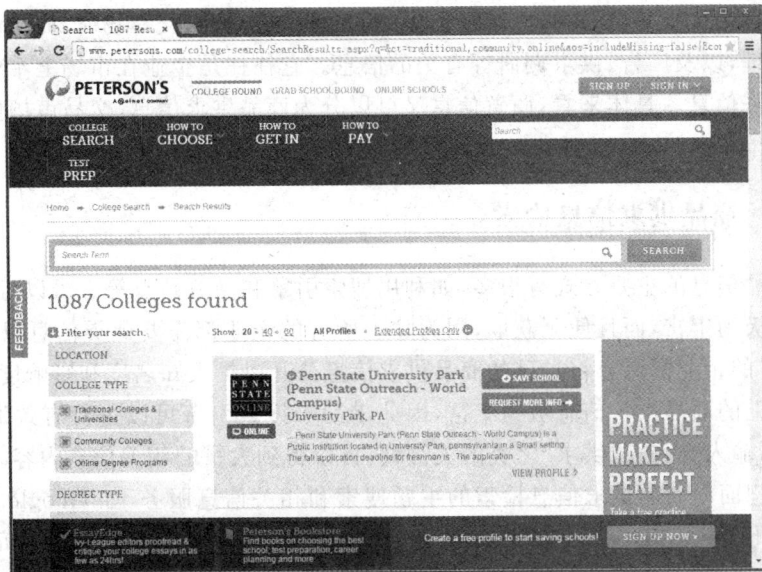

图9.35　在彼得森攻读研究生年度指南中检索经济类院校的结果界面(截取于2015-5)

此外,国外的高校排名信息也由一些非政府机构的媒体组织来发布,如美国新闻与世界报道(US News & World Report)就会每年定期发布对全美高校的各专业排名信息,网址为http://colleges.usnews.rankingsandreviews.com/best-colleges,如按照各个学科得到的院校排名页面如图9.36所示。

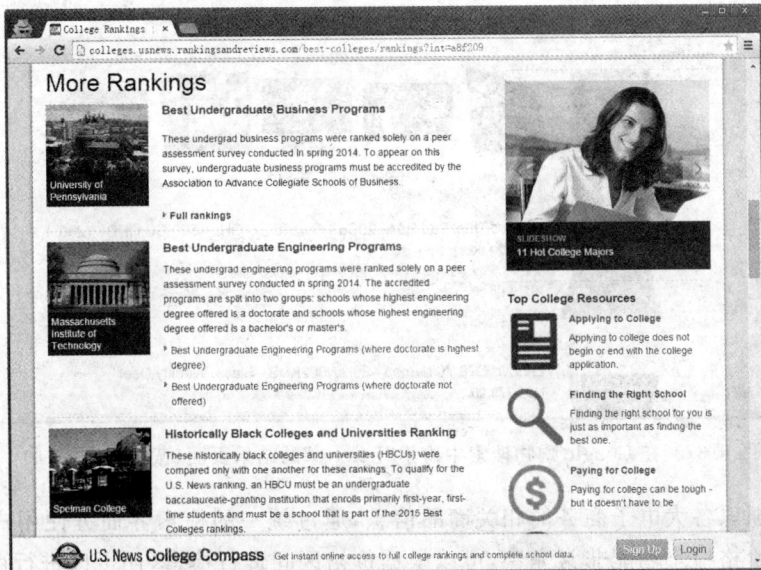

图9.36　在美国新闻与世界报道院校排名中检索更多排名信息的界面(截取于2015-5)

9.3　商贸信息检索

商贸信息主要指与贸易活动、市场销售、商品收购或采购、交易场所，商品流转中的调运、储存、管理，以及广告、供求调研等有关的信息。它往往是企业在市场上希望获得的最多的一种经济信息。具体来看，商贸信息又可以分为商品供求信息、交易市场信息和会展信息等。

9.3.1　商品供求信息检索

获取商品信息的主要方式有很多，如利用搜索引擎和商务站点等。可以肯定地说，此类信息数量极为丰富，而且便于获取，因为除了所有的企业都需要此类信息以外，更为重要的是，所有的企业都愿意将自己的商品供求信息公开以扩大知名度和影响度。

互联网上的商品供求信息极为丰富，因此借助于搜索引擎可以进行有效地获取。在搜索引擎中，输入"商务""供求"之类的关键词，可以得到大量的相关信息内容。很多搜索引擎还有专门面向商品供求信息检索的主题搜索和相关信息服务，如 Google 的"购物搜索"，网址为 https://www.google.com/shopping。如检索"Lenovo"的相关商品供应信息，检索结果如图 9.37 所示。

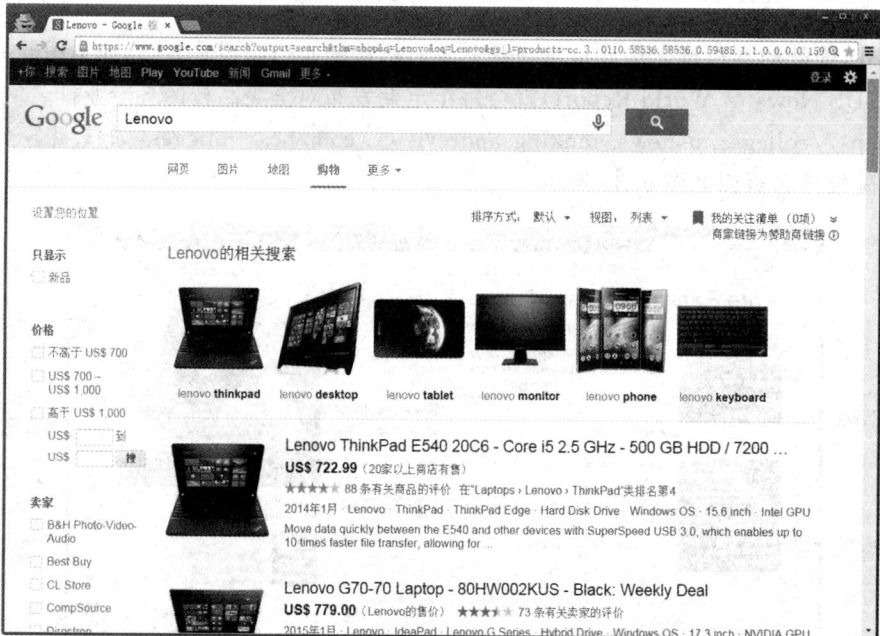

图 9.37　在 Google 购物搜索中检索"Lenovo"的结果页面（截取于 2015-4）

它通过抓取各大电子商务的相关商品信息，通过统一的检索界面方便用户查看和使用。其中的价格检索功能非常完善，可以根据价格区间进行检索，还可以进行商品比价检索，如图 9.38 所示。

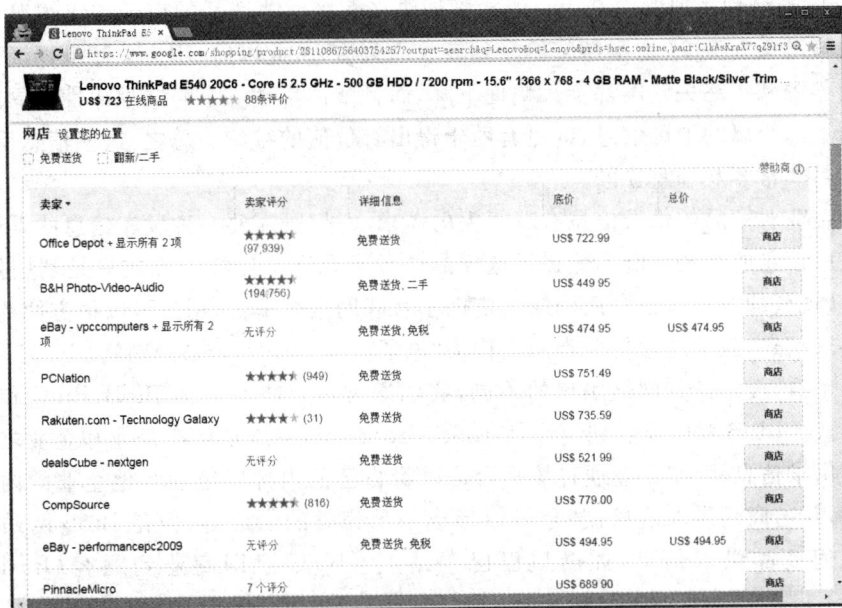

图 9.38　在 Google 购物搜索中进行商品比价检索(截取于 2015-4)

　　然而,Google 购物搜索却没有提供商品的需求信息,要想获取商品需求信息,可以通过搜索引擎的信息分析检索服务来进行,如利用 Google 趋势等,还可以利用搜索引擎提供的用户交流平台服务来进行,如百度的"贴吧"等。前者只能提供一些方向性的建议和判断依据,而后者给出的信息则更为具体。如检索普洱茶的需求情况,可以利用 Google 趋势来判断总体需求情况,相关检索结果如图 9.39 所示。

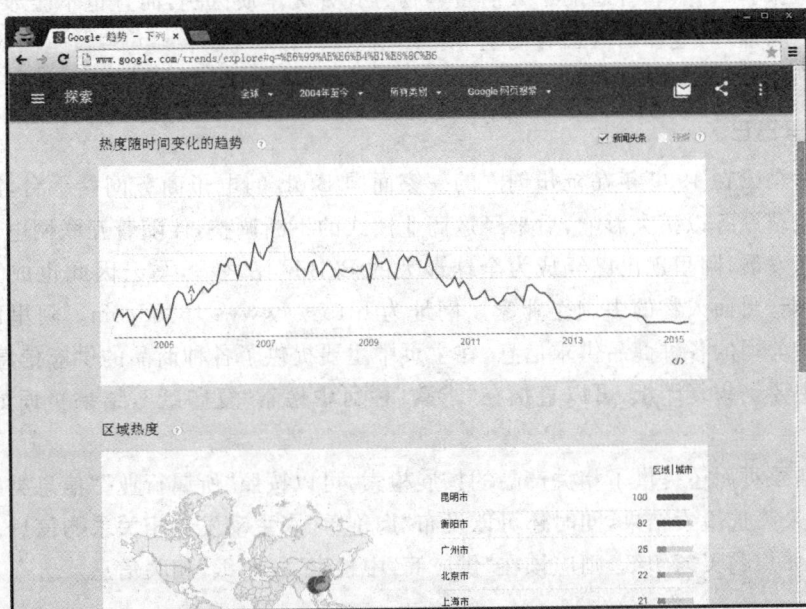

图 9.39　在 Google 趋势中检索"普洱茶"的界面页面(截取于 2015-4)

Google 趋势利用搜索引擎用户的检索词语来间接反映产品的市场需求情况，从中我们了解到普洱茶在 2007 上半年突然受到较大的关注，从此以后，用户关注度逐渐衰减，而且每年的年中和年终关注度都会大幅地下降，而且整体呈现一个略成规律性的周期波动。结合页面下部给出的地区信息，则更有助于得出有价值的结论。总之，这些信息反映出的用户需求是非常客观和重要的。

既然企业对商品的供求信息有着很大的需求，它们既需要一种发布信息的渠道，也需要一种获取信息的途径。能不能提供这样的一种平台呢？传统的方式只是利用报纸、电视等媒体，现代的方式就是利用网络。借助于互联网这个平台，用户可以很方便地交流这些商品供求信息，我们通常把此类网站称为"电子商务"（E-Business）网站。

具体来看，根据这些网站用户的不同，我们通常可以将其分为 BtoB、BtoC 和 CtoC[①] 等几种形式。BtoB 意即商业到商业（Business to Business），是指在企业和企业之间搭建一种商品供求信息平台，企业通过该平台可以将自己的内部网络和其他企业的内部网络联通起来，互通商品供求信息，甚至可以形成一个完整的供应链，但是 BtoB 网站本身并不发布任何商品供求信息，如阿里巴巴等站点。BtoC 意即商业到顾客（Business to Customer），是指网站自己扮演卖家的角色，通过自己的网络平台向用户提供商品供应信息，以吸引用户购买，一般而言，这类站点往往只提供一类商品的销售，如以图书销售为主的中文当当等网站，当然随着发展，现在此类 BtoC 站点也逐渐开展了多种类型的商品销售服务，如麦考林网站等。CtoC 意即顾客到顾客（Customer to Customer），和 BtoB 相比，它也提供了一种联系买卖双方的网络平台，但是参与者都是一般的个人，不是企业，如一个人在 CtoC 网站上开个网络店铺，另一个人则可以通过该 CtoC 站点购买这个店铺中的商品。当然，今天的 CtoC 的卖家也逐渐增加了很多与实体企业对应的卖家顾客，不过从交易方式来看，仍然和普通的个人消费购物方式并无本质区别，而且也不会涉及到企业内部网络的联通等，这样的网站有淘宝等。

下面介绍几个有代表性的电子商务站点。

1. 阿里巴巴

它是由马云在 1999 年在杭州创立的一家面向 BtoB 的电子商务网站平台，刚开始时坚持三年免费服务以扩大影响，后来经过商业模式的不断调整，伴随着互联网电子商务十几年的快速发展，阿里巴巴已经成为全球最大的 B2B 网站之一，马云因此也成为第一位成为《福布斯》封面人物的中国企业家。网址为 http://www.1688.com。阿里巴巴提供了各个参与公司的各种商品供求信息，在主页中主要提供了各种商品的供应信息。

例如想要销售复印纸，可以直接在"求购"栏目中检索"复印纸"，结果页面如图 9.40 所示。

检索结果页面还提供了相关产品的扩展检索，可以按照"所属行业""信息类型"和"报价"等字段来筛选检索结果，同时还可以发布"询价单"来主动发布相关求购信息。

反之，如想购买复印纸，则应该在"供应商"中检索"复印纸"相关信息。

---

① 很多人认为英文中 2 的发音同 to 发音相似，于是将称呼这些写成 B2B、B2C 和 C2C 等形式，意思一样。

图 9.40 在阿里巴巴中检索"复印纸"求购信息的结果页面(截取于 2015-4)

最有意思的功能是阿里巴巴提供的"阿里指数",它是利用用户在阿里巴巴平台上的产品检索信息,按照地区和行业分门别类地进行统计整合,从而得到不同行业中各种相关产品的需求趋势和关注程度,同时还专门提供了"搜索排行榜"和"产品排行榜",这些信息对于企业做出市场分析和营销判断都是至关重要的。网址为 http://index.1688.com,主页如图 9.41 所示。

图 9.41 阿里指数的主页界面(截取于 2015-4)

例如对复印纸的相关行业市场情况的检索结果如图 9.42 所示。

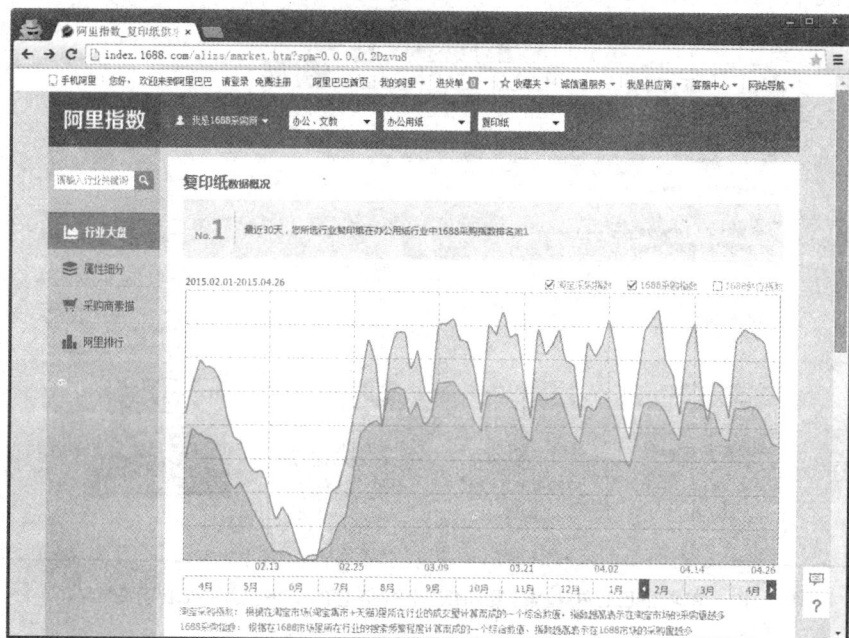

图 9.42　在阿里指数中检索复印纸的行业情况（截取于 2015-4）

2. 淘宝网

淘宝网是由阿里巴巴于 2003 年 5 月 10 日创立的，主要开展的是 CtoC 和 BtoC 的两部分网络购物业务。它的发展非常迅速，到 2005 年，它就超过了 eBay 和易趣，并在 2006 年成为亚洲最大的网络购物平台。网址为 http://www.taobao.com。

对于商品信息检索而言，这个巨大的网络购物平台也蕴藏了巨大商品供求信息，是个极为有价值的信息源。

首先，利用淘宝可以非常方便地获取商品供应信息，它主要提供了利用关键词检索和商品目录检索两种方式。关键词检索方式使用最为常见，不仅首页上部有很明显的搜索框，而且每个产品的浏览页面中都嵌入了商品检索功能，同时在每个网络店铺页面中也嵌入了店铺内的商品检索功能。淘宝专门的关键词检索网站网址为 http://search.taobao.com，页面如图 9.43 所示。

其中提供的关键词检索方式和动态分类检索方式的有效结合搜索方式，非常便于用户使用。

用户可以根据检索得到的结果进行相关检索和扩展检索，同时淘宝提供的筛选功能也非常丰富。如用户准备购买华为手机，但是不是非常清楚具体型号，只是想选择一二千元这个价位，另外支持中国移动公司网络的功能，这些非常多的选择信息可以通过淘宝提供的面向特定产品的字段组合检索来实现。从结果中，用户还可以按照"销量从高到低"等排序方法来排序。从中，可以看出淘宝已经给出了很多推荐机型，结果如图 9.44 所示。

另外，淘宝的关键词高级检索功能更为强大，可以按照多种字段进行组合检索，网址

图 9.43 淘宝关键词检索界面中的动态分类检索(截取于 2015-4)

图 9.44 在淘宝中利用字段组合检索功能来检索华为手机类型(截取于 2015-4)

为 http://search1.taobao.com/browse/ad_search.htm,界面如图 9.45 所示。

对于类别目录检索而言,淘宝也提供了强大的类目体系,此时,用户还可以将关键词检索和目录检索结合起来进行更为有效的检索(默认为所有分类)。网址为 http://list.

taobao.com，主页如图 9.46 所示。

图 9.45　淘宝的关键词高级检索界面（截取于 2015-4）

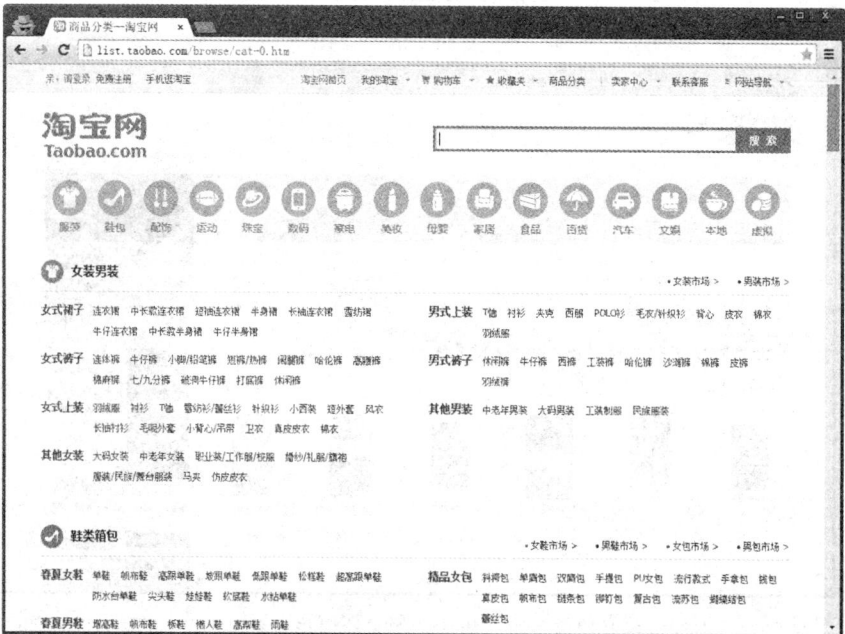

图 9.46　淘宝网的商品分类检索界面（截取于 2015-4）

　　其次，对于商品需求而言，淘宝提供了两种主要的信息获取方式。一种是淘宝网站利用用户检索商品的信息汇总得到的各种统计数据，如"淘宝排行榜"，网址为 http://top.

taobao.com,主页界面如图9.47所示。它按照诸如"服饰"和"数码家电"等大类收集了各个类别下最受关注的产品信息,同时在下边提供的"今日关注上升榜"和"一周关注热门榜"的信息则更为及时全面,这些都能够反映当前市场对相关产品的关注程度和特点。另一种就是具体的用户产品需求信息。这些信息广泛地分布在各个商品的购买页面上,如"成交记录"等。通过查看该成交记录可以了解哪些用户购买了此类商品。除此以外,淘宝还提供了"淘宝打听"等多项用户交流购买商品信息的平台,从中也可以了解各个用户对不同商品的关注程度和想法。

图 9.47　淘宝排行榜的主页界面(截取于 2015-4)

9.3.2　交易市场信息检索

这里所说的交易市场是指一些专业从事某个行业商品交易的场所。比如,如果要买药材,我们就会想到安徽亳州,想要买眼镜,就会想到江苏丹阳。这些地区就存在专门从事该种商品交易而且具有相当规模的市场,用户可以集中地购买到更多相关商品。

然而,我们又如何知道有哪些交易市场呢?哪些交易市场又专门销售什么商品呢?传统的方式是查阅一些参考工具书,如国家工商行政管理局市场管理司于1987年出版的《全国主要集市名册》就提供了相关的交易市场信息说明。中国大百科全书出版社1995年出版的一套介绍世界市场的丛书,对了解世界市场也很有帮助,包括《世界技术市场与信息市场全书》和《百卷本世界市场全书》等。

不过,这些工具书要么不方便获取,要么资料过于陈旧。借助于互联网网络资源,我们可以更有效地获取这些市场信息。最为方便和常见的方式就是使用搜索引擎检索,如检索全国各类主要的交易市场,可以在搜索引擎中检索"中国集市""中国专业批发市场"

和"中国商品交易市场"等相关关键词，都可以获取到相关的市场说明。同时，也可以针对某个特定市场检索相关信息。如检索我国木材的交易市场，可以在搜索引擎中输入"中国木材市场"，结果如图 9.48 所示。

图 9.48   在 Google 中检索"中国木材市场"的结果页面（截取于 2015-4）

最后，还有一些专门从事市场信息发布的站点，也提供了大量重要的市场信息。如"中国商品交易市场信息网"，网址为 http://www.cnpfsc.com，该站点收录了大量商品市场的相关新闻和行业动态信息，主页如图 9.49 所示。

图 9.49   中国商品交易市场信息网的主页界面（截取于 2015-4）

随着互联网的发展,人们也逐渐形成了网络购物的习惯,因此,一些专门提供商品市场信息的专业站点也逐渐演化成一些商品交易中心,改变了传统以地域为中心的市场形成模式。此类站点非常多,既有面向中国市场的,也有面向国际市场的,既有面向所有商品信息的,也有面向特定行业的,如表9.2所示。

表 9.2 部分商品市场站点

站 点 名 称	站 点 网 址
慧聪商务网	http://www.hc360.com
掌商网	http://www.zs91.com
中国服装网	http://www.efu.com.cn
中国电器网	http://www.vooeoo.com
中国食品网	http://www.chinafood365.com
中国机械网	http://www.jx.cn
TradePrince(世界出口商)	http://www.tradeprince.com

9.3.3 会展信息检索

会展信息也是一种重要的商贸信息,通过会展,顾客和商家可以面对面地进行交流,而且还可以看到具体的产品,借助这个平台,人们可以更为容易地达成各种购销合同。

过去的会展信息主要是通过期刊和报纸等媒体来发布,今天,人们可以很容易地在互联网上检索到各种类型的会展信息。此外,一些专门从事会议信息发布的站点也是一些重要的信息资源。如"中国会展网"就是一个专门提供各类国内外展会信息的站点,网址为 http://www.expo-china.com,主页如图9.50所示。

图 9.50 中国会展网的主页界面(截取于 2015-4)

除此以外，一些著名的地区会议展览中心也有自己的站点，如南京国际展览中心，它在自己的站点上就提供了大量的会议展览信息，尤以商品交易会展为多，网址为 http：//www. njiec. com，主页如图 9.51 所示。

图 9.51　南京国际展览中心的主页界面（截取于 2015-4）

9.4　价格信息检索

在市场经济社会中，价格是商品供求关系变化的重要指示器，在很大程度上价格是在商品交换过程中自发形成的，是市场上多种因素共同作用的结果。因此，通过价格的变动可以向人们传递市场信息，反映供求关系变化状况，引导企业进行生产和经营决策。

从本质上看，价格信息通常都包含在商品供求信息或者产品信息当中，但是，由于价格信息自身的特点，特别是实时性和准确性的要求，使得人们需要专门的产品价格信息检索途径。很多产品价格信息数据库和价格信息服务站点因此应运而生。

价格信息并不易于收集和整理，因为它们往往都散见于各种公开的媒体资料，发布渠道多种多样，而且时变性特别强，有些产品的价格甚至每时每刻都在变化，更为重要的是，价格与地域关系也十分密切。这些都给产品价格信息的检索带来很大的难度和很大的迫切性。

我们主要有三个获取途径，分别予以介绍。

9.4.1　中国国家信息中心的价格数据库

我国政府机构和相关单位已经开发了很多产品价格数据库，如国家物价局制作的《农产品集市贸易价格行情数据库》和《生产资料成交价行情数据库》,机械工业部制作的《中国机电产品价格信息数据库》和电子部制作的《电子产品价格数据库》等。

中国国家信息中心作为我国统一规划国家信息系统的建设、组织国家经济信息系统开发的主要机构,从 1992 年就开始进行各种市场商业数据库的建设开发工作,到今天已经制作了大量的权威价格信息资源,用户可以在国家信息中心的站点上看到包含价格信息数据库在内的相关系统内容介绍。网址为 http://www.sic.gov.cn。

目前国家信息中心制作的大型价格数据库有六种:一是消费类电子产品零售市场监测数据库,它于 1996 年开始建立,现为国内同类数据库中数据项内容最丰富的数据库,甚至包含了产品的退货信息等;二是服装零售市场数据库,其中所提供的北京、上海两大城市相关服装销售详细数据包括了商场名称、品牌名称、销售量、销售额等诸多详细数据,为目前国内独有;三是化妆品零售市场数据库,其中提供的北京、上海两大城市相关化妆品销售详细数据也为国内独有;四是全国 34 个城市商业经济宏观数据库;五是全国34 个城市零售行业监测数据库,该数据库通过对各个重点商业企业的月度数据监测,来跟踪零售行业不同领域的市场变化情况;六是全国 34 个城市居民消费价格指数及重点商品价格监测数据库,内容主要包括主副食品价格、重点工业品以及公用事业价格、重点主副食品价格等内容。

其中具体的价格信息可以查阅其下属的各地信息中心。可以单击主页下方的"国家经济信息系统"下所有各地信息中心的链接,全部链接如图 9.52 所示。

图 9.52　国家信息中心站点提供的各地信息中心站点链接页面(截取于 2015-4)

如北京信息中心[①]提供了大量的产品价格相关信息的检索入口，如"关注物价"栏目，网址为 http://www.beinet.net.cn/topic/gzwj，主页如图 9.53 所示。

图 9.53　北京信息中心的"关注物价"栏目界面（截取于 2015-4）

9.4.2　产品价格信息的服务站点检索

除了上述这些专业数据库外，我们还可以利用政府网站上公布的价格信息或者一些专业发布价格信息的站点来了解产品价格信息。

如由国家发展改革委价格监测中心管理的"中国价格信息网"，专门提供各类国内国际产品的价格信息，还对价格要闻、价格政策公示、价格热点、价格法规和地方价格动态有专门的栏目版块进行介绍，同时，对于一些行业的价格信息还专门分栏介绍，如医药价格政策公示、行政事业收费公示、工业品价格、农产品价格、服务收费和价格知识台等。网址为 http://www.chinaprice.gov.cn，主页如图 9.54 所示。

中国价格信息网提供的国内生猪饲料价格信息如图 9.55 所示。

由于价格信息具有地域相关的特点，所以该网站还将全国各地的地方价格信息网全部整合进了"地方专栏"，单击其中每一个省市都会打开相应的地方价格信息网站点。

最后说明一点，该网站提供的"国际价格指数"不仅提供了很多重要商品的总体价格信息，而且还利用时间维度来展示其价格变化的规律和趋势，界面如图 9.56 所示。

---

① 北京信息中心（北京经济信息网）的网址为 http://www.beinet.net.cn。

图 9.54 中国价格信息网的主页界面(截取于 2015-4)

图 9.55 "中国价格信息网"提供的专项产品价格信息页面(截取于 2015-4)

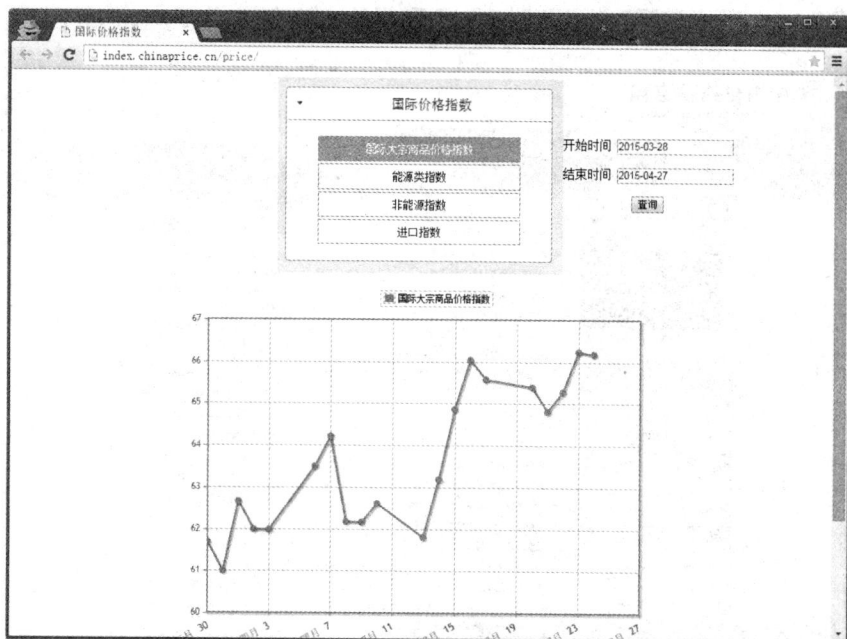

图 9.56   中国价格信息网的"国际价格指数"结果页面（截取于 2015-4）

和中国价格信息网的内容相比，地方的价格信息网往往内容更为具体，和我们的生产生活联系更为密切。如江苏省物价局网站，网址为 http://www.jswjj.gov.cn，其中提供的"江苏价格在线"栏目中的价格信息内容十分丰富，如图 9.57 所示。

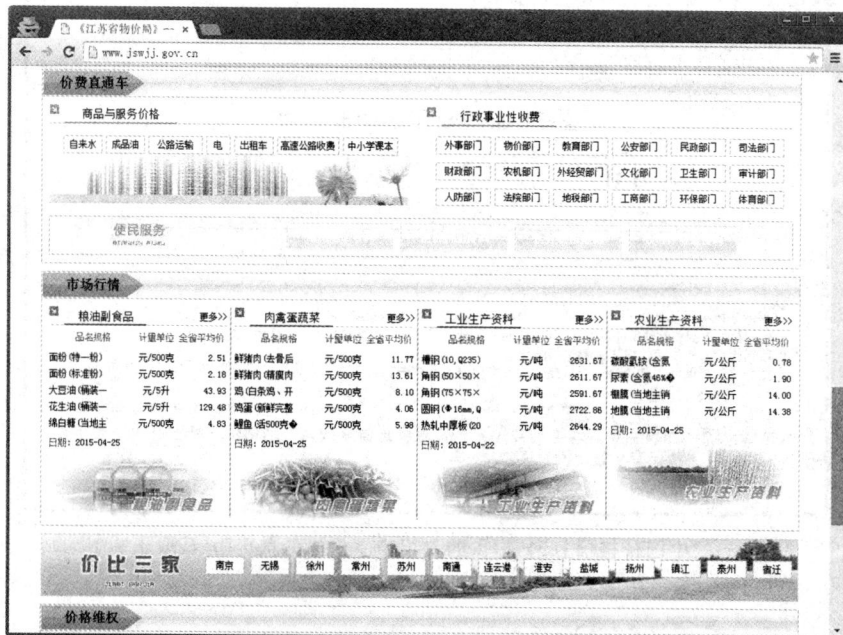

图 9.57   江苏价格在线提供的各类产品价格检索界面（截取于 2015-4）

对于更为具体的城市价格信息站点而言,它所提供的价格信息就更为具体和详细。如南京市价格信息网,网址为 http://www.njprice.com,其中的价格检索功能也非常具体和丰富,主页如图 9.58 所示。

图 9.58　南京市价格信息网提供的各种价格检索功能(截取于 2015-4)

9.4.3　专业的产品价格数据库检索

互联网上各类专业的产品价格数据库检索主要有两类:一类是以公布各类价格信息和统计分析信息为主的站点,另一类主要是针对某一行业和领域的产品价格信息。

前者如"中宏数据库",它由国家计委宏观经济研究院、中国宏观经济学会、中国宏观经济信息网联合研制,涵盖了 20 世纪 90 年代以来宏观经济、区域经济、产业经济、金融保险、投资消费、世界经济、政策法规、统计数字、研究报告等方面内容,它由 19 类大库、74 类中库以及 500 类分库组成,数据量超过 100 万条,文字量超过 20 亿字,每日更新量超过 1000 条,其中就提供了"物价数据库",网址为 http://www.macrochina.com.cn/macro_data,主页如图 9.59 所示。

另外,中宏数据库的形势分析支持系统,主要介绍了包括各种消费与价格相关的重要新闻评析等内容,界面如图 9.60 所示。

后者也有很多,如面向煤炭行业价格信息的中国煤炭价格数据库,网址为 http://dbprice.sxcoal.com,它提供了丰富的煤炭价格检索功能,主页如图 9.61 所示。

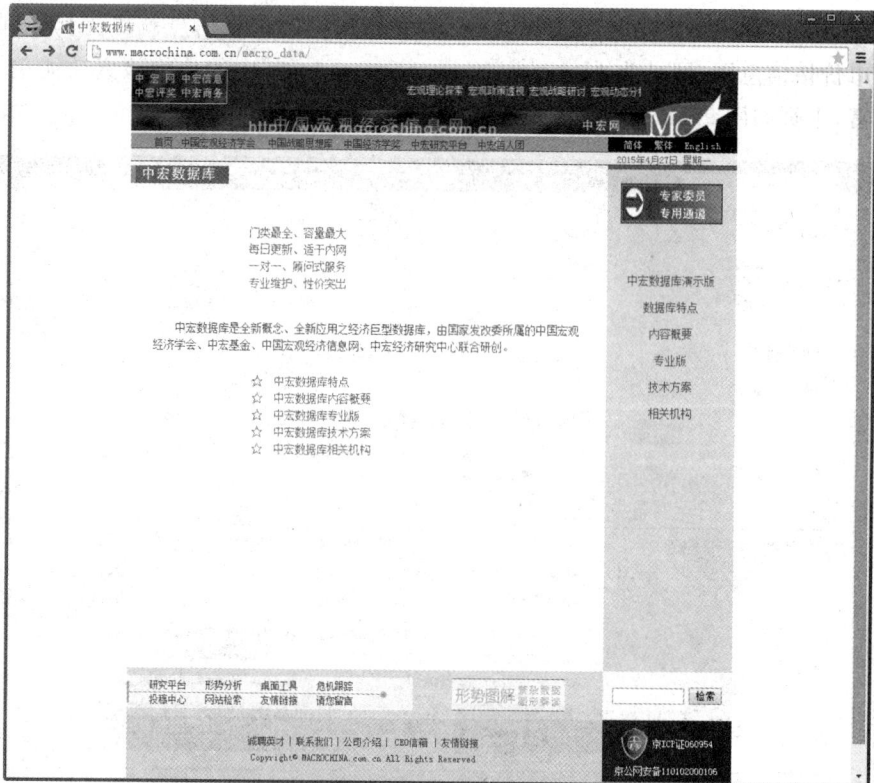

图 9.59　中宏数据库的介绍页面（截取于 2015-4）

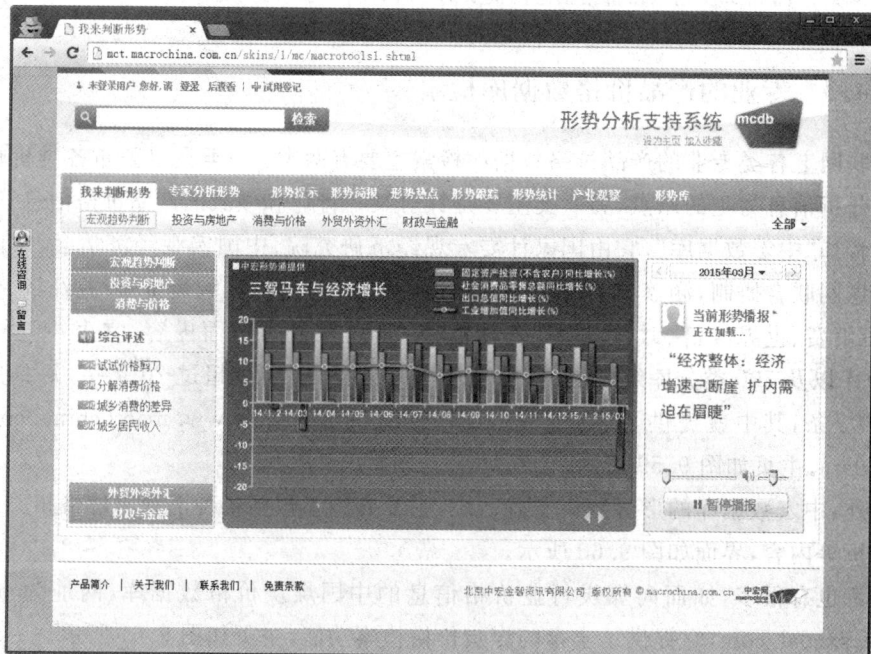

图 9.60　中宏数据库的形势分析支持系统界面（截取于 2015-4）

图 9.61　中国煤炭价格数据库的主页界面(截取于 2015-4)

9.5　统计信息检索

9.5.1　统计数据检索

1. 搜数网

网址为 http://www.soshoo.com,它是一款专门提供统计数据的主题搜索引擎,内容包括中国大陆统计数据、中国港台统计数据、中国大陆统计文献和统计词典等,其中大部分数据都为免费,但是对最近几年数据的查询需要付费。主页如图 9.62 所示。

比如检索南京地区的居民消费价格指数,可以在搜索框上输入检索关键词"南京 居民消费价格指数",注意要把"检索范围"从默认的"全部"改为"标题",结果如图 9.63 所示。

进一步单击"表格预览"即可查看表格数据,其中还提供了 Excel 格式数据的下载功能。

搜数网同时还有强大的"专业检索"功能,通过对诸如行业、地区和时间等不同指标的组合限定,可以更为精确地检索所需内容,界面如图 9.64 所示。

2. 中国国家统计局的"查数"

网址为 http://data.stats.gov.cn,它的前身为国家统计数据库在线搜索引擎,目前的新版本可以提供更为详细的月度、季度、年度数据以及普查、地区、部门、国际数据检索,同时还能提供多种文件输出、制表、绘图、指标解释、表格转制、可视化图表、数据地

图 9.62　搜数网的主页界面（截取于 2015-4）

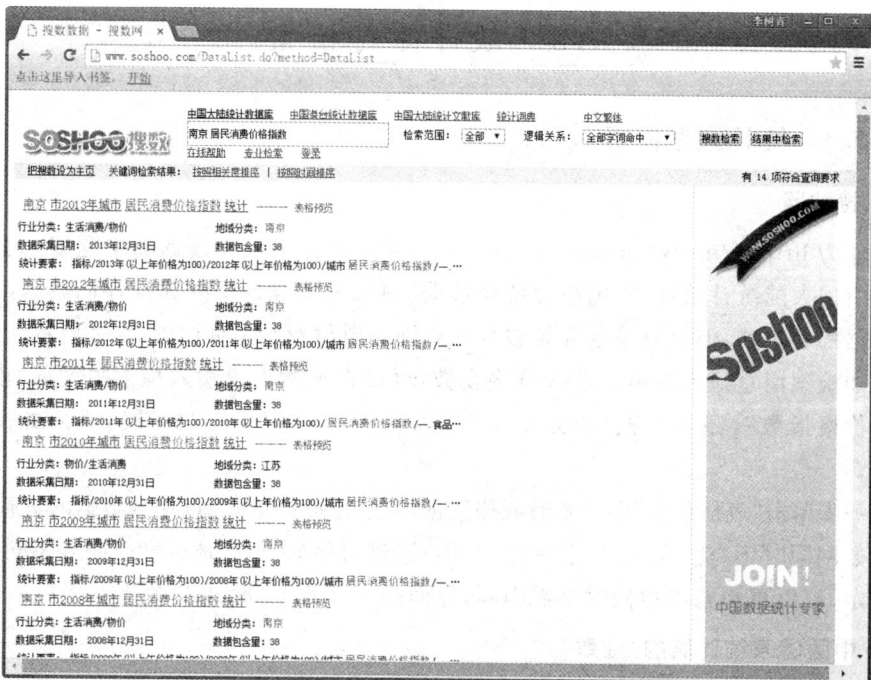

图 9.63　在搜数网中检索"南京 居民消费价格指数"的结果页面（截取于 2015-4）

理信息系统等功能。如检索 2013 年上海地区的 GDP 统计数据,结果页面如图 9.65 所示。

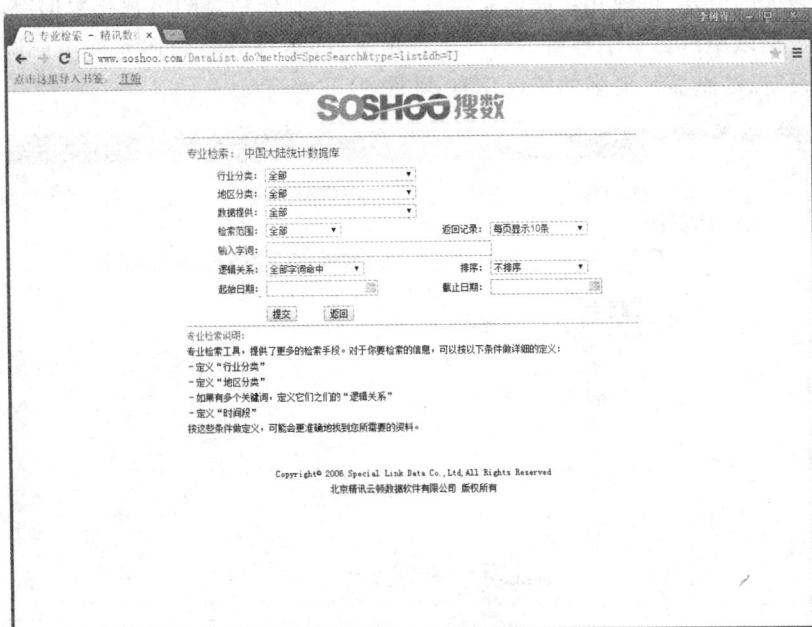

图 9.64 搜数网的专业检索界面(截取于 2015-4)

图 9.65 在"查数"中检索"2013 上海 GDP"的结果页面(截取于 2015-4)

进一步单击右边的"相关报表"还可以看到更为详细的统计指标及其数据。同时,该页面还提供了"数据管理""报表管理"和"图表管理"等实用功能,允许用户自定义统计数据内容、报表显示格式和图表输出样式。

最为强大的就是"可视化产品"，系统提供了大量制作精美的可视化数据展示结果，将各种统计数据以用户更易于理解的方式呈现出来，甚至部分界面还允许用户调整可视化中的参数设定，动态显示更多的统计信息，如图 9.66 所示。

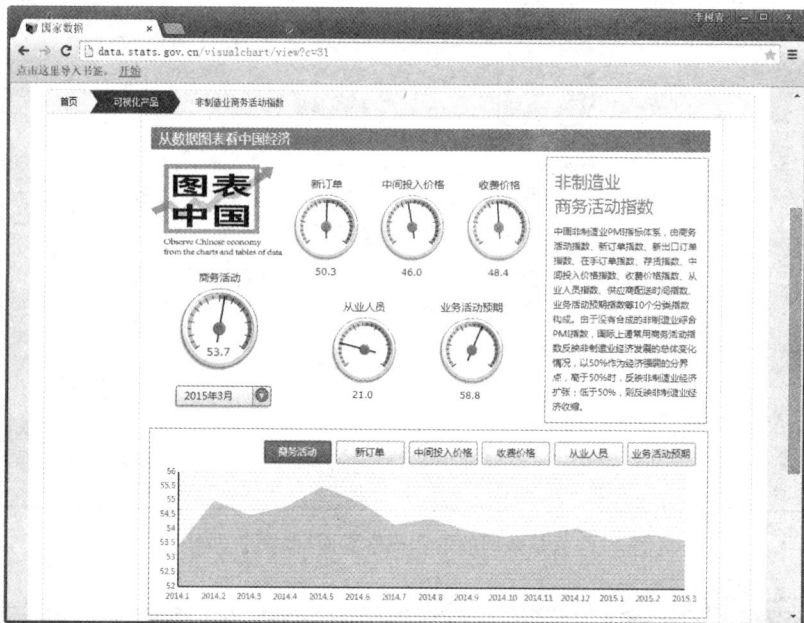

图 9.66   "查数"的可视化产品展示界面（截取于 2015-4）

同时，中国国家统计局还提供了非常好的全国各地统计信息网站、国外统计网站和国际组织网站的网址目录，方便用户的查阅，如图 9.67 所示。

3. 湖南统计信息网的统计搜索引擎

网址为 http://www.hntj.gov.cn/se/sg.asp，它类似于元搜索引擎，提供了一个统一的界面，允许用户选择所需的统计信息来源网站，并选择百度或者 Google 来获取所需的检索结果。如选择上部下拉列表的"北京统计信息网"，此时下面的项目自动变成"用 Google 和百度搜索：北京统计信息网"，检索 2014 年工业总产值数据，检索界面如图 9.68 所示。它将打开百度或者 Google 在指定的统计数据来源网站中的相关检索结果。

9.5.2   年鉴信息检索

年鉴的英文名称有很多，如 Yearbook、Annual 和 Almanac[①] 等。它一般都是面向诸如经济、政治等特定领域，采用逐年编撰的方式来提供相关百科知识内容，其中数据信息

---

① 不像前两个词，Almanac 比较难以理解。据称它来自阿拉伯语，意思是"骆驼跪下休息的地方"，引申为"宿营地"和"某一地区的每天天气情况"，后来继续演变成日历的意义，并最终形成以时间为线索记录天气节气和百科知识的年鉴概念。

图 9.67　中国国家统计局的统计网站网址目录(截取于 2015-4)

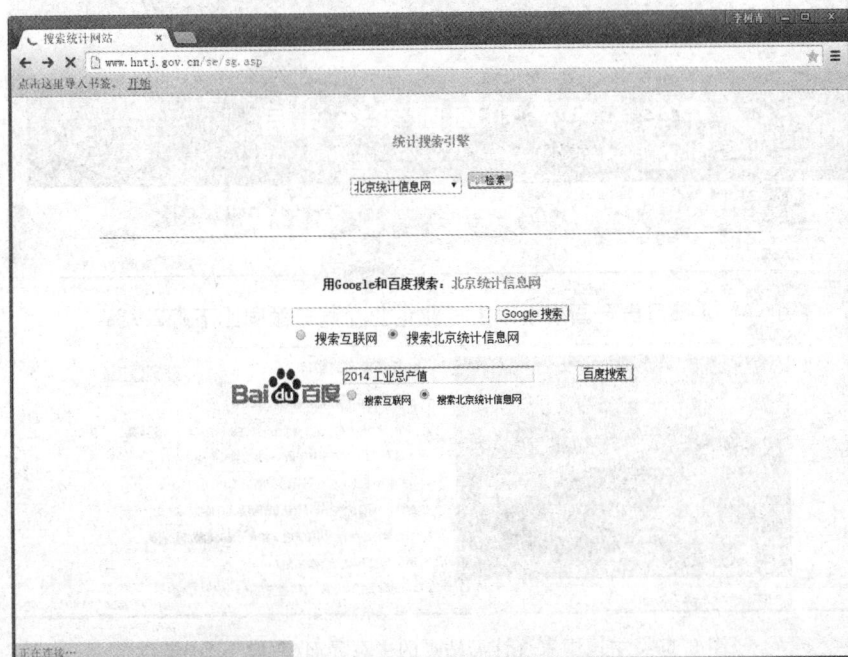

图 9.68　在湖南统计信息网统计搜索引擎中检索指定来源网站的检索界面(截取于 2015-4)

是最为常见和重要的组成内容。所以有人称它是社会变化的资料源,是反映社会发展动向及科学文化进步的年度出版物。

年鉴起源于欧洲，最早的年鉴都为西方国家编撰，如美国在 1733 年编撰的《穷查理年鉴》(*Poor Richard's Almanack*)、英国在 1761 年编撰的《世界大事年鉴》(*The Annual Register*：*A Record of World Events*)等。

相对而言，中国的年鉴编撰历史不长，最早的版本是 1848 年出版的《海关中外贸易年刊》。不过，在 20 世纪 80 年代，我国出现的年鉴出版热极大地丰富了国内年鉴的种类和数量。很多百科全书也使用年鉴的方式来更新补充百科知识内容。

1. 年鉴资源站点的检索

通常，传统纸质年鉴出版社都会在自己的网站上提供部分或者全部年鉴数据的浏览和下载服务，还有一些机构和单位也会在自己的网站上提供和自己服务领域相关的年鉴资源。下面结合一本与经济信息关系密切的《中国统计年鉴》对此做一介绍。

《中国统计年鉴》是我国一部最为全面和权威的、反映中国经济社会发展数据的综合性年鉴，含有台湾在内的全国各省市统计数据，每年出版一本，已有近二十年的出版周期。该年鉴还有英文版本，同时还出版光盘版本。

我们可以从所属管理单位机构的站点来获取。中国统计出版社是中国国家统计局的下属专业出版社，所以《中国统计年鉴》数据是由中国国家统计局发布，我们可以通过访问该站点来获取相关资源。中国国家统计局的网址为 http://www.stats.gov.cn，主页如图 9.69 所示。

图 9.69　中国国家统计局站点的主页界面（截取于 2015-4）

在"统计数据"栏目的"数据查询"中完整地给出了各个年度的统计数据，如 2014 年《中国统计年鉴》检索界面如图 9.70 所示。

除此以外，"统计公报""统计数据"和"统计分析"等栏目提供的资源都非常详细，而

图9.70 中国统计出版社站点中的《中国统计年鉴》检索界面（截取于2015-4）

且都可以免费检索使用。

"统计公报"中给出的各种类型的统计公报数据，如"年度统计公报""人口普查公报"和"经济普查公报"等，每种公报都按照不同标准进行了归类划分，如可以按照年代和省市等标准来查阅"年度统计公报"，如图9.71所示。

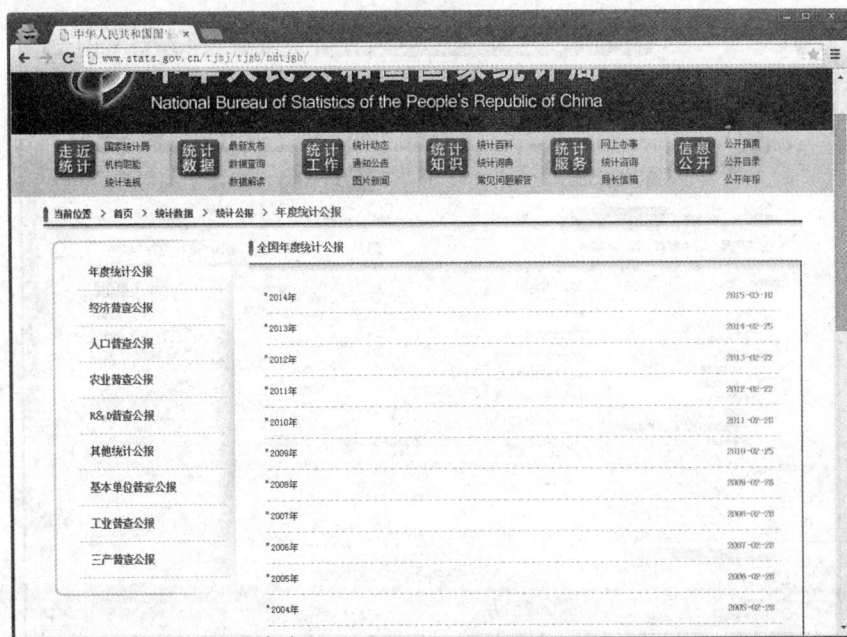

图9.71 中国统计出版社站点中的统计公报检索界面（截取于2015-4）

其中，该站点还提供了一个统计数据可视化搜索引擎，即"查数"，它允许用户使用关键词直接检索所需年鉴数据，而且还有可以通过"报表管理"和"图表管理"来定义可视化的数据呈现界面，检索 2013 年南京 GDP 的结果页面如图 9.72 所示。

图 9.72　在查数可视化产品中检索 2013 年南京 GDP 的结果页面（截取于 2015-4）

单击"相关报表"即可打开详细的数据展示页面，如选择"国民经济核算"，界面如图 9.73 所示。

图 9.73　在查数可视化产品中查看国民经济核算的结果页面（截取于 2015-4）

进一步单击"图表管理"的"作图",即可打开设置页面,可以选择所需的数据形状和数据系列来源,如图9.74所示。

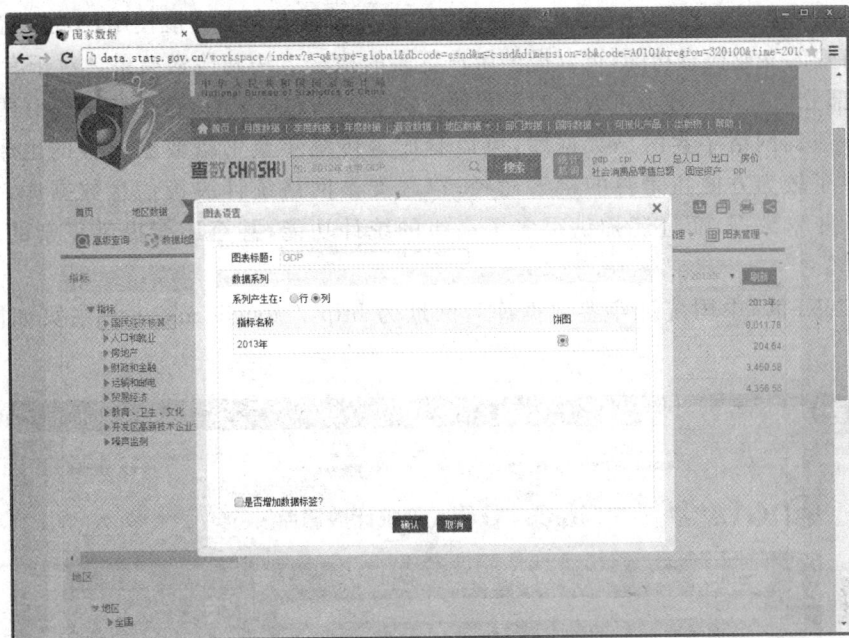

图9.74 在查数可视化产品中进行图表设置的页面(截取于2015-4)

此时可以看到最终的统计数据可视化结果,如图9.75所示。

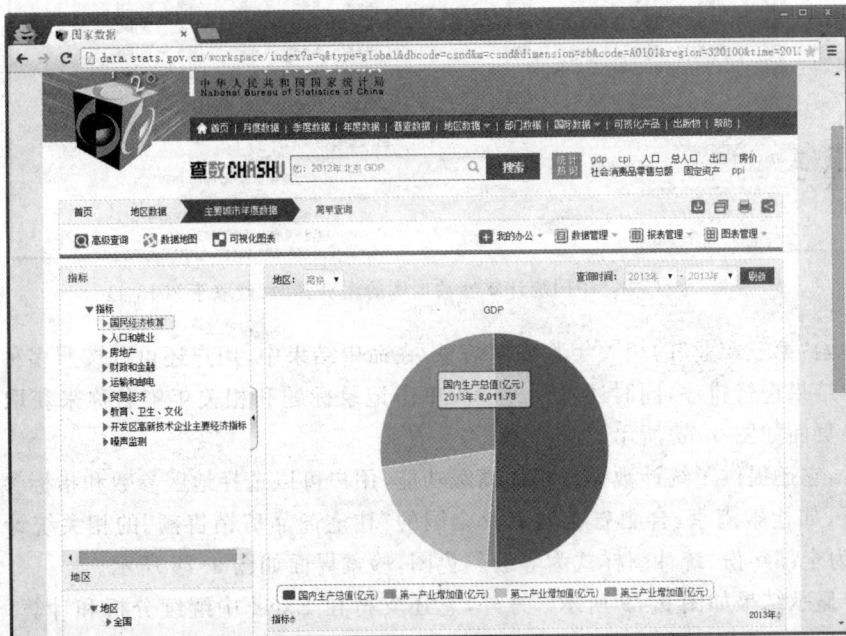

图9.75 在查数可视化产品中查看统计数据的可视化结果(截取于2015-4)

2. 网络年鉴信息数据库

不同于上述各种互联网网站所提供的年鉴数据检索功能,网络年鉴数据库是一种专门提供年鉴数据信息检索的专业网络数据库。通常都需要付费才能使用,不过,它所具有的强大有效的专业检索功能,可以提供用户更多的检索方法和检索结果。对于专业用户而言,这部分信息是一种不可或缺的重要研究资源。从总体来看,这部分资源有两类:第一类是一般的网络年鉴信息数据库,可以看成是传统年鉴书籍数据内容的电子版本,只是提供了较为方便和完善的检索途径;第二类是网络统计决策信息数据库,它不仅可以检索年鉴数据,而且还提供很多了高级的统计功能,甚至还能提供复杂的报表生成功能等。

如 CNKI 的"中国统计年鉴数据库",网址为 http://tongji.cnki.net,主页如图 9.76所示。

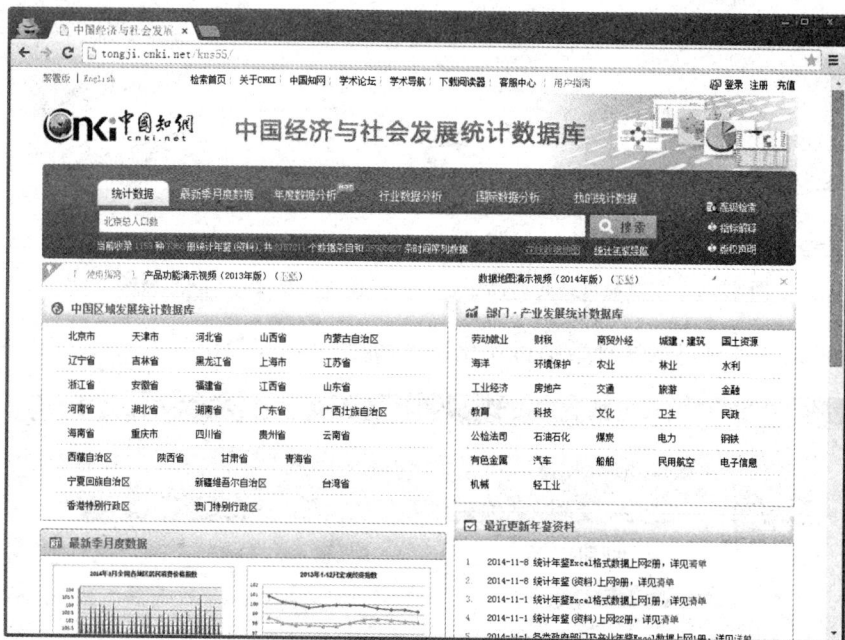

图 9.76　CNKI 中国统计年鉴数据库的主页界面(截取于 2015-4)

如检索"第三产业"的相关年鉴数据信息,在命中结果中,用户还可以按照多种排序方式对命中结果进行排序,同时还可以进一步单击记录标题和相关年鉴名称来获取更多结果。结果页面如图 9.77 所示。

同时,它还提供了统计数据分析的高级功能,用户可以选择地区参数和指标参数进行报表分析,如检索南京、合肥省会城市及全国的"住宅商品房销售额"的相关统计报表信息,时间为全部年份,统计图样式为等级颜色图,检索界面如图 9.78 所示。

最终显示结果如图 9.79 所示。另外,它还支持在 Excel 中继续分析和计算,可以根据需要利用专业分析软件如 Excel 和 SPSS 进行运算和分析,对于统计数据报表,还可以保存到 Word 文档中,作为论文撰写的素材。

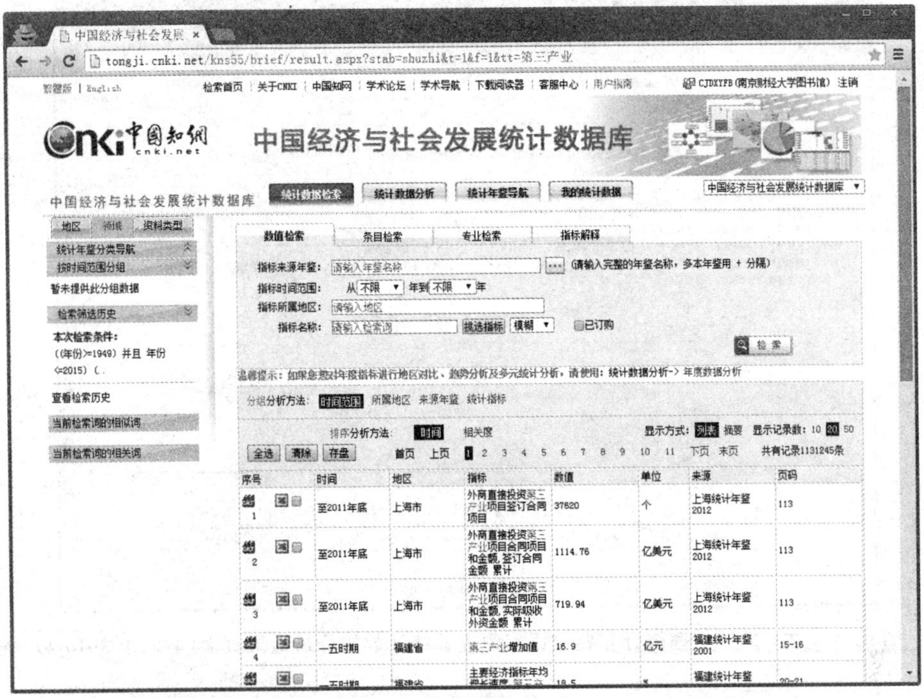

图 9.77 在 CNKI 中国统计年鉴数据库中检索"第三产业"的结果页面(截取于 2015-4)

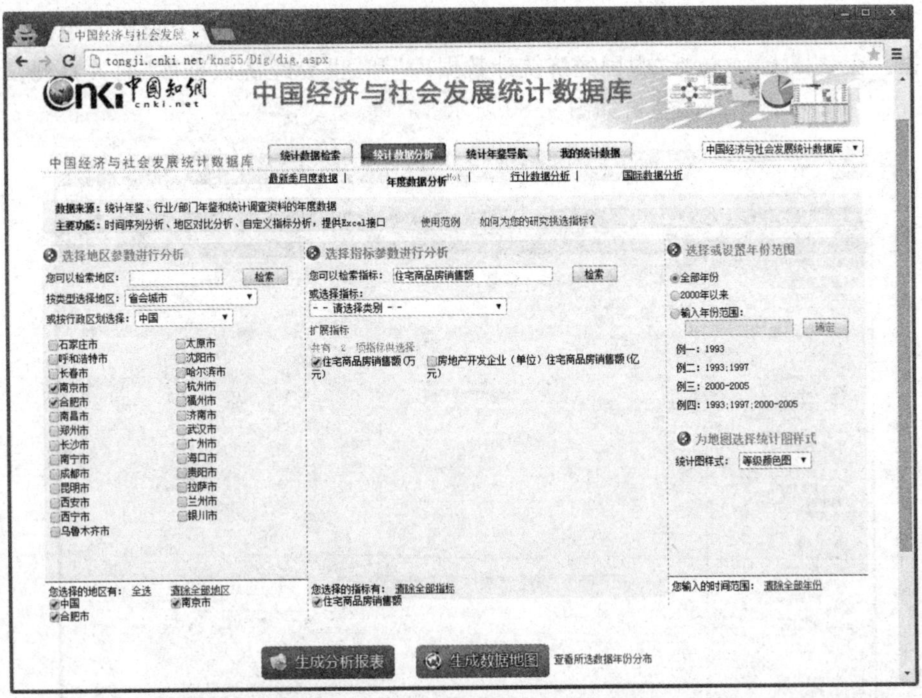

图 9.78 在 CNKI 中国统计年鉴数据库中进行统计数据分析(截取于 2015-4)

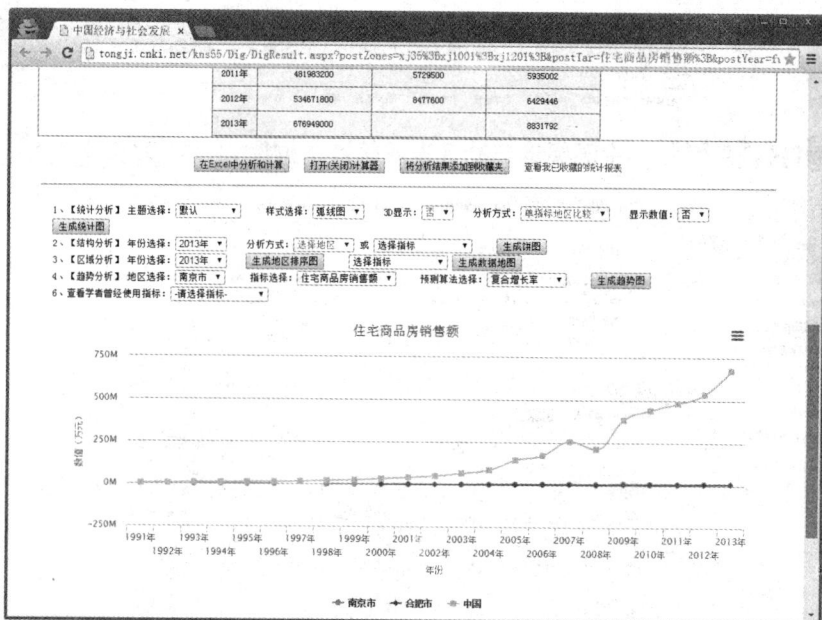

图 9.79　在 CNKI 中国统计年鉴数据库中查看统计数据分析结果页面（截取于 2015-4）

3. 网络统计决策信息数据库

中经网统计数据库是由国家信息中心中经网建立统计分析信息数据库，主要内容包括各种宏观经济、产业经济、行业经济、区域经济以及世界经济等各个领域的经济统计分析数据。在整体上，它包括"中国经济统计数据库"和"世界经济数据库"两大系列。网址为 http://db.cei.gov.cn，主页如图 9.80 所示。

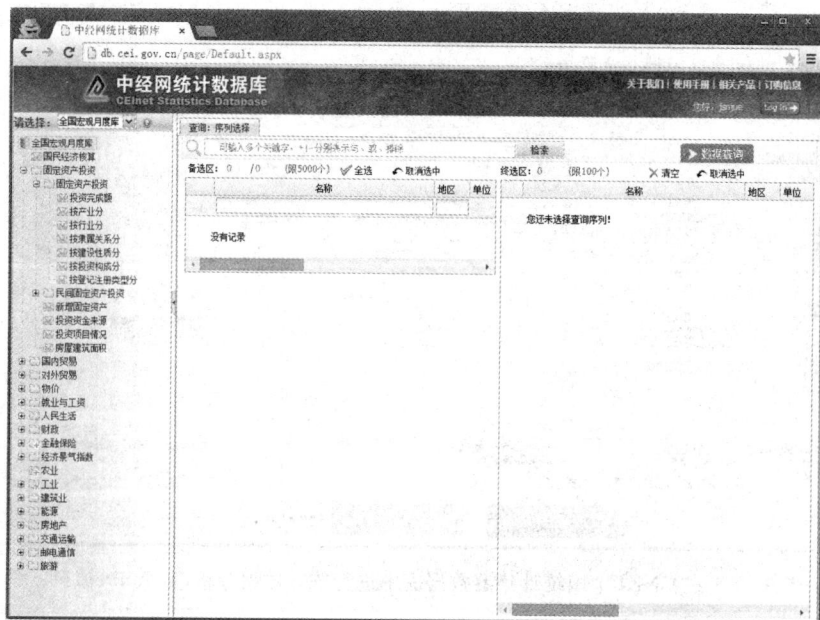

图 9.80　中经网统计数据库的主页界面（截取于 2015-4）

检索全国城镇居民家庭收入三个指标的相关图形展示统计结果,如图 9.81 所示。

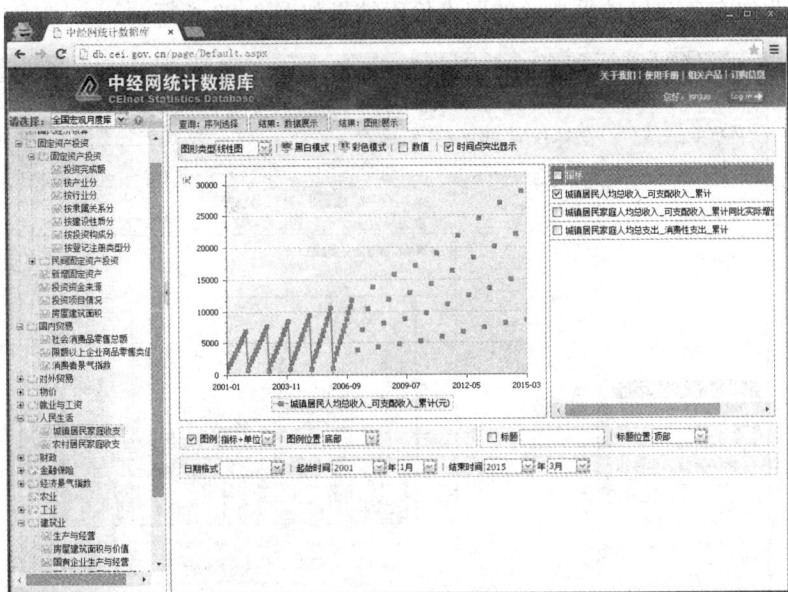

图 9.81 在中经网统计数据库中检索全国城镇居民家庭收入三个指标的结果页面(截取于 2015-4)

EPS(Economy Prediction System,经济预测系统)数据平台是由北京福卡斯特信息技术有限公司开发,涵盖经济、金融、会计、贸易、能源等领域实证与投资研究所需的绝大部分数据。它的最大特点就是参考了 SAS、SPSS 等国际著名分析软件的设计理念和标准,通过内嵌的数据分析预测软件在平台内即可完成数据的分析和预测。网址为 http://www.epsnet.com.cn,主页如图 9.82 所示。

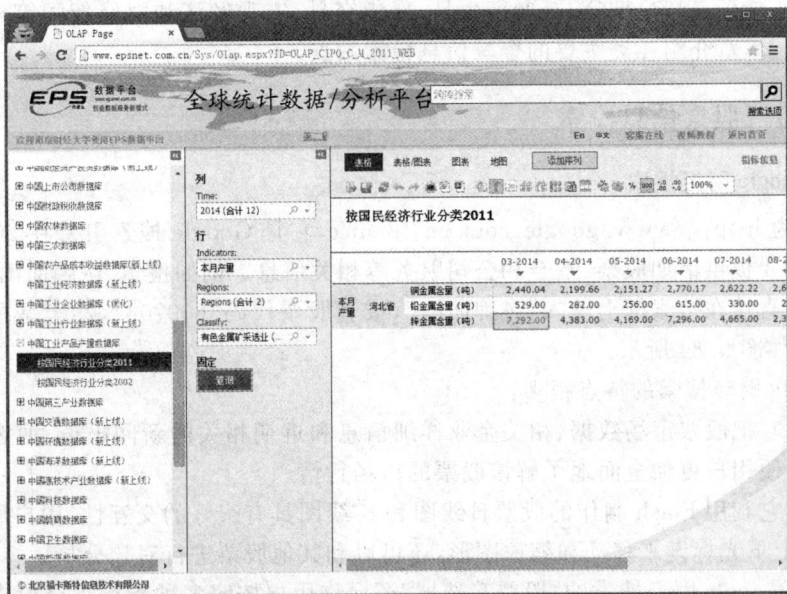

图 9.82 EPS 经济预测系统的主页界面(截取于 2015-4)

它也提供了强大的图表数据展示功能，如按照国民经济行业分类（2011 年版本）对 2014 年河北省有色金属矿采选业的图表检索结果如图 9.83 所示。

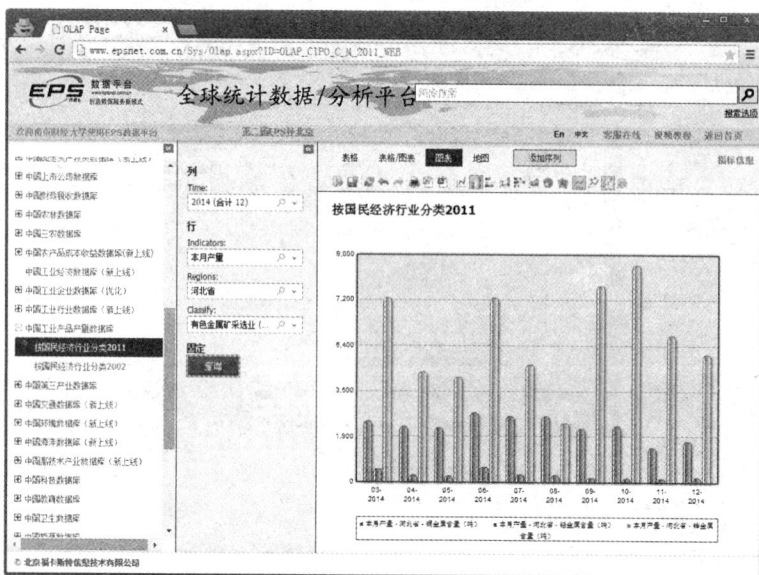

图 9.83   在 EPS 经济预测系统中查看图表的检索结果界面（截取于 2015-4）

9.6   金融信息检索

金融信息与社会企业的生产活动密切相关，也与我们的生活密切相关。它包括股票、基金、债券、外汇、保险、期货、金融衍生品、现货交易、宏观经济和财经新闻等领域的所有金融信息。本章介绍几类主要的金融信息检索站点。

9.6.1   股票信息检索

1. Google 财经搜索

网址为 http://www.google.com.cn/finance，它是 Google 搜索引擎在 2006 年发布的网站，主要提供诸如股票、基金和公司财务等相关信息。例如检索“沱牌曲酒”的股票信息，就可以直接在搜索框上输入“沱牌曲酒”，或者股票代码“600702”，甚至是拼音首字母如“tpqj”，如图 9.84 所示。

Google 财经搜索的特点很多：

第一，它把股票市场数据、相关企业详细信息和近期相关的新闻报道、博客信息整合在一起，以便用户更加全面地了解该股票的市场行情。

第二，它利用 Flash 制作的股票日线图和 K 线图具有很好的交互性，用户可以拖动鼠标或者按上下光标键来移动和缩放图形，还可以和其他股票进行对比分析。

其中，Google 财经搜索的“股票筛选器”还允许用户按照多种指标组合检索所需的股票信息，如图 9.85 所示。

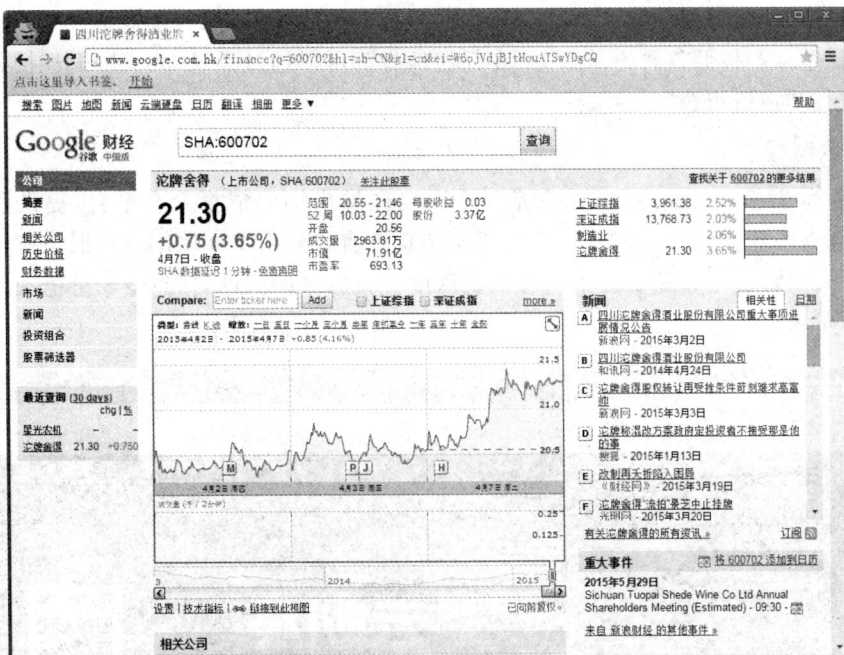

图 9.84 Google 财经搜索的主页界面(截取于 2015-4)

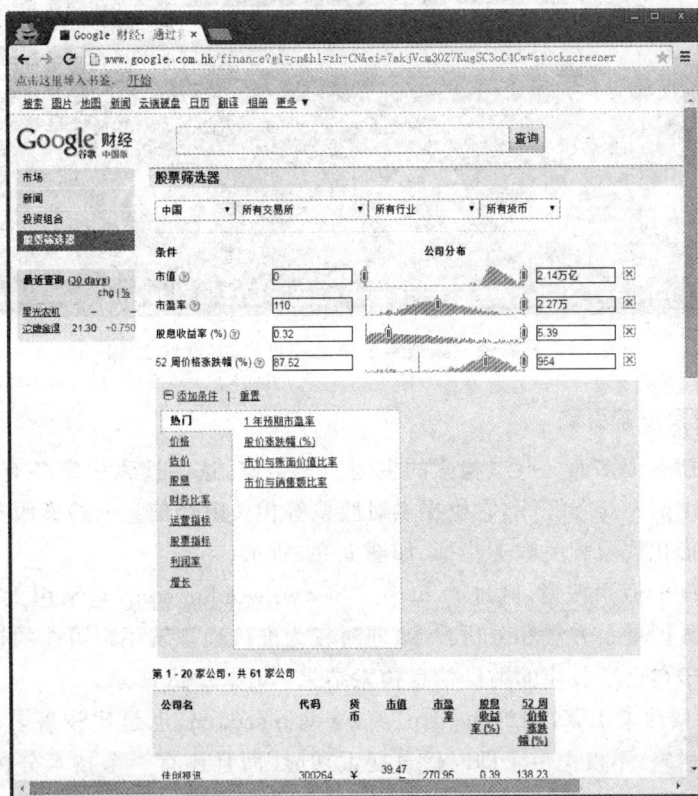

图 9.85 利用 Google 财经搜索进行股票筛选组合检索(截取于 2015-4)

而且 Google 财经搜索允许用户将自己所选择的股票收集到"投资组合"栏目中，不过此时需要登录。按照这种方式，用户在任何地方都可以通过登录 Google 财经搜索站点来看到自己的"投资组合"。

2. 云财经

网址为 http://yunvs.com，它是一个面向证券市场的情报聚合平台，提供股市信息的垂直搜索服务。它是中国首个实时股票消息垂直搜索引擎和中国首个股市舆情监控系统，也是国内唯一一家提供股市内参消息深度搜索服务的网站，信息量十分庞大。主页如图 9.86 所示。

图 9.86　云财经股票搜索引擎的主页界面（截取于 2015-4）

3. 其他股票搜索引擎

互联网上还有很多面向股票检索的主题搜索引擎，这些搜索引擎各有特色。如中财搜索，网址为 http://so.cfi.cn，它也提供对股票等相关财经信息的检索服务，可以从多个角度完整地图形化展示相关财务指标，如图 9.87 所示。

万点（Windin）股票搜索，网址为 http://www.windin.com，它采用人工智能技术实现较为专业的数据展示方法和分析技术，同时较为准确地理解用户可能的检索意图，帮助用户快速定位于自己所关注的财经信息检索结果，如图 9.88 所示。

MACD 股票搜索引擎，网址为 http://www.macd.cn，也是比较著名的一个股票类财经信息搜索引擎，不仅提供了即时信息搜索功能，而且还有一个技术分析论坛，主页如图 9.89 所示。

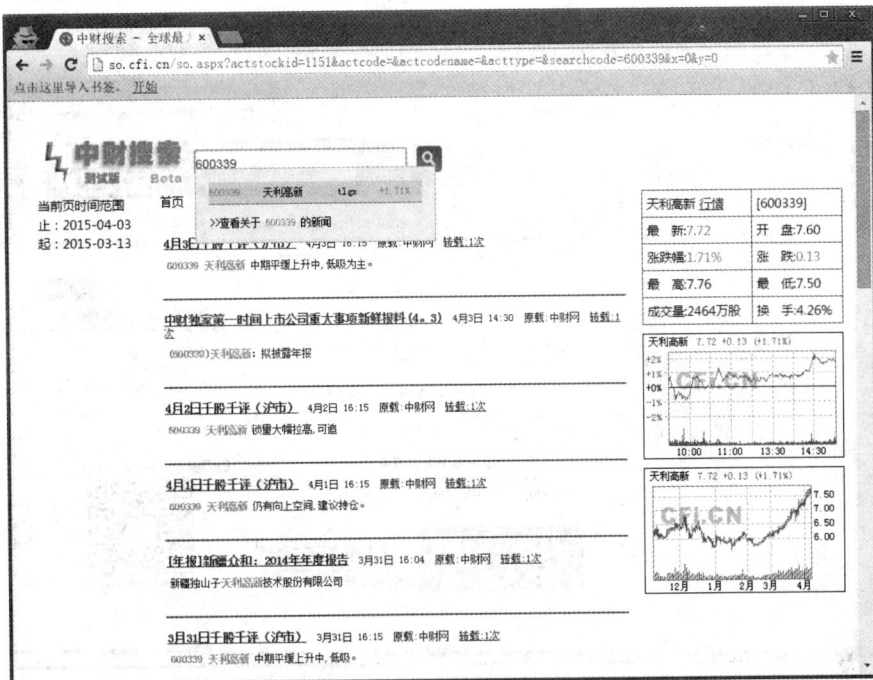

图 9.87　中财搜索的股票检索界面(截取于 2015-4)

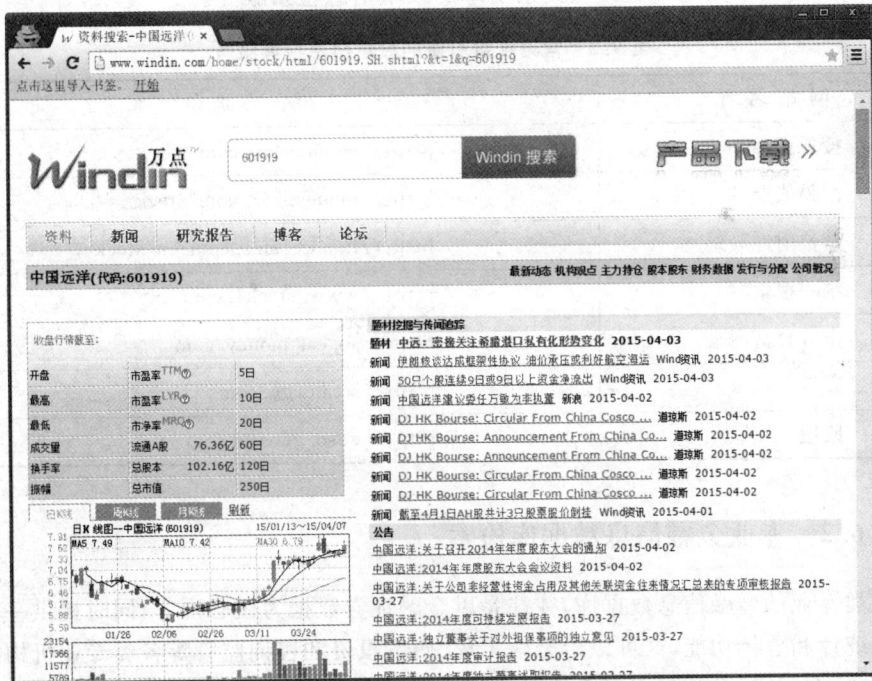

图 9.88　万点股票搜索引擎的主页界面(截取于 2015-4)

图 9.89　MACD 股票搜索引擎的主页界面（截取于 2015-4）

表 9.3 给出了其他一些常见搜索引擎的股票信息检索服务。

表 9.3　常见搜索引擎的股票信息检索服务

网 站 名 称	网　　址
搜狐证券	http://stock.sohu.com
网易股票	http://money.163.com/stock
新浪财经股票	http://finance.sina.com.cn/stock
统一搜索	http://www.stock1.com.cn
东方财富网	http://so.eastmoney.com
赢搜	http://so.huagu.com
股搜	http://guso.guosen.com.cn

9.6.2　专业金融信息数据库检索

此类专业的金融信息数据库，往往是以金融证券数据为核心内容，同时提供一套完整的数据统计和分析功能，这可以给金融工程、研发投资和咨询监管等各类专业机构提供一种多视角、多层次的浏览、应用和挖掘手段。

1. 万德中国金融数据库（Wind CFD）

1994 年创建的万德中国金融数据库（Wind Chinese Finance Database，Wind CFD）是

一个内容涵盖股票、基金、债券、指数、贵金属、外汇、宏观、行业八个大类近 300 余张表的大型金融数据库，它包含至今所有的股市数据，并且实时更新。这些数据包括中国证券市场主要金融品种的交易数据、财务数据及各类公开披露的所有信息，如沪深交易所指数、银行间债券市场指数、新华富时指数、中信指数、申银万国指数、MSCI 中国指数、Dow Jones 中国指数等和海外市场指数的所有中国证券市场指数的基本资料和交易数据，中国宏观经济、区域经济、海外经济、行业、新闻法规等宏观行业数据库，同时包括港股、中国海外上市股票、盈利预测等主题特色数据库。该数据库还能够提供数据整合服务和个性化数据定制服务，帮助客户进行内外部金融数据的整合，根据客户需求为之建立一个集收集、转换、审核、校验、复制、维护于一体的统一信息管理平台。同时，万德中国金融数据库还提供了证券研究平台（Research Partner Platform，RPP），能够进行研究报告浏览和查询、股票投资评级与盈利预测、内部报告的管理、研究报告与股票行情走势分析等。网址为 http://www.wind.com.cn，主页如图 9.90 所示。

图 9.90　万德中国金融数据库的主页界面（截取于 2015-4）

用户需要下载客户端软件"Wind 资讯金融终端"来访问数据库，程序界面如图 9.91所示。

2. 国泰安研究服务中心（CSMAR）

国泰安（China Stock Market & Accounting Research Database，CSMAR）[①]是国泰安公司针对中国金融、经济分析研究的需要，面向高等院校、金融证券机构、社会研究机构的专家学者而设计研发的研究型专业金融、经济数据库系统。数据内容包括宏观经济、上市

---

① 它有时也使用 GTA 缩写形式，为"国泰安"的拼音首字母缩写。

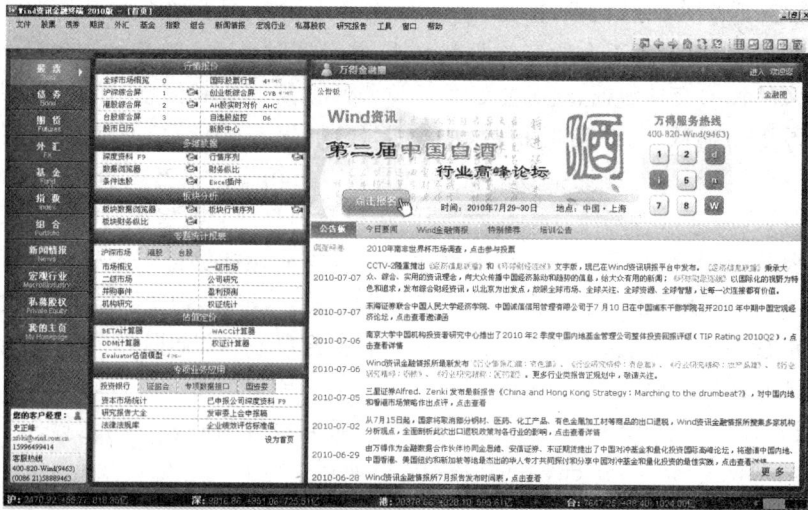

图 9.91 万德中国金融数据库客户端软件"Wind 资讯金融终端"的程序界面（截取于 2010-7）

公司、股票市场、基金市场、债券市场、期货市场、外汇及黄金市场等。国泰安数据服务中心的网址为 http://www.gtarsc.com，主页如图 9.92 所示。

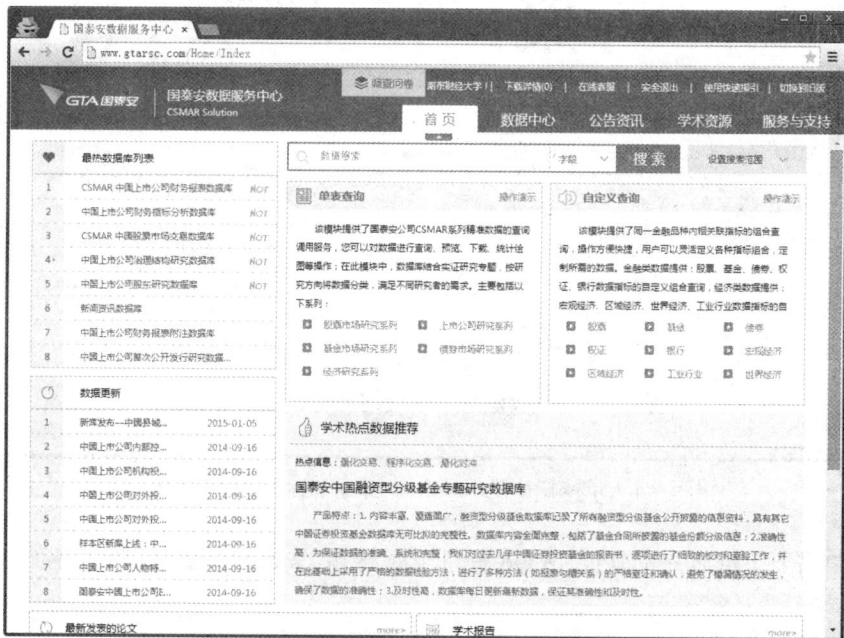

图 9.92 国泰安数据服务中心的主页界面（截取于 2015-4）

该系统提供的主要功能有"数据中心""公告资讯"和"学术资源"等。"数据服务"提供近百种不同类型的金融类数据库信息。如查看中国上市公司治理结构研究数据库的股东文件，如图 9.93 所示。

在"学术资源"中，该系统提供大量的学术研究相关资料，界面如图 9.94 所示。

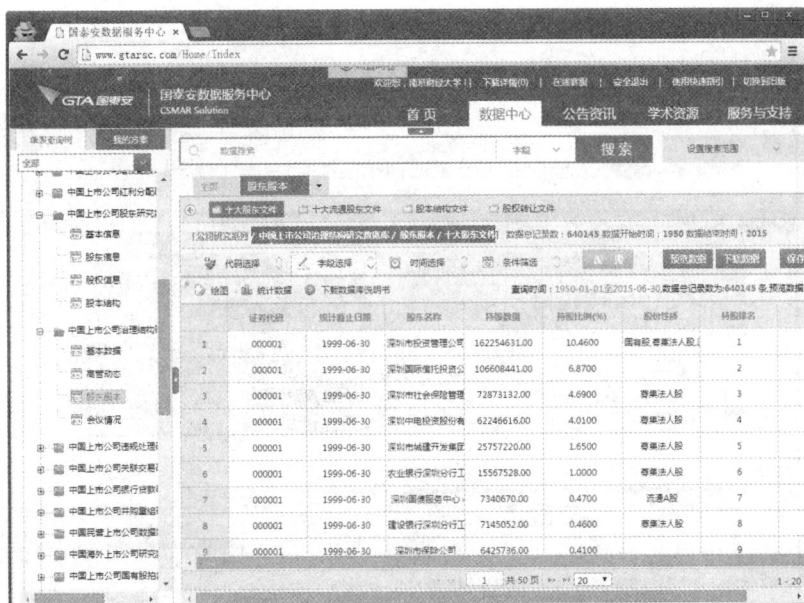

图 9.93　在国泰安数据服务中心中检索股东文件的结果页面(截取于 2015-4)

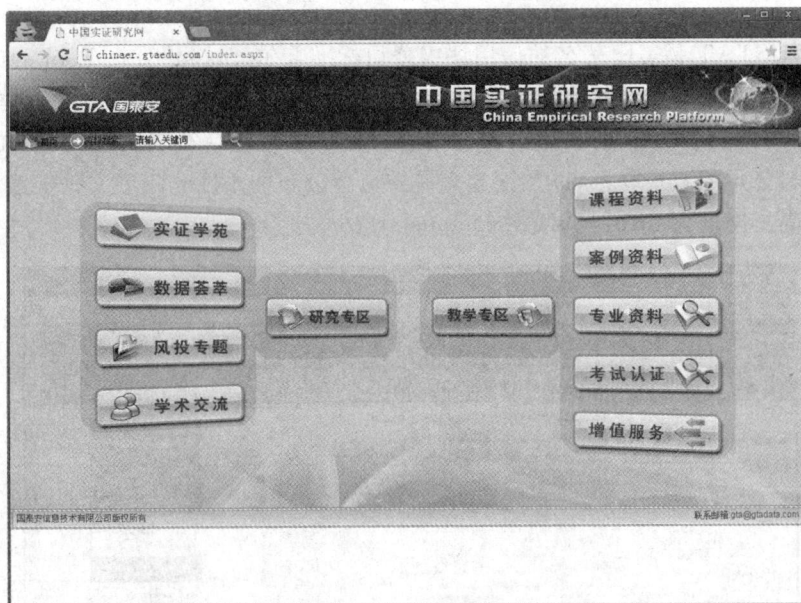

图 9.94　在国泰安数据服务中心学术资源的主页界面(截取于 2015-4)

3. 国外其他一些著名的金融数据库

美国芝加哥大学商学院研究生院于 1959 年设立的证券价格研究中心(Center for Research in Security Prices,CRSP),它的数据来源于美国股票数据、美国股票指数、美国国库券和美国共同基金等多种途径,自 1960 年以来,即成为学界及商界的主要资料来源,这些数据具有很强的回溯性档案特征,兼具准确性与权威性。网址为 http://www.

crsp. com，主页如图 9.95 所示。

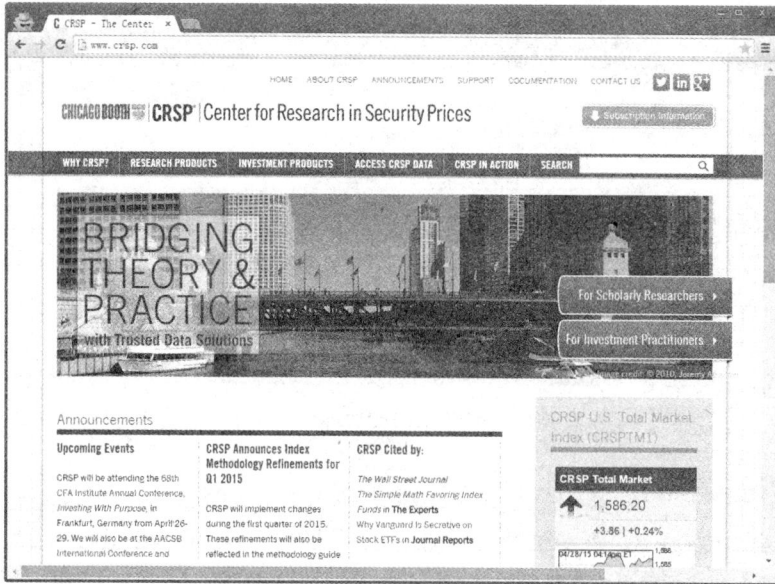

图 9.95　美国证券价格研究中心（CRSP）的主页界面（截取于 2015-4）

COMPUSTAT 是美国著名的信用评级公司标准普尔（Standard & Poor's）（图 9.96）的数据库产品，收录有全球八十多个国家中的 5 万多家上市公司及北美地区公司的资料，其中也包括 7000 多家亚洲的上市公司。这些数据是通过包括有线新闻网、新闻发布会、股东报告、与公司的直接联系，以及证券交易委员会公布的季度和年度文件等途径来获取的，质量很高。网址为 http://www.compustat.com。

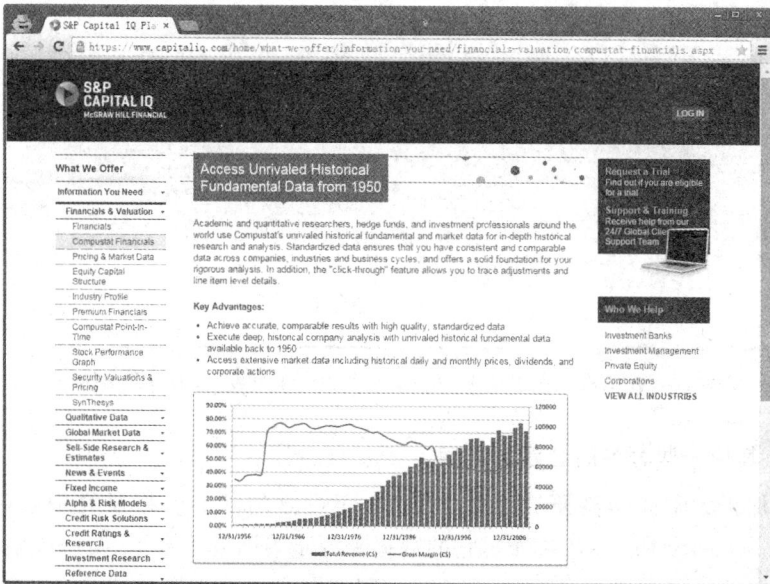

图 9.96　COMPUSTAT 的主页界面（截取于 2015-4）

BankScope 全球银行与金融机构分析库是由 BvD 电子出版社（Bureau van Dijk Electronic Publishing）与银行业权威评级机构惠誉（FitchRatings）共同开发的银行业信息库。其中，BvD 是全球知名的财经专业实证数据库提供商，总部位于瑞士日内瓦。该分析库详细地提供了全球 2 万多家主要银行（1673 北美银行、9700 其他各国银行）以及世界各类重要金融机构与组织的经营与信用分析数据，它也是当今全球银行业最知名的专业分析库，是国际金融研究领域内学术论文所参考、引用频率最高的银行业分析库。其中，BankScope 对每家银行的分析报告中都包含了历年财务数据、各银行的世界排名及本国排名、标普/穆迪/惠誉的银行个体评级、国家主权与风险评级、各银行详细股东与分支机构信息，资源每日更新。BankScope 的网址为 http://bankscope.bvdep.com/ip，数据分析界面如图 9.97 所示。

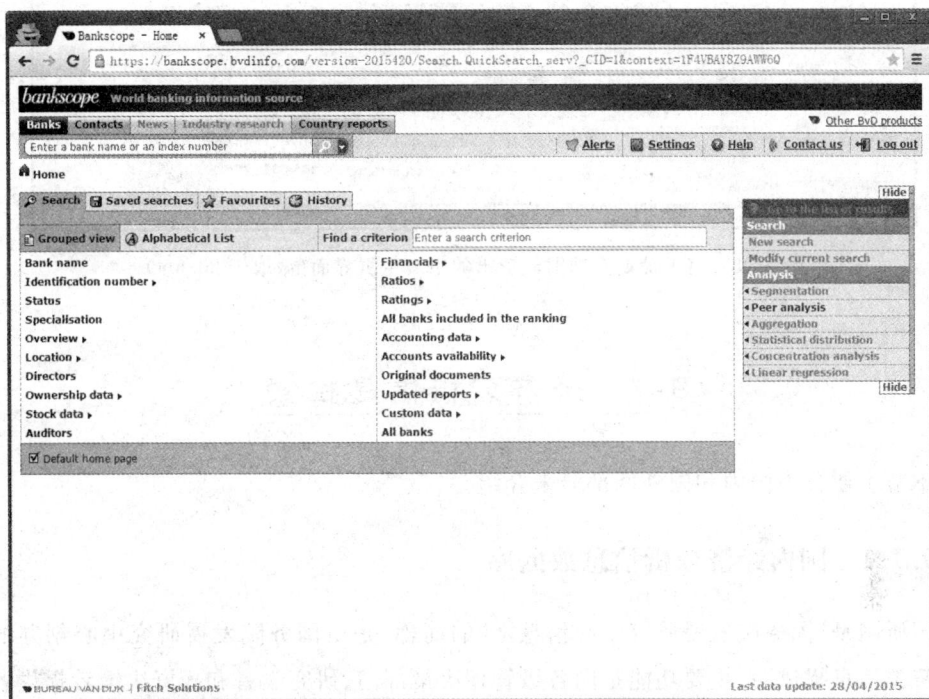

图 9.97　BankScope 数据分析的主页界面（截取于 2015-4）

道·琼斯财经资讯数据库包括道·琼斯下属的《华尔街日报》和《远东经济评论》等刊物的全部精选文章，内容覆盖很广，包括全球各地各类经济信息和金融市场信息等资源，同时还收录一切有可能影响经济的经济事件、政治事件和社会事件。每篇报道文章的后面均有该文作者及专家的联系方式，以方便与专家的沟通与讨论。网址为 http://edu.xinhuaonline.com，中文版本主页如图 9.98 所示。

图 9.98 道·琼斯全球财经资讯的中文主页界面（截取于 2015-4）

9.7 经济分析信息检索

本节主要分为国内和国外两部分来介绍。

9.7.1 国内经济分析信息数据库

国研网是"国务院发展研究中心信息网"的简称，是由国务院发展研究中心创办的大型经济类信息提供商，主要功能是向各级管理决策部门、研究学者和投资决策者提供各类经济决策分析信息。国务院发展研究中心拥有较为强大的信息分析资源，并和国内外其他很多著名的经济研究机构和经济信息提供商有着紧密的合作关系，所以资源具有全面整合中国宏观经济、金融研究和行业经济领域的特点，业界评价很高。网址为 http://www.drcnet.com.cn，主页如图 9.99 所示。

它提供了电子商务数据库、文化产业数据库、经济管理案例库、战略性新兴产业数据库和 DRC① 行业景气监测平台等经济信息分析资源。其中，经济管理案例库给出了企业管理案例库、公共管理案例库、教学案例库和实用资源库四个主要栏目，企业管理案例库

---

① DRC 是指国务院发展研究中心（Development Research Center of the State Council），它是直属国务院的政策研究和咨询机构。

的主页界面如图 9.100 所示。

图 9.99　国研网的主页页面(截取于 2015-4)

图 9.100　国研网企业管理案例库的主页页面(截取于 2015-4)

"国务院发展研究中心(DRC)行业景气监测平台"是 DRC 行业景气监测课题组发布行业景气指数和行业研究成果的指定网络平台,DRC 行业景气指数由 DRC 宏观经济形势分析小组开发,是 DRC 经济监测预报体系的重要组成部分,是 DRC 行业监测分析的主要工具。该行业监测体系涵盖 48 个行业,嵌套多个模型和独立数据算法,是国内目前覆盖行业领域最广、最先实现按月度发布、率先实现行业间联动和网络化分析的景气体系。主页界面如图 9.101 所示。

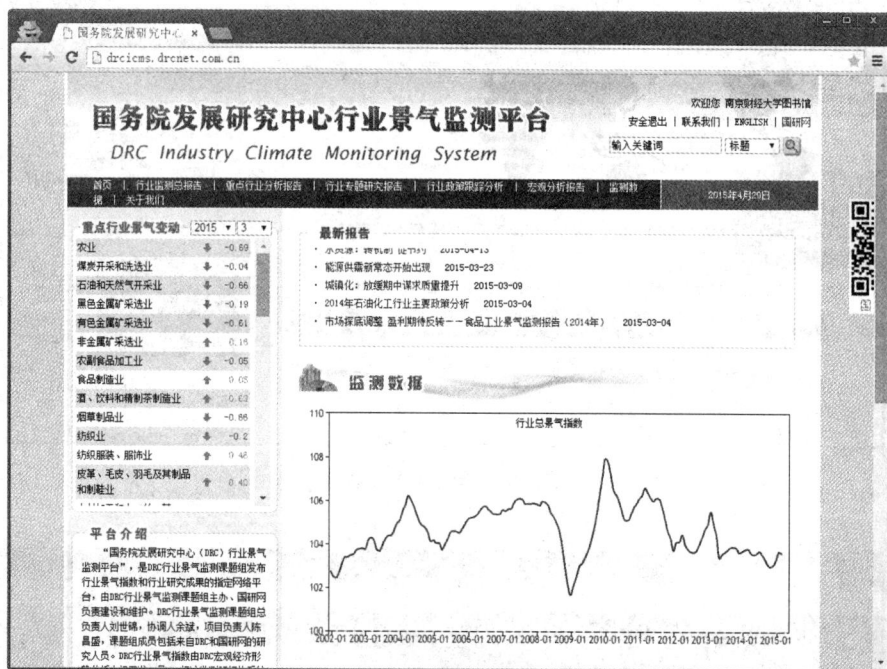

图 9.101　国研网 DRC 行业景气监测平台的主页页面(截取于 2015-4)

国研网的中国电子商务数据库内容也十分丰富,共设置九个一级栏目,包括行业纵览、重点应用、支撑体系、示范工程、典型案例、领袖言论、月度报告、季度报告、热点研究等。它及时收录电子商务产业及其重点应用和支撑体系的新闻动态、研究报告、政策法规,科学解读政府相关政策以及政策变化给电子商务产业带来的市场前景、风险与机会,实时跟踪电子商务产业的重大事件和重要举措,全面、及时把握市场变化以及热点问题,系统汇集国内外权威机构、专家学者关于电子商务产业发展的分析与预测,以及权威机构发布的电子商务产业相关统计数据,为政府部门、图情机构、科研院所、开设电子商务专业/课程的财经类院校、学术团体的科学研究提供资料参考与项目服务支持。主页界面如图 9.102 所示。

另外,国研网的高级会员专区还有《高校管理决策参考》《国研报告》《宏观经济》《金融中国》《行业报告》《世界经济与金融评论》《财经数据》等 7 个子数据库构成,界面如图 9.103 所示。

图 9.102　国研网中国电子商务数据库的主页页面（截取于 2015-4）

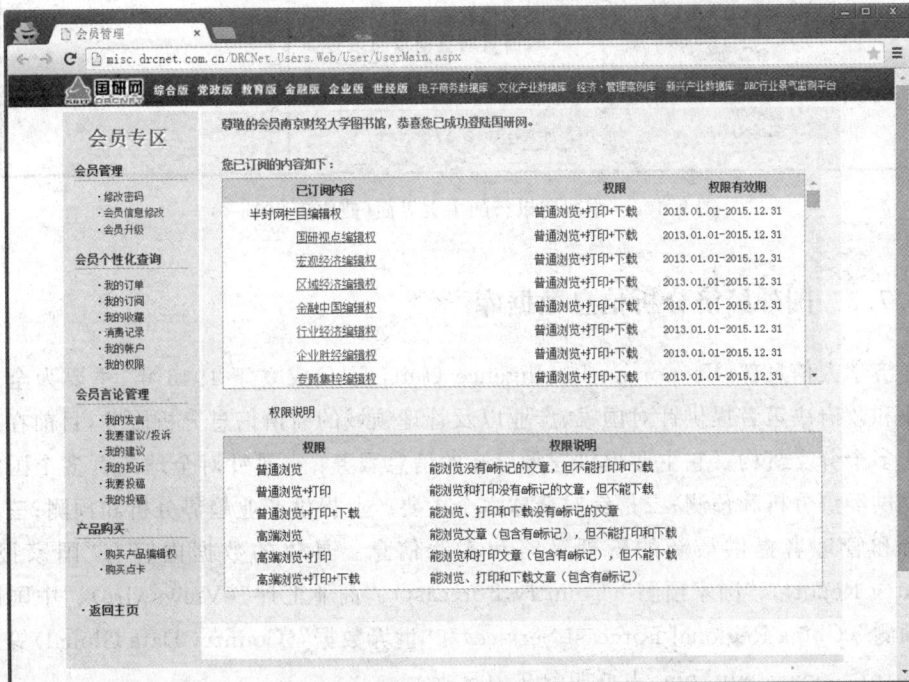

图 9.103　国研网高级会员专区的页面（截取于 2015-4）

中国资讯行（China Infobank）是专门生产销售中国商业信息的高科技企业，INFOBANK 中文数据库建立于 1995 年，内容包括实时财经新闻、权威机构经贸报告、法律法规、商业数据及证券消息等。该数据库包含各类报告、统计数据、法律法规、动态信息等内容。目前拥有 12 个大型数据库，内容涉及 19 个领域，总容量达 200 亿汉字，每日增加 2000 万汉字。网址为 http://www.bjinfobank.com，主页如图 9.104 所示。

图 9.104　中国资讯行的主页界面（截取于 2015-4）

9.7.2　国外经济分析信息数据库

经济学人信息部（Economist Intelligence Unit，EIU）成立于 1946 年，主要为全球商业企业和政府决策者提供针对国家、产业以及管理领域的商情信息分析服务，目前在全球有四十多个分支机构。它主要提供三种形式的信息服务：一是针对全球二百多个国家或地区提供经济分析和预测；二是针对全球六个主要产业提供产业趋势分析和预测；三是为决策者和管理者提供最新的管理策略和实践信息。具体的数据内容有"国家报告"（Country Report）、"国家预测"（Country Forecast）、"商业汇评"（Viewswire）、"中国区域经济预测"（China Regional Forecast Service）和"世界数据"（Country Data Global）等。网址为 http://www.eiu.com，主页如图 9.105 所示。

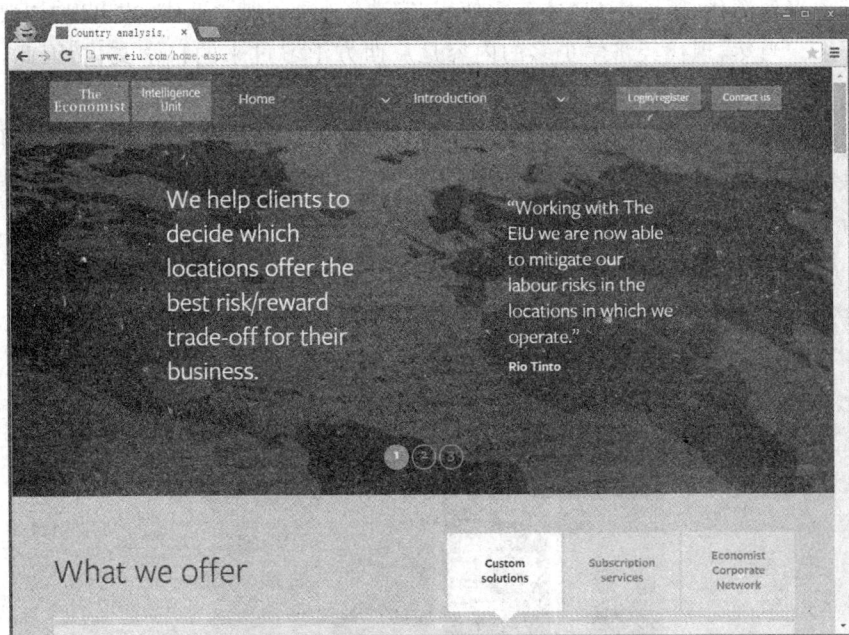

图 9.105　经济学人信息部(EIU)的主页界面(截取于 2015-4)

9.8　专业术语检索

通常在各种经济管理专业文献中出现的各种术语都会带有相关的解释说明,但是在其他一些诸如新闻网站等资源站点,往往会缺乏对一些经济管理类术语的解释。更何况经济管理类术语发展变化也非常快,很多名词术语也会随着时代的变化而逐渐出现或者消失,如"低碳经济"等。最为重要的一点,有时我们还经常遇到一些经济术语的英文叫法,如果不知其义,往往如坠云中,如"IPO[①]"等。这些术语并非罕见,相反,它们的出现频率很高,因此必须掌握对它们释义的检索方法。

9.8.1　利用词典站点检索

有必要对一些常见的概念做一区分。首先,由于语言的差异,中文和英文对词典的称呼并不一致。其实,只有中文才有词典和字典的区分,而英文通常只有词典;其次,辞典和词典并不一样,一般而言,词典可以理解为是一种语文类工具书,主要解决诸如词形、读音及释义等方面的疑难问题,而辞典更偏向于专业性和综合性,注重词语在某些学科方面的相关含义,类似于百科全书的功能。显然,本节所讲解的经济术语更偏向于使用辞典。

中文词典历史发展悠久。在早期,"字典"与"词典"也没有区分太明显,它们都被统称

---

① IPO意即"首次公开发行股票"(Initial Public Offerings),就是指企业首次公开招股,首次将它的股份对外向公众出售。

为"字书"。直到清代《康熙字典》才首次使用"字典"一词。到了近代，才出现"词典"，并相对区分开来。当然，现代经济学更多的内容是从西方学习过来的科学文化，因此，检索古代中文词典似乎意义不大①。

正如《四库全书》一样，今天我们也可以通过网络系统和电子系统来检索中国古代的中文词典信息。如北京书同文数字化技术公司的《e-康熙字典》电子检索系统就是一个可以检索各种中文古字的桌面程序，网址为 http://www.unihan.com.cn。程序界面如图 9.106 所示。

图 9.106 北京书同文公司的主页界面（截取于 2015-4）

程序界面如图 9.107 所示。

当然，对于现代经济管理类术语，更为常见的情况是使用现代中文词典检索系统。2008 年 5 月，《金山词霸》推出了免费网络版本，网址为 http://www.iciba.com/，免费的金山词霸手机版网址为 http://mobile.iciba.com。例如检索"对冲基金"的相关释义，检索结果如图 9.108 所示。

英文中词典一词有多种称呼，如"Dictionary""Lexicon""Glossary"和"Thesaurus"等。对于英文词典，最为著名的有《牛津英语大词典》(*The Oxford English Dictionary*, *OED*)，也被称为《默里词典》，因为第一任主编就是詹姆斯·默里(James A. H. Murray)，他从 42 岁开始直到 78 岁去世，一直在从事这项编撰事业。该词典于 1858 年由英国语文学会组织筹备编写，1884 出版，有"辞典中的圣经"的美誉。1991 年推出了光盘版本，2000

---

① 不过，这里要特别解释一个词，那就是"经济"。什么是经济？最早出现这一词语是在公元 4 世纪初的东晋时代，意为"经邦济世"之意。当然，现在意义上的"经济"一词其实来源于日本对西方文献的翻译，在 19 世纪日本就把"Economics"一词翻译成"经济"，后被我国引入成为现在意义的词语。

图 9.107 北京书同文公司《e-康熙字典》程序的运行界面（截取于 2010-7）

图 9.108 在《金山词霸》在线版本中检索"对冲基金"的结果页面（截取于 2015-4）

年 3 月在出版 143 周年之际又推出了网络版，网址为 http://www.oed.com，主页如图 9.109 所示。

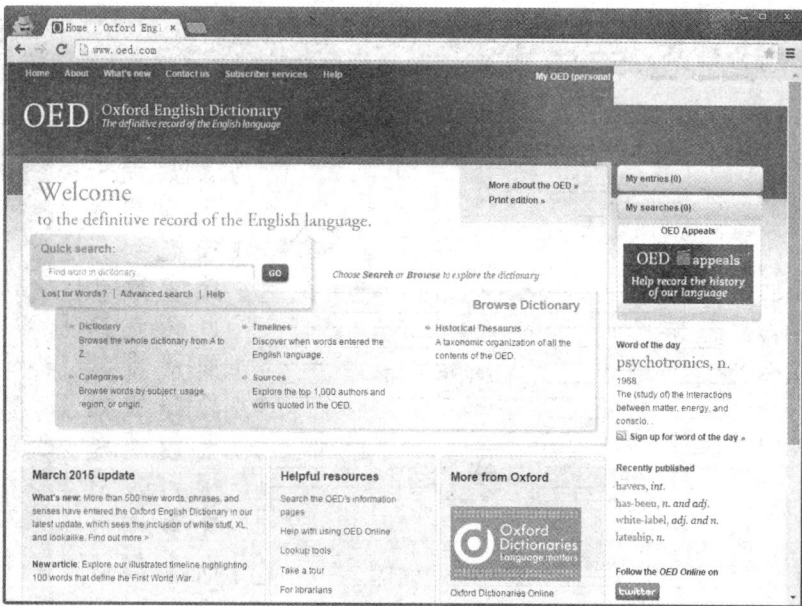

图 9.109　《牛津英语大词典》在线版本的主页界面（截取于 2015-4）

对于美语而言，较为著名的词典有《韦氏新国际英语词典》（*Webster's New International Dictionary*），俗称为《韦氏大词典》，它最早的版本是由韦伯斯特编撰的《美国英语词典》，现在由梅里亚姆公司获得版权。该公司出版了很多相关的美语词典，如《梅里亚姆·韦伯斯特学院词典》（*Merriam-Webster Collegiate Dictionary*）等。用户可以访问该公司的站点来在线查询词语，网址为 http://www.merriam-webster.com。如检索"deposit"（存款）的相关解释，结果如图 9.110 所示。

图 9.110　在《韦氏大词典》中检索"deposit"的结果页面（截取于 2015-4）

还有郎曼词典等,都有自己的字典检索站点。如郎曼词典在线检索站点的网址为 http://www.ldoceonline.com,主页如图 9.111 所示。

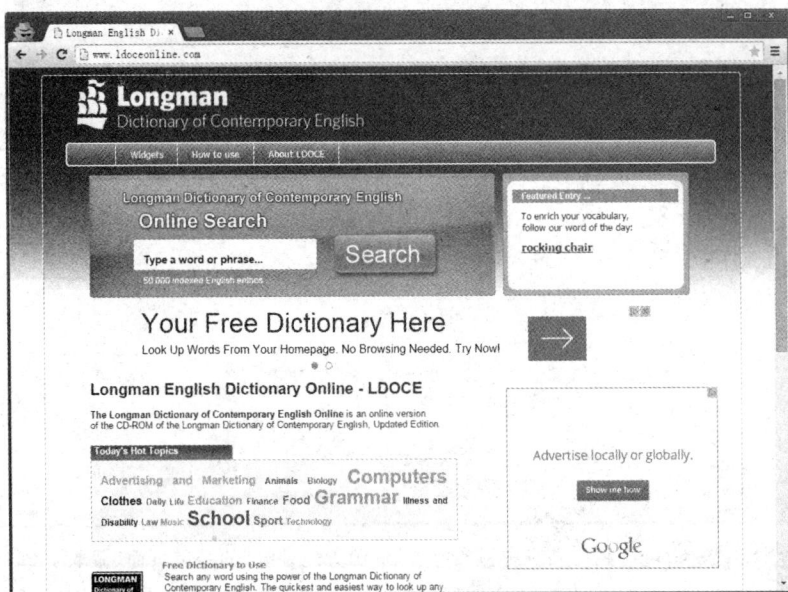

图 9.111　郎曼词典在线版本的主页界面(截取于 2015-4)

搜索引擎往往也提供词语检索的服务。如百度的字典检索站点已和翻译服务集成在一起,网址为:http://fanyi.baidu.com,它不仅可以查阅中英文的各种常见词语,还可以进行在线中英文互译。检索"期货"的结果页面如图 9.112 所示。

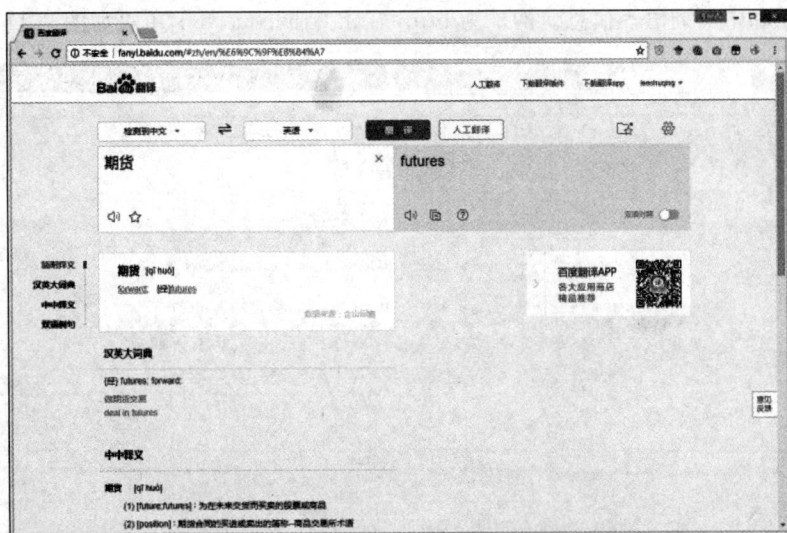

图 9.112　在百度字典站点中检索"期货"的结果页面(截取于 2018-2)

Google 搜索引擎也有字典检索服务,它和翻译服务已经集成在一起,网址为 http://translate.google.com。如图 9.113 所示检索"人力资源管理系统"的结果页面。

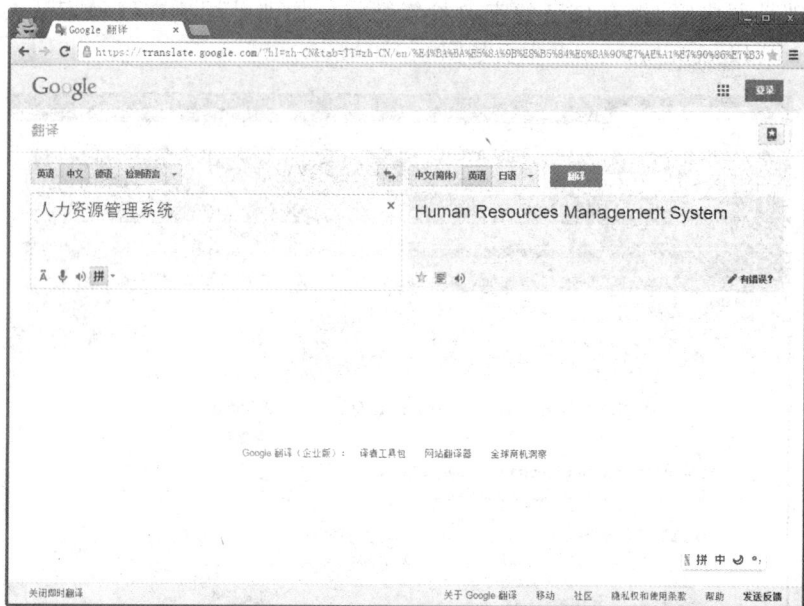

图 9.113 在 Google 翻译站点中检索"人力资源管理系统"的结果页面（截取于 2015-4）

Google 在线字典还可以检索其他国家语言文字和词语的相关信息，同时自带包括拼音、五笔在内的各种常见汉字输入法。其他搜索引擎都有此类服务，如微软的必应的词典服务网址为 http://cn.bing.com/dict。

除了这些大型搜索引擎外，还有一些小型的主题搜索引擎，也可以提供类似的功能，如"在线新华字典"，它不仅提供了很多汉语实用附录内容，而且还允许按照拼音、笔画等方式来检索汉字和中文词语等信息。网址为 http://xh.5156edu.com，主页如图 9.114 所示。

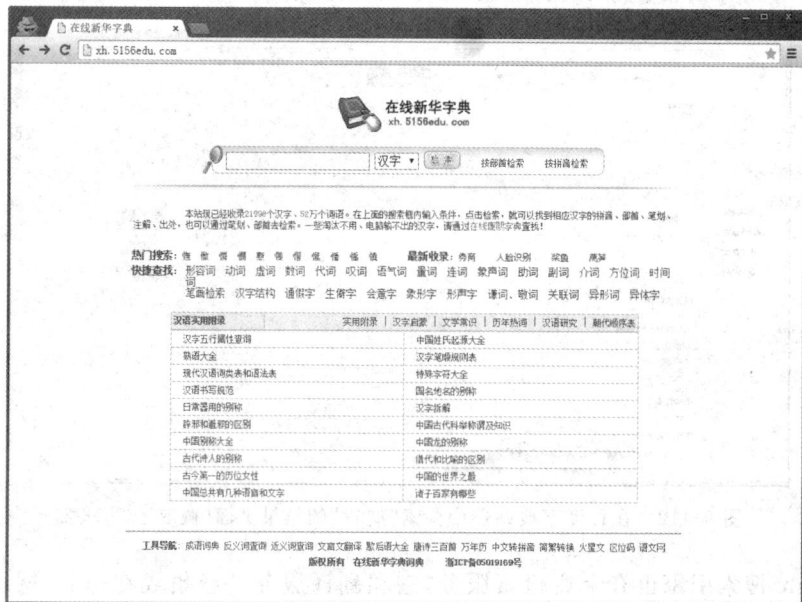

图 9.114 在线新华字典的主页界面（截取于 2015-4）

上述词典站点和搜索引擎字典服务所收录的词语解释和内容,如果站在专业学术研究的角度,往往显得不够充分不够有效。因此,我们也可以通过检索一些专业术语站点来获取更为专业的词语概念解释。比如 CNKI 提供的"中国工具书网络出版总库"就是一个有代表性的站点,网址为 http://gongjushu.cnki.net。该站点的内容十分丰富,涵盖了"双语词典""专科辞典""百科全书""图录图鉴"和"医药图谱"等栏目,其中每个栏目还可以细分多个下级子单元。同时,该站点还集成了诸如"中国大百科全书""综合年鉴""统计年鉴""国家标准""中国标准索引"和"国外标准索引"等更多的工具类产品。另外,在检索方法上,它可以按照部首、笔画和拼音多种方法来检索。

检索"存款准备金"的相关结果如图 9.115 所示。

图 9.115　在 CNKI 中国工具书网络出版总库中检索"存款准备金"的结果页面(截取于 2015-4)

上述字典服务站点都可以提供中英文互译服务,但是对于很多专业术语而言,包括经济类专业术语,由于使用面较窄,有时并不能找到合适的翻译。我们来看看其他一些常见方法及其相关的站点。

首先,可以考虑使用专业术语检索站点。如 CNKI 的"翻译助手",网址为 http://dict.cnki.net。它提供了包括"学术翻译必备词汇""近期中文热门查询词汇""近期英文热门查询词汇"和"缩略语"等功能,其中的"缩略语"检索很有特色,在学术研究检索中非常有用。

如检索"高新技术产业"的准确翻译,结果如图 9.116 所示。

需要说明一点,这些专业术语的翻译有时并不唯一,各种写法都可能存在,因此该站点也只是将它所收录的各种写法及其出现频率罗列出来,供用户选择参考。一般而言,出现频率越高的翻译越有可能正确。

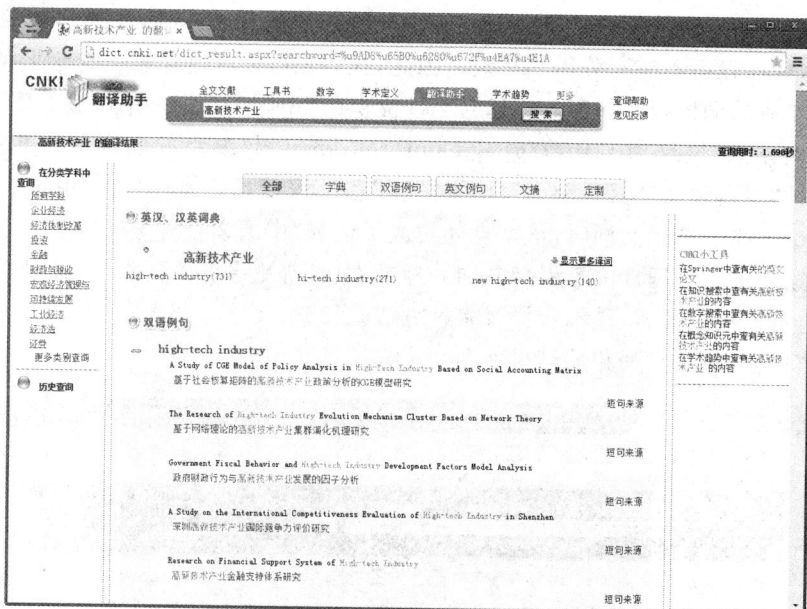

图 9.116　在 CNKI 翻译助手中检索"高新技术产业"的结果页面（截取于 2015-4）

还有一种方法是利用万方等期刊检索站点。因为一般所收录的期刊论文都会带有英文标题和英文摘要，所以我们可以利用这种方法反查中文词语的英文写法。如在万方电子期刊站点中检索"技术外溢"的英文写法，直接使用"技术外溢"作为检索关键词，单击其中的文献记录，即可看到相应的翻译结果，有在标题中出现的，也有在摘要中出现的，都可以作为一个翻译参考。结果如图 9.117 所示。

图 9.117　在万方电子期刊站点检索结果中查看"技术外溢"的英文翻译写法（截取于 2015-4）

9.8.2　网络专业百科知识检索

从严格意义上说,现代百科全书起源于西方,当今全世界最为著名的百科全书也多为英文百科全书。其中,最为著名的三大英文百科全书分别是《美国百科全书》、《不列颠百科全书》和《科利尔百科全书》,也有人称之为"the ABCs",即每个百科全书缩略语首字母的合写。

1.《不列颠百科全书》

《不列颠百科全书》(*The Encyclopedia Britannica*)简称为 EB,它不仅是现代英文百科全书中最为著名的一种,而且也是出版最早,发展最为完善的一种。该书是由苏格兰人斯梅利(W. Smellie)麦克・法奎尔(Colin Macfarguhar)和安德鲁・贝尔(Andrew Bell)于 1768 年到 1771 年编写而成。客观地说,当初的版本质量并非很高,甚至因为科技水平和认知能力的局限性,很多内容还是错误的[①]。

但是经过两个半世纪近十多次的改版和完善,今天的《不列颠百科全书》在内容准确性和完备性上已经名列同类百科全书的榜首。2005 年出版了最新版本,《不列颠百科全书》全套已达 32 册。随着计算机技术和网络技术的发展,1989 年,它推出了多媒体百科"康普顿多媒体百科全书"(Compton's Multimedia Encyclopedia),1992 年推出了《不列颠百科全书》的光盘版索引,名称为"不列颠电子索引"(Britannica Electronic Index),1998年推出了真正的全文资源光盘,名称为"不列颠百科全书 CD'98"(Encyclopedia Britannica CD'98)。

在 1994 年,不列颠百科全书网络站点正式推出,它是互联网上最早推出的百科全书网络版本。该站点的内容除了百科全书以外,还包括了《韦氏大学词典》(*Merriam Webster's Collegiate Dictionary*)和《不列颠百科年鉴》(*Britannica Book of the Year*),前者可以提供词语的释义用法说明,后者则提供了及时的年度更新资源。需要说明两点:一是虽然该站点提供部分免费的资源,但是要想获得全部资源,仍需付费订阅;二是它的内容主要为英文资源,中文资源几乎没有收录。网址为 http://www.britannica.com,订阅用户访问的网址为 http://search.eb.com,主页如图 9.118 所示。

不列颠百科全书提供了基于关键词的文本检索和基于字母音序索引的目录检索方式。如检索有关于经济地理的相关百科全书内容,可以输入"economic geography",结果页面如图 9.119 所示。

移动鼠标到具体的一个结果条目上就可以直接在右栏中看到相应的词条解释,单击该条目即可打开详细的内容说明。同时,它还允许用户自行上传修改意见,待审核后更新条目信息,如图 9.120 所示。

下面介绍几个很有特色的功能。

一是时间轴检索服务(Timelines),它在页面底部显示各个主题,用户选中后即可拖

---

① 限于科技知识水平的限制,初版的《不列颠百科全书》错漏很多。如把抽烟的后果描绘成"会使大脑干枯成一团仅由黏膜组成的黑色团块",还说加利福尼亚是西印度群岛上的一个大国等。同时,由于美国独立战争与英国自身利益存在利害关系,对美国独立战争只字未提。尽管如此,第一版还是售出 3000 套。

图 9.118　不列颠百科全书站点的主页界面（截取于 2015-4）

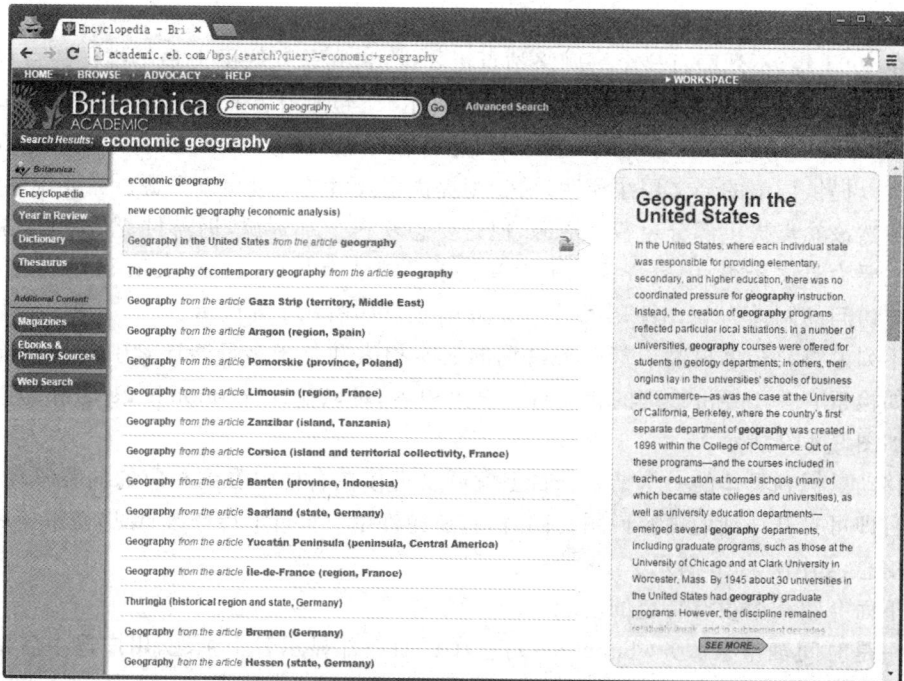

图 9.119　在不列颠百科全书站点中检索"economic geography"的结果页面（截取于 2015-4）

动三角形浮标在时间轴上移动,定位到相应的时间点上即可查看那个时期的相关知识内容,如图 9.121 所示。

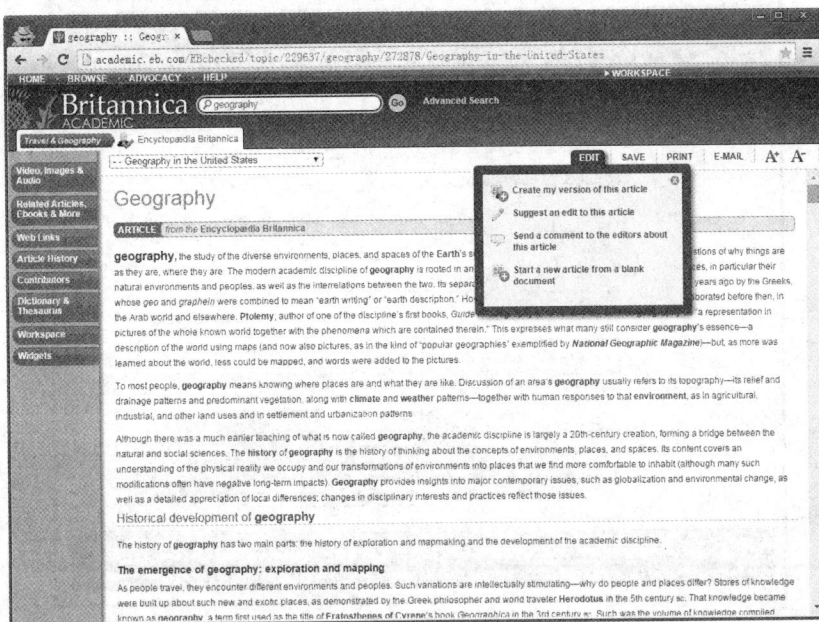

图 9.120 在不列颠百科全书站点中查看详细的结果页面(截取于 2015-4)

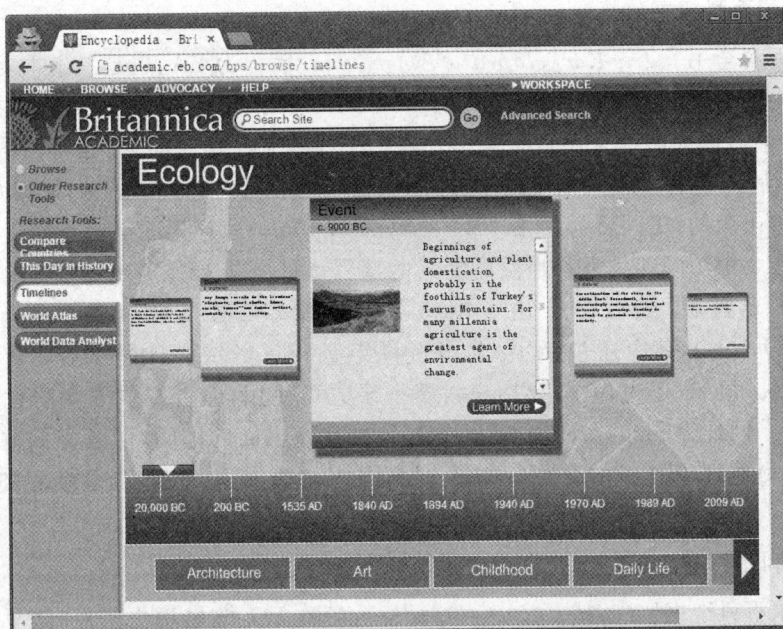

图 9.121 不列颠百科全书站点的时间轴检索服务页面(截取于 2015-4)

二是世界数据分析服务(World Data Analyst),它提供了对世界各国各项常见统计指标的汇总说明,界面如图 9.122 所示。

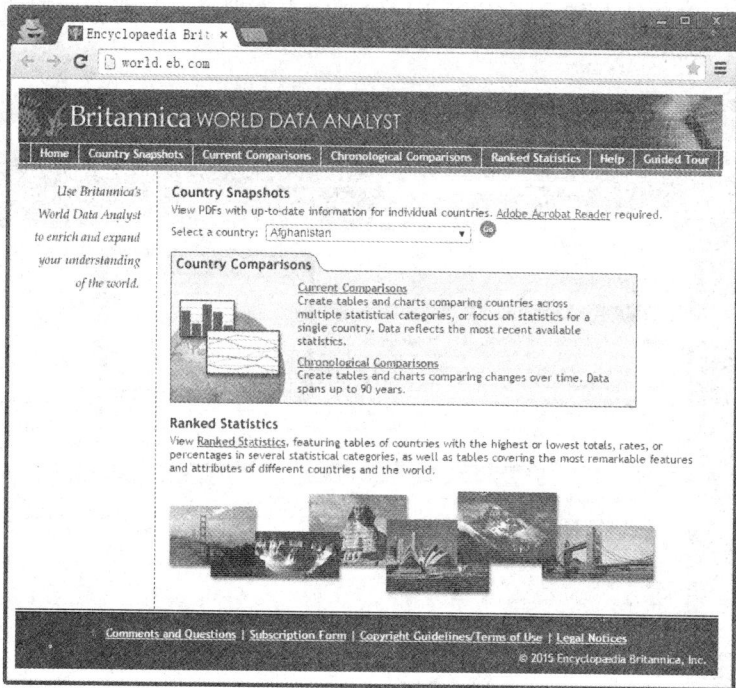

图 9.122　不列颠百科全书站点的世界数据分析服务页面（截取于 2015-4）

2.《美国百科全书》

《美国百科全书》（*The Encyclopedia Americana*）简称为 EA，也是一本重要的英文百科全书，在内容上权威性仅次于《不列颠百科全书》。它于 1829 到 1833 年间编撰问世，是美国出版的第一部大型综合性百科全书。在 1918 年到 1920 年间，在编辑赖纳斯（G. E. Rines）的主持下，进行了较大幅度的增补，而且也固定了现在的篇幅结构，同时从 1923 年起，通过每年出版的《美国百科年鉴》（*Americana Annual*）来补充逐年更新的资源。

现在，该书由美国四大百科出版商之一的葛罗里（Grolier）公司出版。在 1995 年，该公司推出了光盘版，随后又推出了网络版本"在线美国百科全书"（*Encyclopedia Americana Online*），其中还包括了《美国百科年鉴》和《华尔街日报年鉴》（*Wall Street Journal Almanac*）。不过，它需要用户付费登录方可使用，但也提供了免费注册和限期试用的功能。网址为 http://ea. grolier. com。虽然该书面向国际，但是仍偏重对美国和加拿大的历史地理等资料的介绍。如检索美国的相关知识内容，结果界面如图 9. 123 所示。

3.《科利尔百科全书》

《科利尔百科全书》（*Collier' Encyclopedia*），简称 EC，该书历史较短，最早是由美国科利尔出版公司于 1949 年出版，现在已由美国纽约麦克米伦教育公司出版，其内容主要是配合美国大学和中学的全部课程，以方便学生使用。因此，把《科利尔百科全书》称为"没有围墙的大学"似乎更为合适。同时，每年都出版的《科利尔年鉴》（*Collier's Yearbook*）可以提供年度更新补充资料，同时在 1998 年还推出了《科利尔百科全书 1998》

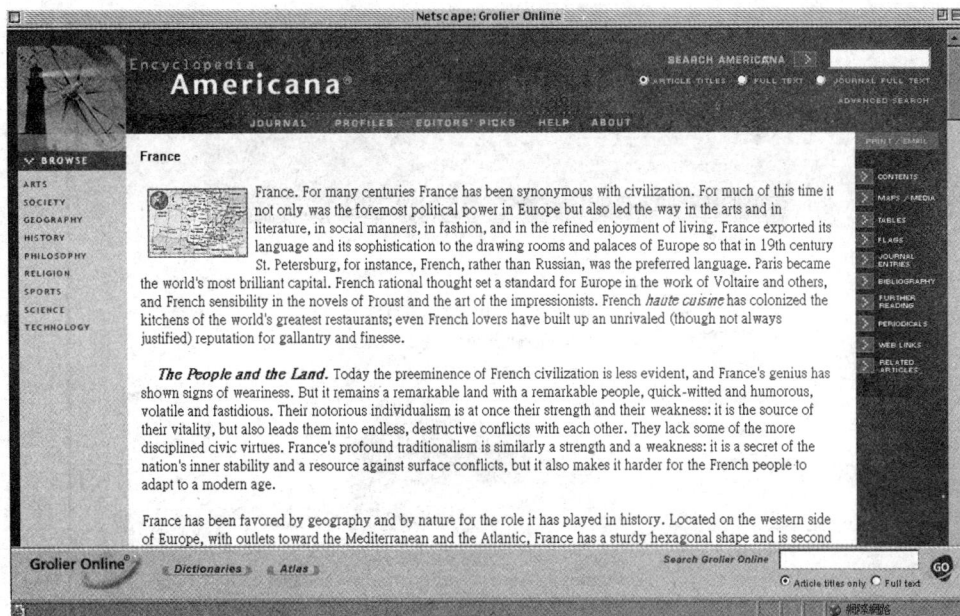

图 9.123　美国百科全书站点的内容结果界面(截取于 2010-5)

(*Collier's Encyclopedia* 1998)，其中包括《蓝德·麦克纳利地图集》(*Rand Mcnally Atlas*)和《美国传统词典》(*American Heritage Dictionary*)。不过，该书没有推出网络版本。

4. 中文百科全书

真正的百科全书应该是包含自然科学和社会科学在内的所有人类知识体系的汇总。如果从这个角度来看，中文百科全书的历史非常短。大约在 19 世纪后，我国才陆陆续续地出现现代意义上的中文百科全书。这一点可以从"百科全书"这个名称看出来，如中文"百科"一词就极有可能是从日文中借鉴而来，我国最早提出类似的名称是在 1906 年，有人提出的"百科类典"，后又被称为"百科学典"。从这以后的中文百科全书，不论是编纂方式还是体制结构都广泛地参考了国外百科全书的方法。

我国历史上的"类书"和"大典"之类的图书虽然在内容上可能更多的是对古籍文献的整理和汇编，然而也具备了百科全书的雏形。如果这样看，我国的百科全书历史就相当长了。如在西方中世纪百科全书《大宝鉴》问世前 1000 年，中国就已经有了《皇览》这部一千多卷、八百万字的巨著，远远超过《大宝鉴》的内容含量和水平。这一点也被《不列颠百科全书》承认，如《不列颠百科全书》就将包括《皇览》(*Emperor's Mirror*)、《古今图书集成》(*Complete Classics Collection of Ancient China*)和《永乐大典》(*Great Canon of the Yongle Era*)在内的 27 部类书都作为介绍东方百科全书的样例，并把明代的《永乐大典》称为当时世界上最大的百科全书。

现在，很多企业都开始涉足这些中国古籍百科全书的电子化和网络化，版本也比较多，如我国台湾联合百科电子出版公司就推出了网络版本的《标点古今图书集成》，网址为 http://www.greatman.com.tw/chinesebook.htm，主页如图 9.124 所示。

图 9.124 《标点古今图书集成》网络版的主页界面（截取于 2015-4）

我国正在进行一本规模更为宏伟的中文古籍百科全书的编撰工作，此书为《中华大典》①。它于 1989 年开始试典，1992 年正式启动，2015 年基本完成，预计 2018 年全部出齐。它使用现代图书分类方法，对中国上起先秦下至 1911 年清朝结束的所有中文古籍文献进行整理，共 24 个典，收入两万多种古籍，总字数达 7 亿多，是《永乐大典》的两倍多，是《古今图书集成》的 4 倍多，将超过中国所有古代类书字数的总和。届时推出的电子版本和网络版本将极大地丰富网络中文古籍百科全书文献的信息资源数量。

从总体上看，现代中文百科全书有两大类：一类是国内出版社出版的中文百科全书，《中国大百科全书》就是其中的代表作；另一类是英文百科全书的中译本，如《不列颠百科全书国际中文版》。两种类型的百科全书都有自己的特点，各有所长，互补所短。

《中国大百科全书》由中国大百科全书出版社于 1978 年启动，1993 年才完成第一版，它也是新中国成立后编撰的第一部大型百科全书。1999 年 10 月推出了《中国大百科全书》光盘版。1997 年，《中国大百科全书》网络版推出。用户可以从中国大百科全书出版社的站点来访问，该出版社的网址为 http://www.ecph.com.cn，用户也可以通过 CNKI 数据库来访问相关资源，网址为 http://ecph.cnki.net，主页如图 9.125 所示。

除此以外，中国台湾中国文化大学出版的《中华百科全书》也是一部内容丰富的百科全书，而且提供了网络版本，网址为 http://ap6.pccu.edu.tw/Encyclopedia，主页如图 9.126 所示。

如检索食品工业的相关内容，可以在搜索框中输入"食品工业"（注意，要使用繁体中文），结果如图 9.127 所示。

---

① 《中华大典》是我国继唐代《艺文类聚》、宋代《太平御览》、明代《永乐大典》和清代《古今图书集成》之后的一部最大的类书。

图 9.125 《中国大百科全书》网络版的主页界面(截取于 2015-4)

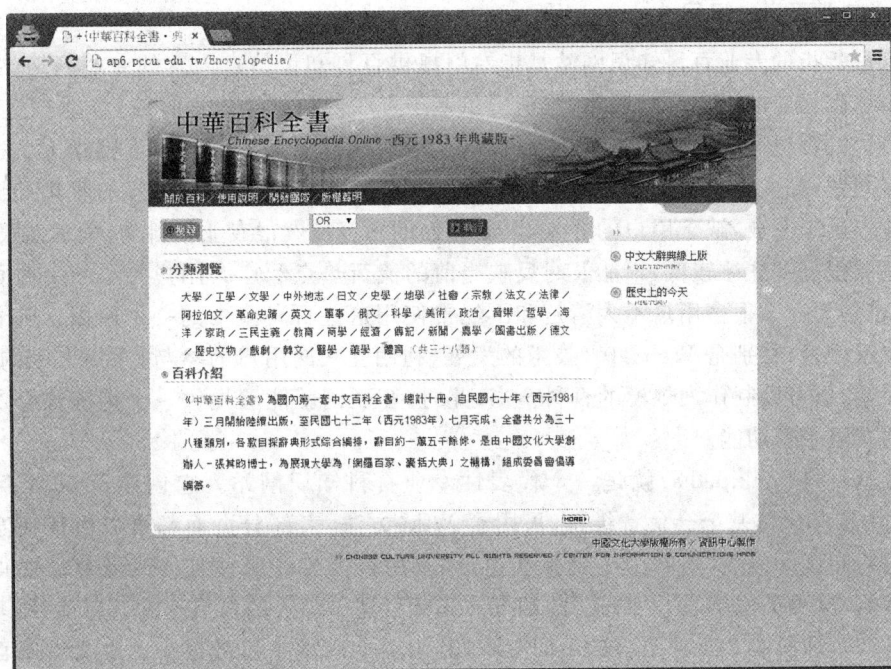

图 9.126 《中华百科全书》网络版的主页界面(截取于 2015-4)

图 9.127　在《中华百科全书》网络版中检索"食品工业"的结果页面（截取于 2015-4）

5. 专业百科知识网站

这里所指的专业百科知识网站是指专门提供百科知识信息内容的专业网络站点，一般都不出版相应的纸质文献版本，只能提供基于互联网的信息检索服务。

传统的百科全书往往需要专业人员进行编撰，因此出版周期和难度都很大。这也造成很多问题，如内容更新周期较长，通常只能按照年度来更新，再如内容的收集和编撰都由专业人员来完成，缺乏用户的介入，因此它们的内容虽然很专业很科学，学术性很强，但是受关注程度却往往较低，不能及时反映当前的流行热点和广大用户关心的一些百科问题，这也是为什么很多用户不太清楚和不经常使用这些百科全书的一个原因。随着互联网用户的增多，特别是 Web2.0① 技术的发展，利用互联网用户的参与，凭借大家的力量，集思广益，也可以制作大规模的百科全书，此时，互联网就能够提供一个传统媒介所不能提供的交流平台功能。

维基百科（Wikipedia）就是一个代表性专业百科知识网站。它创建于 2001 年 1 月 15 日，由维基媒体基金会负责维持，采用了 Wiki 方法，大部分页面都可以由任何互联网用户进行阅读和修改，当然为了确保质量，编撰用户需要注册并且修改内容需要得到审核。然而，这种类似于"全民共建"的编撰方式却创造了惊人的发展速度。目前，维基百科已经具有全球所有 271 种语言的不同版本，其中英文版本条目数第一。中文维基百科于

---

① Web2.0 是相对于 Web1.0 而言，传统的 Web 访问方式主要特点在于用户通过浏览器获取信息，而 Web2.0 则更注重用户的交互作用，用户既可以是网站内容浏览者，也可以是网站内容的制造者。也有人把这种利用 Internet 用户参与形成资源的方法称为"维基（Wiki）"。

2002 年 10 月 24 日成立。除此以外,还有诸如粤语维基百科和文言文维基百科等各种形式的中文维基百科。中文维基百科的网址为 http://zh.wikipedia.org。如在其中检索关于房地产的相关知识介绍,可以在搜索框中输入"房地产",如图 9.128 所示。

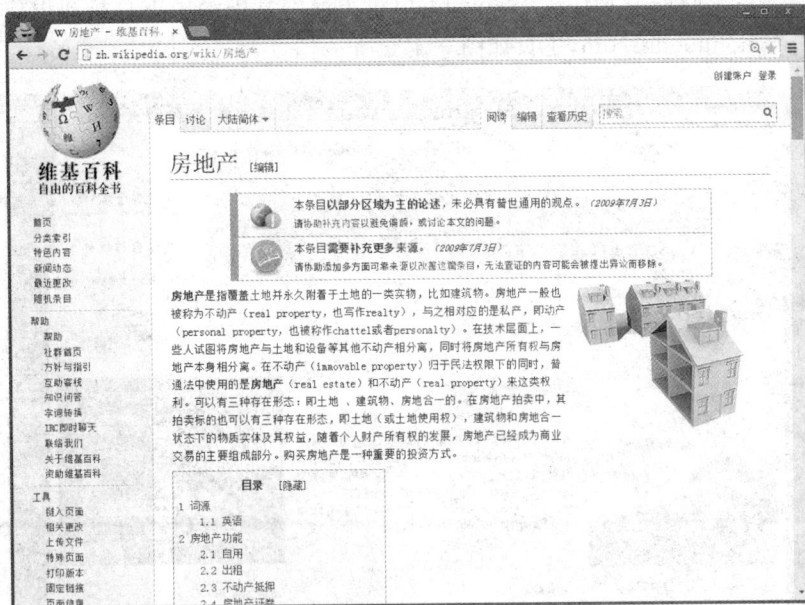

图 9.128　在维基百科中检索"房地产"的结果页面(截取于 2015-4)

检索结果相当丰富,不仅以目录方式显示各个知识点的内容,而且还提供相关知识的链接,直接单击即可查看。

维基媒体基金会还有很多利用 Wiki 方法创建的下属资源网站,如表 9.4 所示。

表 9.4　维基媒体及其下属网站

名　　称	网　　址
维基新闻	http://www.wikinews.org
维基文库	http://www.wikisource.org
维基词典	http://www.wiktionary.org
维基语录	http://www.wikiquote.org
维基共享资源	http://commons.wikimedia.org
维基物种	http://species.wikimedia.org
维基教科书	http://www.wikibooks.org
维基孵育场	http://incubator.wikimedia.org
元维基	http://meta.wikimedia.org
维基媒体基金会	http://wikimediafoundation.org
2014 年维基国际年会	http://wikimania2014.wikimedia.org
维基学院	http://www.wikiversity.org

国内也有很多专门提供百科知识服务的专业网站，比较著名的有互动百科等。互动百科成立于 2005 年，是国内较早采用维基建站方法创建的百科知识站点。它首先从用户中挑选出"专家团队"，并对所有用户提交的内容进行审核和评分，一旦结果提交并通过审核就会立刻显示。网址为 http://www.hudong.com。其中经济类百科知识栏目的网址为 http://jingji.hudong.com，主页如图 9.129 所示。

图 9.129   互动百科站点的经济类百科知识页面（截取于 2015-4）

6. 搜索引擎的百科知识服务

百度搜索引擎是典型的代表之一，它提供的百科知识服务平台有三个项目，分别是百度百科、百度贴吧和百度知道。这些百科知识服务站点都是提供一种用户交流的平台，利用用户自己的智慧和知识将百科知识汇集而成，因此在内容上可能没有专业百科全书那么全面和科学，但是更易于使用和了解。

百度百科创立于 2006 年 4 月，它和维基百科一样，也是一种开放的网络百科全书，每个用户都可以自由访问并参与撰写和编辑。网址为 http://baike.baidu.com。百度贴吧创立于 2003 年 11 月 26 日，是一个主题交流社区站点，它的特点在于所有的主题都是以用户输入的关键词整合而成，也就是说，用户直接输入检索关键词，百度利用搜索引擎的检索功能将相关的帖子自动汇聚成一个讨论区，网址为 http://tieba.baidu.com。如检索大理石价格方面的相关知识，直接在搜索框中输入"大理石价格"，即可看到动态生成的讨论区"大理石价格吧"，其中汇集了所有内容相关的帖子，如图 9.130 所示。

百度知道于 2005 年 11 月 8 日开始正式服务，它的特色在于提供一种问题交流平台，允许用户根据自己需要提出一个完整的问题，并通过积分奖励来发动其他用户回答，并以这些问题和答案作为其他用户检索类似问题的返回结果。这种方法有效地利用了用户大脑中存储的知识内容,扩展了百科知识的内容和范围,是一种较为有效的信息检索方式。
网址为 http://zhidao.baidu.com。和传统的专业百科全书不同,这些知识内容良莠不
齐,但是实用性和及时性都很强,特别对于一些和生活工作非常相关的问题,尤其有效。
如检索近期美元汇率是否下降的相关内容,结果如图 9.131 所示。

图 9.130　在百度贴吧中检索"大理石价格"的结果页面(截取于 2015-4)

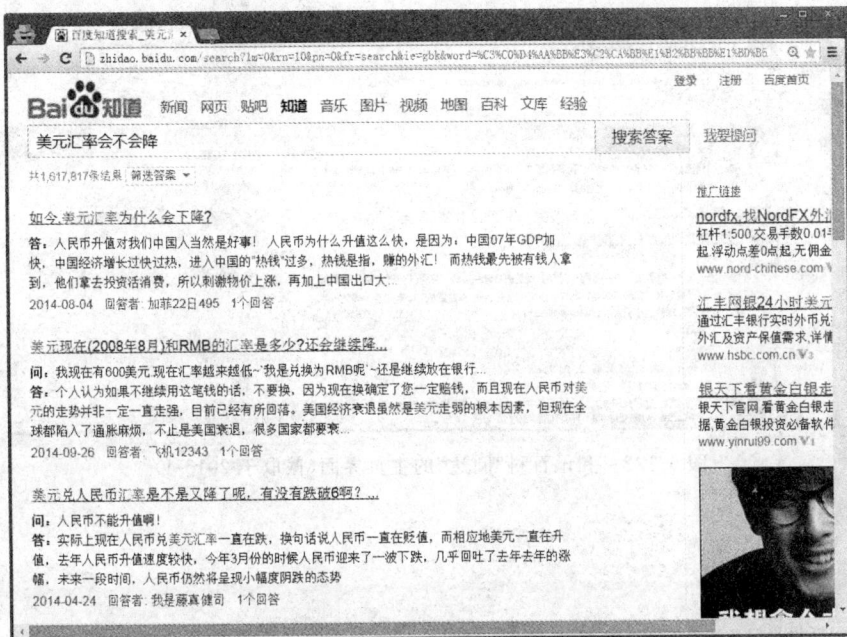

图 9.131　在百度知道中检索"美元汇率会不会降"的结果页面(截取于 2015-4)

7. 经济管理类专题百科知识网站

专题百科知识主要面向特定领域和特定主题，汇集某一学科或某一主题需要经常查找的资料，只是篇幅较小。不论是传统的纸质文献，还是网络站点，它们的数量都非常多，质量也参差不齐。目前，网络上此类信息资源主要有两种：一种是传统纸质文献出版机构提供的在线网络版本，由于这方面的专题百科知识通常内容范围比较小，所以此类传统纸质文献篇幅都不大。在网络上，这些文献的出版社通常都没有提供相应的网站资源，但是也有部分文献有，如著名的《吉尼斯世界纪录》①等；另一种是专门提供此类专题百科知识的网络站点，其中既包括面向特定知识领域的站点，如和讯百科，也有一些公司或者机构创办的面向特定产品和服务的一些主题知识服务站点，它们通常也被称为 FAQ（Frequently Asked Questions，经常被问的问题）。下面主要介绍几个与经济管理相关的专题百科知识站点。

和讯百科创立于 2006 年 11 月，现在名称为"问达"，它也是由互联网用户自由编撰而成的中文百科全书站点。由于和讯主要提供财经类信息服务，所以该站点内容主要是以财经类百科知识为主，如在按标签分类浏览的目录结构中，专门提供了诸如"基金""股票""期货"和"外汇"等财经类别。网址为 http://wenda.hexun.com，主页如图 9.132 所示。

图 9.132　和讯百科"问达"的主页界面（截取于 2015-4）

---

① 吉尼斯世界纪录站点的网址为 http://www.guinnessworldrecords.com，其中中文版的网址为 http://www.guinnessworldrecords.cn。

MBA智库百科创办于2006年,是全球最大的专业中文经济管理类百科知识站点之一。它允许用户自由编撰,但是主要内容仍关注于经济管理类的领域知识。网址为 http://wiki.mbalib.com,主页如图9.133所示。

图9.133 MBA智库百科的主页界面(截取于2015-4)

9.9 人物信息检索

人物信息是一种独特的信息资源。它所收集的信息不仅包括一些著名的学者和研究者,而且也包括很多社会重要人士和新闻人物的相关信息。这些对于研究各种社会现象,尤其是经济现象和企业管理问题,往往具有较高的价值。

不过,人物信息的种类非常多,存在形式也多种多样。比如人物信息既有现代人物信息,也包含很多历史人物信息,这些信息往往散见在诸如人物传记、地方日志和新闻报道等多种载体中。当然现在也有很多专门收集整理人物信息的专业数据检索服务,这些都是在获取人物信息时可以利用的信息资源。

9.9.1 利用人物数据库检索

对于中国历史上的经济管理人物,可以通过查阅各种古籍家谱资料和人物传记等来获取,也可以通过一些专门提供相关信息管理的站点来获取。同时,利用人物传记和地方日志也是一种有效的检索方法,如中国国家数字图书馆就提供了很多相关资源的网络检索服务。中国国家数字图书馆的网址为 http://www.nlc.gov.cn。单击"古籍"栏目,即可看到它所收录的各种在线古籍数据资源,其中的"数字方志"就收录了大量中国古代方志的数字化资源。如"江宁县志"的检索结果如图 9.134 所示。

图 9.134　在中国国家数字图书馆数字方志中检索"江宁县志"的结果页面（截取于 2015-4）

单击其中的方志名称，即可打开在线浏览页面。

对于现代人物信息的检索，除了利用搜索引擎等方法以外，还可以使用专业的人物数据库和方志数据库。如万方数据库提供《中国科技专家库》，它主要收录中国国内著名专家名人信息、研究内容及其取得的进展，用户可以在万方网站主页选择"科技专家"即可检索，网页网址为 http://www.wanfangdata.com.cn/ResourceBrowse/Expert。如检索经济学家"厉以宁"的相关人物信息，结果如图 9.135 所示。

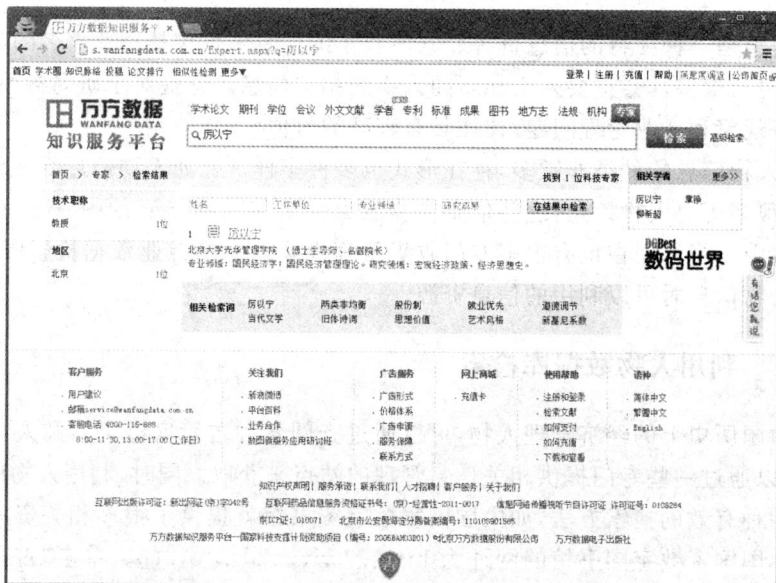

图 9.135　在万方中国科技专家库中检索"厉以宁"的结果页面（截取于 2015-5）

万方提供的新方志也可以提供全国各地现代方志的检索服务,其中也含有大量的经济人物信息,网址为 http://c.wanfangdata.com.cn/LocalChronicle.aspx。主页如图 9.136 所示。

图 9.136　万方新方志的主页界面(截取于 2015-5)

另外,通过万方的"学者"检索服务也能更多自动摘录论文作者学术科研信息,同时允许学者本人自己去认证,网址为 http://www.wanfangdata.com.cn/ResourceBrowse/Scholar,如检索"刘志彪"的相关学术信息,结果如图 9.137 所示。

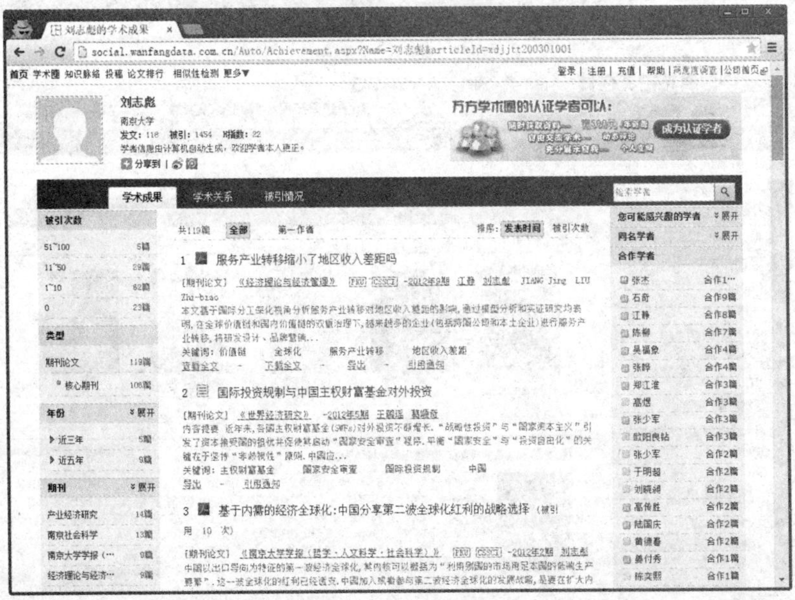

图 9.137　在万方学者中检索"刘志彪"的结果界面(截取于 2015-5)

对于免费资源而言，中国教育与计算机科研网的"研究生导师库"是个很好的检索资源，网址为 http://cksp.eol.cn/tutor_index.php，主页如图 9.138 所示。

图 9.138　中国教育与计算机科研网的研究生导师库的主页界面（截取于 2015-5）

再如"中国科技论文在线"优秀学者栏目也提供了很多不同学科方向的著名学者相关信息，网址为 http://www.paper.edu.cn/scholar，主页如图 9.139 所示。

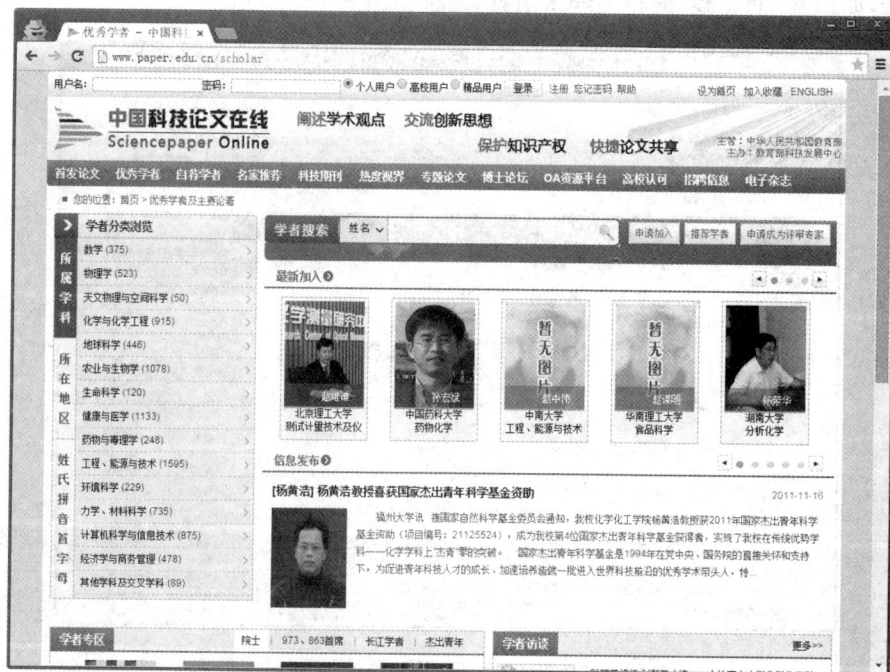

图 9.139　中国科技论文在线优秀学者的主页界面（截取于 2015-5）

9.9.2　互联网人物信息的检索方式

互联网上有大量的人物信息资源,有很多专门从事互联网人物信息自动收集和分析整理工作的相关服务。这一类人物信息服务方式通常检索面更广,面向的领域也更为专注。

如学术圈(SocialScholar)是一个面向学术领域的垂直社交平台,集成了搜索、社交、分析与推荐等学术服务模式,旨在为科研学者提供大规模学术资源深度挖掘与搜索以及社会化学术交流的平台。网址为 http://www.soscholar.com,主页如图 9.140所示。

图 9.140　学术圈的主页界面(截取于 2015-5)

如检索"Environmental Economics"(环境经济)方面的相关论文,从中可以看出相关学者和更多的相关学术概念,如图 9.141 所示。

对于相关学者人物,学术圈可以给出详细的发文情况及其科研同事之间的联系程度,并以一种可视化的方式展示,如图 9.142 所示。

另外,它还提供了很多特色应用,如"知名学者"检索服务,可以直接显示所收录的论文作者的相关信息,如图 9.143 所示。

最有趣味的两个分别是"合作网络"和"学术人脉"。前者允许直接检索指定学者的相关合作学者信息,如检索"Andrei Shleifer"的相关结果信息如图 9.144 所示。

从中不仅能够看出合作关系,还能看出关系的强弱,并且可以很方便地查看选中学者的详细信息。

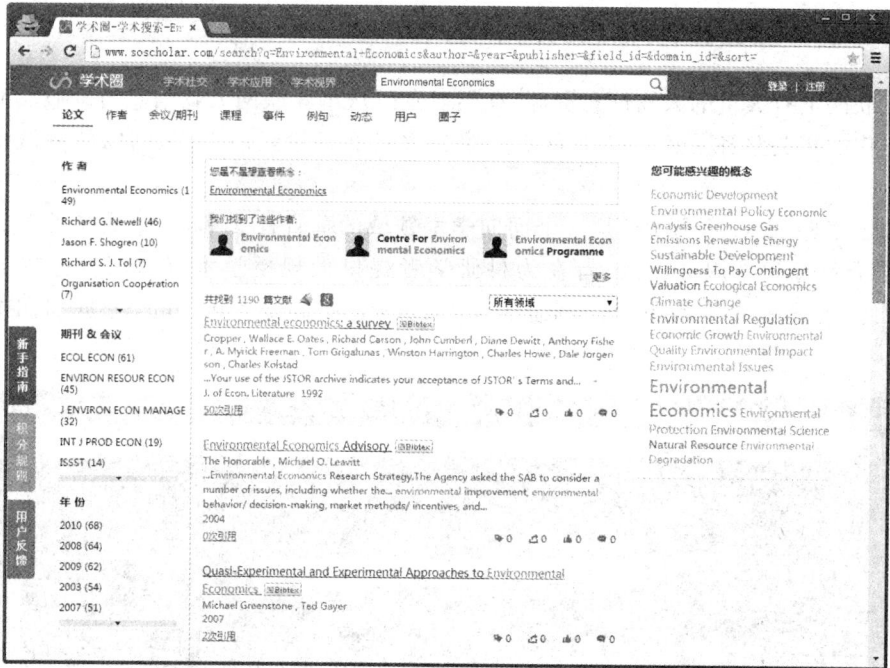

图 9.141　在学术圈检索 Environmental Economics 的结果页面（截取于 2015-5）

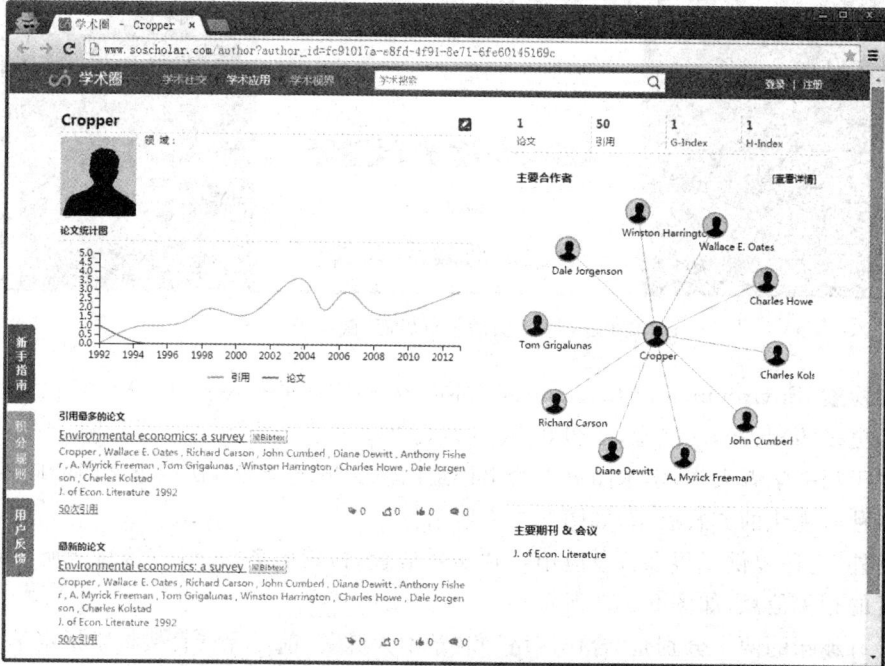

图 9.142　在学术圈查看学者人物的结果页面（截取于 2015-5）

图 9.143 在学术圈查看"知名学者"的结果页面(截取于 2015-5)

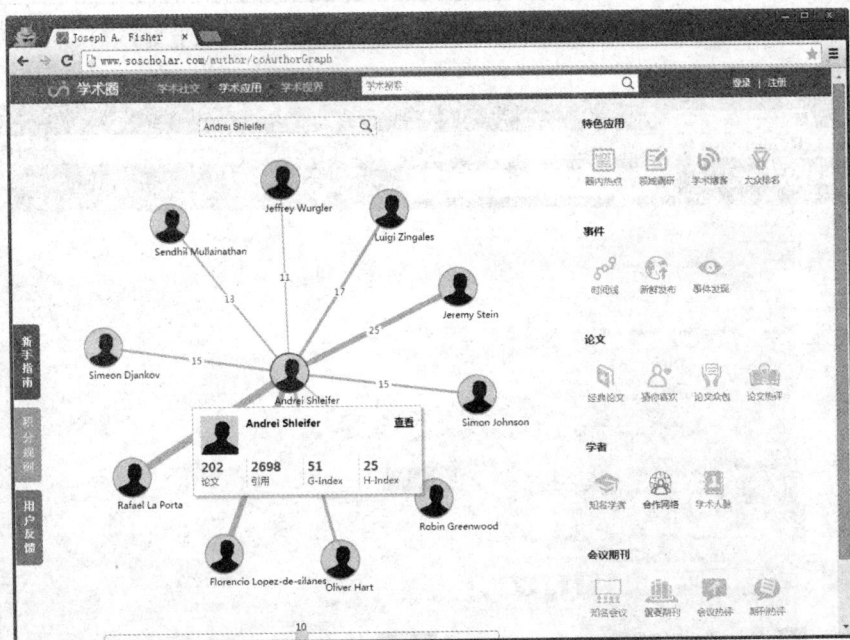

图 9.144 在学术圈查看 Andrei Shleifer 的合作网络结果页面(截取于 2015-5)

而"学术人脉"则更为直接地根据合作关系测算出指定的两个学者之间可能存在的人脉关系桥,学者 Stephen J. Roberts 和 Andrei Shleifer 的学术人脉关系如图 9.145 所示。

ArnetMiner 也是一个不错的学者人物的专业检索工具,网址为 http://aminer.org,

它的特点在于可以直接根据一个研究主题来检索相关著名学者，如检索"Ppp 模式"的相关著名学者，结果如图 9.146 所示。

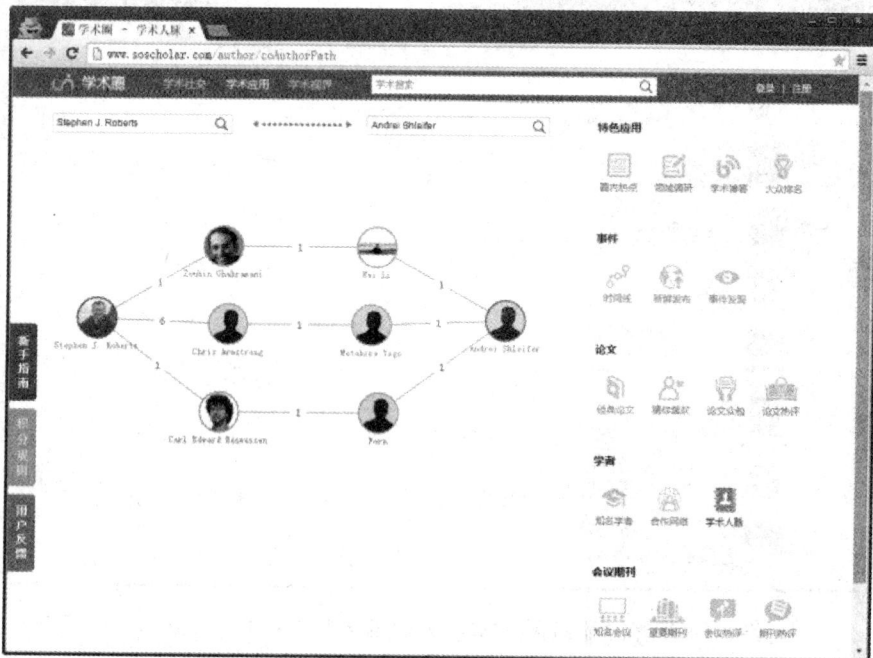

图 9.145　在学术圈查看学者人脉信息的结果页面（截取于 2015-5）

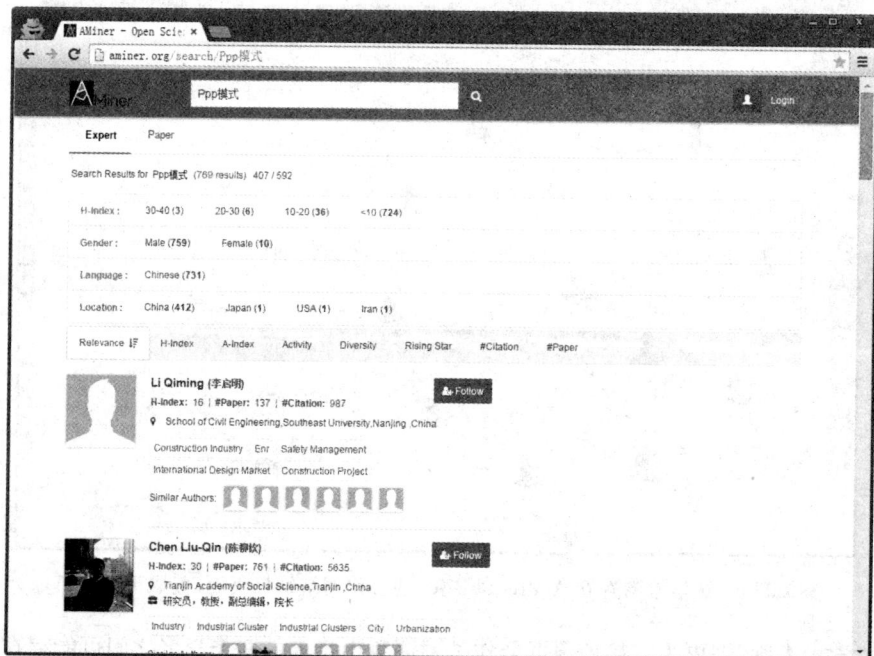

图 9.146　在 ArnetMiner 中查看"Ppp 模式"相关著名学者的结果页面（截取于 2015-5）

它不仅提供了非常实用的更多限定字段供进一步筛选记录,而且在单击具体一个学者信息时,还可以给出更为详细的结果页面,如通过彩色条纹表示随着时间演化的研究兴趣,还有相似学者和合作关系图等,如图 9.147 所示。

它还提供了更为实用的各种排名信息,如学者排名和科研院所排名等,如图 9.148 所示。

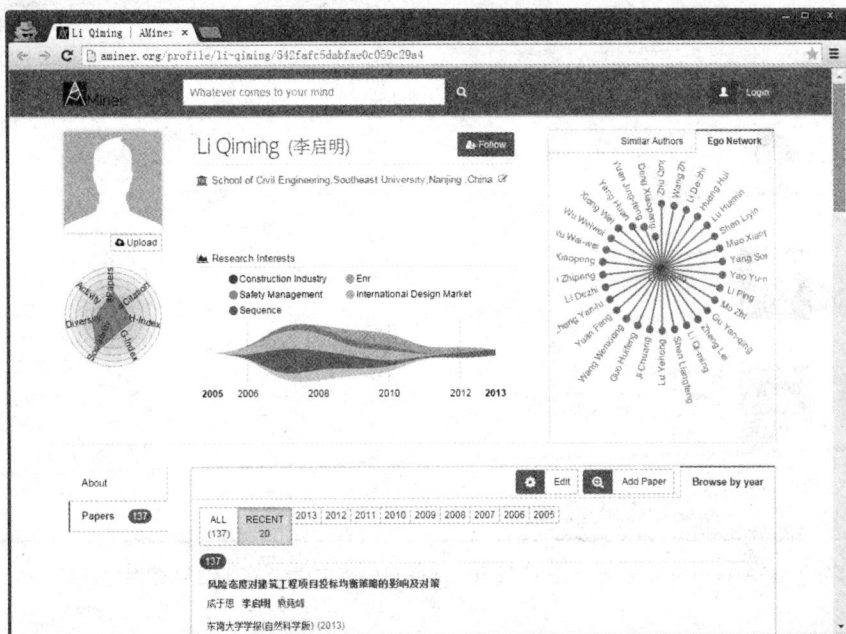

图 9.147 在 ArnetMiner 中查看学者的详细信息结果页面(截取于 2015-5)

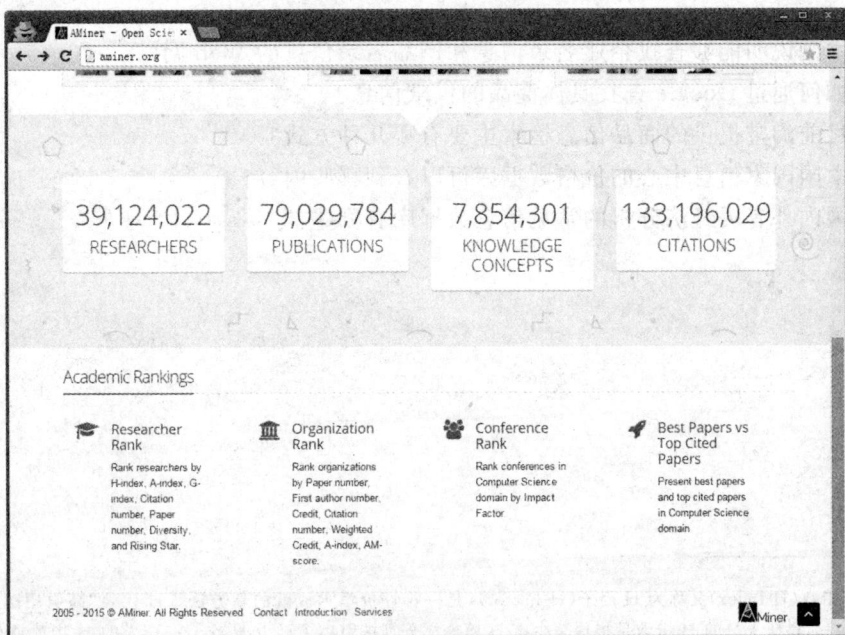

图 9.148 ArnetMiner 提供的各种排名信息界面(截取于 2015-5)

图 9.149 所示为按照 H 指数①得到的著名学者排名信息。

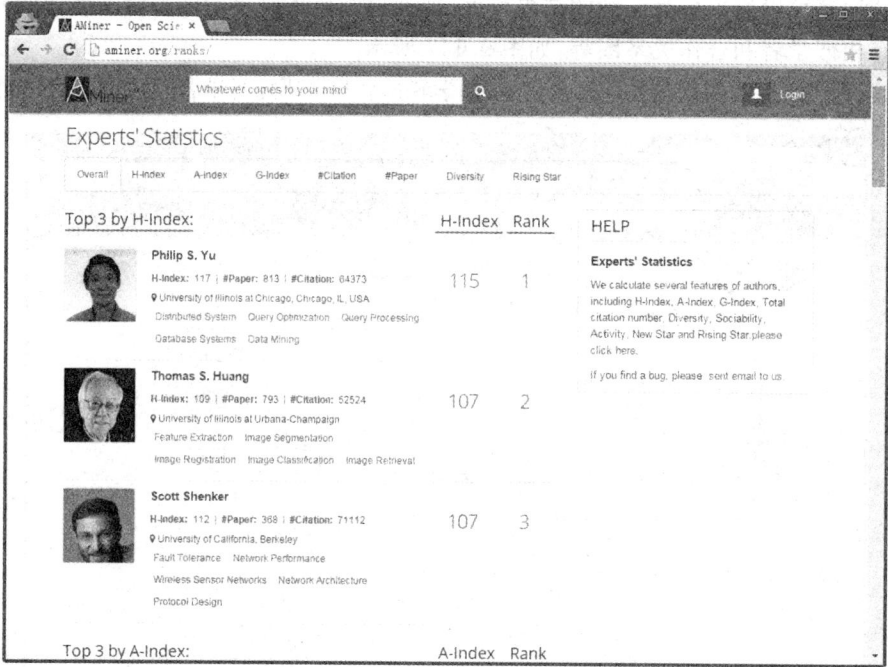

图 9.149　在 ArnetMiner 中查看按照 H-Index 得到的著名学者排名结果页面（截取于 2015-5）

9.10　练 习 题 9

1. 举例说明能够查找企业名录信息和产品名录信息的 Web 网站。
2. 如何通过 Google 查找具体商品的供求信息？
3. 目前淘宝提供的商品信息检索主要有哪几种方式？
4. 中国国家信息中心的价格数据库可以查到哪些内容？
5. 国内外有关经济分析的常见信息数据库有哪些？

---

①　H 指数（H-Index）又称为 H 因子（H-Factor），是一种评价学术成就的新方法。H 代表"高引用次数"（High Citations），一名科研人员的 H 指数是指他至少有 H 篇论文分别被引用了至少 H 次。一个人的 H 指数越高，表明他的论文影响力越大。

参 考 文 献

[1] 李明伍.信息检索[M].北京：科学出版社,2014.

[2] 陆和建.信息检索[M].合肥：安徽大学出版社,2011.

[3] 柴晓娟.网络学术资源检索与利用(第2版)[M].南京：南京大学出版社,2013.

[4] 王立清.信息检索教程(第2版)[M].北京：中国人民大学出版社,2008.

[5] 程东升.李彦宏的百度世界[M].北京：中信出版社,2009.

[6] 王知津.工程信息检索教程[M].北京：机械工业出版社,2009.

[7] [美]施耐德,等著.Internet第一搜索引擎——Google检索指南[M].杨廷郊,等译.沈阳：辽宁科学技术出版社,2005.

[8] 叶鹰.信息检索：理论与方法[M].北京：高等教育出版社,2004.

[9] 卢小宾,李景峰.信息检索[M].北京：机械工业出版社,2006.

[10] 秦殿启.文献检索与信息素养教育[M].南京：南京大学出版社,2008.

[11] 袁丽芬,王苏海.实用科技信息资源检索与利用[M].南京：南京大学出版社,2007.

[12] 叶晓风.网络信息资源检索与利用[M].南京：南京大学出版社,2008.

[13] 华薇娜.网络学术信息资源检索与利用[M].北京：国防工业出版社,2004.

[14] 沈固朝,储荷婷.信息检索(多媒体)教程[M].2版.北京：高等教育出版社,2009.

[15] 沈固朝.网络信息检索：工具、方法、实践[M].北京：高等教育出版社,2004.

[16] 苏新宁.信息检索理论与技术[M].北京：科技文献出版社,2004.

[17] [美]法斯特,等著.GOOGLE HACKS探索和利用全球信息资源的技巧和工具[M].刑艳茹,徐罡译.北京：电子工业出版社,2007.